Ray T. Matheny

Die Feuerreiter

Gefangen in ‹Fliegenden Festungen›

Deutsch von
Werner Peterich

Albrecht Knaus

Originaltitel: THE DEACON'S SINNERS

Der Albrecht Knaus Verlag
ist ein Unternehmen der Verlagsgruppe Bertelsmann

1. Auflage

Gesetzt aus Borgis Sabon
Schutzumschlag: Klaus Detjen unter Verwendung
zweier Fotos © US-Army
Printed in Germany · Mohndruck Gütersloh
ISBN 3-8135-0568-5

INHALT

Einführung

Dies ist meine eigene Geschichte – die Geschichte eines jungen Mannes, der sich anderen jungen Männern anschloß, die im Zweiten Weltkrieg auszogen, für ihr Land zu kämpfen. Weder ich noch meine Freunde haben damals auch nur einen Moment gezögert, uns von der Schulbank weg freiwillig zu melden und Soldat zu werden. Es handelte sich um einen gerechten Krieg; der Feind war klar definiert; über die Wahrscheinlichkeit, mit dem Leben davonzukommen, machten wir uns große Illusionen; unser Selbstbild hatte den Erwartungen zu entsprechen, die – jawohl, das war im zarten Alter von siebzehn die eigentliche Antriebskraft – Sue, Kelly, Dorothy und Janice uns gegenüber hegten. Das tolle Bild von dem *Mann*, zu dem die Uniform einen machte und zu dem man – bis jetzt – nicht durch Alter oder Taten wurde, sondern durch den kühnen Schritt, den man in dem Augenblick unternahm, da das Vaterland in Gefahr war. Alle anderen amerikanischen Bürger erwarteten von diesen jungen Männern, daß sie sich im Laufe des Jahres freiwillig meldeten oder aber eingezogen wurden – die Bürde eines langwierigen Krieges in Europa und Asien lastete vornehmlich auf uns. Die Jungen sind es, die Ausdauer und Kraft besitzen, wie sie für den konkreten Kampf nötig sind, nicht die Männer in mittleren Jahren oder gar die Alten. Die Älteren sollen sich den Krieg auf der Bühne, auf der Leinwand oder auf Photos ansehen; die Jungen hatten ihr Blut zu geben, um für die Daheimgebliebenen zu Helden zu werden und damit das Gezeigte wahr wurde.

So etwa das Bild, das wir Jungen uns von uns selbst machten; ein jeder von uns war ein potentieller Held, der einen bösen Feind überwältigte, dafür sorgte, daß die Gesellschaft in einem freien Land erhalten blieb; dafür hatten wir von unseren Freundinnen, unseren Familien und dem weiteren Freundeskreis sowie von unserer Regierung und von anderen Ländern belohnt zu werden.

Die Kriegspropaganda strotzte von Berichten über die Schwächen des Gegners, sein unfaires Vorgehen und die unrechtmäßige Unterjochung seiner schwächeren Nachbarn. Die Deutschen wurden als Dummköpfe in Operettenuniform dargestellt, die von verlogenen Irren angeführt wurden. Man sagte uns, daß die Flugzeuge, Schiffe und anderes Kriegsgerät, wie die Alliierten es besaßen, dem der Achsenmächte überlegen wären. Unsere Vorstellungen vom Gegner waren von keiner Realität getrübt; er war einfach in jeder Hinsicht unterlegen, sein Kriegsmaterial nicht ausgenommen. Schließlich hatten wir uns 1942, einem Jahr, in dem viele von uns noch die Schulbank drückten, an den Kriegserfolgen der Alliierten berauscht, besonders an allem, wo es um die Luftkriegsführung ging. Die Schlacht um England hatte uns bewiesen, daß die Spitfires und Hurricanes den Messerschmitts und Heinkels überlegen waren, und die Royal Airforce hatte viele der mächtigsten Schiffe der deutschen Kriegsmarine versenkt. In welchem Irrtum wir mit diesen naiven Vorstellungen von den Deutschen befangen waren, sollten wir bald schmerzlich erfahren.

In den Medien wimmelte es von «Helden»-Geschichten, die zugleich ein Loblied auf die überragende Qualität amerikanischer Ausrüstung und auf die Männer waren, die damit kämpften; auch waren die Medien rasch bei der Hand, jedes mögliche Versagen des Gegners herauszustreichen, besonders die Dummheit seines Verhaltens.

Die Deutschen als unsere natürlichen Feinde waren Gegenstand von Witzen, abschätzigen Liedern und Geschichten. Viele davon fanden Eingang in die Filme dieser Zeit, in denen die Deutschen in ihrem ganzen verbohrten und unrechtmäßigen Streben nach Beherrschung anderer dargestellt wurden. Außerdem erinnere ich mich an die Geschichten der Generation meines Vaters über den Ersten Weltkrieg von 1917–1918 (das waren ja die einzigen Kriegsjahre, die für uns Amerikaner von Bedeutung waren; 1914–1916 interessierte uns kaum). In diesen Geschichten ging es um Heldentaten gegenüber einem erzbösen Feind, der solch schreckliche Waffen wie Senfgas verwendete, weitreichende Geschütze, mit denen er die Zivilbevölkerung in Paris beschoß oder riesige zigarrenförmige Luftschiffe, mit denen er Städte bombardierte. Den Deutschen sollte der Krieg niemals vergeben werden, und die Vorstellung von einer despotischen Regierung wurde mit vielerlei Mitteln lebendig erhalten. Eines von den populären Schundheftchen, die ich als Junge gläubigen Herzens verschlang,

Knaus

Eine Veröffentlichung
aus dem Kempowski-Archiv
zeitgenössischer
Lebensläufe

war zum Beispiel *G-8 and His Battlle Aces*. Darin gab es eine Flut von Geschichten über den Kampf gegen die Deutschen. In diesem Magazin wurde der Erste Weltkrieg mit den Bildern von 1918 bis in das Jahr 1940 verlängert, nur daß die Gotha-Bomber, die Fokker D-7 und Albatros-Jagdflieger der Deutschen und die Spads und Sopwiths der Alliierten samt ihren Waffen ein bißchen moderne Tünche bekamen. Die Deutschen wurden immer auf die gräßlichste Weise dargestellt, hatten oft Totenkopfgesichter und benutzten häufig die ausgefallendsten Schreckenswaffen.

Die Filmindustrie trug ihr Teil dazu bei, das Bild vom bösen Deutschen weiter lebendig zu erhalten. Ich erinnere mich an die Gefühle, die von Filmen wie *The Fighting 69th, Sergeant York* aus dem Jahre 1941, *Im Westen nichts Neues, Hell's Angels, Wings* und *The Dawn Patrol* in mir geweckt wurden. Diese und andere Streifen trugen dazu bei, das Bild vom natürlichen Feind aufzubauen, und umgab den Krieg samt seinen gefährlichen Unternehmungen und Heldentaten mit einem gewissen Glorienschein.

Weitere Produkte der Medien waren erst die Comic-Strips und später die Comic-Hefte aus den dreißiger und frühen vierziger Jahren. Die Comic-Gestalten, mit denen meine Generation sich identifizierte, wie Smilin' Jack, Little Orphan Annie, Joe Palooka, Terry und The Pirates, hatten den Kampf gegen die Deutschen und die Japaner längst aufgenommen, ehe Amerika in den Krieg eintrat.

Diese Medienprodukte waren nicht ausschließlich Machwerke, die auf das Konto der Regierung gingen, sondern stellten Reaktionen einer Bevölkerung auf historische Tatsachen dar und enthielten in gewisser Weise die Vorhersage unserer unmittelbaren Beteiligung an der Auseinandersetzung mit einem bereits fest umrissenen Feindbild. Wir glaubten, daß der Feind nicht nur moralisch unterlegen wäre, sondern daß er darüber hinaus auch noch von jenen geschlagen werden würde, die unseren Standpunkt vertraten. Die Szenerie des Krieges mit Deutschland, die unsere Gesellschaft ausbreitete, war gleichbedeutend mit einer günstigen Gelegenheit, durch die ein Junge zum Mann werden und sich in einem tapferen Kampf gegen eine böse Macht mit Ruhm bedecken konnte; dabei ging es in diesem Kampf nicht nur darum, unseren *way of life* für uns Amerikaner zu bewahren, sondern für die gesamte Menschheit.

Daß wir den Kampf gewinnen würden, stand für uns außer Frage; jeder von uns sah sich als siegreichen Überlebenden, den reicher Lohn erwartete. Die Konditionierung war umfassend; junge Männer, ja, Jungen im schulpflichtigen Alter reagierten auf den Aufruf unseres Präsidenten und meldeten sich in großer Zahl freiwillig. Ich war einer von diesen Jungen.

Wer sich freiwillig meldete, hatte den Vorteil, die Waffengattung selbst wählen zu können. Ich entschied mich für die U.S. Army Air Force, also den fliegerischen Zweig der Army; ich hatte nicht die geringste Lust, in einem Schützengraben zu landen und Miseren durchzumachen, wie ich sie aus den Büchern und Filmen über den Ersten Weltkrieg in Frankreich kannte.

Die Fliegerei hatte in meinem Leben bereits eine gewisse Rolle gespielt. Ich hatte auf dem an der Western Avenue in Los Angeles gelegenen Dicer Airport von Zeit zu Zeit Gelegenheitsarbeiten ausgeführt, den Rumpf von Fleets, Lincolns und Spartans von Ölflecken gesäubert und mir dadurch gelegentlich einen Freiflug erworben. Mein Onkel, der auf dem Dicer Flugplatz eine Waco 10 stehen hatte, nahm mich mit, damit ich die Herrlichkeiten und Wunder des Fliegens in den frühen dreißiger Jahren erlebte. Später nahm er mich mit an Bord der schnittigen Stinsons und Beeches, bis er Pilot beim Western Air Express wurde und für diese Gesellschaft die neue Boeing 247D flog. Obwohl mein Hauptfach auf der High School Automechanik und verwandte Gebiete waren, hatte ich Gelegenheit, auch an ein paar Flugzeugmotoren zu arbeiten, dem Liberty V-12, OX-5 V-8 sowie dem Hallet Sternmotor. Ich besuchte jeden Flugwettbewerb und jedes Schaufliegen, das in diesen Vorkriegstagen in Los Angeles stattfand, und erinnere mich noch gut an den ehrfürchtigen Schauder, der mich packte, als die Graf Zeppelin heranschwebte, um auf dem Mines Field festzumachen. Als der Krieg kam, gab es für mich überhaupt keine andere Wahl. Ich mußte einfach zum Army Air Corps.

Das neue Abenteuer begann im Oktober 1942; damals meldete ich mich in Los Angeles freiwillig. Um diese Zeit führten an den Straßenecken Männer in Army-Uniform Kleinfeuerwaffen, Fliegerabwehr-Batterien, Lastwagen, Munitionswagen und Pontons, kegelförmige Army-Zelte, Tornister, allgemeine Feldausrüstung und Plakate mit Kriegern vor. Solche Vorführungen sollten junge

Männer in ein neues Leben locken, das für manche freilich nur kurz dauerte. Ich reihte mich in die Schlange derer ein, die sich freiwillig melden wollten und hier laut großspurige Reden führten.

Mit den Einberufungspapieren in der Hand, war ich sozusagen volljährig geworden. Eine Uniform trug ich zwar noch nicht, doch die Tatsache, daß ich fortging, ehe einige der anderen Jungen aus der Nachbarschaft das Elternhaus verließen, verlieh mir einen Status, der dem des Mann-Seins schon sehr nahe kam. Zwar durfte ich immer noch keine Kneipe betreten, in der Öffentlichkeit kein Bier trinken und nicht mal eine Spielhalle besuchen, aber ich durfte für Amerika kämpfen. Auch noch eine andere Art von Status erlangte man dadurch, daß man sich freiwillig meldete, statt abzuwarten, bis der Gestellungsbefehl kam. Ich bekundete damit, was und wer ich war und brachte in aller Öffentlichkeit meinen Patriotismus zum Ausdruck. Was mein Alter betraf, so war ich gezwungen zu lügen; denn achtzehn sollte ich erst in fünf Monaten werden. Aber die Army war viel zu beschäftigt, sich um solche Nebensächlichkeiten zu kümmern; dabei hätte ich damals noch für sechzehn durchgehen können.

Über viele Erfahrungen, die ich während der Ausbildung beim Army Air Corps machte, berichtete ich sehr eingehend in Briefen nach Hause; mir war darum zu tun, meine Eltern und Geschwister an allem teilnehmen zu lassen. So schickte ich jeden schriftlichen Befehl, der meinen Namen trug, nach Hause, jedes Doppel einer Empfangsbestätigung, auf der Gerät aufgeführt wurde, das mir anvertraut wurde, schrieb alle paar Tage oder zumindest Wochen nach Hause und berichtete sehr ausführlich, wie unsere Ausbildung vonstatten ging. Zu meiner Überraschung hatte meine Mutter alles, was ich während des Krieges heimschickte, getreulich aufgehoben und übergab mir all dies im Dezember 1982. Zu allem Gesammelten und Aufgehobenen gehörten auch Photos, Zeitungsausschnitte über bestandene Examen an verschiedenen Schulungsstätten der Army und über Versetzungen, Briefe von Freunden, das Telegramm vom Verteidigungsministerium, in dem mitgeteilt wurde, daß ich beim Einsatz über Europa als vermißt gemeldet worden sei, sowie Telegramme und Briefe von vielen Leuten, die meinen Eltern von deutschen Nachrichtensendungen berichteten, in denen es geheißen hatte, daß ich in Gefangenschaft geraten sei.

Ein paar Tagebücher fanden sich zwar auch in dem Karton, doch was ich schmerzlich vermißte, war das Tagebuch, das ich während meines Aufenthaltes im Stalag 17-B geführt und irgendwo auf dem Lande in Österreich in einem Lagerfeuer verbrannt hatte, als SS-Einheiten unserer Gruppe einen Überraschungsbesuch abstatteten. Das war zu der Zeit, da wir auf einem Gewaltmarsch vor den vordringenden russischen Armeen hergetrieben wurden.

Was ich hier niedergeschrieben habe, ist eine Reihe von Episoden aus der Ausbildungszeit, den Einsatzflügen, über den Abschuß mit einer B-17, also einer ‹Fliegenden Festung›, über die Gefangennahme und meine Zeit in dem berüchtigten Stalag 17-B im österreichischen Krems, den Marsch von der Ost- an die Westfront und schließlich über die Befreiung durch Patons 3. Armeekorps in Bayern. Diese Episoden zeigen, wie ich die Ereignisse damals sah und erlebte, sind aber selbstverständlich beeinflußt durch meine Erinnerung und meine Fähigkeit, Gelesenes zusammenzufügen.

Großen Raum nehmen Einzelheiten über das Fliegen der B-17 ein, wie sie sich vom Standpunkt eines Bordmechanikers ausnahmen und nicht von dem des Piloten oder eines anderen Besatzungsmitglieds. Der Bordmechaniker lebte davon, sich genauestens in den Motoren auszukennen; ihm oblag auf den Langstreckenflügen die Überwachung der Treibstoffzufuhr sowie der reibungslosen Arbeit von vier Motoren; außerdem hatte er mit Bordmitteln Reparaturen auszuführen, wenn irgendwelche Mechanik ausfiel. Er war verantwortlich für das Auftanken, hatte dafür zu sorgen, daß das Bodenpersonal die Wartung richtig durchführte, und diente beim Kampf im Geschützturm auf dem Oberdeck als Bordschütze. Fielen die Piloten aus, übernahm der Bordmechaniker das Kommando und hatte die Maschine zu fliegen.

Vor allem aber ist dies eine Geschichte von verantwortungsbewußten jungen Männern, die trotz ihres unreifen Aussehens und ihrer Unerfahrenheit schwierige Aufträge übernahmen und ausführten, auch wenn sie das mit dem Leben bezahlen mußten. Träume vom Ruhm mögen uns bei der Härte des Kampfes und während der Gefangenschaft ausgetrieben worden sein, aber den Kampf selbst haben diese jungen Männer nie aufgegeben.

TEIL I

U.S. Army Corps 1942–1944

Flugausbildung

Ende April 1943 traf für mich der Befehl ein, mich in Kingman, Arizona, zur Bordschützenausbildung zu melden. Für diese Schule durften sich nur diejenigen melden, die in Keesler oder Gulfport Field, Mississippi, den Lehrgang für Flugzeug- und Flugmotorenwartung von der Technischen Schulung der Army-Airforce mit Erfolg abgeschlossen hatten. Besucht hatten den Lehrgang in Gulfport zwischen achtzig und neunzig Mann; zwanzig davon meldeten sich jetzt. Keiner von uns hatte eine Ahnung, was uns bei der Flugausbildung und schließlich beim Einsatz bevorstehen würde. Ich selbst war erst im Februar achtzehn geworden und damit letzten Herbst beim Eintritt in das U.S. Army Air Corps noch zu jung gewesen, die Kadettenanstalt zu besuchen. Die Verlockung, in einer Kampfmaschine zu fliegen, war größer als alle Vernunft, die meine Eltern oder Freunde mir beizubringen versuchten. Mit zehn Jahren hatte ich die ersten Bücher über die Fliegerei verschlungen und seither davon geträumt, Kampfflieger zu werden. Als sich jetzt die Möglichkeit dazu bot, konnte nichts mich davon abhalten, die Gelegenheit beim Schopf zu packen.

Eine lange und unbequeme Fahrt mit der Eisenbahn brachte uns nach Kingman, wo wir nach Mitternacht ankamen. Nachdem wir fast in den Tropen gelebt hatten, traf uns der Kontrast dieses Halbwüsten- oder Steppenklimas wie ein Schock. Selbst in der Nacht war die Luft hier noch heiß und trocken; erst gegen Mitternacht war ab und zu ein kühler Luftzug durch das Fenster des ratternden hölzernen Waggons gedrungen. Die ölbetriebene Dampflok schleppte die wenigen alternden Personenwaggons im Schneckentempo über verschiedene Weichen auf ein einzelnes Geleise, das den Bahnanschluß für den Flugplatz bildete.

Der endgültige Halt nach der langen Fahrt ließ die jungen Männer in den schmutzigen, zerknitterten Khakiuniformen erleichtert aufatmen. Ein Sergeant befahl uns mit barscher Stimme, auf einen offenen Dreiachser zu klettern, auf dem sich gleich darauf zwanzig Mann samt blauem Marschgepäck drängten. Nach einer Fahrt von wenigen Minuten durch die staubige, wenn auch kühlere Luft hielt der Lastwagen vor einem kleinen, fensterlosen Gebäude. Licht flutete aus einer einzelnen Tür nach draußen, und ein verschlafen aussehender Private oder Gefreiter gab an einen jeden von uns Matratze und Baumwollaken, zwei Wolldekken samt Bezügen sowie Kopfkissen und Kopfkissenbezug aus. Dann erhielten wir Befehl, diese ungefüge Last samt unserem Gepäck einen Pfad hinunterzutragen. Kein Wort darüber, wohin es ging; nur die Anweisung, die Sachen zu schultern und sich in Bewegung zu setzen. Da man in der Dunkelheit kaum etwas sah, folgten wir den Stimmen der vor uns Gehenden. Für viele war die Last einfach zuviel, und so rutschten Matratzen und andere Sachen hinunter und landeten im Schmutz. Nachdem wir uns etwa eine halbe Stunde vorwärtsgemüht hatten, erkannten wir die unbestimmten Umrisse einer Baracke. Nirgends Licht in dem noch unfertigen Bau. Endlich drinnen, mühten wir uns recht und schlecht damit ab, die Betten aufzuschlagen; dann schliefen wir ein. Um halb sechs war Wecken, und es wurde uns befohlen, zur Kantine zu gehen. Bei Tageslicht sah es in der Baracke aus wie in einem Schweinestall; Laken, Matratzen und anderes waren nach dem Herumgefuhrwerke im Dunkeln schmutzig.

Die theoretische Ausbildung begann stundenplanmäßig noch am selben Vormittag mit einer Stunde über Geschoßbahnen. Der Unterricht in den verschiedenen Fächern wurde von Tag zu Tag interessanter, je mehr wir über Bordwaffen erfuhren. Nachdem wir den Test mit verbundenen Augen bestanden hatten (bei dem es darum ging, ein Browning 30 mm-Bord-MG auseinanderzunehmen und wieder zusammenzubauen), brachte man uns zum Boden-Schießstand. Auf dem Schießstand gab es Loren, die über halbkreisförmig angelegte Geleise liefen; auf einer Linie dazwischen waren Schützenstände montiert. Die Loren trugen als Zielscheibe Flugzeugmodelle aus Pappe, und die Schüler lernten, in Bewegung befindliche Ziele mit dem MG zu verfolgen. Jeder Schütze hatte ein anderes Ziel. Treffer wurden gezählt und die Einschläge oder Löcher nach jedem Durchgang markiert. Beim ersten Versuch fuhr uns der Schrecken ganz schön in die Glieder, da das Mündungsfeuer eine Hitzewelle über Hände und Gesicht streichen ließ, die Vibration der Rückstöße durch den ganzen Körper ging und der Krach so gewaltig war, daß einem die Ohren noch stundenlang hinterher dröhnten. Es war schwierig, das Ziel mit dem MG zu verfolgen. Uns wurde beigebracht, nur kurze Feuerstöße nicht über sechs Schuß abzugeben, damit der Lauf keinen Schaden nahm. Man zeigte uns verzogene MG-Läufe mit durchlöcherter Wandung sowie aufgerissene Läufe und die Geschosse von Rohrkrepierern – alles Überhitzungsfolgen. Um größeren Schaden zu vermeiden, waren die Übungs-MGs hier auf dem Boden so eingestellt, daß sie nur rund 600 Schuß in der Minute abgeben konnten.

Nach der Bodenausbildung begann die Ausbildung in der Luft in einer North-American T-6 oder Harvard, einem einmotorigen Eindecker mit tiefsitzenden Tragflächen, Maschinen, wie sie für die fortgeschrittene Pilotenausbildung verwendet wurden. Sie ist mit doppelten Tandemsitzen und doppelten Armaturen ausgestattet und besitzt ein Kabinenschiebedach. Mit ihrer Spannweite von knapp dreizehn Metern ist die T-6 eine große Maschine, die mit einem Pratt and Whitney-Sternmotor von 2150 Kubik ausgestattet ist. Der Sitz hinten war umgebaut worden, um einen Bordschützen aufzunehmen. Für Schießübungen wurde das hintere Schiebedach abgenommen, auf einem Sockel auf der rechten Seite des Cockpits ein MG montiert, Trommeln mit Patronengurten daneben verstaut und eine lange Rettungsleine installiert, die aussah wie ein Taljenreep. Jeder Schütze erhielt Trommeln mit hundert Schuß Munition; die Geschosse waren mit unterschiedlichen Farben gekennzeichnet. Bei den Einschüssen hinterließ das Geschoß die Farbe auf dem Schleppziel, der von einem anderen Flugzeug hinter sich hergezogen wurde. Auf diese Weise konnten die erfolgreichen Schützen hinterher identifiziert werden.

Zu meinem ersten Übungsflug als Bordschütze kam es an einem sonnigen heißen Tag und in einer Luft, die voll war von Löchern. Vor dem hinteren Pilotensitz waren sämtliche Motoren- und Fluginstrumente noch vorhanden und funktionierten; so konnte ich verfolgen, was Motor und Maschine leisteten. Wir stiegen bis zu einer Höhe von rund 1800 m über der unfruchtbaren Gebirgslandschaft und kreuzten bei 2000 Umdrehungen in der Minute, was einer Geschwindigkeit von rund 290 Stundenkilometern entsprach. Die Luft war rauh; manchmal fielen oder stiegen wir binnen weniger Sekunden um sechzig Meter und mehr. Die Luft pfiff um das Maschinengewehr und seine Lafette, Luftwirbel strömten mir über Lederhelm und Brille und zerrten derart an mir, daß mein Gefühl für das dynamische Gleichgewicht beeinträchtigt wurde. Der Pilot wies mich an, nach dem Flugzeug, das das Schleppziel zog und etwa 600 Meter unter uns aus östlicher Richtung auftauchen müsse, Ausschau zu halten. Ich verstand seine Anweisungen, konnte jedoch nicht antworten, da ich kein Bordmikrofon hatte. Als er sich umdrehte, nickte ich bestätigend. «Da ist er, etwas unter uns. Dann woll'n wir ihn uns mal schnappen!» Die linke Tragfläche der T-6 hob sich beträchtlich, dann ging es fast im Sturzflug weiter, und ich spürte, wie ich bei der plötzlichen scheinbaren Schwerelosigkeit an meinem Haltegurt zerrte. «Das Ziel kommt schnell näher – fertigmachen!» rief der Flugzeugführer atemlos. ‹Das Ziel›, dachte ich. ‹Mein MG ist nicht mal geladen, wie soll ich da schießen?› Während das Flugzeug aus dem Sturzflug herauskam, hatte ich, bedingt durch die sich aufbauende Schwerkraft, große Mühe, den Verschluß zurückzuziehen, um eine Patrone einzulegen. Das Schleppziel tauchte vor mir auf, und wir zogen gegen die Schwerkraft höher. ‹Da ist es, und ich kann den Lauf nicht hochkriegen›, dachte ich. Schließlich gelang es mir, ein paar Schuß ganz allgemein in Richtung auf das Ziel abzufeuern, das von einer anderen T-6 gezogen wurde und in einem Winkel von 90 Grad auf uns zukam. Der Pilot riß die Maschine hoch und drosselte den Motor voll. Beim Steigen ließ der Sog der Schwerkraft allmählich nach. Der P & W R-1340-Motor der Maschine vibrierte bei 2250 Umdrehungen in der Minute stark und vollführte ein unangenehmes Staccato, da jeder Zylinder die ungenutzte Energie gegen die rechte Seite des Rumpfes verpuffen ließ.

Wieder geriet uns das Ziel ins Blickfeld, und der Pilot rief: «Fertigmachen!» Jetzt hatte ich das schußbereite MG vor mir, stützte mich in Erwartung des Abkippens in die angeschnittene S-Kurve mit den Knien an dem vibrierenden Rumpf und den Schützensitz ab. Diesmal jedoch machten mir die Luftwirbel, die Drehbewegung und der Pulverdampf von den verschossenen Patronen sowie die heftigen, durch den Sternmotor hervorgerufenen Vibrationen dermaßen zu schaffen, daß mir schlecht wurde.

«Feuern! Feuern!» brüllte der Flugzeugführer in die Bordsprechanlage, als wir – immer noch im Sturzflug begriffen – am Schleppziel vorüberflogen.

Gegen die Übelkeit ankämpfend, bekam ich das Ziel ins Fadenkreuz und schoß, mußte mich jedoch im selben Augenblick erbrechen. Aufgrund der Luftwirbel, die über das Schiebedach hinwegglitten, spritzte das Erbrochene nach allen Seiten auseinander.

Als ich mir die Trommel ansah, stellte ich fest, daß sie fast leer war. Die Maschine stieg, um einen neuen Anflug auf das Ziel zu machen, und ich dachte: ‹Jetzt bloß schnell die Trommel wechseln. Dabei habe ich noch nie eine gesehen, denn am Boden waren es Kästen mit Patronengurten darin gewesen.› Zwar bekam ich die Trommel mühelos los, hatte jedoch bei dem Sog, der bei einer Geschwindigkeit von 290 Stundenkilometern entstand, Mühe, mit der hundert Schuß fassenden neuen Trommel zurechtzukommen.

Der Pilot ging in Schräglage, und mir wäre ums Haar die Trommel aus der Hand gerutscht; plötzlich hing ich der Schwerelosigkeit wegen an meinem Taljenreep fast aus dem Cockpit heraus. Der Pilot warnte mich mit keinem Wort, und mir schoß der Gedanke durch den Kopf, daß ich noch wie der Bordschütze vorige Woche enden würde, der hinausgefallen war und es nicht geschafft hatte, seinen Fallschirm zu öffnen.

Wieder auf dem Flugplatz, suchten wir angehenden Bordschützen hoffnungsvoll die Schleppziele nach Spuren von Farbe ab, die die Einschüsse als unsere Treffer deklarieren sollten. Mir wollte es einfach nicht in den Kopf, daß bei dreihundert verschossenen Patronen nur sechs gelbe Flecken von meinem MG stammen sollten. Andere Bordschützen waren nicht weniger enttäuscht, doch gab es immerhin einige, die sich ganz gut gemacht hatten; diese allerdings machten bereits seit einer Woche oder noch länger Übungsflüge.

Nach einer ganzen Reihe von Schießübungen in der Luft stieg meine Trefferzahl zwar, aber nicht wesentlich. Manche Piloten halfen nicht, sondern machten sich einen Jux daraus, die Bordschützen zum Erbrechen zu bringen. Überwand man die Übelkeit nicht rasch, wurde man abgelöst. Bei den letzten beiden Übungsflügen hatte ich denselben Piloten, und er sagte mir, wenn ich nicht wolle, würde er meine Kotzerei nicht melden.

Um das Examen zu bestehen, mußten die Bordschützen eine Trefferquote von 10 Prozent vorweisen. Wer das, wie ich, nicht schaffte, wurde zu zusätzlichen Zielübungen wieder zurückgeschickt auf den Bodenschießplatz. Bordschützen wurden auf der Ladefläche von Lastwagen postiert und mit unterschiedlichen Geschwindigkeiten über eine Tontauben-Schießanlage gefahren. Die Tontauben wurden aus einer versteckten Anlage in nicht vorhersehbare Richtungen abgefeuert, während der Lastwagen vorbeifuhr. Von einem fahrenden Lastwagen aus mußte man, wenn sie in einem Winkel von neunzig Grad zum fahrenden Fahrzeug aus abgeschossen wurde, hinter der davonschwirrenden Tontaube herschießen; das erschwerte es, die Geschwindigkeit abzuschätzen. Zum Üben benutzten wir Remmington Karabiner Kaliber .12 mit verstellbarer Kimme und Patronen Nr. 8.

Bei der ersten Umfahrt erwischte ich nur wenige Tontauben und überlegte, was ich falsch machte. Seit meinem dreizehnten Lebensjahr war ich ein begeisterter Jäger; damals hatte ich mir für zwei Dollar eine 22er Flinte gekauft und später mit einer Büchse Kaliber .20, die ich mit vierzehn zum Geburtstag bekommen hatte, so manche Wachtel, Taube und Ente vom Himmel heruntergeholt. Gegen Ende des Tages tat mir vom Rückstoß des Gewehrs die Schulter höllisch weh, aber meine Trefferquote war besser geworden. Am nächsten Tag schmerzte meine Schulter dermaßen, daß ich mich kaum anziehen konnte; ich stopfte mir daher Wollhandschuhe unters Hemd, um etwas von dem Rückstoß abzufangen. Trotzdem zuckte ich bei fast jedem Schuß zusammen und brachte bei der ersten Umfahrt nur ein erbärmliches Ergebnis zustande. Dann wurde die Schulter taub von der Schießerei und tat mir nicht mehr so weh. Mein Ergebnis besserte sich.

Der Schlußtest auf der Schießschule bestand darin, von der MG-Kanzel eines Lockheed Hudson-Bombers aus mit einem Zwillings-MG auf ein Schleppziel zu feuern. Sechs von uns drängten sich in dem Bomber, dem am Heck eine Schützenkanzel und ungefähr mittschiffs in einer Plexiglas-Kanzel ein schwenkbares MG eingebaut worden waren. Die Kanzel mit dem schwenkbaren MG konnte nur von einem einzigen Schützen benutzt werden. Zuerst schossen wir mit dem handgehaltenen MG auf das Schleppziel; da wir in gleichbleibender Höhe nahezu geradeaus flogen, war das ein Kinderspiel.

Aus Anlaß des erfolgreich durchlaufenen Lehrgangs wurde eine Parade veranstaltet. Da das Ganze schlecht organisiert war, mußten wir die ganze Zeit über in Hab-acht-Stellung dastehen. Mir fiel auf, daß der Krankenwagen ständig zwischen den Reihen der Männer auf- und abfuhr. Plötzlich wurde der Bursche neben mir bewußtlos; ohne daß ein Wort verloren wurde, kamen Sanitäter mit einer Tragbahre, um ihn fortzuschaffen. Immer mehr von uns fielen um, und die Sanitäter kamen nicht mehr mit. Schließlich durften wir uns bewegen. Mir wurde jedoch nach wenigen Schritten schwindlig, und ich fing an, rot zu sehen. Ich hielt meinen Kopf nach unten, um einigermaßen bei Bewußtsein zu bleiben. Zwei Mann brachten mich zu einem Krankenwagen; die Sanitäter zerbrachen Röhrchen mit Riechsalz und hielten es mir unter die Nase. Inzwischen ging es mir schon besser, doch mußte ich des beizenden Ammoniaks wegen würgen.

Noch in Kingman, wurden wir unserer zukünftigen Einheit zugewiesen und bekamen eine Fliegerkombination samt Ausrüstung zugeteilt. Ein großer B-4-Sack enthielt eine tragbare B-3-Sauerstoffflasche, eine A-10-Sauerstoffmaske, eine Sonnenbrille, ein Paar Winterhandschuhe zum Fliegen, eine B-7-Brille, einen A-9-Sommerhelm aus Stoff, einen pelzgefütterten B-6-Winterhelm, eine A-2-Fliegerjacke aus Leder, ein paar Winter-Flugstiefel A-6, eine A-3-Fliegerhose und einen Wollpullover, wie ihn die Mechaniker tragen, eine B-4-Schwimmweste sowie einen Fallschirm von 7 m Durchmesser. Beim Empfang dieser Dinge wurde uns warnend gesagt, Ersatz sei schwer zu beschaffen, und falls wir aus Unachtsamkeit ein Teil verlören, würden uns die Kosten vom Sold abgezogen. Diese Ausrüstungsgegenstände waren zweckdienlich entworfen und gearbeitet und taten uns sowohl während der Ausbildung als auch hinterher beim Einsatz sehr gute Dienste.

Mit dem Zug fuhr ich heim nach Los Angeles, stieg jedoch unterwegs in Burbank aus und übernachtete in der unmittelbar an der Strecke gelegenen Kaserne. Um drei Uhr morgens weckte uns ein Heidenlärm; die ratternden Züge und die Dampfpfeifen der Loks rissen die gesamte Kaserne aus dem Schlaf. Es hörte sich an, als ob eine riesige Dampflok samt Waggons mit hundertundfünfzig Sachen den Korridor heruntergerast käme. Bei dem Lärm war es unmöglich, wieder einzuschlafen, und bei

Morgengrauen standen wir auf, um zu duschen und uns zu rasieren. Per Bus gelangte ich in die Nähe meines Elternhauses; woraufhin ich daheim anrief und abgeholt wurde.

Zwar machte der Urlaub Spaß, aber bei uns zu Hause in der 92nd Street und der San Pedro Avenue hatte sich das Leben merklich verändert. Das Benzin war rationiert, doch hatten meine Eltern ein paar Benzinmarken für mich gespart. Manche Lebensmittel waren gleichfalls rationiert, doch bei uns merkte man nichts von irgendwelchen Versorgungsmängeln. Meine Großmutter besaß eine 1927er Buick-Limousine, die ich mir ein paarmal auslieh, doch zu Verabredungen mit Mädchen nahm ich den 1937er Terraplane Sedan meiner Eltern.

Mit dem Zug fuhr ich von Los Angeles nach Salt Lake City und von dort aus mit dem Bus weiter zu einem Ausstellungsgelände, das in ein Army Camp umgebaut worden war. Dieses Camp war ein Sammellager, in dem Leute mit einer Sonderausbildung wie zum Beispiel Bordschützen auf die verschiedenen Einheiten verteilt wurden.

Für die vielen Leute dort gab es nichts zu tun, so daß eifrige Offiziere sich Arbeiten wie zum Beispiel das Ausheben von Gräben ausdachten, die dann später von anderen wieder zugeschüttet wurden. Als ich erkannte, daß hier völlig sinnlose Arbeit getan wurde, glaubte ich, daß es besser sei, von hier zu verschwinden. Ich sammelte deshalb jeden Morgen die Wäsche unserer Männer und derer anderer Baracken ein und brachte sie in die nicht ferne Wäscherei. Dadurch konnte ich so tun, als ob ich den ganzen Tag in der Wäscherei verbringen würde. Statt dessen schlenderte ich durch den PX-Laden im Fliegerhorst oder sonnte mich auf dem Dach der Wäscherei. Auf diese Weise drückte ich mich vor dem Ausschachten. Als ich Befehl erhielt, mich bei meiner Einheit in Texas zu melden, bestieg ich am 21. Juni in Salt Lake City einen Zug und erlebte eine aufregende Bahnfahrt bis Denver, die durch neununddreißig Tunnels führte. In Denver wurden unsere Waggons an zwei kohlebetriebene Dampfloks angehängt, mit denen wir sehr langsam vorankamen. In La Junta, Colorado, kippte die vorderste Lok um, die zweite entgleiste, und unsere Waggons fuhren auf die Loks auf, so daß wir tüchtig durchgerüttelt wurden. Nach kurzer Zeit wurden die

Lokomotiven wieder auf die Schienen gestellt und die Geleise repariert.

Beim Eintreffen des Zuges in El Paso, Texas, waren wir der Asche, des Rußes und Rauches wegen, der uns in die Fenster geweht kam, schwarz wie Schornsteinfeger. Die hölzernen Waschbecken in den alten Holzwaggons waren genauso geschwärzt wie Fensterbänke und Fußböden. Am 24. Juni trafen wir endlich in unserer neuen Garnison, Peyote, Texas, ein.

Auf dem Luftwaffenstützpunkt Rattlesnake wurde ich der Besatzung einer B-17 von der 19th Bombardement Group zugeteilt. Die neue Besatzung versammelte sich vor einer B-17 – also einer ‹Fliegenden Festung›. Flugzeugführer war Leutnant Thomas E. Eaton aus San Angelo, Texas. Dieser hatte mit knapp neunzehn Jahren seine Ausbildung als Kampfflugzeug-Pilot abgeschlossen und war auf die P-51 umgeschult. Als einzige Erfahrung mit mehrmotorigen Maschinen hatte Eaton ein paarmal einen zweimotorigen ‹Bamboo Bomber› von Cessna geflogen.

Nachdem wir uns miteinander bekannt gemacht und ein jeder etwas von seiner Herkunft und seiner Ausbildung erzählt hatte, einigten wir uns über unsere Posten an Bord. Leutnant Henry L. Hainline aus Cherokee, Oklahoma, war an leichten zweimotorigen Maschinen, darunter der AT-7, ausgebildet worden. Trotz seiner entsprechenden Ausbildung mit mehrmotorigen Maschinen und obwohl er bereits dreiundzwanzig war, wurde er nur Co-Pilot. Navigator wurde der zweiundzwanzigjährige Leutnant Robert S. Doty aus Thomaston, Georgia. Ich selbst erklärte, am besten würde ich mich wohl als Bordmechaniker eignen, und führte frühe Flugerfahrungen in kleinen Maschinen seit 1930 ebenso ins Feld wie die Absolvierung eines Flugzeug- und Motorenwartungslehrgangs, nachdem ich die gesamte Highschool-Zeit hindurch im Hauptfach Automechanik gehabt hatte. Obwohl der neunzehnjährige Arnold E. Nevells aus North Penobscot, Maine, in Spokane, Washington, die B-17-Schule besucht und erfolgreich die Lehrgänge A und B absolviert hatte, bestand ich auf dem Posten des Bordmechanikers, was von allen Besatzungsmitgliedern, Arnold inbegriffen, gebilligt wurde. Arnold wurde rechter Bordschütze und mein Assistent. Thomas Sutton wurde linker Bordschütze und Assistent des Waffenoffiziers. Arnold ‹Rebel› Clark aus Natchitoces, Louisiana, der gerade die Funkerschule besucht hatte, wurde Funker. Robert Lamoureaux aus Massachusetts wurde Waffenoffizier und bekam außerdem den Posten des Heckschützen zugeteilt. Raymond ‹Tex› Ferrell aus Texas bekam die Turmkanzel zugewiesen und wurde gleichzeitig mein zweiter Assistent.

Am nächsten Nachmittag sollten wir wieder zusammenkommen und mit der B-17 bekannt gemacht werden. Ich sah mich vorher in der Werkstatt des Bodenpersonals um und vertiefte mich in die technischen Anweisungen der B-17. Von der A & E-Schule her war ich die Fülle der Informationen über die verschiedenen Flugzeugtypen gewohnt. Am nächsten Vormittag fanden ein Kamerad und ich eine kleine Lichtung in einem texanischen Busch, wo wir ein Sonnenbad nahmen. Gerade hatten wir uns wohlig ausgestreckt, als mein Kamerad am Rand der Lichtung in etwa drei Meter Entfernung eine Schlange entdeckte. Aufspringen und vor der Klapperschlange zurückweichen waren eines. Nirgends lagen geeignete Knüppel oder Steine herum, die Schlange damit ins Jenseits zu befördern, und so rafften wir beide umsichtig unsere Bettlaken zusammen und machten, daß wir fortkamen.

Am Nachmittag des nächsten Tages standen wir bereits auf dem Flugvorfeld vor der B-17F. An uns wurden vorläufig Sitz-Fallschirme ausgegeben. In der Zwischenzeit paßten Spezialisten für jeden persönlich Fallschirme an. Plötzlich kam Eaton zu uns und sagte: «Ich habe gerade meinen Überprüfungsflug bestanden. Wie wäre es mit einem Flug?» Wir standen ziemlich ratlos herum und wußten nicht, was wir tun sollten. Ich kam immerhin auf den Gedanken, eine Vor-Flug-Inspektion vorzunehmen, wobei mir die technischen Anweisungen einfielen, die ich Tags zuvor gelesen hatte. Das machte der Besatzung Beine, und so bekamen wir die Maschine rasch startklar.

Der erste Flug verlief ohne besondere Zwischenfälle; dabei wußte die Besatzung kaum, wie sie auch nur in die Maschine hineinkam. So eine B-17 ist ein unglaublich kompliziertes Flugzeug, zu dessen Wartung und Flug viele Spezialisten erforderlich sind.

Bei der ‹Fliegenden Festung› handelt es sich um ein 22,26 m langes, viermotoriges Bombenflugzeug mit einer Heckhöhe von

6 m und einer Spannweite von fast 31,5 m. Bewaffnet ist sie mit einer Turmkanzel mit zwei Maschinengewehren Kaliber .50 sowie einer Bug- und einer Heckkanzel, die beide mit MG Kaliber .50 bestückt sind. Im Bug hat sie zwei Geschütze, die jeweils vom Bombenschützen und vom Navigator bedient werden. Sie hat einen doppeltürigen Bombenschacht und vermag auch Außenstationen-Bomben zu tragen.

Die Hilfssysteme der Maschine, das Fahrgestell, das Heckruder und die Landeklappen sowie das Öffnen des Bombenschachts werden elektrisch betrieben. Die Kühlluftzufuhr unter der Motorhaube, die Geschützkanzeln und die Bremsen werden hydraulisch betätigt, doch die Energie dazu stammt von einer elektrisch betriebenen Pumpe.

Dem ganzen Design und der Konstruktion nach handelt es sich um einen hoch- und schnellfliegenden Langstreckenbomber. Die vier von der Wright Aeronautical Corporation entwickelten 9-Zylinder Sternmotoren bringen es auf eine Leistung von 1200 PS. Turbolader für jeden Motor gewährleisten bis zu einer Höhe von achttausend Metern eine Leistung von 1200 PS, was große Geschwindigkeit und Fliegen in großer Höhe erlaubt. Zusätzlich hatte die mit Bomben beladene Maschine eine Reichweite von 2500 km.

Mein Aufgabenbereich war die Wartung der mechanischen Systeme der Maschine vorm Abflug. Obwohl der Co-Pilot für diese Systeme verantwortlich war, mußte er sich darin vollständig auf mich verlassen. Außerdem hatte ich für das Auftanken zu sorgen, was je nach den Einsatzerfordernissen genauestens durchgeführt werden mußte. Die B-17 ist mit 24 Treibstoffbehältern ausgestattet, davon 6 Großtanks. Zusätzlich konnten in den Bombenschächten noch zwei weitere Tanks mit einem Fassungsvermögen von 3200 l installiert werden, so daß insgesamt 14400 l Sprit an Bord waren. Da gab es ein Gewirr von Ventilen und Schaltern, und zu meinen Obliegenheiten während des Fluges gehörte es, dafür zu sorgen, daß die Treibstoffzufuhr reibungslos funktionierte, damit für die Höchstleistung der Motoren zu sorgen und auf diese Weise die gewünschte Reichweite zu gewährleisten.

Selbst das Ölsystem der Motoren, das es zu beherrschen galt, war eine komplizierte Angelegenheit. Die Tanks enthielten für jeden Motor 140 l Motoröl; nur so konnte sichergestellt werden, Langstreckenflüge durchzuhalten.

Es gab 24 Sauerstoffflaschen, die ein kompliziertes Verteilungssystem speisten, das Vorrichtungen für das Wiederauffüllen von tragbaren Notflaschen und die in den Geschützkanzeln verstauten Zylinder umfaßte. Wir benutzten einen frühen Typ von Sauerstoffmaske mit einem Regulierungssystem und seitlich angebrachten Atemschläuchen.

Sich in diesen Systemen des Flugzeugs auszukennen, erforderte ein großes Maß an Einarbeitung, und so machte ich Überstunden beim Bodenpersonal, um die Maschine durch die Wartungsarbeiten besser kennenzulernen. Am Boden wurden wir in die Waffensysteme eingeführt und lernten dort die Geschützkanzeln und die .50-mm-Geschütze kennen. Ein Schießstand erlaubte uns, mit handgehaltenen .50ern zu feuern und die verheerende Kraft dieser Waffe zu erfahren.

Tag für Tag unternahmen wir über der eintönigen texanischen Landschaft drei- bis vierstündige Übungsflüge. Die Luft war in der Juni- und Julihitze des Jahres 1943 voller Löcher, so daß ich auf jedem Flug luftkrank wurde. Aus diesem Grunde nahm ich immer einen Blecheimer mit, den ich im Bombenschacht festzurrte; wurde mir dann schlecht, war es mir ein leichtes, im Bombenschacht zu verschwinden und zu erbrechen. Keiner sonst schien derart von Luftkrankheit geplagt wie ich, doch gelegentlich bemerkte ich, daß auch andere Besatzungsmitglieder weiß um die Nase wurden. Ich magerte ab, da ich das Essen nicht bei mir behielt. Wir begannen mit einem sechsstündigen Übungsprogramm, bei dem der Einsatzplan alle paar Tage zwischen 12 und 24 Uhr wechselte. Es ging darum, daß wir in einem Stück und unter den verschiedensten Bedingungen sechs Stunden in der Luft blieben; manchmal wurde diese Spanne sogar bis auf neun Stunden ausgedehnt. Ein typischer Übungsflug pflegte damit zu beginnen, daß die Maschine um Mitternacht startklar gemacht wurde, wir zunächst nach Funk-Navigation nach Wink, Texas, flogen, dann nach Norden abbogen, später auf Süden drehten und schließlich nur mit Hilfe von Karte und Kompaß nach Peyote zurückkehrten. Wie oft verfranzten wir uns nicht in der Schwärze der texanischen Nacht, zumal ein Großteil von Texas Verdunkelung hatte und es äußerst schwierig war, irgendwelche prominente Landmarkierungen zu erkennen. Im allgemeinen gab es nicht viele Funkpeilstationen, doch waren in Texas, Kansas und Louisiana einige weitreichende Sender in Betrieb.

Eines Nachts war der Himmel seit Stunden bedeckt gewesen. Gegen drei Uhr morgens rief der Co-Pilot, Henry, plötzlich: «Ein Stern im Osten.» Der Pilot sagte: «Nein, das ist ein einzelnes Licht am Boden.» Ich vermochte nicht zu entscheiden, was es war – Stern oder Lichtquelle –, der Bombenschütze, Melvin, gleichfalls nicht. Wir flogen auf das Licht zu, doch das schien nicht näher zu kommen, obwohl es dicht über dem Horizont saß. Je länger man hinstarrte, desto schwieriger wurde es, sich darüber klarzuwerden, was es war. Es gab keinen klar erkennbaren Horizont auf der Erde, von Trabantsternen war in der Dunkelheit nichts zu erkennen, und so waren es die Fluginstrumente der Maschine, an denen wir uns orientierten. Nach einer Weile meinten wir, daß die Instrumente nicht richtig funktionierten, so daß sich ein Streit zwischen uns entspann, in welche Richtung wir überhaupt flogen. Das Licht schwand, obwohl wir mit einer Geschwindigkeit von 270 Stundenkilometern darauf zuflogen; plötzlich war das Licht ganz verschwunden, und die Frage stellte sich nicht mehr. Die Eintönigkeit des Nachtflugs lastete schwer auf uns; ganz einfache Dinge wurden zu etwas Faszinierendem, während die vier Motoren nahezu synchron dahindröhnten.

Durch das linke Cockpitfenster beobachtete ich die rote Glut am Schleifring des Auspuffs von Motor Nr. 2. Je mehr ich hinstarrte, desto deutlicher erkannte ich im Schimmer des strahlenden Metalls die Umrisse von Teilen des Motors und seiner Haubenverkleidung. Ich mußte an Charles Lindbergh und seine Atlantiküberquerung 1927 denken – und daran, wie gebannt er von dem lauten Wright Whirlwind-Motor gewesen war. In seinem Buch erzählt er, Berechnungen darüber angestellt zu haben, wie viele Umdrehungen der Motor in der Stunde vollführte und als welches Wunder es ihm erschien, wie unendlich viele Male die einzelnen Motorteile ihren Zyklus durchliefen. Ich versuchte mir unter der Haube der B-17 den Wright-Motor R-1820-97 mit der ganzen Fülle seiner rotierenden Teile vorzustellen, die kräftige, an den sich drehenden Stellen blitzblank geriebene Kurbelwelle, das Hauptpleuel mit seinen ineinandergreifenden Nockenscheiben, die tanzenden Stangen, welche die Zylinderventile betätigten, die alle Hand in Hand arbeiteten, um den Propeller anzutreiben. Wie war es möglich, daß der Verbrennungszyklus in jedem Zylinder mit einer solchen Geschwindigkeit ablief, und das bei glühenden Temperaturen stundenlang? Meine Gedanken gingen in Phantasien von tollkühnen Luftunternehmungen über, doch kehrte ich bei diesen Träumereien immer wieder in die Wirklichkeit zurück und ließ den Blick pflichtschuldigst über die Instrumentenanzeiger schweifen. Meine Aufgaben als Bordmechaniker gestatteten mir nicht, mich länger als ein paar Minuten müßigen Gedanken hinzugeben. ‹Ich muß den Kraftstoffverbrauch während der nächsten Stunde berechnen›, ging es durch meinen Kopf. ‹Mal sehen, ob der Zylinderkopf von Motor Nr. 3 wieder zu heiß ist; der Ladedruck stimmt jedenfalls. Nur der Öldruck liegt ein bißchen zu niedrig. Auf diesen Motor mußt du besonders aufpassen›, sann ich. Pünktlich kam es zur Auswahl der Treibstofftanks, und ich trug sie ins Flugbuch ein. Wir waren jetzt fünfeinhalb Stunden in der Luft; endlich wurde es am Horizont wieder heller, und Leben kehrte in benommene Körper und Köpfe zurück. Der Flugzeugführer wies mich an, sämtliche Besatzungsmitglieder aufzufordern, sich auf ihren Posten zu melden und sich für die Landung in einer halben Stunde fertigzumachen. Wieder war ein Nachtflug vorbei.

Am Leben zu bleiben, schaffte ich dadurch, daß ich meine Mahlzeiten immer ein paar Stunden vorm Abflug einnahm. Während der Tagflüge verlegte ich das Mitternachtsessen, das eigentlich für die Besatzung von Nachtflügen vorgesehen war, vor und aß tagsüber nur dann, wenn Nachtflüge bevorstanden. Eines Nachmittags, als wir beim Rückflug zum Luftwaffenstützpunkt Rattlesnake in unruhiger Luft Ost-Texas überquerten, konnte ich es vor Hunger nicht mehr aushalten. Seit der Mitternachtsmahlzeit hatte ich nichts mehr gegessen und getrunken, und ich gierte entsetzlich nach irgend etwas Eßbarem. Wir hatten eine riesige Thermosflasche mit Coca-Cola an Bord, die selbstverständlich längst nicht mehr kalt war. Die Besatzung hatte Coke getrunken, bis das Eis geschmolzen war. Als ich glaubte, es nicht mehr aushalten zu können, schenkte ich mir einen kleinen Pappbecher voll und trank; es war mir egal, ob mir schlecht wurde oder ob es mir wieder hochkam. Zu meiner größten Verwunderung fühlte ich mich erheblich besser, und es stellte sich keine Übelkeit ein. Da nichts darauf hindeutete, daß ich mich übergeben müßte, trank ich weiter und löschte meinen Durst. Als Kind hatte ich einmal Cola getrunken, den Geschmack jedoch nicht gemocht, und kurz vorm Soldatwerden hatte ich es noch mal versucht und zusammen mit meinem Freund, Don Stinchcombe, eine Pepsi-Cola probiert, aber es nicht geschafft, das Glas auszutrinken. Eine Tante von mir aus Long Beach war vor vielen Jahren colasüchtig gewesen, und von seiten der Familie war ich immer wieder vor den schlimmen Folgen des Colagenusses gewarnt worden. Ich habe weder Kaffee noch Tabak noch Alkohol jemals etwas abgewinnen können, und für mich war es ganz natürlich, selbst Cola abzulehnen.

Nach diesem heißen Nachmittag über Texas bin ich nie mehr auch nur einen Moment luftkrank gewesen. Ich aß wieder regelmäßig und zur richtigen Zeit und nahm mir für längere Übungsflüge Flugverpflegung und zu trinken mit. Als ich in meinem Flugbuch nachrechnete, stellte sich heraus, daß ich hundertfünfzig Stunden über Texas gebraucht hatte, um das Luftkrankwerden zu überwinden.

Zur theoretischen Ausbildung gehörte auch der Besuch einer Druckkammer, in der die Verhältnisse in der Höhe simuliert wurden. In der Kammer wurde unsere Besatzung bis zu einer simulierten Höhe von 11 000 m gebracht; das heißt, es wurde bis zu dem erwünschten Druck die Luft aus der Kammer herausgepumpt. Unter diesen Höhenbedingungen brachten wir vier Stunden zu; es wurde uns beigebracht, uns die Sauerstoffmaske anzulegen, den Schnorchel von Eis zu befreien und tragbare Sauerstoffflaschen zu benutzen. Dann wurde ein Test vorgenommen, der zeigen sollte, in welcher Höhe die einzelnen Besatzungsmitglieder ohnmächtig wurden. Es ging in der Kammer also wieder auf 5000 m hinunter, und wir erhielten Befehl, die Sauerstoffmasken abzunehmen. Dann wurden uns mathematische Aufgaben gestellt, die wir schriftlich lösen mußten, während ein Kamerad sich um denjenigen kümmerte, der gerade getestet wurde. Bis zu einer Höhe von etwas über 6000 m ging es mir gut, konnte ich klar denken und funktionierte auch die Muskelkoordination. Doch als der Kammerdruck die Verhältnisse über 6300 m erreichte, fing ich plötzlich an, alles rot zu sehen, und ich hatte ein ähnliches Gefühl wie damals bei der Parade in Kingman, nachdem ich zu lange in der Sonne gestanden hatte. Ich war mir darüber im klaren, daß ich ohnmächtig wurde, aber es war lehrreich, die Symptome des geringen Sauerstoffgehalts im Blut am eigenen Leib zu erfahren.

Melvin Henroid verlor nicht wie die anderen alle zwischen 5700 m und 6700 m das Bewußtsein, sondern war auch in einer Höhe von 7600 m noch frisch und munter. Doty stand in Bereitschaft, ihm zu helfen, sollte er das Bewußtsein verlieren, doch das tat er weder bei 8000 m noch bei 8300 m. Selbst bei 8600 m löste er noch ohne Sauerstoff Aufgaben, die ihm gestellt wurden. Der Arzt, der den Test überwachte, befahl, ihn abzubrechen, obwohl Henroid nicht wie erwartet das Bewußtsein verlor. Jedenfalls stellte Henroid eine Art Rekord in der Druckkammer auf.

Flüge in großer Höhe waren übrigens für die ganze Army Air Force eine ganz neue Erfahrung, der man anfänglich ziemlich bedenkenlos gegenübergestanden hatte, ehe man lernte, Vorsicht walten zu lassen. Zwischen 7500 m und 10000 m wird die Luft merklich dünner, die Temperatur sackt ab, die Sichtorientierung verändert sich, und die Geräte in der Maschine sowie die Motoren mußten nach einer anderen Technik bedient werden. Unser erster Flug in diesem Abschnitt unserer Ausbildung ging in einer Höhe von 6000 m über zwei Stunden. Wir hatten nur A-2-Sommer-Fliegerjacken sowie ziegenledergefütterte Sommerhelme an und trugen keine Handschuhe. Bald wurden uns Hände und Füße kalt, fröstelte es uns in den Schultern und im Rücken und wurde es überhaupt höchst ungemütlich.

Halb zusammengekauert, hockte ich neben dem Fenster, durch das die Sonnenstrahlen hereinkamen. Immer wieder drehte ich die Hände hin und her, um von der Sonnenwärme etwas abzubekommen, ließ die Lederjacke Wärme speichern, rieb Arme und Rücken behutsam an den Kanzelverstrebungen und dem Brandschott, um mich zu wärmen.

Nach und nach ging es für die B-17 und ihre Besatzung bei den Höhenflügen bis zu 8500 m hinauf. Diese Flüge zwischen 8200 m und 8500 m gestalteten sich insofern schwierig, als wir immer noch keine Kaltwetter-Fliegerkombination tragen durften und vorschriftswidrig nur Wollhandschuhe überzogen, damit uns nicht alles Gefühl aus den Fingern wich. Bei Temperaturen bis zu −29 Grad Celsius gab es auch Probleme mit den Sauerstoffmasken. Das beim Ausatmen entstandene Kondenswasser sammelte sich im Schnorchel und gefror; dadurch verstopften die Auslaßventile und beeinträchtigten die Sauerstoffzufuhr. Das Eis in der Maske mußte alle fünf bis zehn Minuten zertrümmert werden, indem man an der Maske herumdrückte, sie knautschte, zwischen den Fingern hin- und herrollte und die Eisstücke dann herausschüttelte.

Bei einem solchen Höhenflug hatten wir ein erstaunliches Erlebnis. Wir waren im Begriff, die 8100 m-Höhe zu übersteigen, als wir an einem in V-Formation fliegenden Schwarm Kanadagänse vorüberkamen. Wie diese Vögel es so lange in solcher Höhe aushalten konnten, war mir unerfindlich; wir jedenfalls hatten gegen Kälte und Sauerstoffmangel anzukämpfen, um am Leben zu bleiben.

Dann kam es zu den Tiefflug-Schießübungen, bei denen alle Bordschützen bis auf den Funker an die Reihe kamen. Auf dem Boden waren Holzattrappen von deutschen und japanischen Flugzeugen aufgebaut worden; es sollte also ein Flugplatz simuliert werden. Eaton brachte die riesige Maschine bis auf eine Höhe von 30 m über dem Boden hinunter und flog für jeden Bordschützen einen eigenen Angriff. Da Eaton gleichbleibend in einer Geschwindigkeit von rund 250 Stundenkilometern dahinflog, kamen die Ziele schnell näher, waren unserem Blickfeld aber auch rasch wieder entschwunden. Er ging stark in Schräglage, damit ich vom Turm aus mit meinen MGs ein freies Schußfeld hatte. Das Ziel wurde offensichtlich getroffen, und auf der Erde spritzte der Boden auf. Die Zielvorrichtung funktionierte bei diesen Angriffen so gut, daß der Co-Pilot, der versuchte, die Übung zu überwachen, vorschlug, daß Turm- und Kugelschütze mit dem Übungsschießen aufhörten und statt dessen die Schützen mit den handgehaltenen Waffen weiterübten.

Ein Einsatz, der uns lange in geringer Höhe über gesichtslose Steppe dahinführte, stellte ohne Peilung ein Navigationsproblem dar. Wir wollten bei hoher Geschwindigkeit nicht höher als 60 m über dem Boden in einem komplizierten Kurs ein Zielgebiet anfliegen. Dabei verfranzten wir uns hoffnungslos und mußten mehrere tausend Meter in die Höhe gehen, Funkpeilung bekommen und wieder hinuntergehen. Es hielt schwer, die Oberflächenwinde auszugleichen, und beim Tiefflug war der Abtriftmesser nutzlos.

Einige Flüge später klappte es mit der Navigation schon besser. Eines Tages hatten wir einen Auftrag erfüllt, waren aber immer noch ‹auf Posten› und auf dem Rückflug zum Stützpunkt begriffen. Eaton ging so tief hinunter, daß er die Maschine bei Zäunen hochreißen mußte. Plötzlich entdeckten wir ein einsames Farmhaus, das von zwei Bäumen flankiert wurde. Der Farmer stand mit einem Trecker davor und verfolgte, wie die große B-17 immer wieder fast die Erde streifte. Der Flugzeugführer ging mit der Maschine hoch und flog dann im Sturzflug auf den Farmer zu, der mittlerweile auf den Trecker geklettert war und dabei war, auf das Haus zuzufahren. Mit einer Geschwindigkeit von 380 Stundenkilometern kam die B-17 auf den Trecker zugedonnert. Mit einem Satz war der Farmer vom Trecker herunter und warf sich längelang auf den Boden, während die Maschine auf ihn zugerast kam. Ich sehe noch heute, wie er die Hände über den Kopf schlug und der Trecker vor sich hintuckerte. Allzu rasch ragte das Haus vor uns auf. Die Schürze in der Hand, kam eine Frau zur Vordertür herausgelaufen und starrte entgeistert die auf sie zukommende Maschine an. Den Bruchteil einer Sekunde zu spät riß Eaton die Maschine hoch, und die Luftschraubenblätter sägten sich durch die Wipfel der Bäume. Nevells in der rechten Hüftkanzel ließ sich über die Bordsprechanlage vernehmen und berichtete, Blätter flögen über die Tragfläche.

Doch das reichte für die Tiefflüge immer noch nicht. Wir erreichten den Odessa-Flugplatz, auf dem auch jetzt noch ein paar kleine Privatmaschinen stationiert waren. Etwa 600 m südlich des Flugplatzes ging Eaton mit der Maschine in die Höhe und raste dann mit hoher Geschwindigkeit im Sturzflug darauf zu. Das alte Modell F war ohne modifizierte Höhenruder nur auf 380 Stundenkilometer eingestellt, und ich wurde nervös, als die Maschine diese Grenze erreichte. Die B-17 vollführte bei zunehmender Geschwindigkeit einen ungewöhnlichen Krach, und die Plexiglaskuppel des Turms ruckte. Ich rief Eaton zu abzubremsen, und Hainline, der Co-Pilot, unterstützte mich lautstark, doch das half auch nichts. Die Dinge überstürzten sich, der Pilot fing die Maschine flacher aus dem Sturzflug ab, als beabsichtigt; da kurbelte Eaton die Höhenruder hoch, was zur Folge hatte, daß die Maschine unvermittelt steil hochzog. Vom Schwerkraftsog nahezu in die Schwerelosigkeit überzugehen, hatte etwas Rauschhaftes; gleichzeitig befiel einen ein Gefühl der Erleichterung. Deutlich sahen wir eine kleine Maschine rücklings auf dem Boden liegen und ein paar Menschen drum herumlaufen. Daraufhin landete Eaton, um zu sehen, was für ein Schaden angerichtet worden war.

Eaton hatte die Bekanntschaft einer Frau gemacht, die auf dem Flugplatz arbeitete, und hatte mit einem tiefen Überflug angeben wollen. Die Druck- und Sogwelle der Maschine hatte eine Culver-Cadet-Maschine auf den Rücken gelegt. Eaton saß, um das mindeste zu sagen, bös in der Tinte und versuchte, den Schaden durch Geldzahlungen wiedergutzumachen.

Der Flugplatzbetreiber reichte eine Beschwerde ein, doch wurden wir alle wenige Tage nach dem Vorfall auf einen anderen Fliegerhorst versetzt. Unser neues Zuhause war Dalhart, Texas, im Westteil des Nordzipfels dieses Staates, wo der Boden womöglich noch flacher ist als in Peyote, Monanhans und Odessa.

Wir galten inzwischen als eine gut aufeinander eingespielte Bomberbesatzung und wurden am 5. August zwecks weiterer Ausbildung der Habberstad Provisional Group von der 333rd Bomb Group der 469th Squadron zugeteilt. Unter dem fliegenden Personal dieser Gruppe herrschte eine ganz andere Einstellung, und bei uns entwickelte sich ein Ernst, wie er bislang nicht dagewesen war. Es war die Rede davon, als Kampfeinheit nach Übersee zu gehen.

Ich war erfüllt von dem Gefühl, etwas zu können und meinen Posten richtig auszufüllen; jetzt festigte und vertiefte ich mein Wissen, indem ich weiteren Unterricht in Navigation, Bombenwerfen, Geschützwesen und MG-Systemen nahm. Major Habberstad verlangte von allen Bordmechanikern, daß sie die Grundbegriffe des Fliegens beherrschten. Eaton hatte bereits angefangen, mir beizubringen, wie man die B-17 flog. Hainline gefiel das gar nicht; er fand offensichtlich, daß ich ihm etwas wegnahm. Habberstad wollte, daß die Bordmechaniker imstande wären, die Maschine heil zurückzubringen, falls den Flugzeugführern etwas zustieß. Das bedeutete, daß der Bordmechaniker, der dem Unteroffiziersrang angehörte, nach dem Piloten und Co-Piloten (die ja beide

Offiziere waren) in der Befehlsfolge an dritter Stelle kam. Doty, den Navigator, wurmte das ein bißchen, doch Henroid, der Bombenschütze, fand das logisch.

Das Navigieren war schwierig, aber so praxisbezogen, daß ich nach einiger Übung durchaus imstande war, Kursprobleme des Langstreckenflugs zu lösen, bei denen es galt, Windverhältnisse, Höhe und Temperaturen samt Kurskorrekturen und Treibstoffverbrauch zu berücksichtigen. Ich mußte einige Sterne erkennen können und wurde im Planetarium im Gebrauch des Funksextanten unterwiesen.

Am meisten Spaß machte der Unterricht in der Technik des Bombenwerfens. Wir wurden mit dem bekannten, doch damals noch geheimen «Norden»-Bombenzielgerät vertraut gemacht. Wohin auch immer das Zielgerät gebracht wurde, selbst in den Hörsaal – immer wurde es von einem Militärpolizisten bewacht. Für eine praktische Übung wurde das Bombenzielgerät hoch auf einem Gerüst aus Leichtmetallrohren installiert, das wiederum auf Rädern lief und motorgetrieben war. Hinzu kamen noch der Sitz des Bombenschützen, Schalterattrappen für die Kurssteuerung, Bombenschachtklappen und Hebel für das Scharfmachen und Ausklinken der Bomben.

Normalerweise wurden die Bomben elektrisch per Schalter oder automatisch mit Hilfe des Bombenzielgerätes ausgeklinkt. Die B-17 war ausschließlich zu dem Zweck entwickelt worden, Bomben über einem Zielgebiet abzuwerfen; kein Wunder daher, daß das Bomben im Mittelpunkt unserer Ausbildung stand. Es gab folgende Regelsysteme für das Bomben: bei «LOCK» (gesperrter Zustand) konnten sie nur durch Notregler ausgeklinkt werden, für die ein Schraubenzieher benötigt wurde; bei «SALVO» wurden nach Öffnung des Bombenschachts sämtliche Bomben mechanisch alle auf einmal ausgeklinkt, und «SELECTIVE» (Einzelabwurf), der normale Vorgang, bei dem sie vermittels Kniehebel oder einen Elektroregler durch das Norden-Zielgerät ausgeklinkt wurden. Außerdem konnten die Bomben «SELECT» – also ausgewählt – oder «TRAIN», in Reihe, nacheinander, abgeworfen werden. Die Zusammenstellung von Bombenlasten sowie deren Unterbringung waren eine komplizierte Angelegenheit. So konnten 450 kg-Bomben nur in den Aufhängevorrichtungen 20, 16, 8, 41, 37 und 29 mitgeführt werden. Es gab Vorkehrungen, 450 kg-, 725 kg-, 900 kg- und 1800 kg-Bomben unterhalb der Tragflächen mitzuführen, doch jeweils nur eine einzige Bombe an jeder Seite.

Der Bombenschütze übernahm während der letzten Phase eines Bombenanflugs das Kommando über die Maschine, indem er mit Hilfe des Bombenzielgerätes den Autopiloten einschaltete. Außerdem instruierte er den Flugzeugführer über die Abwurfbedingungen – ob die Maschine im Gleit- oder im Steigflug begriffen sein sollte. Ihm standen als Entscheidungshilfen Tabellen zur Verfügung, in denen genaue Ausklinkwinkel angegeben waren.

Mir machte der Umgang mit dem Bombensimulator Spaß; ich genoß es, Angriffe zu fahren und ‹Bomben› überm Ziel auszuklinken. Mit einiger Übung wurde es immer leichter, eine annehmbare Trefferzahl zu erreichen. Ich konnte die Position des Bombenschützen ausfüllen und flog mit 45 kg-Übungs-Bomben mehrere Angriffe über ein Zielgebiet; dabei entwickelte ich eine ganz gute Zielgenauigkeit und war mir darüber im klaren, daß meine Trefferquote nicht schlechter war als die einiger vollausgebildeter Bombenschützen.

Der Bombenschütze hatte vorn links hinter der großen Plexiglaskabine ein MG Kaliber .50 montiert. Sein Sitz war unterhalb der Bodenplatten des Abteils angebracht. Sein Posten war ausgestattet mit einem Ulraviolett-Scheinwerfer, Außenscheinwerfer, Fahrt- oder Staudruckmesser, Höhenmesser, Außenthermometer, Uhr, Intervelometer, Scheibenwischer, Enteiser und Kommunikationsausrüstung. Sogar eine Wärmeunterlage für das Bombenzielgerät gab es, um zu gewährleisten, daß dieses warm genug war, um störungsfrei zu funktionieren.

Wir waren von Dalhart aus auf einem Nachtflug begriffen, um ein kleines Ziel zu bombardieren, das eine Kleinstadt simulieren sollte. Es dauerte nicht lange, und wir merkten, daß wir uns verfranzt hatten, doch nach wiederholten Bemühungen fanden wir schließlich das Städtchen. Henroid machte dreimal einen Bombenanflug und klinkte zwölf Bomben aus. Ich beobachtete vom Kriechgang des Bombenschachts aus den Abwurf, um die Treffer zu zählen, und erkannte die mattroten Stichflammen der 45 kg-Übungsbomben, als sie beim dritten Anflug in der Nähe des Stadtzentrums einschlugen. Wir flogen nur in einer Höhe von

1800 m, ich konnte die ‹Stadt› deutlich erkennen und gab Henroid zu verstehen, daß die Bomben beim ersten Anflug außerhalb des beleuchteten Areals nördlich des Ziels eingeschlagen waren und wir beim zweiten Anflug den Rand der Stadt getroffen hatten. Als meine Augen sich jedoch an das nächtliche Dunkel gewöhnt hatten und ich unten vertraute Muster erkannte, erschrak ich, als ich beim dritten Anflug unten Autoscheinwerfer um die aufflammenden Bomben herum sich bewegen sah. «Wir bombardieren eine richtige Stadt», schrie ich gellend über die Bordsprechanlage. Dann erkannte ich andere Einzelheiten, unter anderem die Scheinwerfer verschiedener Autos, die in unterschiedliche Richtungen fuhren.

Die Stimmen, die über die Bordsprechanlage kamen, klangen alarmiert. Wir wollten es nicht glauben, doch ein weiterer Anflug in geringerer Höhe bestätigte die Tatsache, daß wir eine unschuldige Stadt im äußersten Nordwesten Texas' mit Bomben belegt hatten. Entschlossen, unser Versehen nicht zu melden, flogen wir zum Fliegerhorst Dalhart zurück, doch der arme Melvin Henroid wurde dermaßen von Schuldgefühlen geplagt, daß er alles gestehen und die Folgen auf sich nehmen wollte. Es handelte sich ja nicht nur darum, daß sich ein Bombenschütze geirrt hatte – das hatten auch der Navigator und die Piloten getan, und der Bordmechaniker – ich – hatte sich dadurch schuldig gemacht, daß er nach dem ersten Bombenanflug nicht besser hingesehen hatte. Bei der Nachbesprechung wurde kein Wort gesagt, und zweifellos hatten die Offiziere, die die Besprechung leiteten, noch nichts davon gehört, daß eine Kleinstadt bombardiert worden war.

Ab und zu hatten wir nach vierundzwanzig Stunden Dienst Ausgang und fuhren nach Dalhart, das jedoch für einen Nichttrinker wie mich nur wenig Abwechslung bot. In einem Restaurant gab es für 75 Cent ein Riesensteak, und so ging ich mit einem Kameraden hin, das kleine Lokal einmal auszuprobieren. Fünf oder sechs junge Leute lungerten draußen herum und machten sich darüber lustig, daß wir Uniform trugen. Die Burschen trugen Cowboy-Stiefel, breitkrempige Hüte und Bluejeans; obwohl im einzugsfähigen Alter, wurden sie aus beruflichen Gründen immer wieder ‹uk› – unabkömmlich – gestellt, weil ihre Familien Viehzüchter waren. Das Essen im Restaurant war besser als die Verpflegung im Stützpunkt, nur war das Steak zu groß. Dies war mein erstes Steak-Dinner, doch ich fand, daß es in Zeiten des nationalen Notstands übertrieben, wenn nicht überhaupt überflüssig war.

Den Juli und August 1943 verbrachten wir in Dalhart; starke Gewitterstürme suchten die Großen Ebenen und den Nordwesten von Texas heim. An einem August-Tag war unsere Besatzung dabei, eine B-17 für einen Flug in den Norden Richtung Chicago startklar zu machen, als ein Sturmwind in Wellen über den Flugplatz gefegt kam. Die Besatzung ließ die Maschine stehen und suchte Deckung in einem offenen Schuppen vor der Rampe; der Regen prasselte mit einer solchen Gewalt herunter und der Wind peitschte so heftig, daß wir uns ernstlich Sorgen um die Flugzeuge machten. Als Regen und Wind nachließen, kam es noch schlimmer; eine Serie von Blitzen zuckte in rascher Folge hernieder. Voller Unbehagen beobachteten wir die Reihe der Flugzeuge und sahen einen Mann auf uns zulaufen, der draußen unter einer Tragfläche Schutz gesucht hatte. Er war nur hundert Meter von der Maschine entfernt, da fuhr ein Blitz in den Mann ein. Das grelle Licht blendete, wir blinkerten erschrocken einen Moment und hielten nach ihm Ausschau. Von der Stelle, wo es ihn traf, hatte der Blitz ihn rund hundert Meter fortgeschleudert. Wir liefen hinzu, um zu helfen, doch wurde uns nur allzubald schmerzlich klar, daß der Mann tot war. Völlig zusammengeschrumpft und noch schwelend lagen seine Schuhe nahe der Stelle, wo es ihn getroffen hatte.

Als Regen und Wind nach Norden entschwanden, rief der Flugzeugführer uns zusammen, und die Startvorbereitungen gingen weiter, während ein Krankenwagen kam, um den Toten fortzubringen.

Nach dem Sturm waren alle ein bißchen verkrampft, doch viele Worte wurden nicht verloren. Eaton gab dem Navigator den Nordkurs an, und mir erklärte er, wir müßten in großer Höhe mit Maximalgeschwindigkeit fliegen, um die durch den Sturm verlorene Zeit wieder einzuholen. Der Start verlief normal; die Motoren gaben ihr Äußerstes. Die Geräusche von Propellern und Motoren klangen ungewöhnlich hoch und riefen eine Vibrationsfrequenz hervor, die ich am ganzen Körper spürte. Ich stellte den Luftschrauben-Drehzahlregler anders ein, um die Vibration zu senken, ehe der Flugzeugführer beim Abheben und im ersten Stadium des Steigens etwas vom Gas wegnahm. Bei manchen Maschinen kam es vor, daß sie vibrierten wie diese hier. Unangenehme Frequenzen bewirkten, daß einem regelrecht schlecht wurde; das ging manchmal so weit, daß man glaubte, es nicht mehr aushalten zu können, doch bei der ersten Leistungs-Drosselung bald nach dem Abheben legte sich der Krach. In diesem Falle schienen die atmosphärischen Verhältnisse nach dem Sturm die Lärmentwicklung zu begünstigen.

Wir hatten erst eine Flughöhe von 2270 m erreicht, da wurde uns klar, daß wir den Sturm eingeholt hatten. Blitze erhellten Kumuluswolken hoch über uns.

Eaton war verstört, denn der Sturm war uns im Weg; das beste wäre, den Flug abzubrechen und zurückzukehren. Doch dann sagte er: «Ich möchte mal wissen, wie es in einer Gewitterwolke ist.» Der Co-Pilot, Hainline, warnte laut, es sei zu gefährlich. «Tom», sagte er, «laß uns zurückfliegen und den Sturm abwarten. In ein paar Stunden sieht alles ganz anders aus.» Um sich dann an mich zu wenden: «Matheny, meinst du nicht, bei den vielen Blitzen könnte die Maschine was abbekommen?» Meine Antwort lautete: «Ja. Die Blitze gehen von einer Wolke zur anderen. Schlimmeres zum Durchfliegen gibt's nicht.»

Eaton sagte: «Ach, was soll's! Kämpfen wir uns durch. Doty, verschaff uns eine Peilung auf Kansas City!»

Ich schlug vor, alle sollten den Fallschirm anlegen, was manche begrüßten. Durch die schlingernde Maschine ging ich nach hinten und holte den Fallschirm des Flugzeugführers; dann ging es zurück über den Kriechgang durch den Bombenschacht, durch den Funkerraum, vorüber an der Kugelkanzel zu den Hüftkanzeln, wo wir für gewöhnlich unsere Fallschirme ablegten; ich wollte auch für Hainline einen holen. Nach dem dritten Gang waren wir tief im Gewitter drin, wurden heftig hin- und hergeworfen, was es nicht gerade erleichterte, durch die Maschine vorwärtszukommen.

Jetzt bekam Eaton es mit der Angst; er stellte fest, daß er den Instrumentenflug nicht beherrschte. Das Rucken, das immer wieder durch die Maschine ging, war so schlimm, daß ich kaum die Triebwerksinstrumente ablesen konnte; dabei ging mir der Gedanke durch den Kopf, wenn wir jetzt einen Motorausfall hätten, wäre es für mich ein Ding der Unmöglichkeit zu sagen, welcher Motor ausfiel. Eaton versuchte, über das Gewitter hinwegzufliegen, doch schien die Maschine auf Gasgeben nicht zu reagieren, woraufhin er beschloß, *unter* den dicken schwarzen Wolken hinwegzufliegen, in deren Gebrodel wir jetzt steckten.

Für mich hatte es etwas Erschreckendes, in die dichte Schwärze des Unwetters hinabzutauchen und bei den heftigen Turbulenzen und dem Gefühl des Strömungsabrisses kaum die Instrumente ablesen zu können. Nutzlos fuhren die Scheibenwischer hin und her, und grelles Aufblitzen machte plötzlich deutlich, was für eine Gewalt die Natur gegenüber unserer winzigen Maschine mit ihrer törichten Besatzung darstellte. Obwohl die B-17 einen Heidenlärm machte, waren die Donnerschläge nicht zu überhören; doch das Erschreckendste war der Hagel, der mit einer Heftigkeit auf Windschutzscheibe und Rumpf prasselte, daß man meinte, die Maschine müsse jeden Augenblick den Dienst versagen.

Ein gewaltiger Ruck ging durch das Flugzeug; ich meinte, es müsse die B-17 auseinandergerissen haben. Dann setzte für mehrere Sekunden, die freilich eine Ewigkeit zu dauern schienen, ein Gefühl von Schwerelosigkeit ein, das um so beklemmender wirkte, als der Höhenmesser im Handumdrehen um rund 700 m fiel. Sofort bereitete ich mich darauf vor, aus der Maschine auszusteigen, als wäre sie auseinandergebrochen und fiele jetzt hilflos auf die Erde. Doch der Fall wurde abgefangen, und die Maschine flog immer noch. Nevells, der Hüftschütze, berichtete über die Bordsprechanlage, der Rumpf weise oben ein klaffendes Loch auf und Munition wäre hinausgeschleudert worden. Eaton fragte nach, ob das Heck abbreche; er dachte offensichtlich, die Maschine stünde kurz vor ihrem Ende.

Mit gebrochener Stimme meldete Nevells, nein, nur ein Loch wäre da, das Heck halte. Kurzes erleichtertes Aufatmen.

Etwa hundertzwanzig Meter über dem Boden fingen wir das Absacken ab und flogen über die sanft gewellte Landschaft von Oklahoma oder Kansas dahin; zu sagen, wo, war unmöglich. Es war auch trotz der Heftigkeit des Sturmes nicht nötig, nach Instrumenten zu fliegen; jedenfalls flogen wir durch ein von Blitzen erhelltes Gebiet. Die Blitze waren ungeheuerlich und ließen eine Landschaft erkennen, die aussah wie erstarrt und etwas völlig Unwirkliches hatte.

Ein gewaltiges blendendes Aufblitzen schickte einen peitschenknallartigen Krach durch die Maschine und löste bei jedem einzelnen von uns einen neuen Angstschock aus. Gehetzt ließ Nevells sich über die Bordsprechanlage vernehmen: «Blitz zwischen Tragfläche und Schwanz hindurchgegangen.» Eaton reagierte mit einem: «Erbitte Schadensmeldung.» Dabei war es völlig ausgeschlossen, sich zu rühren, um irgend etwas zu überprüfen und mögliche Schäden zu melden. Ich selbst schaffte es gerade noch, mich mit den Armen an der Kanzeldecke abzustützen, mich an den festgezurrten Notbremsenhebeln festzuhalten und mit gespreizten Beinen gegen die heftigen und völlig unberechenbaren Schlingerbewegungen anzustemmen.

Als der Regen nachließ, taten auch die Scheibenwischer wieder ihren Dienst und verlor der Flug etwas von seiner Gewalttätigkeit. Die Blitze zuckten weniger häufig und in größerer Ferne auf, und wir gingen zu einem ruhigeren und stetigeren Kurs über. Über die Bordsprechanlage ertönte es von allen Seiten: «Geschafft!» – «Wir sind noch mal davongekommen!» – «Die Maschine hat gehalten!» Von Henroid kam es: «Gott sei Dank, wir haben es überstanden!» Eaton bemühte sich, die Besatzung zu beruhigen, und tat so, als wäre der Flug erwartungsgemäß verlaufen, indem er von den einzelnen Besatzungsmitgliedern Meldungen abforderte. Der Heckschütze, Robert Lamoureaux, war auf seinem Sitz im Heck bös durchgeschüttelt worden; trotz des Sicherheitsgurts war er mit dem Kopf ein paarmal gegen die MG-Lafette gerammt und rief, er sei verletzt. Leider war es immer noch zu turbulent, sich um ihn zu kümmern.

Die Luft wurde glatter, aber es war sehr dunkel, und es lag auf der Hand, daß wir in 600 m Höhe immer noch in den Wolken waren. In 1200 m Höhe konnten wir aufgequollene weiße Kumuluswolken sehen. Die große Maschine wurde trotz des Bemühens, den Kurs einzuhalten, um sie herumgeführt. Plötzlich Lichter unten, die hellen, farbenfrohen Lichter einer Stadt, die teilweise von Wolkenschichten verdunkelt wurde. «Welche Stadt ist das?» fragte Hainline. Der Navigator stotterte: «T', Topeka, O', Kansas City unter uns.»

Eaton drosselte die Motoren, wohingegen ich mit Hilfe des Luftschrauben-Drehzahlreglers versuchte, die Anzahl der Umdrehungen pro Minute zu steigern, und Hainline daran erinnerte, die

Luftfilter anzudrehen und die gelben Kontrolleuchten zu überprüfen, die anzeigten, daß die Filter arbeiteten, die Hebel des Kompressors voll auf ‹an› und die Gemischregelung auf ‹automatisch fett-reich› stellte. Der Flugzeugführer ging mit der Fluggeschwindigkeit auf 270 Stundenkilometer herunter und befahl «Fahrgestell ausfahren» und gleich darauf «Landeklappen». Hainline kam diesen Anweisungen sofort nach. In steiler Spirale schraubte sich Hainline durch die Wolkenlücke, durch die wir die Lichter der Stadt sahen, in die Tiefe. Jetzt freilich, da wir durch die Dunstschwaden am Rand hindurchkamen, verschwanden sie für Sekunden. In dem Bemühen, die Zylinderkopf-Temperatur der großen, luftgekühlten Motoren nicht allzu schnell absinken zu lassen, schloß ich die Kühlluft-Regelklappen. Schließlich ging der Co-Pilot seine Check-Liste durch, und der Pilot befahl ihm, Kontakt mit dem Turm von Topeka aufzunehmen; denn mittlerweile war ihm klargeworden, daß die Stadt unten längst nicht so groß war, wie Kansas City es hätte sein müssen. Die Maschine setzte ihre spiraligen Abwärtsbewegungen fort, und es wurden größere Teile der Stadt sichtbar; plötzlich, als wir die letzten Wolkenschleier hinter uns ließen, lag alles mit einer selten erlebten Klarheit unter uns. Der Regen hatte aufgehört, die Luft war ruhig, und alles sah strahlend neu aus und wirkte auf die Besatzung mit ihrer arg mitgenommenen Maschine wie ein rettender Hafen, in den wir uns vor den Launen der Mutter Natur flüchten konnten. Der Anblick war erregend und friedlich zugleich. Es war die erste Stadt, die irgendeiner von uns seit Kriegsbeginn voll erleuchtet erlebt hatte, denn sonst war ja alles verdunkelt. Gebannt von der pulsierenden Pracht von weißen und farbigen Lichtern unten, vergaß die Besatzung ganz auf ihre Pflichten.

Hainline bekam keinen Kontakt mit dem Topeka Tower des Flugplatzes. Schließlich hörte er eine andere Maschine, die mit dem Tower vom Flugplatz Wichita sprach. Der Funkkompas SCR-269 war eingeschaltet, und plötzlich blinkte ein Funkbakensignal auf, das anzeigte, daß wir beim Anflug auf einen Flugplatz über eine Funkbake hinweggeflogen waren. Schließlich ging Hainline auf, daß wir uns im Anflug auf den Flughafen von Wichita befanden, woraufhin wir uns sofort beim Tower meldeten. Nach der Landung inspizierten die Piloten, Nevells und ich die Maschine und suchten nach irgendwelchen Schäden. Wir fanden keinerlei abgesprengte Nieten in den Tragflächen; nur die Oberhaut wies ein paar Verwerfungen auf. Auch das Heckteil schien in Ordnung zu sein. Das Loch oben im Rumpf war etwas größer als ein Einschlag von einem 50 mm-Geschoß. Nach unserer Schätzung mußten etwa fünfzig durch die Stahlgurte zusammengehaltene Patronen verlorengegangen sein. Erklären konnten wir uns das Phänomen nur dadurch, daß die Maschine, bedingt durch das Absacken, starken negativen Erdanziehungskräften ausgesetzt war, die sie beinahe zerstört hätten.

Als wir auf dem Abstellplatz standen, bekamen wir ein ungewöhnlich glänzendes Flugzeug zu Gesicht, neben dem unsere ‹große› B-17 geradezu winzig wirkte. Es handelte sich um eine der ersten B-29, die bei den Beech-Flugzeugwerken vom Band gelaufen waren, eine Boeing-Entwicklung, die die B-17 ablösen sollte; dabei hatten wir uns bis jetzt eingebildet, das beste Flugzeug der Welt zu fliegen. Mit Maschinenpistolen bewaffnete Angehörige von der Militärpolizei bewachten die riesige neue Maschine. Diese war bis jetzt noch nicht mit Tarnfarben gestrichen wie unsere B-17, sondern prangte noch in ihrer schimmernden Aluminiumverkleidung. Bis jetzt waren bei ihr auch noch keine MG-Kanzeln und Geschütze eingebaut; trotzdem wirkte die Maschine schnell und unverwundbar.

Die Überprüfung vorm Abflug ergab, daß bei unserer kleinen B-17 ein Topf des 2. Turboladers ausfiel. Beim Start ließ ich den 2. Turbolader aus, woraufhin der Motor nur 86 cm Ladedruck bekam. Doch auch bei weniger PS von dem 2. Motor hob die alte B-17 sich mühelos in die Luft. Bei kühler, nahezu klarer Luft flogen wir zurück nach Dalhart und ließen uns den Weg von den Sternen weisen.

Die Beziehungen zwischen den Städtern und den Air Force-Angehörigen verschlechterten sich, hauptsächlich wegen der ukgestellten jungen Männer. Dieser Umstand machte manche Air-Force-Angehörige sehr wütend, und es kam zu Randaliererein in der Stadt; die Militärpolizei schaffte es jedoch sehr gut, die Ordnung aufrechtzuerhalten. Manche Bordschützen machten bei Tiefflügen Jagd auf Rinder. Das verschlimmerte die Situation selbstverständlich, doch für die Bordschützen war die Übung gut.

Die Langeweile erwies sich bei Langstreckenflügen insbesondere bei Nacht als schlimmster Feind. Ich schlief bei solchen Flügen niemals und nahm meine Verantwortung für das reibungslose Funktionieren der Maschine immer sehr ernst. In Gedanken ging ich genau durch, was in allen erdenklichen Notfällen getan werden müßte, und in meinem Geist lief alles wie am Schnürchen. Selbst das Verlassen der Maschine probte ich in Gedanken; jede nötige Bewegung und jeder Handgriff waren mir vertraut. In den letzten Tagen in Dalhart wurden wir auch in das Abspringen mit dem Fallschirm eingewiesen, doch dauerte die ganze Einweisung nur eine Viertelstunde, und viel gelernt hat keiner von uns dabei.

Der letzte und den Lehrgang abschließende Übungsflug ging über den Golf von Mexiko und gipfelte in einem Treffen mit einer Maschine, die Zieltücher hinter sich herschleppte. Eine aus drei Staffeln bestehende fliegende Gruppe – insgesamt siebenundzwanzig Flugzeuge – sollte auf dem Gulfport Field, Mississippi, landen. Einige der Maschinen flogen in Formation, doch aufgrund eines undichten Luftschraubenreglers verspätete sich der Abflug unserer Maschine um rund sechs Stunden. Wir starteten um 16 Uhr und flogen auf den letzten Ausläufern eines nach Nordost abziehenden Gewitters, das tiefliegende kleine Kumuluswolken hinter sich herzog und gelegentlich leichte Böen aufkommen ließ. Als der Regen nachließ, stießen wir in rund 2700 m Höhe auf schöne weiße Quellwolken und sahen in der Ferne einen leuchtenden Regenbogen. Wir flogen auf das Ende des Regenbogens zu, erreichten es jedoch nie, da der Regenbogen sich immer in derselben Geschwindigkeit vor uns herschob, wie wir uns ihm zu nähern versuchten. Eaton sagte: «Matheny, übernimm du das Kommando auf dem linken Sitz; ich möchte mich im Heck ausruhen.» Er machte sich im Bereich der Kugelkanzel aus Fallschirmen und Wolldecken, die wir in unseren Flugsäcken mit uns führten, ein Lager zurecht. Hainline auf dem Sitz neben mir war bald eingeschlafen, und ich flog die Maschine im rasch schwindenden Tageslicht allein. Doty machte mich darauf aufmerksam, daß wir leicht vom Kurs abkamen. Es war ein erhebendes Gefühl, die große Maschine selbst zu fliegen, die Entscheidung darüber zu treffen, ob ich um bestimmte Wolken herumfliegen wollte oder nicht, und zu bestimmen, wieviel Gas gegeben werden mußte, um eine Bö zu überfliegen. Plötzlich erschienen im feinen Dunst über den Wolken Lichtpunkte; es war eine sternklare Nacht.

Bei ziemlich dunklem Himmel tauchte unter uns Natchitoches, Louisiana, auf, von woher unser Funker, ‹Rebel› Clark, stammte. Als wir über seine Heimatstadt hinwegflogen, stöhnte er über die Bordsprechanlage, und jeder hatte Verständnis für sein Heimweh.

Als wir auf dem Gulfport Field landeten, war es bereits dunkel. Ehe ich Gulfport im April verließ, hatte ich hier fünf Monate zugebracht, doch inzwischen waren neue Gebäude hochgezogen worden. Das Schulgebäude, in dem ich einen Teil meiner Ausbildung absolviert hatte, stand leer, die Schule war verlegt und viel von dem sumpfigen Gelände aufgefüllt worden. Von den siebenundzwanzig nach Gulfport beorderten Maschinen waren am nächsten Morgen nur neunzehn gelandet. Noch gestern hatten wir uns in Dalhart wegen des lecken Luftschrauben-Steigungsreglers große Sorgen gemacht; denn das Leck hatte unseren Abflug verzögert, so daß wir nicht mit dem Rest unserer Staffel hatten fliegen können. Jetzt erfuhren wir, daß drei Maschinen bei einem Gewitter über Louisiana vermißt wurden; und das drei Stunden, ehe wir dieselbe Strecke geflogen waren. Vier B-17 hatten bei dem Versuch, über die Gewitterwolken hinwegzufliegen, Maschinenschaden erlitten und waren gezwungen gewesen, auf anderen Flugplätzen notzulanden. Unsere Maschine hatte durch den Hagel beträchtlichen Schaden genommen und viel von dem Plexiglas der Vorderkanzel verloren. Major Habberstad tobte, weil die Piloten versucht hatten, in diesen Sturm hineinzufliegen; ich nehme an, dazu hatte unsere Besatzung beigetragen, als sie sich damit brüstete, durch einen Sturm hindurchgeflogen zu sein. Viele meinten, ein Gewitter könnte einer B-17 genausowenig anhaben wie ein Gegner; es war schlimm, daß erst neunundzwanzig Mann hatten den Tod finden müssen, um uns allen diese Illusion auszutreiben und uns die Augen über die Wahrheit zu öffnen. Nur ein Mann von den Besatzungen der drei Maschinen, die bei diesem Gewitter abstürzten, kam mit dem Leben davon. Er war Funker und erzählte mir am nächsten Tag, als sie in das Gewitter hineinflogen, sei die Besatzung alarmiert gewesen, und Fallschirme seien an alle ausgegeben worden. Sie seien in einer Höhe von 6600 m dahingeflogen und hätten versucht, Höhe zu gewinnen und über das

Gewitter hinauszugelangen; dabei sei die Maschine in gewaltige Turbulenzen geraten und in zwei Teile auseinandergebrochen. Da er am Sitz des Funkers angeschnallt gewesen sei, der in einem Teil des Rumpfes gelegen habe, der abgebrochen sei, hätte er den Sicherheitsgurt ausgeklinkt und sei durch die Wolken in die Tiefe gestürzt; schließlich hätte er es mit der Angst bekommen, zu tief zu fallen, die Reißleine seines Fallschirms gezogen und sei in tiefe, nur von gelegentlichen Blitzen erhellte Schwärze hinabgetaucht. Vom Heckteil der Maschine habe er genausowenig gesehen wie von irgendwelchen Kameraden. Von den dreißig Mann Besatzung in den drei Maschinen, die sich zu weit ins Unbekannte vorgewagt hatten, war er der einzige Überlebende.

Frühmorgens tankte das Bodenpersonal die wartende B-17 auf und versorgte sie mit Öl. Dies geschah, bevor ich ankam, denn wir wurden durch die Einsatzbesprechung noch festgehalten. Wir sollten 900 km südlich von Gulfport mit drei Maschinen zusammentreffen, die Zieltücher schleppten, sie begleiten, ein Übungsschießen veranstalten und zurückkehren. Der Flug mußte besonders sorgfältig vorbereitet werden, denn schließlich sollte es 1800 km übers Meer gehen, wir uns mit den anderen Flugzeugen treffen und eine Stunde lang Übungsschießen veranstalten. Aus den Tabellen ging hervor, daß der Treibstoffverbrauch bei rund 20000 Kilo Gesamtgewicht des Flugzeuges 1850 Umdrehungen in der Minute und einem Ladedruck von 736 mm auf 600 l pro Stunde gedrosselt werden könnte, ohne die Geschwindigkeit von 315 Stundenkilometer auf Seehöhe zu verringern. Das hieß, daß wir bei 6580 l mitgeführtem Treibstoff eine Reichweite von 2880 km hatten. Zum Aufwärmen der Motoren und um eine Höhe von 1500 m zu erreichen, würden wir 500 l verbrauchen, doch da wir praktisch in Höhe des Meeresspiegels fliegen sollten, ließ sich der Treibstoff, der sonst für den Aufstieg auf 1500 m verbraucht werden würde, der Reserve zuschlagen, und mit schlechtem Wetter mußte man immer rechnen.

Unsere Flugroute führte uns westlich an der Halbinsel Yucatan vorbei fast bis an den Golf von Campeche. Ausweichmöglichkeiten bei irgendwelchen Schwierigkeiten waren Veracruz, Tampico, Merida, Mexico und Flugplätze in Florida. Die Mexikaner sollten mit uns zusammenarbeiten, uns auf Anforderungsformulare hin Treibstoff verkaufen und andere Dienstleistungen erbringen.

Die Maschinen fuhren aufs Rollfeld und starteten bei leichtem Regen um 9 Uhr. Kaum waren wir in der Luft, meldete Nevells, Treibstoff sprudele aus dem Einfüllstutzen eines Reservetanks und ergieße sich fächerförmig in einem nebelartigen Strom über die Tragfläche. Der Flugzeugführer sah mich an und fragte: «Können wir uns einen solchen Treibstoffverlust leisten?» – «Nein», sagte ich. «Laß uns landen, und ich bring das in Ordnung.» Kurz entschlossen flog Eaton das kurze Stück zurück, wandte sich an den Tower und erklärte, ein technisches Problem mache eine umgehende Landung erforderlich. Sobald die B-17 an einer Kreuzung abbog, kletterte ich aus der Ausstiegsklappe des Funkers hinaus über den Rumpf zur Oberkanzel und hängte mich an die Geschützrohre, bis Eaton die Maschine auf der Zuführung zum Stehen brachte. Bei noch laufenden Motoren bewegte ich mich über die Tragfläche zu dem lecken Einfüllstutzen. Dort stellte ich fest, daß die Bodenmannschaft, die das Auftanken übernommen hatte, die Sicherheitskette an der Verschlußkappe zwischen Dichtungsscheibe und Gewinde festgeklemmt hatte, so daß eine Lücke von einem halben Zentimeter entstanden war, durch die der Treibstoff heraussprudelte. Ich versuchte festzustellen, wieviel Treibstoff wir bereits verloren hätten, doch erwies sich das bei laufenden Motoren als unmöglich.

Wieder im Cockpit, rollte Eaton erneut auf die Startbahn hinaus, bat um Auskunft, wieviel Treibstoff wir schätzungsweise verloren hätten, und fragte, ob wir unseren Auftrag trotzdem erfüllen könnten. Wenn wir den Reservetank jetzt auftankten, hieß das, auf die Schießübung verzichten zu müssen. Ich hielt es für möglich, daß wir 150 l verloren hatten. Eaton sagte: «Schön – rechne aus, welche Leistung wir erbringen müssen, um gleichzeitig mit den anderen Maschinen am Bestimmungsort einzutreffen.» Schon wollte ich protestieren, da schnitt Eaton mir das Wort ab mit der Bemerkung: «Du hattest dafür zu sorgen, daß der Vogel vollgetankt ist. Jetzt sieh zu, daß wir hin- und auch wieder zurückkommen.» – «*Yessir*», erwiderte ich, griff nach dem Handbuch und suchte nach den Reichweitentafeln. Nach dem Start brachte ich den Motor auf 2100 Umdrehungen und verstärkte den Ladedruck auf 76 cm. Dann beobachtete ich, wie wir beschleunigten. Die alte B-17 brachte es bald auf 350 Stundenkilometer, allerdings bei einem Verbrauch von 870 l pro Stunde. Daraufhin teilte ich dem Navigator mit, daß wir während des Rückflugs langsamer und in einer Flughöhe mit günstigeren Windverhältnissen fliegen würden. Woraufhin er mit Eaton sprach und ihm fast hysterisch beizubringen versuchte, daß wir es dann nicht mehr bis Gulfport zurück schaffen würden. Eaton schrie zurück, er solle gehorchen und navigieren.

Zwei Stunden hindurch behielten wir die 2100 Umdrehungen pro Minute und die 76 cm Ladedruck auf einer Flughöhe zwischen sechzig und neunzig Meter über dem Meeresspiegel bei; damit nutzten wir die Windverhältnisse, wie sie unseres Wissens im Küstengebiet vor New Orleans herrschten. Nach zwei Stunden wußten wir über die Windverhältnisse nichts mehr, und es gab keine Möglichkeit festzustellen, ob der Wind blieb, wie er war. Doty stellte mit dem Abtriftmesser überhaupt keinen Wind fest. Meinen Berechnungen zufolge hatten wir beim Anwärmen der Motoren und beim anschließenden Start etwa 300 l verbraucht, bei dem kurzen Rückflug und der Landung 75 l, noch mal 150 l für das zweite An-den-Start-Gehen und den Start, etwa genausoviel Verlust durch den undichten Einfüllstutzen sowie 1725 l während der letzten beiden Stunden, insgesamt also 2400 l; dabei hatten wir bis jetzt nicht mehr als rund 600 km geschafft. In etwa 40 Minuten mußten wir Kontakt mit den Schleppflugzeugen haben; das würde uns noch einmal 520 l kosten. Damit blieben uns 3650 l für die Schießübung und die Rückkehr nach Gulfport. Ich machte dem Piloten Meldung über die Treibstofflage und erklärte, wir könnten uns nicht viel Zeit mit den Zielflugzeugen nehmen. Dem pflichtete er bei. Doty riet, sofort umzukehren, denn er tappe, was die Winde betreffe, völlig im Dunkeln. Eaton gab keine Antwort.

Wir hielten nach den anderen Maschinen Ausschau, sahen jedoch keine. Bei diesem Flug wurde Funkstille bewahrt; nur die Lichtsignale zwischen den Schleppflugzeugen und uns waren erlaubt. Die vierzig Minuten vergingen, ohne daß wir von den Schleppern etwas sahen; bald waren es fünfzig Minuten, und immer noch nichts von den Schleppern zu sehen. Nach einer weiteren Viertelstunde entdeckte Henroid links, in der 9 Uhr-Position, einen Schlepper östlich von uns. Eaton wendete die Maschine, um auf das andere Flugzeug zuzufliegen; ich bin sicher, daß meine Kameraden genauso ein Stein von der Seele fiel wie mir.

Eaton befahl Clark, das Schiebedach über dem Funkraum abzunehmen und sämtliche Waffen feuerbereit zu machen. Mit angstvoller Stimme rief Clark, das Schiebedach wäre davongeflogen, und er sei verletzt. Obwohl ich in diesem Augenblick im Turm war, hatte ich das Schiebedach nicht wegfliegen sehen, spürte jedoch, daß die Maschine mit etwas zusammenstieß. Über den Kriechgang des Bombenschachts eilte ich in den Funkraum.

Clark saß auf dem Boden und hielt sich den rechten Arm. Er war kaum imstande zu sprechen. «Ich habe den Griff umgedreht, und da ist es mir aus der Hand geflogen.» Offenbar hatte er nicht anweisungsgemäß erst vorn den Hebel gelöst, woraufhin der Sog es davongetragen hatte. Ich schaute aus der Öffnung hinaus und erkannte zu meinem Schrecken, daß das Schiebedach das riesige Seitenruder getroffen und eine Scharte von über einem halben Meter Länge in den Rand gerissen hatte. Ich verfrachtete Clark auf seinen Sitz und zurrte ihn mit dem Sicherheitsgurt fest.

Wir waren gerade dabei, einen Angriff auf den Schleppsack zu fliegen, als ich dem Flugzeugführer die Sache mit dem Seitenruder meldete. Der Navigator feuerte, dann der Hüftschütze; ich jedoch schaffte es nicht rechtzeitig, eine Salve auf den Schleppsack hinauszujagen. Die Schlepp-Maschine bog nach Osten ab, signalisierte uns mit einem gelben Licht, die Übung sei beendet, und klinkte die Zieltasche aus, die ins Meer fiel.

Eaton wendete, flog nach Norden und bat Doty um eine Kursangabe. Ich warf einen Blick auf die Uhr. Wir waren jetzt 3 Stunden 42 Minuten unterwegs, hatten damit seit dem zweiten Start 3900 l Treibstoff verbraucht, was ich Leutnant Eaton meldete. Er sagte: «Schön, Doty, dann mach uns mal die besten Wind-Höhen-Verhältnisse ausfindig und leite uns nach Hause.» Doty sagte: «Probieren wir es bei 1500 m, ich versuche, die Abtrift rauszukriegen; hm, nehmen wir Kurs 07 Grad magnetisch.»

Nach dem Aufstieg stellte ich die Leistung auf 1860 Umdrehungen und einen Ladedruck von 73 cm ein; die Flugtabelle zeigte einen Kraftstoffverbrauch von 632 l pro Stunde an, was etwa einer

Leistung von 334 Stundenkilometern entsprach. ‹Damit müßten wir es in weniger als drei Stunden bis nach Haus schaffen›, dachte ich, während ich am E6-B-Flugrechner arbeitete. ‹Das kostet uns etwa 1700 l. Mal sehen›, sann ich, ‹150 l für den Aufstieg vorhin, 3878 l für den Flug bis dorthin dazu, jetzt noch mal 1700 l für den Rückflug macht insgesamt 5732 l... Himmel, das wird knapp.› Ich rechnete mit dem Bleistift erneut den Treibstoffverbrauch sowie die Flugzeit nach, kam aber immer noch ungefähr auf dieselbe Schätzzahl von 800 bis 820 l bei unserer Ankunft in Gulfport. ‹Und was ist mit dem Wind?› überlegte ich. ‹Das melde ich mal besser Eaton.› Eaton blieb ganz ruhig, fragte bei Doty nach dem Wind, und dieser erwiderte: «Wir haben 17 Knoten Gegenwind.» Woraufhin Eaton sagte: «Dann sollten wir wohl besser runtergehen; um 150 m tiefer war er wesentlich geringer.» Doty meinte: «Im Norden kann man weiße Schaumkronen erkennen», und fuhr dann fort: «Und wie sieht's mit dem Treibstoff aus? Wieviel haben wir noch?» Eaton sagte: «Matheny meinte, so um die 2500 l.» Da bat Hainline um den E6-B-Rechner, und ich rechnete das Ganze mit ihm noch einmal durch. Er machte ein besorgtes Gesicht.

Immer wieder studierte ich die Tabellen und Karten im Piloten-Handbuch, doch war alles sehr verwirrend, da sämtliche Berechnungen für die Hälfte der Strecke mit Bombenlast galten. Ich suchte nach dem Blatt mit Gewicht und Gleichgewicht, aber das fehlte. Wie sollte ich überhaupt die Treibstoffzufuhr regeln, wenn ich gar nicht wußte, wie schwer die Maschine war? Meine Schätzung ging auf etwas über 23 Tonnen. Jetzt ließ Henroid sich vernehmen: «Hört mal zu. Ihr scheint euch Sorgen zu machen. Schaffen wir's überhaupt? Das Wetter voraus sieht gut aus.» Eaton sagte: «Wir haben alles unter Kontrolle, keine Bange.» Aber wir sorgten uns trotzdem.

Eaton stand auf und sagte mir, ich sollte übernehmen, während er und Hainline zu den verschiedenen Besatzungsmitgliedern gingen, jeden einzelnen beruhigten und erklärten, alles sei okay. Ich flog, wie vor zwei Stunden angewiesen, einen Kurs von 07 Grad.

Die Treibstoffanzeiger standen unter einem Viertel, und der Anzeiger Nr. 3 funktionierte nicht. Damit blieb nicht viel Zuversicht, was die Treibstoffmenge betraf, die wir noch in den Tanks hatten, aber ich sagte mir immer wieder, was wirklich zählte, sei die Zeit, die die Motoren tatsächlich liefen, und nicht die Treibstoffanzeiger. Immerhin hatte ich Grund zu zweifeln. Was, wenn die Motoren nicht alle vorschriftsmäßig liefen und der eine oder andere mehr Treibstoff verbrauchte als die übrigen? Ich hatte die Tanks sorgfältig ausgewählt; infolgedessen mußte der Verbrauch gleichmäßig vonstatten gehen und die Lage der Maschine nicht beeinträchtigen. ‹Was könnte ich sonst noch tun?› fragte ich mich äußerst besorgt, denn ich wußte, daß ein Fehler von mir für alle eine Katastrophe sein konnte.

Endlich bekam Doty auf dem Funkkompaß ein Signal aus New Orleans, doch das lag bei 30 Grad und damit östlich von unserem Kurs. Eaton befahl eine Kursänderung, woraufhin ich die Maschine langsam auf 037 Grad brachte. Eaton sagte: «Sieht so aus, als ob wir nach Texas flögen, statt nach Gulfport.» Kleinlaut erklärte Doty, er habe in den letzten zwei Stunden oder noch länger vergessen, die 08-Grad-Abweichung des Kompasses zu berücksichtigen. Dieser Navigationsfehler kostete uns noch mehr Zeit und Treibstoff, und Eaton bat um eine Positionsangabe.

Als wir in übereinandergelagerte Wolkenschichten eintraten, übernahm Eaton wieder das Kommando; vom Meer war jetzt nichts mehr zu sehen. Eine dunkle Wolkenmasse erhob sich vor uns und verdunkelte den Himmel. In einer Höhe von 1500 m überflogen wir New Orleans, doch sehen konnten wir nichts. Eaton begann den Anflug; ich sah nach der Uhr und trug die Uhrzeit ins Logbuch ein: 16 Uhr 25. Damit waren wir sieben Stunden in der Luft, und ich nahm an, daß wir seit Abbruch des Übungsschießens etwas über 2000 l verbraucht hatten; blieben uns also noch rund 600 l bis Gulfport. Auf den Treibstoffanzeigern sah das allerdings anders aus: danach waren sämtliche Tanks fast leer – nur die Warnlampen leuchteten nicht auf. Der Flugzeugführer befahl mir, für den Anflug eine geringere Leistung einzustellen. Nach ein paar Minuten durchbrach die B-17 die Wolkendecke, und die Küste lag direkt unter uns. Ohne Zwischenfall, aber unendlich erleichtert, landeten wir. An diesem Tag war es zu zwei gravierenden Fehlern gekommen: Ich hatte versäumt, sämtliche Tankverschlüsse zu kontrollieren, nachdem das Bodenpersonal die Maschine startklar gemacht hatte; und außerdem war versäumt worden, beim Flug über nahezu 900 km übers Meer die Kompaßabweichung von 08 Grad zu berücksichtigen, was uns weit vom Kurs abgebracht hatte. Die Offiziere und ich sprachen diese Fehler eingehend durch, der ganze Zwischenfall brannte sich mir unauslöschlich ins Bewußtsein, und ich nahm mir vor, so etwas nie wieder zu tun.

Des beschädigten Seitenruders wegen mußte die Maschine am Boden bleiben, und so flogen wir in anderen Maschinen zurück nach Dalhart. Eaton erhielt wenige Tage darauf die Benachrichtigung, daß er 944 Dollar für ein neues Seitenruder zu bezahlen hätte, die durch das Schiebedach des Funkraums beschädigt worden war.

Das war unser letzter Übungsflug innerhalb der Habberstad-Gruppe. Ein jeder von uns erhielt zehn Tage Urlaub, und es wurde uns mitgeteilt, daß es hinterher nach Übersee ging, doch wohin und auf welchen Kriegsschauplatz erfuhren wir nicht. Froh über einen Urlaub, den ich dringend brauchte, nahm ich den Zug nach Los Angeles.

Zu Hause bei Mutter, Vater, meiner Schwester Maureen und meiner Großmutter Nellie Ryan war es wunderbar. Mutter fragte mich, was ich mir am meisten zu essen wünschte, woraufhin ich sagte: Limabohnen und Eisbein, Eintopf mit Rindfleisch und frischem Fisch. Unsere Wohnung lag an der 92nd Street, nicht weit vom Friseursalon meiner Großmutter und der Chemischen Reinigung meiner Mutter. Neben unserem Haus lebte Andrea, eine Freundin von mir, und ich freute mich sehr, sie wiederzusehen. Wir gingen zwar zusammen aus, doch sie interessierte sich mittlerweile für jemanden, der auf einer der Werften im San Pedro-Hafen arbeitete. Besonders viel Spaß hatte ich mit Fay Simmons. Jetzt gingen wir zu viert aus und fuhren nach Venice Pier. Dort machten wir alles mit, amüsierten uns köstlich und schlugen uns hinterher den Bauch mit Shrimps voll. Als ich schließlich vor dem Haus der Simmons an der Ecke 94th und Avalon Avenue vorfuhr, war es halb fünf Uhr morgens. Ich ließ Fay aussteigen, und Mr. Simmons kam durch die Gartenpforte und machte mir die Hölle heiß – was ich mir einbildete, seine Tochter so spät nach Hause zu bringen. Als ich Fay am nächsten Morgen besuchte, entschuldigte Mr. Simmons sich bei mir; ich jedoch sagte, es sei alles meine Schuld.

Mein Onkel George Ryan und Tante Marion nahmen mich zur Kaninchenjagd mit in die Mojave-Wüste. Die beiden hatten ein tolles 1940er-Modell Ford Coupé. Dies Auto zu fahren, war eine reine Freude; sie hatten eigens Benzingutscheine für mich gesammelt. In Lancaster stand ich hinterm Wagen, als George plötzlich startete und schwarzer Ruß und Wasser aus dem Auspuff sprühte; dabei ruinierte ich mir eine Sommer-Uniformhose. Da die Flecken nicht wieder rausgingen, mußte ich mir eine neue Hose kaufen.

Der Urlaub war allzu schnell vorbei, und ich flog mit einer DC-3 der American Airlines von Burbank nach St. Louis, wo unsere Besatzung sich treffen sollte. Mitte September war das ein ziemlich rauher Flug, besonders, als wir über den Grand Canyon flogen, damit die Passagiere ein unvergeßliches Erlebnis hätten.

Eine neue B-17 und Flug über den Atlantik

Am 29. September 1943 nahm ich einen Bus nach Belleville, Illinois, etwas außerhalb von St. Louis, und ging dort zu Fuß zum Scott Field, einem Flugplatz, den das Army Air Corps übernommen hatte. Am nächsten Tag erhielt die ganze Besatzung Befehl, sich in einem der großen Hangars einzufinden. Eaton sagte, wir hätten eine neue B-17, die wir nach Übersee bringen sollten; das allerdings müßten wir vorläufig für uns behalten. Mich wies er an, mich beim Versorgungsoffizier in der Mitte des Hangars zu melden. Zu meiner Verwunderung mußte ich die Empfangsbestätigung für eine B-17 unterschreiben, in der es hieß, ich wäre persönlich verantwortlich für das Flugzeug. Die Kosten auf dem Formular waren mit 250000 Dollar angegeben. Nie hätte ich mir träumen lassen, daß ein Flugzeug so viel kostete, und ich war stolz darauf, mit achtzehn Jahren die Position einzunehmen, die ich einnahm.

Unsere Aufgabe war, Testflüge mit der neuen Maschine durchzuführen und sie für einen Atlantik-Flug einzufliegen. Auf der Empfangsbescheinigung lautete die Seriennummer der Maschine 42-38093. Im Geschwindschritt eilte ich die Parklinie der Flugzeuge entlang und hielt nach der 093 Ausschau. Ganz für sich allein stand sie in der Nähe eines anderen Hangars; frisch leuchtete die olivgrüne Tarnfarbe; die Maschine starrte von MG-Läufen, und unter der Nase saß eine Geschützkanzel mit Geschützen vom Kaliber 2.50. Dies war ein neues Modell, von dem wir zwar gehört, das wir aber noch nie gesehen hatten. Die Maschine besaß eine größere Feuerkraft als die alte, hatte eine größere Reichweite und war in den Tragflächenenden mit «Tokyo-Tanks» ausgestattet. Auch die Zusatztanks in den Bombenschächten waren größer; sie wies elektrisch-gesteuerte Turbolader auf und war zum Schutz der Besatzung besser gepanzert als das ältere Modell. Die technischen Angaben über diese Maschine hatte ich bereits woanders gelesen.

Die neue B-17 war wunderschön. Andächtig ging ich um sie herum, sah mir die Schraubenbolzen an Tragflächen und Rumpf an und ließ den Blick die lange Reihe der Nieten entlanggehen. Sie sah vollkommen aus, makellos. Ich drehte die Turbinenräder der Turbolader am Boden der Motorgondeln heraus und war fasziniert von der Präzision, mit der das neue Werkstück rotierte. Nur ein paar Tropfen grünlich-gelben Motoröls fanden sich an den Motoren; von verkrustetem Kohlenstoff, untermischt mit bräunlichen Abgasresten an den Motorengondeln keine Spur.

Im Inneren der Maschine roch es nach neuem Gummi, Farbe, Kitt, Elektroinstallationen und frischem Schmieröl. Das Cockpit wies keinerlei Kratzer auf, es gab keine blankgeriebenen Stellen auf den Flurplatten und keine abgewetzten Ränder an den Sitzen; die Instrumententafel neben den neuen Polstern war blitzsauber, keine einzige Anzeige war verschmiert oder verblaßt. Meine Erwartungen wurden über alle Maßen erfüllt: dieses Flugzeug war ein Wunder der Ingenieurkunst, ein Beispiel amerikanischen Erfindungsgeistes. In diesem Augenblick wußte ich, daß ich einmal Flugzeugkonstrukteur werden und dazu beitragen wollte, Maschinen von dieser Schönheit und diesem technischen Können zu bauen.

Zum ersten Start – unserem Jungfernflug also – kam es am Nachmittag des 30. September 1943. Bereits bei einer Geschwindigkeit von 137 Stundenkilometern hob die Maschine ab; das war bei den ausgeleierten Mühlen, die wir bisher geflogen hatten, nie der Fall gewesen. In einer Höhe von rund 300 m flogen wir über die Landschaft, die mit ihren kahlen braunen Feldern den Herbst ahnen ließ, obwohl die Bäume meistens noch ein grünes Laubkleid mit geringen gelblichen Verfärbungen trugen.

Diese Maschine zu fliegen, war die reine Freude, und die Piloten konnten sich auf den häufigen Flügen einmal richtig austoben, galt es doch, die Kompasse zu richten, die Instrumente ebenso zu prüfen wie Funk- und Bordsprechanlage, die Navigationsgeräte, die Bomben- und die MG-Ausrüstung, die Motoren leistungsmäßig durchzumessen, erst im Langsamflug, dann bei Höhenflügen den Treibstoffverbrauch zu prüfen und überhaupt zu erfahren, was sie hergaben. Alle diese Tests durchzuführen und sich mit der Ausrüstung für einen Transatlantik-Flug vertraut zu machen, dauerte fünf Tage. Es wurden neue Fliegermonturen an uns ausgegeben, unter anderem elektrisch-beheizte Unterkleidung, Handschuhe und Flugstiefel; jeder Mann bekam eine .45 Colt Automatik, Sitz-Fallschirme, Stöße von Flugkarten, Instruktionen für die Bedienung des Funkgeräts, Verbandszeug für die Tropen, Schutzüberzüge für Tragflächen und Heck-Leitwerk, ein tragbares Homelite-Stromaggregat und einen Vorrat an Notverpflegung.

Wir lernten den Umgang mit dem Colt .45 und der Thompson-Maschinenpistole .45. Der Schießstand lag hinter einem Erdwall am Ende des Rollfelds. Der Schießmeister ließ Papierziele aufziehen, so daß zwei Mann gleichzeitig schießen konnten. Es wurde uns vorgeführt, wie man den Colt lud und feuerte. Zuerst kamen die Offiziere an die Reihe. Sie feuerten jeder ein ganzes Magazin leer. Die Trefferquote war ziemlich mies; nur Henroid traf die Zielscheibe einigermaßen gut. Dann wechselten sich die Männer im Mannschaftsrang ab und machten ihre Sache besser – bis auf Clark, der kein einziges Mal traf. Ich selbst traf unweigerlich die linke Seite der Zielscheibe; erst als ich ein wenig weiter nach rechts hielt, erzielte ich gute Ergebnisse. Lamoureaux war ein ausgezeichneter Schütze; am Schluß trugen Henroid und ich ein Wettschießen gegen ihn aus, wobei ich 82½ Ringe erzielte und er 82. Es war bereits spät, und die anderen ballerten weiter herum, weil sie hofften, die Prüfung doch noch zu bestehen. Der Schießstandmeister sagte, wir sollten uns beeilen; von ihm wurde verlangt, daß er für jeden Mann die Zielscheibe mit den notwendigen Treffern einreichte. Endlich bestanden Ray Ferrell, der Heckschütze, und Arnold Nevells. Ich schoß für Clark und Lamoureaux für den anderen Hüftschützen und Henroid für Doty, so daß alle bestanden. Die Einweisung in den Gebrauch der Thompson Maschinenpistole dauerte nur zehn Minuten; jeder durfte einmal damit schießen, doch Henroid, Lamoureaux und ich feuerten hundert Schuß in auto und in Einzelschüssen ab. Kannte man sich erst mal mit ihnen aus, waren beide großartige Waffen. Ein jeder von uns erhielt das Prüfungszeugnis und zugleich eine funkelnagelneue Colt .45 ausgehändigt.

Am 1. Oktober 1943 erhielt Eaton den Befehl, das neue Flugzeug nach England zu überführen. Binnen drei Stunden suchten wir unser Gerät und unsere Ausrüstung zusammen, und um 11 Uhr flogen wir bereits. In einer Höhe von 4000 m folgten wir einer Route, die etwas nördlich von Indianapolis über Cleveland bis nach Syracuse führte. Der Flug verlief glatt, es gab kaum eine Turbulenz in der Luft. Ich selbst flog eine Zeitlang in der Kugelkanzel, drehte mich nach allen Richtungen und schaute direkt hinab auf das von Wäldern und sich windenden Flüssen unterbrochene Farmland unter mir. Die Kanzelposition war für mich meiner langen Beine wegen ein Krampf, und so kehrte ich zurück ins Cockpit. Eaton und Hainline waren nach mehreren durchzechten Nächten in St. Louis müde, und Eaton bat mich, eine Weile zu übernehmen, während sie sich oben auf dem Gepäck und der Ausrüstung im Bombenschacht aufs Ohr hauten. Mir machte es ungeheuer Spaß, die Maschine zu fliegen, und die Piloten wußten, daß ich hellwach war, da ich weder trank noch mir die Nächte um die Ohren schlug.

Doty war ein bißchen abgespannt, nannte mir den Kurs und brachte mir dann eine Karte, in der er noch einmal genau eingezeichnet war. Er wies mich an, mich nach dem Überfliegen von Cleveland südlich des Lake Erie zu halten, den See in der Nähe von Jamestown zu verlassen und über die Finger-Seen nach Syracuse zu fliegen. Danach kehrte er in den Vorderteil der Maschine zurück und legte sich gleichfalls schlafen. Ich rief Henroid an und fragte, ob er Lust hätte, auf dem linken Pilotensitz mitzufliegen und mir beim Navigieren zu helfen. Er kam auch sofort und schien die Aufgabe zu genießen.

Während der Ausbildung hatte ich häufig fliegen dürfen und viel von Eaton gelernt, darunter Fliegen nach Instrumenten sowie Motorausfall in unterschiedlichen Höhen; außerdem war ich etliche Starts und Landungen geflogen. Zwar wußte ich nicht recht, ob ich selbst landen wollte, fühlte mich aber sonst sicher, die Maschine in anderen Flugsituationen zu beherrschen. Die Navigation fiel mir zunehmend leichter, doch gab es mehrere Augenblicke, in denen ich nicht genau wußte, wo wir uns befanden. Henroid konnte die Maschine überhaupt nicht fliegen. Eines Nachts über Texas hatte Eaton ihn aufgefordert, auf dem linken Pilotensitz Platz zu nehmen. Dort hatte er auf Eatons Befehl die Steuerung übernommen, jedoch keine Ahnung gehabt, was er tun sollte. Eaton wies ihn an, eine Rechtskurve zu fliegen, indem er das Steuer nach rechts drehte. Selbstverständlich tat Henroid, wie ihm geheißen, und Eaton befahl dem Co-Piloten, Hainline, nicht einzugreifen. Henroid drehte also das Steuer, wußte aber nicht, daß er es wieder auf neutral stellen mußte, nachdem er die Kurve eingeleitet hatte. Die Maschine rollte nach rechts in eine Seitenlage von 90 Grad. Das Fluggeräusch veränderte sich, da die Fluggeschwindigkeit zunahm. Schließlich schmierte die Maschine fast vertikal nach unten ab. Ich sah, daß der Geschwindigkeitsmesser auf 360 Stundenkilometer stieg und schrie: «Jetzt linkes Seitenruder geben!» In diesem Augenblick übernahm jedoch Hainline wieder und brachte die Maschine nach einem mühsamen Überwinden verschiedener Schwerkraftswiderstände zurück in die Waagerechte.

Später an diesem Abend, als wir schon wieder unten waren, fragte Eaton mich, wieso ich wüßte, daß «Hart Seitenruder» gegeben werden müßte, als Henroid die Maschine fast zum Trudeln gebracht hatte. Da erzählte ich ihm von meinem Onkel George Ryan, der damals Flugkapitän bei den Western Airlines war, mich viele Male mitgenommen und mir ein paar Grundbegriffe des Fliegens beigebracht hatte. Außerdem berichtete ich ihm von meinem allerersten Flug um 3 Uhr nachmittags des 18. April 1930 in der Waco 10 meines Onkels auf dem Dicer's Field an der Western Avenue in Los Angeles. Bei der Waco handelte es sich um ein mit wassergekühltem 90 PS OX5 Motor ausgestatteten Doppeldecker, in dem drei Mann fliegen konnten: zwei vorn im Cockpit, und der Pilot dahinter.

Ich wollte in dem Doppeldecker mitfliegen, doch als ich neben meiner Großmutter, Nellie Ryan, festgeschnallt wurde, erklärte ich plötzlich, ich hätte Hunger und wollte aussteigen. Onkel George ließ meinen Vater mit Hilfe des Holzpropellers den Motor anwerfen, und die OX5 erwachte knatternd zum Leben. Ich roch den Motor, als das Propellergebläse die Dämpfe in das offene Cockpit hineinwirbelte. Großmutter sorgte dafür, daß ich artig meinen Eltern zuwinkte, die neben dem Hangar standen, als die rote Waco auf die Grasrollbahn hinausrollte. Ich erinnerte mich an den Start und welcher Schrecken mich durchfuhr, als ich die Hangars und die Menschen unten zurückbleiben sah. Bedrohlicher noch wirkte der Erdwall am Westende des Flugplatzes, als Onkel George nach Süden abdrehte.

Nach Rost riechender Wasserdampf drang ins Cockpit und machte mir Angst. Onkel George drosselte den Motor und rief

Großmutter zu, die Kühlerklappen klemmten, und der Kühler koche. Er wies sie an, den Sicherheitsgurt, mit dem wir angeschnallt waren, auszuklinken, im Luftschraubenstrahl aufzustehen und die Klappen des Kühlers offenzuhalten, damit der Motor gekühlt würde. Onkel George flog mit wenig Kraft bis in die Nähe des Dicer Flugplatzes, dann wies er Großmutter an, sich wieder hinzusetzen. Onkel George reinigte die Windschutzscheibe und hielt die Kühlungsklappen mit Draht offen; dann nahm er meine Eltern zu einem Rundflug mit. Von da an war ich viele Male mit meinem Onkel geflogen, und zwar in Spartans, Travelairs, Fleets und 1937 sogar in einer Stinson Reliant. Jetzt mit einer neuen B-17 über die Wälder der Oststaaten dahinzufliegen, weckte das wunderbare Gefühl in mir, eine ganze Menge erreicht zu haben.

Wir sichteten erst den Chautauga See, dann Jamestown, und ich brachte die B-17 auf einen Kurs von 55 Grad. Es war schon später Nachmittag, und Leutnant Henroid und ich beklagten, keine Zeit zu haben, über die Niagara Fälle hinwegzufliegen. Rötlich überhauchte Wolken hingen malerisch am Himmel und reichten manchmal bis auf den Boden hinunter, wo sie sich mit einer verschwommenen Szene vermischten, so daß von der Landschaft nicht mehr viel zu erkennen war. Bei verminderter Sicht gestaltete das Navigieren sich schwieriger, doch machte der Anblick eines von Nord nach Süd verlaufenden Sees uns Mut. Wir begannen, Städte und Ortschaften zu identifizieren, erkannten Eisenbahnlinien, Straßen und weitere Seen. Nachdem wir Auburn passiert hatten, forderte ich Henroid auf, Eaton zu wecken.

Obwohl sie inzwischen stundenlang geschlafen hatten, waren Eaton und Hainline immer noch müde. Eaton freute sich, daß wir nach wie vor auf Kurs waren, und gratulierte uns. Hainline sagte nichts; wie immer fuchste es ihn ein wenig, daß Eaton mir das Kommando über die Maschine anvertraut hatte, obwohl er selbst dadurch die Möglichkeit bekommen hatte auszuruhen.

Es war fast dunkel, und laut Karte hätte der Flugplatz unter uns sein müssen, doch konnten wir ihn nirgends entdecken. Schließlich fand Eaton ein paar Papiere in seiner Umhängetasche, aus denen hervorging, daß der Flugplatz getarnt wäre und sogar die Landebahn einen Tarnanstrich bekommen hätte. Eaton ging auf rund 60 m über den Bäumen hinunter, und da erkannte ich die Landebahn. Sie war in der Tat durch Anstreichen in verschiedenen Grüntönen getarnt und überdies von Bäumen umgeben. Die Parkplätze für die Flugzeuge waren klug in den Baumgruppen verteilt und die dort abgestellten Maschinen waren olivgrün gestrichen. Auf dem ganzen Flugplatz war kein Licht zu erkennen. Um den Verdunklungsvorschriften zu genügen, benutzten auch wir keine Landescheinwerfer. Eaton machte eine harte Landung; beim ersten Aufsetzen vollführten wir einen Satz von mindestens drei Metern. Wir hatten Schwierigkeiten, einen Platz zu finden, um die Maschine abzustellen, es gab keine Rampen oder Hangars – nur Abzweiger, die zum Rollfeld führten.

Das Erinnerungswürdigste an ganz Syracuse war der PX-Laden, der vollgestopft war mit amerikanischen Waren, die für Besatzungen von Interesse sein konnten, die nach Europa flogen. Ich überredete meine Kameraden, Kisten mit Toddy zu kaufen, einem süßen Schokoladendrink, sowie Schachteln mit amerikanischem Käse und Crackers für den langen vor uns liegenden Flug. Andere kauften Seidenstrümpfe für die englischen Mädchen, deren Bekanntschaften sie zu machen hofften, oder Uhren und deckten sich mit Bonbons, Kaugummi, Schnaps und Zigaretten ein.

Nach zwei Tagen des Einkaufens und weiterer Vorbereitungen auf den Flug starteten wir früh am Morgen und kamen gut über die herbstlich-buntgefärbten Baumwipfel hinweg. Die ganze Landschaft war ein lodernder Farbrausch, der sich im Laufe der vergangenen zwei frostigen Nächte entwickelt zu haben schien. Wir flogen Richtung Ticonderoga und überflogen dabei erst Rome und danach eine schöne aus Wäldern und kleinen Seen bestehende Landschaft.

Nach etwa einer Stunde Flugzeit in 3000 m Höhe passierten wir Ticonderoga. Ungefähr an der Grenze zwischen New Hampshire und Maine verschlechterte sich das Wetter, und bald befanden wir uns in einem Schneesturm, der Eaton und Hainline zwang, nur nach Instrumenten zu fliegen. Nach ein paar Minuten rief der Navigator über die Bordsprechanlage klagend, er sei sich nicht sicher, wo wir wären. Eaton wollte tiefergehen und fragte Doty, wie hoch das Gelände liege. Aus einer Höhe von etwa 600 m hatten wir dann wieder Blickkontakt mit der weißverschneiten Landschaft. Das änderte sich bald, und Eaton ging mit der Maschine bis auf 200 m über den Bäumen hinunter. Er flog so hoch, wie das Wetter es zuließ, und fragte Doty laufend nach weiteren Orientierungspunkten. Die ganze Besatzung schien besorgt und wollte immer wieder wissen, wo wir wären. Schließlich rief ich Nevells und bat ihn, ob er bekannte Landmarken seines Heimatstaates erkennen könne, denn er stammte aus Penobscott, ein paar Kilometer südlich von Bangor, wo wir ja hinwollten. Da die gesamte Gegend unter einer Schneedecke lag und schlechte Sicht herrschte, konnte er nicht erkennen, wo wir waren. Schließlich fing Eaton ein Funksignal auf und flog auf den Leitstrahlen nach Bangor. Eaton hatte Sonderanweisungen, in Bangor ein Paket an Bord zu nehmen, doch davon erfuhren wir anderen nichts. Nach einem Kurzaufenthalt von etwa einer halben Stunde flogen wir, ohne aufgetankt zu haben, weiter. Nevells versuchte, daheim in Penobscott anzurufen, doch ging niemand an den Apparat.

Weiter ging es nach Presque Isle, doch waren die Piloten bereits erschöpft, und so saß ich wieder im linken Sitz, während Eaton im Bombenschacht schlief. Hainline blieb nur kurze Zeit wach, war bald eingenickt und döste, während ich in rund 450 m Höhe bei aufklarendem Wetter der Autostraße folgte und über die weißverschneite Landstraße dahinflog.

Auch Doty schlief, und so bat ich Henroid, auf die Autostraße achtzugeben und nach dem Squapan See Ausschau zu halten, wo ich vorhatte, direkt Kurs auf Presque Isle zu nehmen. Bald waren wir dort, und ich weckte Hainline, damit er wieder das Steuer übernahm. Er landete, während Eaton schlief; dann weckte ich ihn, damit er sich beim Kommandostab meldete.

Die Piloten und Doty hatten die ganze Nacht zuvor durchgefeiert und -getrunken; und da sie nicht genug Schlaf bekommen hatten, waren sie nicht gerade in bester Verfassung, um zu fliegen.

In Presque Isle, Maine, wurde das Öl herausgepumpt und die Tanks mit synthetischem Öl gefüllt. Dieses neue Öl sollte sich besonders bei kaltem Wetter bewährt haben, wie wir es auf der Nordrute nach Europa zu gewärtigen hatten. Die Tragflächenschützer wurden übergestreift, die Tragflächen gegen Schnee und Eis zu schützen. Nach dem Ölwechsel starteten Nevells und ich die Motoren und verdünnten das Öl mit Treibstoff, indem wir die Hebel im Cockpit bedienten, die zu diesem Zwecke dort angebracht waren. Außerdem wurden wir mit Äthylenglykol für die Heizsysteme versorgt, die bisher nicht in Gebrauch gewesen waren. Jetzt probierten wir die Heizung am Boden aus und genossen die Wärme. Außerdem erhielten wir ein Notfunkpaket, das am Schott der Funkkammer festgezurrt wurde. Auch Munition wurde ausgegeben, doch mehr als zwanzig Schuß pro MG gab es nicht. Was für ein Witz, so wenig Munition mitzuführen! Dosen mit Toddy, Schnaps, Käsepakete, Crackers und Schokoriegel füllten die Munitionskästen.

Es war kalt, besonders dann, wenn der Wind wehte. Schnee wurde zu Verwehungen aufgetürmt und verstopfte die Zufahrtswege zum Rollfeld, die jetzt mit Schneepflügen freigeräumt wurden. Wir waren dankbar für die schafsfellgefütterte Fliegerkombination und fragten uns, wie das Wetter erst im Dezember aussehen mochte.

Am nächsten Morgen erhielten wir Befehl, nach Goose Bay, Labrador, zu fliegen, doch hatten die Piloten wieder den größten Teil der Nacht durchgefeiert. Henroid, Nevells und ich waren die einzigen, die dienstfähig waren, und so mußten wir die Maschine rund 1000 Kilometer über eisige Wildnis hinwegfliegen. Ich bat Doty, mir Extrakarten fürs Cockpit zu verschaffen. Eaton brachte mich zusammen mit Doty zum Betriebsgebäude. Hainline war es übel, und er war außerstande, an der Wetterbesprechung teilzunehmen. Da die Piloten einen gewaltigen Kater hatten und ihre Aufgaben nicht wahrnehmen konnten, sah ich es auf mich zukommen, daß ich wieder aushelfen mußte. Diesmal jedoch machte mir das Angst, weil der ganze Flug geplant, die Wetterinformationen verarbeitet und außerdem auch noch die Maschine gesteuert werden mußte. Gott sei Dank war Doty besser beisammen als die Piloten und konnte navigieren, doch war ich mir darüber im klaren, daß er irgendwann Hilfe brauchte. ‹Wahrscheinlich könnte Henroid uns helfen, auf Kurs zu bleiben. Es sind ja nur knapp 1000 Kilometer bis nach Goose Bay›, dachte ich, während der Einsatzoffizier seinen Vortrag hielt. Die Information vom Meteorologen verwirrten mich nur; Eaton nickte, als ob er alles verstünde, doch wußte ich, daß er wie ein lebender Leichnam neben mir stand und nur sinnlose Reflexbewegungen ausführte. Der Offizier erwähnte Vereisungsbedingungen in einer Höhe über

2500 m, einen für uns leicht vorteilhaften Wind und sagte etwas von ‹geschlossener Front›.

Ich kam mir vor, als hätte ich gerade eben die Schule hinter mir und eine sehr verantwortungsvolle Stellung angenommen, obwohl es mit der Ausbildung vorher beträchtlich haperte. Einer wie der andere von uns agierte mit einer gewissen Tollkühnheit, die für uns ein Ausdruck von Männlichkeit war; wir waren auch bereit, es mit allem aufzunehmen, auch wenn wir längst nicht über das nötige Wissen verfügten. In dieser arglosen Überheblichkeit waren wir ahnungslos und ohne recht zu wissen, worum es sich eigentlich handelte, über Texas und Kansas in eine Gewitterwolke hineingeraten. Die Propagandabemühungen des Army Air Corps, unerschrockene Soldaten aus uns zu machen, machte uns zu unverantwortlichen Fliegern in Augenblicken, da höchste Vorsicht geboten gewesen wäre. Dies neue Flugzeug wurde in Europa dringend gebraucht, um dem Gegner die Stirn zu bieten, doch den Besatzungen, die sie dorthin überführen sollten, wurde erlaubt, sich zu betrinken und damit das ganze Ausbildungsprogramm zu gefährden. Dies hier waren junge Männer, die auf die Schlachtfelder eilten, wo wirklich gekämpft wurde; folglich mußten sie hier in ihrer Heimat noch einmal richtig über die Stränge schlagen dürfen, denn den Stabsoffizieren war nur allzu schmerzlich bewußt, daß viele überhaupt nicht und andere nicht mit heilen Knochen heimkommen würden und sie die Blüte ihrer Jugend bei der Auseinandersetzung mit dem Feind zum Opfer bringen sollten.

Ich hatte nicht das zwanghafte Bedürfnis, mich als ‹Mann› darzustellen und unmäßig trinken zu müssen, bloß um zu beweisen, daß ich ‹eine Menge vertrug›. Worauf ich Appetit hatte, das waren Milkshakes mit viel Eis darin oder ein Schokoladen-Soda, jedenfalls nicht auf etwas, das mir im Halse brannte, mich schwindeln ließ und mir hinterher Übelkeit bereitete. Mir schien es völlig sinnlos, am Morgen fast eine ganze Besatzung verkatert zu sehen, über Übelkeit und Kopfschmerzen klagen und trotzdem zu behaupten, es sei ganz toll gewesen. Offenbar handelte es sich dabei um eine selbstgewählte Übergangsphase zum Mannsein, mit der ich nichts im Sinn hatte und gegen die ich mich heftig sträubte. Daß ich den Motor beherrschte, daß ich imstande war, ihn in all seiner Kompliziertheit zu verstehen, damit umzugehen und ihn dazu zu bringen, zu tun, wozu er erfunden worden war, und an jedem Platz meine Pflicht erfüllen zu können, war für mich Übergangsphase genug. Eaton brachte die Maschine vom Boden hoch und befahl Hainline, sie ‹zu übernehmen›, während er pennte. Das Wetter war nicht unproblematisch, und Hainline hatte Mühe, die Maschine nach Funkkompaß zu fliegen, obwohl das Signal deutlich zu hören war. Der Funkkompaß befand sich auf der Pilotenseite des Armaturenbretts.

Eaton erwachte und löste Hainline ab, der aufstand und sich in den Bombenschacht begab, um sich seinerseits hinzulegen. Ich nahm seinen Platz ein und war bald gezwungen, ganz allein zu fliegen, da Eaton wieder wegdöste. Doty gab mir Kurse an, die ich fliegen sollte, und der Funkkompaß wies bis jetzt mit dem besten Signal den Weg. In einer Höhe von 2300 m flogen wir unter einer dunstigen Wolkendecke dahin, von der es hieß, daß sie Eis führte. Das Gelände war mir vollständig fremd: nach dem Schneesturm letzte Nacht weißverschneites tiefliegendes Land. New Brunswick war nichts weiter als eine Wildnis mit wenigen kleinen Küstenstädtchen. Nach einer guten Flugzeit überflogen wir Bathhurst; dann ging es die Küste von Chaleur Bay entlang und schließlich übers Meer. Rechterhand tauchten Inseln auf. Immer noch auf Kurs. Wir hatten Befehl, Quebec nicht zu überfliegen, sondern im Bogen über das flache Land und den Golf des St. Lawrence-Stromes hinweg diesen Bereich zu meiden, was unseren Flug um rund 150 km verlängerte. Bei der Ile D'Anticost nannte Doty mir einen neuen Kurs, und ich stellte den Funkkompaß direkt auf Goose Bay ein. Eaton wachte gelegentlich auf und überzeugte sich, daß alles glatt lief. Hainline schlief weiterhin im Bombenschacht.

Die Ile D'Anticost bildete nur eine flache weiße Erderhebung im Meer, die über hundertsechzig Kilometer lang, aber nur knapp fünfzig Kilometer breit war. Die öde, langgezogene Insel unter sich zu sehen, hatte nichts Tröstliches. Eis bildete sich an den Propellerkappen, was sich zuerst nur als leichte Verfärbung bemerkbar machte, dann jedoch schnell weiß wurde und sich nach hinten bis zu den Schraubenblättern fortsetzte. Ich stellte den Luftschrauben-Enteiser an, der Äthylenglykol auf die Blätter pumpte. An den Enteisungsflanschen in der Mitte der Tragflächenvorderkante war ein Hauch von weißem Eis zu erkennen, doch war es noch nicht notwendig, die Flanschpumpe anzustellen. Ich stellte auch die Pitot-Heizung an, doch das erst, nachdem der Staudruckmesser ein Nachlassen der Geschwindigkeit anzeigte. Ich weckte Hainline und sagte, wir sollten weiter hinuntergehen. Er erklärte sich mit 330 m einverstanden und döste wieder ein. Die Vereisung verschwand beim Hinuntergehen, und ich stellte den Enteiser ab.

Um sicherzugehen, daß wir bei Schlechtwetter über der Goose Bay nicht allzuviel Treibstoff verbrauchten, wandte ich mich wieder den Flugkarten zu. Unser Ausweichflugplatz war Gander, Neufundland, und lag etwa 900 km südöstlich von Goose Bay. Ich mußte auch den Treibstoff für einen etwaigen Rückflug nach Presque Isle oder Gander einkalkulieren, da das Auftanken etwa in New Brunswick oder Novascotia möglicherweise problematisch werden würde; im übrigen waren wir uns über unseren Status in diesen Ländern nicht ganz klar. Noch schlimmer war es, daß ich mir Sorgen über die Witterungsbedingungen machte, denen wir auf einem Flug von 900 km zu einem Ausweichflugplatz begegnen konnten.

Über New Brunswick stellte ich die Motoren so ein, daß wir in 2500 m Höhe etwa 360 Stundenkilometer flogen. Damit würde unser Treibstoff etwas über acht Stunden reichen und uns eine Reichweite von 2900 km geben, Winde nicht einberechnet. Wenn wir in Gander noch mit einer Treibstoffreserve ankommen wollten, mußten wir, das erkannte ich bald, mit der Motorleistung hinuntergehen. ‹Was machen wir, wenn Gander zum Beispiel eingeschneit ist?› dachte ich. ‹Wohin sollen wir uns dann mit dem noch verbleibenden Treibstoff wenden?› Mit diesen Überlegungen fuhr ich die Leistung zurück, um Treibstoff zu sparen. Beim Nachlassen der Leistung wachte Hainline auf, doch als er einen Blick auf die öde Ile D'Anticost warf, war er einverstanden.

Der Autopilot gab mir Zeit, die Flugkarten weiter zu studieren, mir den Kopf über anderes zu zerbrechen. Die Maschine funktionierte reibungslos, und das Dröhnen der Motoren und Luftschrauben hatte etwas höchst Beruhigendes. Es war ein gutes Gefühl, da zu sein und auf das große Abenteuer zuzusteuern.

Laut Doty erreichten wir das Festland ‹kursentsprechend› und überflogen ein Land mit Taiga-Gehölzen, Flüssen, kleinen Seen und Schnee. Das Land stieg an, ich jedoch flog weiterhin in einer

Höhe von 1500 m. Ich erkannte, daß die Bäume vom vorüberziehenden Sturm vom Schnee getroffen waren, erblickte sonst jedoch kein Zeichen von Leben, weder Rauch von Ortschaften oder Lagern noch Straßen, nichts als weiße Wildnis.

Auch Eaton war jetzt wieder wach. Er versuchte zu lächeln, doch verzog er nur das Gesicht. Ein paar Minuten stand er hinter mir und erkundigte sich nach unserer Position und dem Treibstoff. Ich unterrichtete ihn über alles, auch daß ich mit der Leistung heruntergegangen war, um die Reichweite zu vergrößern. Hainline hatte wenig zu sagen, doch hin und wieder bemerkte ich, daß er mich voller Groll ansah. Eaton dankte mir, daß ich das Kommando übernommen hatte, und nahm dann auf dem linken Sitz – dem des Flugzeugführers – Platz. Bald darauf kam der Flugplatz von Goose Bay in Sicht. Er erstreckte sich neben einem langgezogenen Wassereinschnitt, der an einen von einem Gletscher ausgehobelten Fjord erinnerte. Wir folgten der Bucht bis zu dem an der Ostseite gelegenen Flugplatz, und Eaton legte eine glatte Landung hin.

Der Flugplatz lag neben dem öden Nest Goose Bay mit seinen ungepflasterten Straßen; die Gebäude waren zum Teil erst halb fertig, und es war kaum Platz da, die Maschinen auf Metallmatten abzustellen. Der Boden war schneebedeckt, doch auf den Straßen von Jeeps und Lastwagen aufgewühlt und verschlammt. Wir wurden in Nissenhütten aus Wellblech untergebracht, die aussahen wie der Länge nach aufgeschnittene Eisenfässer; auf den Gängen brannten Ölöfen. Die Fenster waren vereist, aber es gab ohnehin nichts von Interesse zu sehen. Das Essen in Goose Bay war für eine GI-Kantine ungewöhnlich gut. Der PX-Laden war vorzüglich mit Lebensmitteln bestückt, und ich kaufte noch mehr Schokoriegel, Fleischkonserven, kanadische Dosenbutter und Käse. Robert Lamoureaux deckte sich mit Chesterfield-Zigaretten ein, die ihn einen Haufen Geld kosteten.

Am nächsten Morgen erhielt ich vorm Frühstück noch im Dunkeln eine Nachricht vom Bodenpersonal; unsere Soldaten im Mannschaftsrang sollten sich auf den frühest möglichen Start einstellen. Lamoureaux, Ferrel und Sutton hatten puren Schnaps getrunken und waren in entsprechender Verfassung; sie waren länger als die halbe Nacht wach geblieben und hatten gewürfelt.

Ich würgte rasch mein Frühstück hinunter und holte dann Nevells, der mir helfen sollte, die Maschine startklar zu machen. Dies war der große Tag, an dem wir den Atlantik überqueren sollten. Wir schrieben den 12. Oktober 1943.

Die Wettervorhersage lautete günstig: gut bis Grönland, in Landnähe wechselhaft, draußen auf See Wolkenbildung in großer Höhe und Winde von achteraus drehend mit einer Stärke bis zu zwanzig Knoten. Ich sorgte dafür, daß ich die Witterungsverhältnisse wirklich verstand, wußte, wohin ich mich im Notfall wenden konnte, und über die Funkkompaß-Navigation im Bilde war. Es war die alte Geschichte: der größte Teil der Besatzung schaffte es kaum, bis zur Maschine hinauszuwanken. Die ganze Last des langen Flugs übers Meer und der Vorbereitungen darauf lag auf meinen Schultern.

Tags zuvor hatte ich Nevells gebeten, sich um das Auftanken zu kümmern, doch nach einem Anwärmlauf der Motoren ließ ich ihn noch mal nachfüllen, und zwar diesmal mit Treibstoff mit einer Temperatur, die gestern unter den Gefrierpunkt gesunken war, da die Tankwagen auf der Rampe im Freien gestanden hatten. Der gekühlte Treibstoff vergrößerte unseren Aktionsradius, und ich überlegte bereits, wohin zurückzufliegen am sichersten wäre: nach Goose Bay oder Gander, Neufundland. Der Flug sollte uns 1700 km übers Meer führen, und es bestand die Aussicht, nach Island weiterzufliegen oder zum Festland zurückzukehren. Es sah ganz danach aus, als müßten mindestens 2700 km aus den Tanks herausgeholt werden, falls das Wetter sich über Grönland verschlechterte. Außerdem mußten wir mit Gegenwind rechnen, sofern wir uns für Goose Bay entschieden. Ich hatte Angst vor diesem Flug, denn Eaton und Hainline waren stockbetrunken, und es war ihnen schlecht. Nun hatte ich bei der Flugbesprechung neben Eaton gestanden, sämtliche Informationen über den Flugplan in mich aufgenommen und dafür gesorgt, daß Doty seinen Stoß Karten und Navigationsunterlagen holte.

Eaton und Doty ließ ich von einem Mann vom Bodenpersonal in einem Jeep abholen. Ich selbst kehrte zu Fuß zurück zu der Maschine und versuchte, mir darüber schlüssig zu werden, was passieren würde, da beide Piloten kaum ihrer Sinne mächtig waren. ‹Wie wollen sie die Maschine bloß vom Boden hochkriegen?› fragte ich mich. ‹Ich versuch's jedenfalls nicht, das ist mal sicher. Himmelherrgott, wir sitzen wirklich in der Tinte. Die Befehle lauten klipp und klar, daß wir heute vormittag nach Grönland zu fliegen haben, und später am Tag soll das Wetter schlechter werden.› Ich dachte daran, einen Motorschaden zu melden, schlug mir das jedoch aus dem Sinn, denn die Leute vom Bodenpersonal wären mir sofort auf die Schliche gekommen.

Wieder in der Maschine, sah ich Nevells das Nachtanken von Treibstoff und Öl beenden und rief ihm zu: «Arnold, würdest du den Alkohol prüfen und dafür sorgen, daß mindestens 140 Liter drin sind?» – «Hab ich bereits gemacht. Sie sind voll», sagte er treuherzig. – «Wo sind denn Eaton und Doty?» fragte ich. Nevells antwortete nicht, zeigte jedoch nach hinten. Ich verstand und nickte. «Für die Tragflächenschützer verschaff ich dir gleich Hilfe. Und vergiß nicht, die horizontalen Dämpfungsflossen abzuwischen, Arnold», rief ich ihm zu.

Ich rief Lamoureaux, Ferrell und Sutton, damit sie Nevells mit den Tragflächenschützern aus Segeltuch zur Hand gingen, die oben auf den Tragflächen offen und unten mit Fallschirmseilen verlascht waren. Die Schutzbezüge paßten in große Segeltuchsäcke, die in der Kanzel des Hüftschützen verstaut waren.

Nachdem ich durch die Hecktür an der rechten Rumpfseite eingestiegen war, sah ich Eaton auf den Säcken für die Tragflächenschützer liegen. Doty hatte sich bis zu seinem Posten im Vorderteil der Maschine vorgekämpft. Ich lieh mir die Sauerstoffmaske des Hüftschützen aus, hielt sie Eaton vors Gesicht und sagte: «Tief einatmen, Leutnant Eaton, da wirst du dich gleich viel besser fühlen.» Mit Hilfe von Zeichensprache gab ich Sutton, dem linken Hüftschützen, zu verstehen, er solle die Maske halten, während ich das Sauerstoffsystem und die Hydraulikflüssigkeit überprüfte und noch mal hinaussprang, um ein letztes Mal nach Reifen und Streben zu sehen, ehe die Werkstattwagen des Bodenpersonals davonfuhren. Alles war in Ordnung, nur die Hauptreifen sahen mit den Metallklampen im Reifen merkwürdig aus. Die sollten auf vereister Startbahn eine bessere Griffigkeit bieten, doch fehlten bereits jetzt einige Klampen, und ich hatte Angst, daß die Maschine beschädigt werden könnte.

Die Sauerstoffmaske vorm Mund, saß Hainline an seinem Platz

und starrte auf die Instrumententafeln vor ihm. Ich sprach ihn an, doch er ließ nicht erkennen, ob er mich verstanden hatte oder nicht. Ich kehrte zurück in die Kanzel des Hüftschützen und versuchte, Eaton hochzubekommen, doch stieß er mich immer wieder weg. Als ich ihm jedoch sagte, wir lägen jetzt dreißig Minuten hinter unserer Abflugzeit zurück, rappelte er sich hoch. Ich half ihm durch den Funkerraum und schob ihn durch den Kriechgang des Bombenschachts. Er setzte sich auf den linken Sitz, ich hielt ihm die Sauerstoffmaske vor und stellte die Sauerstoffzufuhr auf 100 Prozent. Nach ein paar Minuten fragte ich ihn, ob wir noch einen Tag warten wollten, woraufhin Eaton erwiderte, wir müßten jetzt starten; sonst würden wir vor ein Kriegsgericht gestellt. Er sagte, fast hätten sie ihn schon beim letztenmal vor den Kadi gebracht, als die Sache mit dem Schiebedach des Funkraums passiert war, das sich losgerissen und das Seitenleitwerk beschädigt hatte. Er brummelte noch etwas von anderen Schwierigkeiten, und ich erkannte, daß uns gar keine andere Wahl blieb als zu starten. Wir waren eine Besatzung, und wenn auch der Pilot und andere Besatzungsmitglieder dienstunfähig waren, würden wir einander decken. Ob ich es wohl schaffte, die Cockpit-Arbeit mit zwei betrunkenen und unter Katzenjammer leidenden Piloten zu leisten und einen Transatlantikflug zu machen?

Ich ließ die Motoren an, schaltete die Wechselstromerzeuger ein, öffnete die Kühlluftregelklappen und ließ die Motoren rund fünf Minuten auf dem Parkplatz laufen. Eaton brachte die B-17 dazu, daß sie auf den Leitstreifen rollte, während ich sämtliche Instrumente prüfte und alle Hebel auf Abflug stellte. Eaton verlangte eine Kursangabe von Doty, drehte sich dann nach dem hölzernen Tower um und erhielt grünes Licht für den Start. Eaton und Hainline brachten die Maschine hoch, und ich schaltete, nachdem das Fahrgestell eingezogen war, auf Steigen. Eaton sagte Hainline, er solle übernehmen, kletterte selbst aus seinem Sitz heraus und übergab mir das Kommando. Danach erhob Hainline sich, und Eaton sagte: «Matheny, bring diese Mühle nach Grönland; wir werden uns im Bombenschacht schlafen legen.» Ich wiederum rief Nevells herbei, als Co-Pilot mit mir zu fliegen, forderte Henroid auf, Doty bei der Navigation zu helfen, und sagte ihm, er müsse mir helfen, Entscheidungen zu treffen.

Über die Bordsprechanlage versuchte ich, mich mit Doty über die Windverhältnisse und die günstigste Flughöhe zu verständigen, doch war er nicht sonderlich hilfreich und klang nur verwirrt. Daraufhin beschloß ich, zunächst auf 3000 m zu gehen, damit die Flugzeugführer im Bombenschacht keine Sauerstoffprobleme hatten, wo sie ja nicht an das Sauerstoffsystem angeschlossen werden konnten. Ich flog die langgezogene, fjordähnliche Melville Bay entlang zur Küste und bat Doty dann um eine Kurskorrektur. Wir schwenkten nach Norden auf See hinaus, und ich konnte selbst aus 3000 m Höhe noch die Schaumkronen auf den Wellen erkennen.

Sämtliche Instrumente auf einen Langstreckenflug in 3000 m Höhe gestellt, machten Nevells und ich es uns bequem. Ich hatte gerade angefangen, mich in die Flugkarten zu vertiefen, als der Dunst vor uns sich in ein leichtes Schneegestöber verwandelte. Sofort stellte ich die Pitot-Heizung ein und ließ den Flugmesser nicht aus den Augen, bis ich überzeugt war, daß die Heizung lief. Zwar flogen wir weiter, doch wußte ich nicht recht, wie ich mit der Situation fertigwerden sollte. Bald verdichtete sich der Schnee, und von den Wellenkämmen unten war nichts mehr zu erkennen. Die Scheibenwischer fuhren leise hin und her, doch die Sicht wurde dadurch nicht besser. Der Schnee wurde zu einem endlosen Strom weißer Teilchen, die waagerecht gegen die Windschutzscheibe geflogen kamen. Ich hatte Angst, daß der Schnee bald zu Eis werden würde, und beschloß zu steigen, bis wir die Schneewolken unter uns hatten. Ich bat Nevells, den Piloten im Bombenschacht Sauerstoffmasken anzulegen und sie an die großen tragbaren Sauerstoffflaschen anzuschließen, die wir in Goose Bay an Bord genommen hatten. Ich dachte, damit hätten wir etwa 40 Minuten Luft, um über den Wolken zu fliegen; danach wollte ich auf eine Höhe hinuntergehen, in der die Piloten keinen Sauerstoff mehr brauchten.

Ich gab Gas, indem ich die Luftschrauben-Drehzahlregler auf 2300 Umdrehungen pro Minute stellte, die Gasdrossel ganz aufmachte und den Ladedruck auf 96 cm stellte. Die Fluggeschwindigkeit fiel auf 220 Stundenkilometer, und ich brachte die Schnauze hoch, um diese Steigegeschwindigkeit beizubehalten. Ich rief jedes Besatzungsmitglied an, unterrichtete sie über die Steigung und sagte ihnen, sie sollten wegen Höhenmessungen in der

Leitung bleiben. Binnen kurzer Zeit stieg die B-17 auf eine Höhe von 4500 m, und es wurde Zeit, daß jeder die Sauerstoffmaske anlegte. Zum erstenmal gab es keinen Streit; die Besatzungsmitglieder waren froh, die kalte Maske anzulegen, und Lamoureaux sagte: «Danke, Ray.»

Die Motoren liefen mit 2300 Umdrehungen in der Minute glatt, doch auch das einlullende Dröhnen der gleichmäßig laufenden Motoren vermochte nicht, meine Ängste zu beschwichtigen. Es war kein Ende der Wolken abzusehen, und der Schnee, der zuvor harmlos die Maschine betrommelt hatte, verschwand; dafür setzte die Vereisung ein. Zuerst fingen die Luftschraubenköpfe in der Mitte an, weiß zu werden, dann dehnte das Weiß sich aus und überzog die Naben bis zur Hälfte. Außerdem zeigte sich Eis als weißer Überzug an den Enteisungsflanschen an den Tragflächenvorderkanten. Ich wies Nevells an: «Klettere hoch in den Turm und sieh nach, ob auch die Vorderkante des Heckleitwerks vereist ist.» Mit nervöser Stimme rief Doty über die Bordsprechanlage: «Sergeant Matheny, du driftest vom Kurs ab; richte dich nach der Nadel des Funkkompasses.» – *«Yessir»*, erwiderte ich, und er sagte bissig: «Es ist überall Schnee und Eis; wir sollten besser zurückfliegen nach Goose Bay oder Gander; da ist jedenfalls gutes Wetter.» Ich würdigte ihn keiner Antwort und konzentrierte mich auf meine Fluginstrumente, denn die Kurssteuerung hatte ich beim Beginn des Steigens abgeschaltet.

Ich schaltete den Enteiser für die Luftschraube ein, der einen Strahl von Isopropylalkohol auf einen Schleuderring der Luftschraubennabe leitete. Ein elektrischer Widerstand regulierte die Menge; eingestellt hatte ich ihn bereits in Goose Bay. Außerdem drehte ich den Alkohol für die Windschutzscheibe an, damit sich dort kein Eis bildete. Nevells meldete beträchtliche Eisbildung auf dem Heckleitwerk und schlug vor, die Enteisungsflanschen anzustellen. Mit Entschiedenheit schlug ich ihm das ab und erklärte, noch wäre die Eisschicht nicht dick genug. Ich stellte die Cockpit-Heizung und die Enteisungsregler auf voll und wärmte mir eine Hand für kurze Zeit. Wir herrlich, beim Fliegen eine Heizung zu haben. Keine einzige der Übungsmaschinen, mit denen wir in Texas geflogen waren, hatte an Motor Nr. 2 Glykolboiler gehabt, und elektrisch beheizte Monturen hatten wir auch nicht gekannt.

Mit Bedacht handhabte ich die Alkohol- und Wärmeschalter langsam, um Nevells mit meiner Ruhe und meinem Wissen über Vereisungsbedingungen zu beeindrucken. De facto hatte ich keinerlei Erfahrung mit der Vereisung, aber ich erinnerte mich, daß mein Onkel George mir gesagt hatte, man müsse abwarten, bis sich eine Eisschicht von genau der richtigen Dicke aufgebaut hatte, ehe man die Flanschen anstelle. Er hatte vom Flugzeugführer einer DC-3 erzählt, der diese vom ersten Augenblick an, da sich Eisbildung zeigte, angestellt hatte; daraufhin hatte sich das Eis über den Flanschen weiter aufgebaut, und diese hatten unter der Eisschicht weiter pulsiert. Bei den Western Air Lines jedenfalls schaltete man die Enteiser erst dann ein, wenn sich an den Vorderkanten eine genügend dicke Eisschicht gebildet hatte, damit das Eis sauber und in großen Brocken abgesprengt wurde.

Nevells das im einzelnen zu erklären, war mir nicht möglich, denn die Maschine nur nach Instrumenten zu fliegen, forderte mein ganzes Können. Schließlich neigte ich mich nach links hinüber, schob den Enteisunghebel nach links und wies Nevells an, das Unterdruck-Meßgerät im Auge zu behalten. Ein Enteisungsverteiler wird angestellt; daraufhin wird der Auspuffdruck der von den Motoren 2 und 3 betriebenen Unterdruckpumpen in Gang gesetzt. Fiele einer der Motoren oder Unterdruckpumpen aus, gerieten wir in Teufels Küche und müßten die Enteisungs-Flanschsysteme geschlossen werden. Die noch funktionierende Unterdruckpumpe wurde gebraucht, um die Kreiselinstrumente zu betreiben, die für unser Überleben unabdingbar waren. Im Befehlston sagte ich zu Nevells: «Laß die Augen nicht vom Unterdruckmesser, damit ich notfalls die Pumpen wechseln kann.» Er begriff zwar die Situation nicht, gehorchte aber meiner Anweisung.

Als die Flanschen ihren Schwingungs-Schlag-Zyklus durchliefen, löste sich das Eis krachend von den Vorderkanten der Tragflächen. Zunächst zerbrach das Eis über den in Rumpfnähe gelegenen Flanschen zwischen den Motoren und flog davon, dann über den Flanschen in der Nähe der Außenbord-Motoren. Auf dem Luftschrauben-Nabenkonus sowie auf den Luftschraubenblättern überhaupt keins; das Alkohol-Antigefriermittel tat seine Wirkung gut. Ich stellte die Widerstände neu ein, um den Alkoholfluß zu vermindern; es konnte immerhin sein, daß ein 2-Stunden-Vorrat nicht den ganzen Flug über reichte.

Bei 5700 m war von einer Auflockerung der Wolken immer noch nichts zu erkennen, und die Vereisung bedrohte weiterhin unsere Sicherheit. Ich ging davon aus, daß wir während der letzten 80 km bei geringer Leistung ständig an Höhe gewonnen hatten und nur etwas über 1520 l in der Stunde verbrauchten. ‹Mal überlegen›, sann ich. ‹Wir steigen jetzt seit zwanzig Minuten, das bedeutet etwas über 570 l.› Da ich jedoch wußte, daß die Sicherheit der Piloten im Bombenschacht auf dem Spiel stand und mit dem Bedarf-Sauerstoff-System beim Tiefergehen weiterer Sauerstoff verbraucht wurde, beschloß ich, aus dem Vereisungsbereich hinauszugehen und lieber im treibenden Schnee zu fliegen. ‹Die Alkohol-Systeme halten Luftschrauben und Windschutzscheiben nur für zwei Stunden frei, und es könnte sein, daß wir in Grönland noch Anti-Gefriermittel brauchen›, dachte ich.

In 3600 m kamen wir beim Abstieg aus der Vereisungszone heraus, aber die Wolken nahmen noch kein Ende. Doty nannte mir einen berichtigten Kurs, um beim Fliegen eines Parabolkurses nach Funkkompaß die Maschine zu trimmen und den Seitenwind auszugleichen. In 1500 m Höhe machte ich mir Sorgen, daß wir nach wie vor in den Wolken flogen; aber immerhin konnte uns nichts passieren. In einer Höhe von 600 m bekam ich es aber doch mit der Angst und erwartete, jeden Augenblick durch die Wolkendecke zu brechen. In 450 m Höhe rissen die Wolken endlich ein kleines bißchen auf, aber das Meer sahen wir immer noch nicht. Ich verlangsamte den Abstieg, indem ich die Trimmklappe ganz leicht auf ‹Schnauze hoch› stellte. Endlich, bei 150 m, ließen wir die Wolken hinter uns und erblickten unter uns das mit weißen Schaumkronen bedeckte Meer. Für kurze Zeit war ich tieftreibender Wolken wegen gezwungen, sogar bis auf 45 m hinunterzugehen, und wir konnten die Gischt fast bis zu unserem Heckleitwerk hinaufspritzen sehen. ‹Was für ein Glück, daß wir Rückenwind haben›, dachte ich.

Allmählich wurden die Wolken weniger, und ich nahm die Maschine erst bis zu 300 m, dann bis zu 900 m hinauf; dort endlich stellten wir uns auf Reiseflug ein. Ich regelte die Leistung auf 1850 Umdrehungen pro Minute und auf 73 cm Leistungsdruck, woraufhin die Maschine nach wenigen Minuten 300 Stundenkilometer flog. Ich rechnete aus, daß die Motoren rund 630 l pro Stunde verbrauchten und wir inzwischen seit dreieinhalb Stunden flogen, also 2850 l verbraucht hatten. Über die Bordsprechanlage rief ich Doty an und bat um eine Positionsangabe und wie eine Flugzeitschätzung bis zu unserem Ziel, Bluie West Isle, Grönland, aussah. Seiner Meinung nach waren wir rund 800 km von Goose Bay entfernt, wollte jedoch mit seinem Abtriftmesser noch mal nachrechnen und den Rückenwind berücksichtigen. Doty erklärte dann, wir wären jetzt 1080 km von Goose Bay entfernt; der Wind sei ja günstig gewesen; seine Stimme verriet, daß er wieder Mut schöpfte und guter Dinge war. Die geschätzte Flugzeit betrug 1 Stunde 42 Minuten, was noch mal 1090 l Treibstoffverbrauch bis zur Landung bedeutete, also insgesamt 3940 l. Da für diesen Tag Funkstille angeordnet worden war, bestand keine Möglichkeit zu erfahren, ob Bluie West Isle unter einer Nebeldecke lag oder nicht.

Ich sann über diese Faktoren nach, da kam Eaton aus dem Bombenschacht und nahm auf dem rechten Pilotensitz Platz. Nevells befand sich in diesem Augenblick in der Turmkanzel und schob Wache. Eaton bat um die letzten Flugdaten, die ich ihm ebenso gab wie die geschätzte Flugzeit von Doty. Er war erfreut und sagte das ausdrücklich. Ich gab ihm zu verstehen, er könne die Maschine übernehmen, doch er winkte ab. Die Maschine flog mit dem Autopilot, aber der Scherwinde wegen mußte ich den Kurs häufig berichtigen. Auch der Drehzahlanzeiger mußte des Drucks wegen ungefähr alle 20 Minuten neu eingestellt werden.

Nach einigen Minuten meldete Doty, der Wind habe sich gelegt, und unsere Flugzeit werde sich etwas verlängern. Ich diskutierte mit Eaton die Möglichkeit, nach Goose Bay zurückzufliegen, falls der Flugplatz von Bluie Isle geschlossen wäre; sofern wir dort noch Treibstoff für anderthalb Stunden Flug hätten, könnten wir es vielleicht bis nach Gander schaffen. Er bedeutete mir, Gander wäre rund 900 km von Goose Bay entfernt, was diese Möglichkeit ausschließe. Notfalls könnten wir auch weiterfliegen bis Reykjavik, woraufhin ich Eaton klarmachte, daß Reykjavik 1575 km von Bluie West Isle entfernt sei und dem Wetterbericht zufolge für heute nachmittag eine Wetterverschlechterung zu erwarten stehe. Mit rotverschwiemelten Augen, aber stocknüchtern sah Eaton mich an. «Okay», sagte er, «hoffen wir, daß der Flugplatz von Bluie West Isle offen ist.» Dann legte er Hainlines Sauerstoffmaske an und schloß die Augen. Nach einigen Minuten kam Hainline. Nevells drückte sich an ihm vorbei und begab sich durch den Bombenschacht in seine Hüftschützenkanzel. Eaton stand auf und übernahm den linken Sitz, Hainline den seinen, und ich begab mich wieder auf meinen Posten als Turmschütze und Bordmechaniker.

Nach einer halben Stunde tauchte die Küste Grönlands auf, und uns allen fiel ein Stein vom Herzen. Nach weiteren 20 Minuten Flug in Richtung Norden konnten wir endlich unsere Position bestimmen und stellten fest, daß der große Fjord, den wir hinauffliegen sollten, fast unter uns lag. Der Fjord war an seiner Mündung sehr breit und schien von einem uralten Gletscher herausgeschnitten. Zu beiden Seiten erhob sich ein schneebedecktes Plateau. Von irgendwelcher Vegetation außer einer schmutziggrauen Bodenbedeckung an einigen schneefreien Stellen war nichts zu erkennen. Felsen säumten den Fjord und beherrschten zunehmend das Bild, je mehr der Meereseinschnitt sich verengte. Einer dicken dunklen Wolkendecke wegen war es nötig, auf rund 300 m hinunterzugehen. Es war schon eine besorgniserregende Erfahrung, tiefer als die Felswände links und rechts in dem schmalen Kanal dahinzufliegen, über dem sich bedrohliche Wolken zusammenballten, die ein unbekanntes Land verbargen, und gezwungen zu sein, ganz nahe über dem langgestreckten Meereseinschnitt unten zu fliegen. In einer sanften Biegung des Fjords tauchte ein Eisberg auf, der sich dort festgesetzt hatte. Bald waren mehrere zu sehen; sie sahen aus wie graue, halb im Wasser versunkene Geisterschiffe. Auch einen auf der rechten Seite parallel zum Kanal liegenden Frachter sichteten wir.

Hainline wurde sehr nervös und rief: «Wir fliegen in eine Sackgasse rein, und wenn wir das Ende erreicht haben, können wir nicht wenden.» Damit hatte er recht; Doty schaltete sich ein und erklärte, vor uns senke sich die Wolkendecke. Woraufhin Eaton sich meldete und mit großer Entschiedenheit erklärte: «Wir haben schließlich eine Karte von dem Kanal, und notfalls kommen wir auch wieder raus.» Fürs erste waren wir beruhigt; gleich darauf gingen wir auf knapp 150 m hinunter, weil dort die Sicht besser war.

Es war, als flöge man durch einen Tunnel, dessen Ende nicht

abzusehen war. Wir konnten uns nur guten Glaubens darauf verlassen, daß die Karte stimmte; sonst wären wir bestimmt nicht mit 250 Stundenkilometern weitergeflogen. Schon wollten wir höhergehen, um dieser Ungewißheit zu entgehen, da meldete Henroid in der Bugkanzel ein kleines Schiff und gleich darauf noch eines. Die Wolkendecke zwang uns bis auf 100 m hinunter, und wir erblickten eine kleine Bucht mit fünf oder sechs Schiffen und einem großen Eisberg darin. Hinter dem Eisberg tauchte eine Landebahn auf. Eaton befahl, das Fahrgestell auszufahren, sämtliche Landeklappen zu öffnen und verlangte von den Motoren Landeleistung. Ich schaltete die Landescheinwerfer ein, damit wir von den anderen besser gesehen würden. Bald näherten wir uns der Spitze des Eisbergs und flogen mit nicht mehr als 80 Stundenkilometern darüber hinweg. Eaton gab in letzter Minute noch ein paar Kurskorrekturen, drehte erst Motor 1 und 2 und gleich darauf auch Motor 3 und 4 noch mal auf und setzte mit der Maschine schließlich mit einer größeren Leistung als normalerweise üblich mit einer Schnauze-hoch-Stellung auf der bergauf gehenden Landebahn auf. Wir alle atmeten unendlich erleichtert auf, als die Maschine rasch an Fahrt verlor und wir nur leicht bremsen mußten. Beim Auslaufen bemerkte ich am Westende der Bucht mehrere Wracks von Flugzeugen, die keine glatte Landung geschafft hatten. Es war einfach kein Raum da, als daß man den Landeanflug gegebenenfalls noch einmal hätte wiederholen können; denn der Fjord endete bei diesem kleinen Flugplatz und war der Friedhof für viele Flugzeuge und Besatzungen.

Bei laufenden Motoren vedünnte ich das Öl vier Minuten lang mit Benzin, um später bei Kälte keine Startschwierigkeiten zu haben. Bei der Reifeninspektion zeigte sich, daß mehrere weitere Klampen fehlten; dabei war das Rollfeld mit Schnee und Eis bedeckt. Da keine Ersatzreifen zum Auswechseln vorhanden waren, bereitete mir das zusätzlich Magenschmerzen.

Bei den Unterkünften handelte es sich fast ausschließlich um Nissenhütten, um die herum der Schnee meterhoch lag. Die Straßen bestanden den größten Teil des Tages über aus gefrorenem Schlamm; eine Ausnahme bildeten die späten Morgenstunden, wenn es etwas wärmer wurde. Der Flugplatz war am Rand eines Flusses errichtet worden, der etwa fünf Kilometer weiter aufwärts unter einem gewaltigen Gletscher hervorkam. Auf den Endmoränen, die von früheren Gletschern zurückgelassen waren, hatte man kleine Quais errichtet. Der Fluß mündete in eine kleine Bucht; seine Sandablagerungen bildeten dort einen kleinen Damm, über den die Männer zu den Quais hinübergingen. Der Gezeitenhub war sehr groß, so daß an manchen Quais ihres Tiefgangs wegen keine größeren Schiffe anlegen konnten; für kleinere Boote und Leichter hingegen war das immer möglich.

Nevells und ich brachen unsere Notpakete für die Fallschirme auf und räuberten das für die Tropen bestimmte Angelgerät. Aus der Kantine holten wir uns Stücke roher Leber, und dann gingen wir am Quai angeln. In dem bewegten Wasser mit den Eisschollen darauf, die die Leinen ständig hin- und herschoben, gestaltete sich die Angelei recht schwierig. Totzdem gelang es uns, drei Kabeljau zu fangen, die wir in die kleine Kantine brachten. Der Fisch war sehr erfrischend; wäre er nicht gewesen, hätte ich das Lebergericht am Abend übersprungen und überhaupt nichts gegessen.

Nevells und ich beschlossen, einen Ausflug zu machen und mit unseren .45er Colts auf dem Gletscher Schneehühner zu jagen. Gegen zehn Uhr vormittags verließen wir den kleinen Fliegerhorst und wanderten am Ostufer den Fluß hinauf. Wir gelangten an eine breite seichte Stelle, die zum Hinübergehen geradezu einlud, woraufhin ich meine langschäftigen Stiefel und die Socken auszog und in das eisige Wasser hineinwatete. Nevells behielt seine Stiefel an und wartete geduldig, bis ich mir drüben die Füße abgetrocknet hatte. Auf dem westlichen Ufer fanden wir ein paar Schneekaninchen, und ich brachte bei einem zweiten Versuch eines zur Strecke, das etwa sieben Pfund wiegen mochte. Ich weidete das Kaninchen aus, hängte es an einen Busch und nahm mir vor, es auf dem Rückweg mitzunehmen.

Schneehühner gab es zwar reichlich, nur waren sie sehr scheu, und es war schwierig, welche zu entdecken. Bis auf ein paar schwarzgesäumte Federn sind sie ja ganz weiß und besitzen damit die ideale Tarnfarbe für die verschneite Landschaft. Wir gaben mehrere Schuß auf sie ab, hatten jedoch kein Glück. Auf Fische zu schießen, sah vielversprechender aus, doch hatten wir nur unsere .45er dabei. So schossen wir als nächstes auf die Köpfe von Seesaiblingen, einen großen grünlichen Fisch aus der Familie der

Lachse, die im seichten Wasser standen, so daß ihre Rückenflossen aus dem Wasser herausragten und in der Luft schimmerten. Die Seesaiblinge waren 40 bis 50 cm lang und sahen sehr appetitlich aus. Wir nahmen vier dieser Fische aus und legten sie auf das Geröll des Flußufers. Wir schossen auch noch auf Stahlköpfe, eine Forellenart, erwischten aber keine.

Nevells und ich wanderten um die Gletscherstirn herum, konnten uns nicht genugtun über ihre Größe und waren hingerissen von den vielen Höhlen und Spalten im Eis, aus denen das Wasser herausfloß. Was außerdem überraschte, waren die vielen Stein- und Staubeinschlüsse im Eis. Manche Gesteinsbrocken waren groß wie Lastwagen und offenbar von weiter stromaufwärts hertransportiert worden. Wir fanden einen Weg auf das Eis hinauf und betraten damit eine neue Welt. Das Eis war rauh und wies tiefe Löcher auf, die bis zu dem darunter hinfließenden Wasser hinunterreichten. Ohne jede Angst gingen wir weiter auf Erkundung aus und genossen diese neue Erfahrung. Nevells meinte, es wäre an der Zeit, zurückzukehren ins Lager; im Westen scheine sich ein Unwetter zusammenzubrauen.

Wir machten uns an den Abstieg, doch im schwindenden Tageslicht war es schwierig, den Gefahren des Eises zu entgehen. Plötzlich wurde es dunkel, denn schwarze Wolken wälzen sich über uns hinweg und schickten Eiskristalle statt Schnee hinunter. Aus dem Dunkel wurde sehr rasch pechschwarze Nacht, in der wir die Eisoberfläche kaum noch erkennen konnten. Wir folgten dem Rauschen des Wassers unter uns, bis wir endlich den Fluß frei dahinfließen hörten. Das Wasser unter uns verkündete offensichtlich das Ende des Gletschers. Nevells sagte: «Ich glaube, es sind bloß drei Meter vom Eis bis hinunter aufs trockene Land.» Ich spähte über den Rand, konnte jedoch nichts erkennen. «Aber der Fluß ist links von uns, und wir müssen aufs Ostufer hinüber», gab ich zu bedenken. «Den Weg bis dahin zu finden, ist es viel zu dunkel. Ich meine, wir sollten hier runtergehen auf das Westufer.» Ich sagte: «Okay, Arnold, wenn du meinst – du als erster.» Rückwärts kroch er tiefer, während ich ihn an der rechten Hand festhielt. Er landete auf den Füßen, rollte dann jedoch im Dunkeln auf der Seite weiter, ohne sich indes etwas zu tun. Er rief zu mir herauf: «Okay, Ray – spring!» Ich hielt mich an den Felsen fest und gelangte mühelos tiefer, doch dann ließ ich mich durch die Schwärze auf den felsübersäten Boden unten fallen.

Arnold und ich tasteten uns bis zum Rauschen des Wassers vor, hatten jedoch das beunruhigende Gefühl, daß irgend etwas nicht stimmte. Nachdem wir uns kriechend etwas von der Stelle entfernt hatten, wo wir uns hatten fallen lassen, wurde uns schmerzlich klar, daß der Fels, auf dem wir gelandet waren, rings von Wasser umgeben war. Undeutlich sahen wir es schäumend über die Felsen springen, und jetzt konnte kein Zweifel mehr herrschen: wir waren vom Gletscher auf eine Insel hinuntergesprungen. Die Eiswand war viel zu steil und es war auch viel zu dunkel, um den Versuch zu machen, wieder auf den Gletscher hinaufzukommen. Die einzige uns offenstehende Möglichkeit schien darin zu bestehen, den Fluß, dessen Wasser wir schwach erkannten, zu durchwaten; dem Geräusch nach zu urteilen, das das Wasser machte, mußte hier die seichteste Stelle sein. Arnold an der Hand, wagte ich mich als erster hinaus. Das Wasser kam unter dem Gletscher hervor, war kalt und erwies sich als unerwartet tief. Wir stützten uns gegenseitig und stemmten uns gemeinsam gegen die Strömung; Handbreit um Handbreit schoben wir uns weiter voran.

Als wir das Ostufer endlich erreicht hatten, waren wir erleichtert und erschöpft zugleich. Ein paar Minuten ruhten wir uns am Ufer aus; langsam durchdrang die Kälte unseren Körper. Als wir aufstanden, war unsere Kleidung steifgefroren. Es war immer noch pechschwarz, nur der Fluß war undeutlich zu erkennen und vermittelte uns, wo das Lager liegen müsse. Nachdem wir uns etwa eine Stunde lang am Ufer entlanggetastet hatten, legte ich mich auf den Boden, um mich auszuruhen; Arnold jedoch blieb stehen. Ich war im Handumdrehen eingeschlafen und wachte davon auf, daß Arnold mich schüttelte: «Aufwachen, Ray, wir müssen zurück zum Lager!» – «Nur noch fünf Minuten», bat ich. Unendlicher Frieden legte sich über mich; ich empfand weder Schmerz noch Kälte, sondern hatte das Gefühl, daß mein Bewußtsein immer mehr schwand und ich nur noch Erleichterung über den Zustand verspürte, in dem ich mich befand. Schließlich wurde ich davon wach, daß Arnold mir wütende Tritte versetzte und von mir verlangte aufzustehen. «Wir sind nur ein paar Kilometer vom Fliegerhorst entfernt; jetzt rappel dich hoch, sonst erfrierst du.»

Ich hob die Hand, und er half mir auf. Wie einfach es gewesen wäre, wieder einzuschlafen; ich war unendlich müde.

Im Dunkeln über den kiesigen Geröllstrand dahinzustolpern, war zusätzlich ermüdend, und wir mußten mehrmals rasten, doch Arnold ließ nicht zu, daß ich wieder einschlief. Etwa eine Stunde, nachdem wir den Fluß überquert hatten, erblickten wir zu unserer Verwunderung plötzlich die Scheinwerfer eines Jeeps. Arnold krabbelte hastig die Uferböschung hinauf und hielt den Jeep an. Am Steuer saß ein Captain, der eine Straße entlangfuhr, von der wir gar nicht gewußt hatten, daß es sie gab. Der Captain wiederum war mehr als verwundert, mitten in der Nacht auf uns zu stoßen, und brachte uns mit Freuden zurück ins Lager. Er sagte, wir sollten nicht auf den Gletschern herumklettern; das sei viel zu gefährlich.

Wieder im Lager, war der Filmschauspieler Andy Devine dabei, Truppenbetreuung zu machen; ich jedoch war dermaßen erschossen, daß ich nur noch schlafen wollte. Die Hitze in den Nissenhütten war nach dem Aufenthalt in der Eiskälte draußen besonders unangenehm, und ich dachte, ich müßte mich erbrechen.

Zwei Tage später kam es zu einer kleinen Wetterbesserung, und wir erhielten Befehl, nach Island weiterzufliegen. Die Maschine wurde startklar gemacht, und ich verstaute meine .45er Pistole zusammen mit den anderen Sachen in der Turmkanzel. Motor Nr. 2 hatte in einem der tiefersitzenden Zylinder des Sternmotors eine Sperre. Andere Maschinen waren bereits abgeflogen, und das Wetter wurde schlechter. Es gelang mir, das Öl aus dem Zylinder ganz unten herauszuholen, indem ich die vorn sitzenden Zündkerzen herausnahm und den Motor dann per Hand kurbelte, um den größten Teil des Öls herauszuschleudern. Durch diese Verspätung wurde uns der Abflug fast unmöglich gemacht, doch dann erhielten wir eben, kurz bevor der Flugplatz der sich senkenden Wolken wegen gesperrt wurde, doch noch grünes Licht.

Solange die Ölreste in den tiefer sitzenden Zylindern verbrannten, wurden von Motor Nr. 2 weiße Rauchwölkchen ausgestoßen. Gestartet wurde bergab auf die jetzt leicht zugefrorene Bucht hinaus. Es war noch eine ganze Strecke von der Startbahn übrig, da erhoben wir uns bereits in die Luft; Eaton flog dicht über den Gipfel des Eisbergs in der Bucht hinweg. Den Fluganweisungen zufolge sollten wir eine Rechtskurve zum nördlichen Fjordarm fliegen, bis dieser an einer Gletscherstirn endete. Eine Minute lang sollten wir in 150 m Höhe weiterfliegen, dann steigen und im Spiralflug Höhe gewinnen, um über die Berge nordwestlich des Stützpunktes hinwegzufliegen. Kurz nachdem wir den Fjord hinuntergeflogen waren, gerieten wir in die Wolken und bekamen den Gletscher nie zu sehen. Damals waren die Berge und die Eiskappe Grönlands noch nicht kartographisch aufgenommen und Höhen damit unbekannt. Man hatte uns gesagt, wenn wir 150 m in der Minute stiegen, würde das reichen; wir würden dann die Eiskappe sichten und sollten in östlicher Richtung nach Island fliegen.

Von Wolkenlücken war nichts zu sehen, und so befürchteten wir, gegen irgendwelche Erderhebungen zu prallen. Am Abend zuvor hatten Hainline und ich uns mit der Besatzung einer B-24 unterhalten, die an diesem Tag vom Eisschild heruntergeholt und gerettet worden war. Der Flugzeugführer berichtete, sie wären gerade eben über den Wolken geflogen, als die Luftschrauben plötzlich die Eisdecke berührt und die B-24 eine Rutschpartie gemacht hätte, bis sie liegengeblieben wäre. Keiner hatte das Eis gesehen; es hatte genauso ausgesehen wie die oberste Schicht der Wolken, über die sie hinweggeflogen waren. Glücklicherweise hatte eine C-47 neben der B-24 landen und die Besatzung in Sicherheit bringen können. Diese Geschichte noch frisch im Kopf, hatte es schon etwas Unheimliches, über ein Gebirge dahinzufliegen, das kartographisch noch nicht aufgenommen worden war.

Es dauerte nicht lange, und auf den Propellernaben sowie am Rand der Windschutzscheibe bildete sich wieder Eis. Die Enteisungsflanschen an den Vorderkanten von Tragflächen und Leitwerk wurden weiß. Eaton befahl, die Flanschen anzustellen; ich jedoch widersprach und erklärte, das Eis sei noch nicht dick genug. Dafür sprühte ich Alkohol auf Propellerflügel und Windschutzscheibe. Nach wenigen Sekunden roch es im Cockpit nach Alkohol. Bei großem Treibstoffverbrauch behielt Eaton die Steigung von 150 m pro Minute bei, doch da wir rings von Wolken eingeschlossen waren, blieb uns gar nichts anderes übrig. Ich stellte die Enteisungsflanschen an und verfolgte, wie große Eisstücke abgesprengt wurden und plötzlich von den Tragflächenvorderkanten davonflogen. Von der Turmkanzel aus prüfte ich die Enteisungsflanschen des Leitwerks und sah, daß sie vorschriftsmäßig funktionierten. Auch an den Seitenfenstern des Cockpits bildete sich Eis, und laut krachend prasselten Eisstücke von den Luftschraubenblättern der beiden Innenbordmotoren auf die Rumpfverkleidung.

Eaton versuchte, über die Wolken hinwegzukommen, doch bildete sich auf der B-17 zuviel Eis. Die Enteisungsflanschen pulsierten, doch bildeten sich unterm Eis Luftlöcher, so daß sie ins Leere stießen. Ich versuchte, sie abzustellen, bis das Eis gegen die Flanschen drückte. Damit kamen wir ein paarmal zurecht, doch dann fielen die Flanschen vollkommen aus. Nur am Leitwerk funktionierten sie noch und hielten Vorderkanten eisfrei. In einer Höhe von 5000 m befand sich die Maschine kurz vor dem Strömungsabriß, obwohl die Luftgeschwindigkeit 270 Stundenkilometer anzeigte. Der Querruderregler funktionierte nicht mehr, und Eaton benutzte das Steuerruder, um die Tragflächen waagerecht zu halten. Eaton war nahe daran durchzudrehen und schrie: «Ich kann sie nicht weiterfliegen; gleich fängt sie an zu trudeln.» Hainline und Eaton hatten keine Sauerstoffmasken angelegt und Schwierigkeiten, die Maschine unter Kontrolle zu behalten. Ich hielt mir die Sauerstoffmaske locker vors Gesicht, um besser reden zu können, und sagte: «Geh weiter runter, damit das Eis wegschmilzt.» Eaton erwiderte: «Es bleibt uns nichts anderes übrig; die Mühle ist ja vollständig vereist.»

Als wir auf eine Höhe von etwas unter 2000 m hinuntergingen, verringerte sich die Eisbildung, doch wußten wir, daß wir das Teufelszeug vollständig loswerden mußten. Wir waren jetzt etwas über eine Stunde in der Luft; die ganze Zeit über waren die Alkoholsysteme eingeschaltet gewesen. ‹Damit bleibt uns etwa noch eine Stunde Alkohol›, dachte ich. ‹Wir müssen mit dieser Kiste raus aus dem Eis.›

Obwohl Hainline sich beschwerte, ging Eaton mit der B-17 bis auf 1500 m hinunter; trotzdem war immer noch Eis da. Schließlich ging er noch tiefer hinunter, bis wir bei 900 m Höhe die Wolkendecke durchstießen. Das Eis wurde erst durchsichtig, dann schmolz es, und nach wenigen Minuten war die Krise überstanden.

Wie vor den Kopf geschlagen waren wir, als Henroid über die Bordsprechanlage erklärte, direkt vor uns in der Ferne liege die Küste Grönlands. Wir flogen zurück nach Grönland, also nach Westen! Es handelte sich um weißverschneite, von Wolkendunst verhangene Berge inmitten einer aufgewühlten See. Der Wind hatte uns beim Höherschrauben quer über die grönländische Eiskappe getrieben; und nach Osten geflogen waren wir nur kurze Zeit beim Hinuntergehen. Der magnetische Kompaß trieb hier im hohen Norden seinen Schabernack mit uns. Doty verschaffte uns eine neue Kursangabe in Richtung Reykjavik, Island.

Den ganzen Flug über hatten wir Mühe, uns aus dem schlimmsten Wetter herauszuhalten. Schwere dunkle Wolken zwangen uns die meiste Zeit über zum Tiefflug in einer Höhe, daß wir die Wellen unten erkennen konnten. Diesmal machte Eaton keinen Versuch, über die Wolken hinwegzufliegen und so dem schlechten Wetter zu entgehen, eher im Gegenteil.

Island tauchte vor uns auf, als wir gerade durch eine Böen-Front hindurchflogen. In einer Höhe von 100 m über einer heftig bewegten See folgten wir der Küstenlinie; schon vor der eigentlichen Küste brachen die Wogen sich schäumend an schroffen Felsen. Wir flogen geradenwegs bis nach Reykjavik, das sich im Schutz der immer eisfreien Faxabucht entwickelt hat. Anweisungsgemäß brachte Eaton die Maschine südlich um die Stadt herum. Bald tauchte der Flugplatz mit den vielen verstreut geparkten B-17, B-24 und C-47 auf. Südlich der Landebahn fanden sich behelfsmäßig hochgezogene Wellblechgebäude. Wir rollten auf einen kleinen Parkplatz, der vielleicht 400 m von der Landebahn entfernt war, verdünnten das Motoröl, zogen die Tragflächenschützer über und zurrten in Erwartung eines neuen Unwetters Quer- und Höhenruder fest. Schon jetzt fegte Regen nahezu horizontal über den Boden, peitschte mir das Gesicht und tat meinen Augen weh. Arnold und ich begaben uns zu der Reihe der Wellblechbaracken und suchten nach Schlafquartieren.

Überall versank man knöcheltief im Schlamm. Laster und Jeeps wühlten den Boden zwischen den abgestellten Flugzeugen und den aus 250 l-Fässern bestehenden Treibstoff- und Öllagern sowie dem Ersatzteillager auf. Da standen eine B-17, der ein Motor fehlte, und eine andere mit einem nach vorn geneigten Propeller – die Folge einer Bauchlandung ohne ausgefahrenes Fahrgestell – und eine Reihe von B-24 mit ähnlichen Defekten.

Arnold und ich wurden in ein kleines, aus zwei Räumen bestehendes Gebäude eingewiesen, von denen einer uns gehören sollte.

Ursprünglich eine Offiziersunterkunft, kamen wir wegen der allgemeinen Überfüllung in den Genuß, nur zu zweit in einem Raum zu schlafen. Die Kantine war gut, und es war eine Lust, dort zu essen. In einem Zelt wurde ein Film vorgeführt, doch waren wir zu müde, um ihn uns anzusehen.

Am nächsten Morgen stapften Arnold und ich durch den Schlamm zu unserer Maschine und beschlossen, die Motoren laufen zu lassen, damit sich bei dem treibenden Regen kein Wasser im Zündkabelgeschirr sammelte. Wir schlossen unser im Heck verstautes Hilfsaggregat an, bei dem es sich um ein einzylindrisches 2-Zyklus-Homelite-Aggregat handelte. Bei laufenden Motoren lauschten wir den BC-48-Radionachrichten. Es kam Wind auf, und wir schafften es nur, die rechte Tragfläche mit den riesigen Segeltuchbahnen zu schützen. Vom Rest der Besatzung ließ sich keiner blicken, und so mußten wir die ganze Arbeit allein machen; später gelang es Arnold und mir, auch noch den anderen Tragflächenschützer überzuziehen und zu verlaschen.

Am nächsten Morgen in aller Herrgottsfrühe war unsere Besatzung vollständig für den Start versammelt. Eaton und Hainline waren nüchtern, und mir fiel ein Stein vom Herzen. Es regnete, und wir mußten bei eingeschalteten Landescheinwerfern an den Start rollen. Vom Tower aus nicht zu sehen, stellte Eaton sich auf der Startbahn auf; eine Bö fegte übers Rollfeld und trieb prasselnden Regen vor sich her. Eaton stellte den Kreiselkompaß ein und erklärte, er werde einen Start nur nach Instrumenten fliegen. Sofort erhob Hainline Einwände und sagte: «Sei doch nicht verrückt; wir haben Scherwinde und sehen keine dreißig Meter weit.» Dem schloß ich mich an, indem ich sagte: «Es sieht schlecht aus; wir sollten warten, bis der Wind sich legt.» – «Wir verschwenden nur Zeit und Treibstoff», versetzte Eaton bissig. «Wir fliegen!» Mit diesen Worten schob er die Gasdrossel rein, allerdings nicht ganz bis nach vorn, und verwendete die Motoren 1 und 4, um die Maschine auf dem Kreiselkompaß-Kurs zu halten. Ich konnte in der Dunkelheit und bei dem treibenden Regen an diesem Morgen die Startbahn nicht erkennen; von einer weißen Leitlinie in der Mitte war damals noch nicht die Rede. Die große Maschine hob sich bald in die Luft, und Eaton befahl, das Fahrgestell einzufahren. Durch die Wolken hindurch gewannen wir über Island Höhe und folgten einem Kurs nach Prestwich, Schottland, von wo aus ein mächtiger Funkstrahl die B-17 und die B-24 und andere große Vögel über diesen tückischen Teil des Atlantischen Ozeans hinwegleitete. Diese Etappe war 1400 km lang; es ging fast ununterbrochen nur übers Wasser, und wir hatten immer noch einen Rükkenwind von rund 30 Knoten, so daß wir wohl nur viereinhalb Stunden Flugzeit brauchten.

Es dauerte nicht lange, und die Sturmwolken lichteten sich; was zurückblieb, war nur eine Kette linsenförmiger Wolkengebilde, die uns den ganzen Flug über begleitete. Eaton ging weiter in die Höhe und erklärte, er wolle den günstigen Wind ausnutzen, der laut Wetterbericht zwischen 3000 und 4000 m herrschen sollte. Schon nach wenigen Minuten gerieten wir in Turbulenzen hinein, woraufhin Eaton auf fast 4500 m hoch ging. Das half für etwa zehn Minuten, doch dann wurden die Turbulenzen schlimmer. Trotz der rauhen Luft flog Eaton in dieser Höhe weiter. Nachdem das etwa eine Stunde so gegangen war, wurde den Besatzungsmitgliedern schlecht. Ich ging nach hinten in den Funkraum, machte eine Schachtel mit Käse und Crackers auf und trank ein bißchen Kakao. Die anderen lehnten Essen und Trinken ab, und ihre Übelkeit verschlimmerte sich. Mir bereitete es kein geringes Vergnügen festzustellen, selbst nicht mehr luftkrank zu sein, wo alle anderen es waren.

Das Signal aus Prestwich war zwar deutlich, aber das Wetter voraus sah nicht gut aus. Eaton ging auf über 1500 m hinunter; dort flogen wir zwar unter der Wolkendecke, dafür aber im Regen. Der Shannon-Richtstrahl aus Irland brach ab, und so richteten wir uns auf einen etwas veränderten Kurs ein, um die Irische Küste zu streifen.

Die erste kleine Insel wurde von Henroid gesichtet, dann eine zweite, und bald darauf kamen größere schottische Inseln in Sicht. Schließlich flogen wir über eine langgezogene Halbinsel dahin, wandten uns nach Süden und überflogen den Nord Kanal, der sich zwischen Irland und Schottland erstreckt. Bald hatten wir die Küste von Nordirland vor uns.

Plötzlich drang Rauch aus dem Getriebeteil des Motors ins Cockpit. Offensichtlich war nur etwas durchgeschmort, nichts Ernsthaftes, sondern nur Unangenehmes. Ich kletterte in den

Getriebeteil hinein und stellte fest, daß der linke Scheibenwischermotor brannte. Ich kappte einfach die Kabel und holte den Feuerlöscher, brauchte ihn dann jedoch gar nicht erst zu betätigen.

Wir folgten der Küste bis Belfast, gingen dort tiefer und suchten nach Nutscorner, wo wir landen sollten. Es handelte sich darum, im Tiefflug einen kleinen Fliegerhorst mit grünen Start- und Landebahnen und weit auseinandergezogenen Parkplätzen für die Flugzeuge zu suchen. Bald entdeckte Hainline ihn, wir landeten und rollten auf den ziemlich weit entfernten Parkplatz. Die Motoren waren noch nicht abgestellt, da kam schon ein Mädchen auf die Maschine zugelaufen; Sutton hatte nichts Eiligeres zu tun, als sich mit ihr zu verabreden.

Wir wurden in der erbärmlichsten Schlafunterkunft untergebracht, die ich je auf einem Militärflugplatz kennengelernt habe. Wegen der Bombendrohung in einem Kino konnten wir an diesem Abend nicht nach Belfast hinein, und auf dem Fliegerhorst selbst gab es keinerlei Unterhaltung und keinen Club.

Nachmittags besuchte ich zusammen mit Arnold ein kleines Dorf und unterhielt mich mit ein paar Leuten auf der Straße. Am Rand des Dorfes sprach ich mit einem Bauern, der sagte, eigentlich habe er nach Amerika auswandern wollen, doch seit er im Kino Filme über die Chicagoer Gangster gesehen habe, sei ihm die Lust vergangen.

Die kleinen Bauernhäuser und die Äcker waren gepflegt, doch was offensichtlich fehlte, waren landwirtschaftliche Maschinen. Es gab keine Trecker, sondern Pferde und Ochsen als Zugtiere. Heu wurde zu einem runden Heuhaufen zusammengetragen und nicht zu Ballen gepreßt. Der Eindruck, den ich von diesem Teil Irlands gewann, war recht negativ, und ich war tief enttäuscht. Alles, was ich sah, war so altmodisch und unpraktisch, und selbst das Mädchen, das zu unserem Flugzeug herausgelaufen gekommen war, war ungebildet und sah nicht besonders appetitlich aus. Daß mich die Rückständigkeit Irlands so besonders traf, lag daran, daß man mich in der Kindheit gelehrt hatte, meine irischen Vorfahren, die nach Amerika gekommen waren, voller Ehrfurcht zu betrachten; für mich waren sie eine Art Helden gewesen, die aus einem stolzen Land stammten.

Am nächsten Tag flogen wir weiter nach England und folgten

dabei einem Kurs von 120 Grad nach Kimbolton, in der Nähe von Bedford. Der Flug ging über nicht ganz 500 km und wurde bei herrlich klarem Wetter zurückgelegt. Unter uns lag eine wunderschöne Landschaft: grün und doch nicht frisch, durchzogen von einigen Flüssen und gesprenkelt von kleinen Ortschaften. Was mich überraschte, war die Weite des offenen Landes, der Wälder und des Ackerlands. Irgendwie hatte ich mir ein viel dichter besiedeltes Land vorgestellt; aus dem Geographieunterricht in der Schule wußte ich, daß England 1940 37 Millionen Einwohner hatte.

Als wir am 17. Oktober 1943 in Kimbolton landeten, konnten wir es kaum fassen, wie klein die einzige Landebahn war, die in einer kleinen Senke mit einem flachen Hügel dahinter auslief. Wir konnten einfach nicht verstehen, wieso man am Ende der Landebahn ein Hindernis aufgerichtet hatte. Als wir auf den betonierten Parkplatz rollten und zum Stehen kamen, wurden wir von englischen Arbeitern und einer kleinen Schar von Amerikanern mit Hoch- und Hurrarufen und Händeklatschen begrüßt. Es berührte uns eigentümlich, so hoch willkommen zu sein, doch konnte ich selbst mich einer gewissen Ahnung kommenden Unheils nicht ganz entziehen.

Kampf über Deutschland

Es sollte keine Stunde dauern, bis wir hinter den Grund für die ungewöhnliche Begrüßung kamen: Es war der 17. Oktober, und vor drei Tagen hatte Kimbolton drei Maschinen seines Geschwaders verloren. Wir waren der 379th Bombardment Group und der 525th Bomb Squadron der 8th Air Force zugeteilt worden, die bei einem Feindflug am 14. Oktober starke Verluste hatte hinnehmen müssen. In den Unterkünften, denen wir zugewiesen wurden, lebte nur noch ein einziger Mann – der am Tag des Angriffs auf Schweinfurt krank gewesen war. Der First Sergeant befahl uns, bei der Kleiderkammer Bettzeug und den persönlichen Besitz der Männer, die nicht zurückgekehrt waren, abzugeben. Das war keine angenehme Aufgabe, zumal für mich, der ich die Photos von der Frau und dem Baby eines Mannes abliefern mußte, die bei den Briefen lagen, die er von ihr und seinen Eltern erhalten hatte.

Uns wurde gesagt, wir sollten alles vergessen, was wir über das Schießen in der Luft gelernt hatten; erfahrene Schützen würden uns neue Arten zeigen, den Gegner abzuschießen. Den Piloten wurde gesagt, sie müßten ein neues Training absolvieren, um richtig in Formation zu fliegen. Mit sämtlichen MGs und viel Munition, doch ohne Bomben an Bord, machten wir einen Übungsflug. Dabei sollte eine Dreier-Formation innerhalb eines Korridors von dreißig Kilometern vor der Küste Frankreichs in der Nähe von Cherbourg fliegen, das rund 250 km von Kimbolton entfernt liegt. Uns wurde eingeschärft, weder London noch den Küstenstrich samt Häfen östlich von London zu überfliegen. Wir sollten die Isle of Wight passieren, den Kanal überqueren, auf die Küste stoßen, dieser bis zu den Kanalinseln hinunter folgen, nach Norden abbiegen, wieder die englische Küste anfliegen und zum Stützpunkt zurückkehren. Wir wurden gewarnt, daß wir Flak-Beschuß zu gewärtigen hätten, falls wir zu nahe an die Halbinsel von Cherbourg herankämen; auch sollten wir uns vor deutschen Jagdfliegern in acht nehmen.

Alle waren ziemlich aufgeregt, denn auch die Besatzungen der anderen beiden Maschinen hatten keinerlei Feindflugerfahrung;

außerdem sollten wir irgendwo über dem Wasser ein Flugzeug mit Schleppsack abfangen. Diesmal war unsere Munition nicht gefärbt, folglich konnte keiner kontrollieren, ob er getroffen hatte oder nicht. Überm Kanal war von einem Schleppflugzeug nichts zu sehen; das einzige, was wir in der Ferne entdeckten, waren ein paar Jäger, doch konnten wir sie nicht identifizieren. Wir flogen in einer Höhe von 6000 m, und es war verdammt kalt. Das Heizsystem war ausgebaut worden, weil es im Kampf gefährlich werden konnte. Dasselbe galt für die Enteisungsanlagen. Die elektrisch geheizte Unterkleidung wurde zum erstenmal ausprobiert und wies bei fast allen Mängel auf.

Anfang November wurden Angriffe auf Wilhelmshaven, Munster und Wesel geflogen, doch nahmen wir daran nicht teil. Am 13. November kam es bei einem Angriff auf Bremen zu soviel Verlusten, daß wir gleichsam aus der Warte- in die Einsatzstellung aufrückten. Nachdem die Verluste vierzehn Tage lang niedrig waren und das Unternehmen *Pointblank* der deutschen Luftwaffe, wie es hieß, ernstlich Schaden zufügte, brannten wir alle darauf, endlich richtig zum Einsatz zu kommen. Es herrschte ein ausgezeichneter Kampfgeist unter den Besatzungen, die auf ihren Einsatzbefehl warteten. Ich beschäftigte mich damals damit, alles zu verschlingen, was mir vom Nachrichtendienst zugänglich war. Aus diesen Berichten bezog ich mein Wissen über die feindlichen Jäger und darüber, wie die Deutschen die von uns gewählten Angriffsziele verteidigten. Ich hielt es für wichtig, soviel wie möglich über den Gegner zu erfahren; vielleicht würde mir das einmal helfen zu überleben. Die Einsatzberichte von Gruppe und Staffel, die bei der Nachbesprechung von den Offizieren vorgelegt wurden, waren sehr hilfreich insofern, als darin Einzelheiten über schwierige Situationen Tausende von Metern über dem Feindgebiet mitgeteilt wurden. So erfuhr ich, welche MGs und andere Bordwaffen die Messerschmitts, Focke-Wulfs, Dorniers, Heinkels und Arados mitführten. Die meisten Einsätze der B-17 wurden in einer Höhe von weit über 6000 m geflogen, wobei Begegnungen mit anderen Flugzeugen als Messerschmitts 109 unwahrscheinlich waren. Die Me-109 G war mit einem neuen Daimler-Benz-Motor mit Methanol-Einspritzanlage und Vorverdichter ausgestattet und erreichte 1475 PS. Die Vorverdichtung erlaubte der Me-109 einen

Flug in ungewöhnlicher Höhe; sie war bis fast 12 000 m einsatzbereit und stellte damit eine ernsthafte Bedrohung für uns dar. Auch die Bewaffnung mit zwei 7.9 MG 17, die in der Haubenverkleidung der Motoren eingebaut waren, war gewaltig; außerdem war sie noch mit einer 30 mm MK 108 Kanone bestückt, die in der Mitte der Kurbelwelle untergebracht war, sowie mit zwei MG 151 oder MK 108 in kleinen Wülsten unter den Tragflächen. In welcher Kombination diese Waffen auch jeweils vorhanden waren, sie war so stark, daß sie die Tragfläche einer B-17 ohne weiteres mit einer Garbe wegpusten konnte.

Ich lernte die äußeren Maße einer Feindmaschine auswendig. Insbesondere die der Me-109 mit ihrer Spannweite von fast zehn Metern und einer Rumpflänge von neun Metern; dies Wissen war notwendig, um das Visier meiner Turm-MGs auszugleichen. Die Me-109 stellte ein kleines Ziel dar, das mit großer Geschwindigkeit flog und, sofern es von vorn angriff, kaum zu sichten und zu verfolgen war. Bei Einsätzen in geringerer Höhe konnten wir den Focke-Wulfs 190 A begegnen, deren Spannweite und Rumpflänge 10,5 m bzw. 10 m betrug. Da die beiden Flugzeuge sich größenmäßig nur wenig unterschieden, war auch die Visiereinstellung ziemlich dieselbe. Die schwerer bewaffnete FW-190 A mit ihren vier 20 mm-MGs operierte nur in geringeren Höhen, und ich hoffte, niemals einer zu begegnen.

Unsere Besatzung erhielt Anweisung, sich für den 12. November bereitzuhalten. Am Abend zuvor gingen wir in den Club und unterhielten uns mit Fliegern, die den Einsatz nach Wesel geflogen waren; damit schien sich die Spannung, unter der wir standen, zu legen. Ich wachte bei Dunkelheit auf; draußen vor unserer Unterkunft hörte ich Jeeps und Männer rumoren. Wieder waren wir übergangen worden. Der Angriff galt Bremen, und später am Nachmittag dieses Tages wurde eine unserer Maschinen durch die Flak abgeschossen. Aus den Einsatzberichten wußte ich, daß Bremen von einer großen Anzahl von Flak-Türmen verteidigt wurde. Die Türme ragten auf Betonfundamenten 30 m über den Boden; in so großer Höhe hatte man zwei 88 mm-Geschütze montiert, damit sie den Druckwellen der Bomben entgingen. Gezielt wurde bei diesen Geschützen mit Funkmeßgeräten, dem sogenannten Würzburggerät; die automatische Ladung erlaubte

21 Schuß pro Minute. Zwar konnten sie bei manueller Bedienung 27 Schuß in der Minute abfeuern, doch litt darunter die Zielgenauigkeit. Bis zu geringen Höhen war diese ziemlich groß, doch bei 11 000 m – und das war weit über der Höhe, in der eine beladene B-17 flog – ließ sie viel zu wünschen übrig.

Am 16. November wurden wir um 4 Uhr morgens vom Einsatzleiter geweckt, der uns sagte, um 4 Uhr 30 hätten wir uns einsatzbereit am Werkstattzelt zu melden und auf unsere Maschine zu warten. Aufgeregt legten wir unsere Monturen an und eilten zu der Splitterbox, in der unsere Maschine abgestellt war.

Eaton war bereits zur Stelle und befahl, die Waffen einzubauen und sämtliche Instrumente zu überprüfen. Die Geschütze waren ein paar Tage zuvor ausgebaut worden, weil sie auf 750 Schuß pro Minute eingestellt werden sollten. Ausgebildet worden waren wir an MGs, die – um die Läufe zu schonen – nur 500 Schuß in der Minute abfeuerten. Außerdem bereiteten wir mehrere tausend Schuß Kaliber .50 für die einzelnen Geschütze vor. Ich lud nur Stahlkerngeschosse mit blauer oder schwarzer Spitze; das gleiche tat Ray Ferrell, der Kugelschütze. Da wir Ausgleichsvisiere hatten, die uns eine 25prozentige Treffsicherheit gewährten, war keine andere Munition so wirkungsvoll wie ein stetiger Strom von Stahlkerngeschossen. Bei den schwenkbaren Waffen war jede fünfte Patrone ein Leuchtspurgeschoß, die anderen Stahlkerngeschosse; allerdings waren Geschwindigkeit und Geschoßbahnen dieser beiden Geschoßtypen unterschiedlich; deshalb machten wir uns um die Wirksamkeit unseres Schießens beträchtliche Sorgen. Jeder Schütze überprüfte sorgfältig jeden einzelnen Gurt der .50 Kaliber-Munition, die in das Schloß eingespannt waren. Die Gurte wurden nach kurzen Patronen untersucht. Eine kurze Patrone unterbrach das Feuer; dann mußte der Gurt per Hand herausgenommen und das MG neu geladen werden. Diese Aufgaben sollten bei den Turm-MGs ziemlich schwierig sein und ließen sich bei größerer Kälte vielleicht nicht korrigieren. ‹Kurze Patrone› nannten wir denn auch verächtlich Leute, die sich blamierten.

Um 5 Uhr fand in einer Nissenhütte unter der Leitung des Nachrichtenstabsoffiziers die Einsatzbesprechung statt. Dieser riß ein Blatt aus einer Karte heraus, auf dem ein roter Strich zu sehen war, der von der Küste Englands in nordwestlicher Richtung bis zu dem norwegischen Knaben, rund 160 km südöstlich von Oslo, gezogen war. Bei dem Flug sollte es 900 km über die Nordsee bis zu einem unberührten Teil Norwegens gehen, um eine am Ufer eines Sees gelegene Molybdän-Grube zu bombardieren. Das große Problem bei diesem Unternehmen war der Treibstoff, insbesondere für die älteren B-17 F, die im Bombenschacht einen Ersatztank mitführen mußten und deshalb nur die halbe Bombenlast transportieren konnten. Inzwischen gab es auf unserem Fliegerhorst eine ganze Reihe von B-17 G, die im Laufe der letzten vierzehn Tage hier eingetroffen waren.

Auf ein Leuchtsignal hin wurden um 6 Uhr 45 die Motoren angelassen, und um 7 Uhr reihten die Maschinen sich in Doppelreihen auf der kurzen Startbahn auf. Es war ein imponierendes und erregendes Schauspiel zu sehen, wie sechsunddreißig B-17 sämtlichst mit laufenden Motoren bis auf wenige Meter hintereinander in zwei Reihen Aufstellung nahmen und dann wie im Reißverschlußverfahren abwechselnd starteten.

Als wir an der Reihe waren, rollten wir unmittelbar bis an das Heck der Maschine vor uns heran, die gerade mit allen vier Motoren Vollgas gab. Der Propellerwind brachte unsere Maschine bedrohlich zum Schaukeln, und der Lärm war so gewaltig, daß ich unsere eigenen Motoren nicht mehr hören konnte. Dann drehte die Maschine links von uns auf und begann ihr träges Vorrücken; ungeduldig verfolgten wir mit den Blicken die Maschine vor uns bis zum Abheben. Eaton schob die Gasdrosseln rein, langsam kamen wir voran, und als die Reifen über die schadhafte Startbahn holperten, bebten unsere Tragflächen. Wenn auch für unsere Ohren eine Qual, für die Maschine bedeutete das Aufbrüllen der Motoren, daß Leben in sie kam. Eaton schob das Rad vorwärts, das Heck hob sich; er nahm es ein wenig hinunter, um eine bessere Haltung einzunehmen; die Fluggeschwindigkeit wurde von mir heruntergerattert: «... 85, 88, 90, 95, 99», dann sackte die Maschine plötzlich in einer Mulde der Startbahn hinunter und wurde am Kamm in die Höhe geschleudert. Die betonierte Startbahn lief aus, und 300 m vor ihrem Ende flog unser Fahrgestell 6 m über den dort aufgeworfenen Erdhaufen hinweg. Es war unser erster Start mit einer Bombenlast von 27 t.

Da klares Wetter herrschte, es aber noch dunkel war, fiel die

Formationsbildung nicht schwer. Die Maschinen der Kapitäne der Staffeln 525, 526 und 527 signalisierten den Flugzeugführern ihrer Einheit mit Hilfe eines weißen Lichts oben am Heckleitwerk, wo sie standen. Bald stellten wir uns in Hintereinanderformation auf und gingen langsam bis zu 2500 m Höhe hinauf; dort rückte unsere Staffel enger aneinander. Die anderen Staffeln kamen näher, und so flogen wir in sehr lockerer Gesamtformation übers Meer. In einer Höhe von 3600 m gingen wir in Reiseflug über und sahen bald viele andere B-17 vor und hinter uns. Es sah aus wie eine gigantische Luftflotte, die auf etwa 3 km auseinandergezogen durch den Himmel segelte. Ich zählte sechs Bombergruppen, von denen allerdings manche recht dünn wirkten, als ob einige Maschinen fehlten. Und in der Tat: Fünf unserer Maschinen fielen aus, zwei davon, ehe wir die Küste passierten, und drei auf halber Strecke über der Nordsee.

Die Stimmung unter der Besatzung war großartig. Wir konnten uns gar nicht genugtun, unser Flugzeug und die Army Air Force zu loben, uns über die Deutschen und ihre Ausrüstung lustig zu machen und ein Gefühl von Unbesiegbarkeit zu verbreiten. Eaton stachelte das fröhliche Geplapper über die Bordsprechanlage noch an und brachte sogar Hainline dazu, sich daran zu beteiligen. «Heute haun wir den verfluchten Krauts die Hucke voll», sagte er.

Um Treibstoff zu sparen, flogen wir so aufgelockert wie möglich, denn der strenge Formationsflug von dreißig oder noch mehr Bombenflugzeugen erfordert von allen anderen Flugzeugen bis auf das des Anführers ständiges Wachsein und Verstellen der Gasdrosseln. Bei diesem Flug übers Wasser mußte Treibstoff gespart werden, und da praktisch weder Wind noch Wolken da waren, mußte der Feind schon aus großer Entfernung gesichtet werden. ‹Gib auf die Sonne acht›, dachte ich und kletterte häufig in den Turm hinauf, suchte den Himmel über uns und im Süden, wo die Sonne stand, ab, während wir in einer höhenmäßig dreigestaffelten Formation dahinflogen. Als sich unsere Staffel Schweden näherte, befahl Eaton mir, im Turm zu bleiben und nach feindlichen Maschinen Ausschau zu halten. Seit dem Start waren fast drei Stunden vergangen. Die Maschine des Gruppenkapitäns ging höher, woraufhin die gesamte Gruppe in die Höhe ging, als wären die einzelnen Maschinen miteinander verbunden. In 4250 m Höhe flogen wir wieder waagerecht, und die schwedische Küste tauchte wie eine weiße langgezogen auf dem Wasser liegende Wolke vor uns auf. Der Himmel war von einem hellen und die Nordsee von einem dunkleren Blau, das mit dem Land in seinem Winterkleid stark kontrastierte. Es war schwierig, sich vorzustellen, daß in dieser unverdorbenen Wildnis Krieg geführt wurde.

Plötzlich stotterte ein Motor etwas, und die Maschine wich leicht von ihrem Kurs ab. «Was ist da los?» rief Hainline über die Bordsprechanlage und sah mich direkt an. Ich ließ den Blick über die Motorenanzeiger gleiten, fand jedoch nichts, das nicht in Ordnung gewesen wäre. Eaton stellte mir keinerlei Fragen, sondern flog die Maschine wie zuvor. Dann passierte es wieder, und ich sah den Tachometer von Motor Nr. 1 zucken, doch gleich darauf lief alles wieder glatt. Gewissenhaft überprüfte ich jedes Instrument, fand jedoch keinerlei Hinweis darauf, daß etwas nicht in Ordnung wäre. «Matheny, find raus, was da nicht stimmt», befahl Hainline. Ruhig antwortete ich, ich wisse es nicht, doch Hainline sah mich ernst und eindringlich an. Ich zögerte, die Motorleistung zu verändern, zumal das Ziel keine Viertelstunde entfernt war.

Unten sah es wie im Märchen aus: eine von Menschenhand unberührte Natur. Flache Berge von 1500 bis 1800 m Höhe wurden von Bäumen bedeckt, die offenbar unter ihrer Schneelast litten. Wir flogen über ein Tal mit einem großen Fluß darin hinweg und gingen in eine langsame Linkskurve, um einen ziemlich großen See anzufliegen. Der Zielanflug selbst war kurz, begann am Nordrand des Sees und richtete sich auf ein kleines, auf einer Halbinsel erkennbares Gelände am Südufer. Wir gingen auf 3600 m hinunter und erhöhten die Geschwindigkeit, drosselten jedoch gleich darauf wieder auf 300 Stundenkilometer.

«Bombenklappen öffnen», befahl Eaton und legte den Hebel um, ehe Henroid es tun konnte. Die Formation war vorschriftsmäßig für den Bombenabwurf genau richtig auseinandergezogen, dann kam es zu einem plötzlichen Leistungsabfall eines der Motoren, und unsere Maschine scherte aus dem Kurs, was die Maschinen links und rechts von uns kurz ausweichen ließ, doch in Gefahr, mit anderen Maschinen zu kollidieren, waren wir nicht. Der Motor gewann seine Leistung zurück, und es gelang Eaton rasch, die Maschine wieder zu fangen, doch drei von uns waren jetzt etwas aus ihrer Position gerutscht. Wir sahen die Maschinen der Staffelkapitäne ihre Bombenlast abwerfen, und Henroid klinkte die unseren genauso wie die anderen in rascher Folge aus. Da keinerlei Jäger zu sehen waren, verfolgte ich, wie die Bomben fielen, und stand dabei am Rand des Kriechgangs im Bombenschacht. Die Bomben schlugen zunächst in den See ein und sprengten große Löcher ins Eis, dann detonierten welche auf dem Ufer und fielen in große Grubenbauten. Ein riesiger Schuppen erhob sich in die Luft, segelte auf den See hinaus, krachte aufs Eis, zertrümmerte dieses und war gleich darauf in der Tiefe verschwunden. Da wir in geringer Höhe flogen, konnte ich das «Wummwumm» der detonierenden Bomben hören. Wir bogen nach links ab; eine leichte Flak-Salve kam herauf, und eine Welle der Angst durchlief mich. Obwohl die schwarzen Wölkchen der Flak nicht wirklich in unserer Nähe aufplatzten, mußte ich daran denken, daß die Batterien sich an uns heranschießen konnten. Lamoureaux meldete Jäger im Winkel von 5 Uhr vom Heckruder. Da war die Flak vergessen, ich schwenkte im Turm herum und hatte die Maschinen nach kurzer Zeit entdeckt. Es waren sechs Messerschmitt 210 in Wintertarnung, die knapp 2000 m in etwas geringerer Höhe als wir hinter uns herflogen. Während ich das Netzvisier auf 16 m einstellte, kamen sie rasch näher; soweit ich mich erinnerte, betrugen Spannweite und Rumpflänge 11 m. Lamoureaux fing genauso wie ein paar andere Heckschützen an zu schießen. Leuchtspurmunition zog viel zu weit vor den Jägern in abfallenden Geschoßbahnen dahin. Die Me-210 stiegen nun höher als wir und stürzten sich dann auf uns. Plötzlich ließ die Schnauze der uns zunächstfliegenden Maschine ein dumpf-rötliches Aufzucken erkennen, dann die nächste Maschine und dann die nächste. Ich schoß auf den ersten Angreifer, als er auf etwas über 900 m herangekommen war. Als die Maschine nur noch 650 bis 700 m entfernt war, ließen die Me-210 von uns ab, doch im rechten Motor der letzten Maschine brachen Flammen aus, sie ging eine Strecke weit nach unten, konnte sich dann aber fangen; offenbar hatte der Pilot sie wieder unter Kontrolle. Das Feuer erlosch, doch eine Rauchfahne zog sich hinter ihr her, als die sechs Me-210 den Heimflug antraten. Plötzlich sagte ich zu mir: ‹Was um alles in der Welt mache ich hier? Diese Burschen wollen uns abschießen, und wir tragen Zweikämpfe aus. Aber diese verdammte Flak – nein, das hat mit Zweikampf nichts zu tun. Damit muß man sich einfach abfinden.› Als mir diese Gedanken durch den Kopf schossen, fing einer der Motoren wieder an zu stottern, nur, daß diesmal die volle Leistung erst nach mehreren Sekunden wieder aufgenommen wurde.

Bis zum Überfliegen der Küste blieb ich im Turm; dann wandte ich mich den Motoranzeigen zu und fing an, mir über das Motorenproblem den Kopf zu zerbrechen. Ich stellte fest, daß sämtliche vier Motoren einen Ladedruck von 94 cm und 2300 Umdrehungen pro Minute aufwiesen. Die Maschinen der Staffelkapitäne gaben Gas, um aus dem Territorium des Feindes herauszukommen. Ich machte mir Sorgen um den Treibstoffverbrauch bei einer so hochgeschraubten Leistung, da fiel einer der Motoren aus. Sofort sah ich auf den Instrumenten nach und stellte fest, daß die Zylinderkopftemperatur von Motor Nr. 1 leicht höher lag als bei den anderen Motoren. Eaton sah mich an und fragte, ob die Luftschraube von Motor Nr. 1 in Segelstellung sein sollte. Ich sagte: «Da wir ohnehin nicht mehr streng in Formation fliegen, warte eine Weile, damit sie abkühlt.» Hainline schrie: «Stell ihn ab!» Ich schüttelte den Kopf, und Eaton sagte: «Lassen wir ihn abkühlen.» Wir fielen eine Strecke hinter dem Hauptverband zurück. Ich hatte die Gasdrossel etwa eine Minute lang auf ein Viertel gestellt, schob sie jetzt wieder hinein, und der Motor brachte wieder Leistung, wobei der Ladedruck leicht anstieg. Irgendwie hatte das Ganze etwas mit Überhitzung bei Vollgas zu tun, doch hatte sich das Problem durch Abkühlung von selbst erledigt. Ich schlug Eaton vor, bei diesem Motor keinen Ladedruck über 66 cm zu fahren. Die Maschine des Staffelkapitäns drosselte die Geschwindigkeit auf normalen Reiseflug.

Die nächste halbe Stunde lief Motor Nr. 1 glatt, doch dann setzte er wieder für ein paar Sekunden aus. Ich schraubte die Leistung bei diesem Motor auf 66 cm zurück. Eine weitere Viertelstunde später setzte abermals ein Motor aus, doch diesmal nicht Nr. 1. Eigentlich erwarteten wir, daß dieser wieder anfing verrückt zu spielen, doch waren es jetzt die Motoren Nr. 3 und 4, die auf der Anzeigensäule Fehler verrieten. Wir fielen immer weiter hinter der Einsatzgruppe zurück. Eaton fragte den Navigator nach unserer

Position, und nach wenigen Augenblicken kam die Antwort: 400 km vor der Küste Englands. Innerhalb der nächsten paar Minuten fielen die Motoren 1 und 4 aus, und wir verloren rasch an Höhe. Wir mußten zusehen, wie die 379th Bomb Group uns davonflog. Nach etwa einer Minute brachte plötzlich Motor Nr. 4 wieder Leistung, und eine halbe Minute später setzte auch Nr. 1 wieder ein. Ich schraubte die Leistung auf sämtlichen vier Motoren zurück und hoffte, daß sie die nächsten 500 km weiterarbeiteten.

Bald waren wir allein am Himmel. Wir flogen jetzt 270 Stundenkilometer, doch bei gedrosselter Leistung arbeiteten sämtliche Motoren normal. Ich bemühte mich, mir die Fluganweisungen für Langstreckenflüge bei Ausfall von ein oder zwei Motoren ins Gedächtnis zurückzurufen. Es war uns verboten, auf Feindflügen das Pilotenhandbuch oder irgendwelche Gebrauchsanweisungen für irgendeinen Motor oder sonstiges Gerät mitzuführen.

Bald tauchte die englische Küste vor uns auf, und wir nahmen Kurs auf Kimbolton. Motor Nr. 1 fiel aus, wenige Minuten später folgte ihm Motor Nr. 3, der jedoch nach etwa einer halben Minute wieder anfing zu arbeiten. Während Nr. 1 abkühlte, versagte Nr. 4 den Dienst. Da senkte Eaton die Schnauze der Maschine und ging langsam noch weiter mit der Leistung herunter, wobei sämtliche Motoren genügend abkühlten. Dieses Minimum an Leistung behielt er bei ständigem Tiefergehen bis Kimbolton bei, wo wir ohne weitere Schwierigkeiten landeten.

Wir waren die letzte Maschine der 379th Group, die landete, und unsere Besatzung war die letzte, mit der eine Nachbesprechung durchgeführt wurde. Im Gespräch mit dem Einsatzleiter fragte dieser mich, was für Feindmaschinen wir begegnet wären. Ich sagte: Me-210, woraufhin er sagte, mehrere von den Bordschützen hätten von Me-410 berichtet. Ich stand innerhalb der Staffel in dem Ruf, jedes Flugzeug genauer zu erkennen als irgend jemand sonst, und die Offiziere waren es gewohnt, mich in ihren Diensträumen sämtliche zur Verfügung stehende Literatur darüber studieren zu sehen. Da erklärte ich dem Nachrichtenoffizier, ich könne nicht sagen, was für M-210 Typen wir sonst gesichtet hätten, denn dafür seien die Maschinen zu weit entfernt gewesen. Was mich nicht wenig erstaunte, war, daß mehrere Bordschützen behaupteten, die Jäger abgeschossen zu haben. Obwohl es sich bei diesem Einsatz vergleichsweise um ein Kinderspiel gehandelt hatte, berichteten die Besatzungsmitglieder, eine B-17 von einer anderen Gruppe wäre über Schweden abgeschossen worden.

Eaton und ich meldeten dem Einsatzleiter das Motorenproblem, und dieser zog den Kommandeur der Technik zu Rate. Keiner schien uns abnehmen zu wollen, daß die Motoren so lange ausgefallen wären, vor allem aber nicht, daß alle vier Motoren dieselben Symptome aufgewiesen hätten. Der Einsatzleiter lud das Problem einfach unserem Flugzeugwart auf. Dieser ließ die Motoren laufen, konnte jedoch keinerlei Fehler entdecken. Er ließ die Ölfilter auswechseln und auf Metallpartikel untersuchen, doch war alles normal.

Am Nachmittag des folgenden Tages wollte Eaton mit unserer Maschine einen kurzen Probeflug machen. Da er Hainline nirgends finden konnte, machte ich den Co-Piloten; sonst war niemand von unserer Besatzung an Bord. Nur mit 2280 l Treibstoff aufgetankt, ohne Bomben oder irgendeine andere Fracht hob die Maschine schnell ab. Eaton gab Vollgas, um möglichst steil in die Höhe zu gehen; damit sollten die Motoren angemessen belastet werden. Schon nach kurzer Zeit hatten wir 4500 m erreicht und legten Sauerstoffmasken an. Auch bei 8200 m liefen die Motoren noch glatt; erst bei einer Höhe von 9100 m fing Nr. 1 an, leicht zu stottern. Endlich, etwas über 9400 m, ging ein Motor nach dem anderen aus, und die Maschine verlor an Höhe. Da wir absackten und die Motoren abkühlten, fingen sie wieder an zu laufen. Schließlich drosselte Eaton die Leistung und ging schnell tiefer, woraufhin sämtliche Motoren wieder zufriedenstellend arbeiteten. Das einzig Ungewöhnliche, das ich erkennen konnte, war eine leicht erhöhte Zylinderkopftemperatur, sobald die Motoren ausfielen.

Wir landeten ohne Zwischenfall und sprachen das Problem erneut mit dem Bodenpersonal durch. Schließlich, als Eaton das Handbuch für unsere Maschine noch einmal gründlich durchlas, fand er einen besonderen Hinweis darauf, daß bei den Studebaker-Motoren unserer Maschine nach den ersten fünfzig Betriebsstunden die Ventile nachgestellt werden müßten. Wir hatten die erste B-17GB nach Europa überführt, und das Bodenpersonal hatte keinerlei Erfahrung mit diesen besonderen Motoren. Die Ventile wiesen sämtlichst zuviel Spiel auf, meldete der Chefmechaniker; offenbar war es so, daß, wenn die Motoren bis zu jenem kritischen Punkt überhitzt wurden, an dem die sich ausdehnenden Zylinderköpfe aus Aluminium die Ventile übertrafen, die Nocken und Stoßstangen lenkten, die Ventile sich nicht genügend öffneten. Fiel der Motor aus, kühlten die Zylinderköpfe ab, woraufhin sich das Ventilspiel änderte und der Motor wieder arbeitete. Das Problem war gelöst.

Eaton ließ mich zu unserer Maschine rufen. Zu meinem Erstaunen fand ich die gesamte Besatzung vor, die zu der Maschine aufschaute; alle redeten durcheinander. Lamoureaux sagte: «Wir wollten der Kiste einen Namen geben. Hast du einen Vorschlag?» Etliche Mädchennamen wurden genannt, doch schien keiner recht zu passen. Dann machte Nevells den Vorschlag, wir sollten die Maschine nach dem Bombenschützen benennen, da wir ihn manchmal mit Spitznamen ‹Deacon› – Diakon – nannten. Hainline sagte: «Nennen wir sie doch ‹Deacon's Sinners› – Die Sünder des Diakons –». Bis auf Henroid, der etwas hilflos und einfältig Einspruch erhob, waren alle begeistert von diesem Vorschlag. Mit kühnen Schriftzügen wurde der Name an die linke Seite der Schnauze aufgepinselt. Alle gaben wir große Stücke auf Henroid; er war der älteste von uns und schaffte es immer, in heiklen Situationen die Ruhe zu bewahren und Spannungen vernünftig zu lösen, was zur Folge hatte, daß wir ihn bei Streitereien häufig als Schiedsrichter anriefen.

Am Nachmittag wurden wir mit einem Laster zu einer Nissenhütte auf der anderen Seite des Rollfelds gefahren. Dort hatten sich bereits mehrere andere Besatzungen versammelt. Ein Offizier enthüllte eine 900 kg-Flügelbombe, die auf einem zweiachsigen Hänger lag. Die Bombe sah aus wie ein kleines Flugzeug, der man einen vierflügeligen Schwanz anmontiert hatte. Eine Sechs-Volt-Batterie speiste einen Kreisel, der dazu dienen sollte, einen gleichmäßigen Flug zu gewährleisten. Eine besondere Bombenhalterung erlaubte die Aufhängung unter der Tragfläche einer B-17. Dann weihte man uns ein, wir sollten an einem Geheimunternehmen teilnehmen, dessen Codename «Grapefruit» lautete. Die ‹fliegenden› Bomben waren bisher nur in Florida getestet worden; jetzt sollten wir sie weiter testen und sie im Formationsflug ausklinken. Wir erhielten daher Anweisung, diesmal in besonders enger Formation zu fliegen, bis zu 7900 m hoch zu gehen, einen Punkt 49 km vom Ziel entfernt anzufliegen, im Sturzflug eine Stundengeschwindigkeit von 321 km zu erreichen und in die Waagerechte zu gehen; sobald die Formation nach dem Sturzflug enger aufschloß, sollte die Geschwindigkeit auf 300 Stundenkilometer zurückgenommen und die Bomben zeitgleich in genau dem Augenblick ausgeklinkt werden, wo wir bis auf 45 km ans Ziel herangekommen wären. Die Flügel-Bomben sollten in Formation fliegen, 72 Stück auf einmal, im Gleitflug hinuntergehen, anderthalb Kilometer vorm Ziel auf dem Boden auftreffen, im selben Augenblick durch kleine Explosionen Flügel und Schwanzflossen abgesprengt werden, die Bomben aus eigener Kraft weiter über den Boden hüpfen und die Mauern einer Fabrik treffen.

Am nächsten Morgen sollten wir weitere Einweisungen erhalten; danach ging es zum Mittagessen, dessen Hauptgang aus Weißen Bohnen bestand. Um 14 Uhr gingen wir an den Start und gewannen stetig an Höhe. In 3000 m Höhe bekam ich Bauchgrimmen. In 4500 m Höhe konnte ich es nur aufrecht stehend unter großen Schmerzen aushalten. Bei 5500 m erklärte ich Eaton, ich müßte mit dem Fallschirm abspringen; die Schmerzen würden unerträglich; ich hätte das Gefühl, gleich zu platzen. Eaton scherte aus der Formation aus und ging tiefer, woraufhin mein Schmerz augenblicklich nachließ. Man sagte mir, ich hätte die ganze Übung wegen der Bohnen geschmissen.

Am nächsten Morgen starteten wir mit den «Grapefruits» in den Tragflächenhalterungen. Wir warfen die Bomben plangemäß ab, eine Pe-38 flog mit den Bomben und filmte ihren Flug.

Am 26. November um 2 Uhr morgens riß der diensthabende Offizier die Tür zu unserer Baracke auf und knipste das Licht an. «Los, Jungs – raus aus den Federn. Einsatzbesprechung ist um 5 Uhr», erklärte er mit großer Bestimmtheit. Wir reagierten langsam und verschlafen. Dann erklärte der Diensthabende, in einer halben Stunde wäre ein Laster hier, um uns abzuholen. Ich war als erster auf, dann Nevells. Wir wuschen uns, und Nevells rasierte sich sogar. Damit konnte ich noch ein, zwei Tage warten; außerdem gab es in unserer Baracke nur ein Waschbecken und ein Klo. Sutton, unser linker Hüftschütze, brauchte nicht aufzustehen, denn er war krank und vom Arzt krank geschrieben worden, hatte aber auch eine Kriegsgerichtsverhandlung vor sich, weil er sich absichtlich kampfunfähig gemacht hatte. Infolgedessen mußte ein anderer, den wir noch nicht kannten, seinen Platz einnehmen.

Der Morgen war kalt, und Rauhreif bedeckte den Boden. Wir drängten uns auf der Ladefläche eines mit Persennig abgedeckten GMC-6-Achsers. Abgasschwaden zogen wie Kondensstreifen hinter uns her, und der Laster holperte dahin und machte einen Lärm, der das Dunkel der frühen Morgenstunden zerriß. Wir erreichten einen kleinen Holzschuppen, in dem unsere Fliegerkombinationen, Fallschirme, Schutzanzüge, Schwimmwesten und Flugtaschen untergebracht waren. Es tat gut, die Unterwäsche mit den langen Ärmeln und Hosenbeinen anzuziehen. Ich fand zum Glück etwas aus Baumwolle, das nicht kratzte wie das rein-wollene Unterzeug. Die heizbare blaue Unterkleidung saß gut und wärmte. Die lammfellgefütterten Stiefel und der wollene Overall schützten gut gegen die Kälte. Eine pelzgefütterte Jacke, wärmeisolierter Helm mit weicher Ziegenlederfütterung und seidenes Handschuhfutter, über das wir weiche Lederhandschuhe streiften, vervollständigten unsere Fliegerkombination.

Um halb vier trafen wir beim Flugzeug ein. Die Tragflächenschützer unserer Maschine waren aufgenestelt und hingen zu Boden. Der Chefmechaniker und die Leute vom Bodenpersonal waren damit beschäftigt, das Motoröl, den Reifendruck, die Bremsflüssigkeit, die Instrumente, das Funkgerät, das Notaggregat und überhaupt alles zu überprüfen, um einen reibungslosen Flug zu gewährleisten.

Jedes einzelne Besatzungsmitglied hatte bestimmte Aufgaben zu übernehmen. Lamoureaux, der Waffentechniker, überprüfte, ob genügend Munition und Ersatzmunitionskisten in den Hüftkanzeln verstaut waren, Clark kontrollierte die Funkgeräte in seinem Funkraum, und ich bekam die K-17-Luftbildkamera zum Einbauen in die Hand gedrückt.

Um viertel vor fünf wurden wir von einem Lastwagen abgeholt und in die Lagebaracke gebracht. Dort lernten wir Sergeant Boleslaw Ceglarek von der polnischen Luftwaffe, unseren neuen Hüftschützen, kennen. Doty fehlte; Eaton erklärte, ihm sei wieder schlecht geworden.

Der Leiter der Einsatzbesprechung sagte noch sein Verslein über Geheimhaltung und Bedeutung des Unternehmens 43 auf. Dann zog er an einer Schnur, und die Karte wurde enthüllt. Begierig folgten wir mit den Augen dem roten Strich, der uns bis zum Ziel bringen sollte: Bremen. Aufstöhnen und Flüche wurden laut, doch wich diese Haltung rasch dem angemessenen Ernst, als der Offizier autoritativ die Stimme hob. Es ging um einen Angriff auf Hafeneinrichtungen und Lagerhäuser sowie die Gleisanlagen und die Verladekräne – einen Angriff, an dem viele Flugzeuge teilnehmen sollten.

Der Offizier erging sich des längeren und breiteren über den Kurs über die Nordsee; von Helgoland aus sollten wir nach Bremen abbiegen, zurückfliegen zur Küste und wieder hinaus auf die Nordsee. Er sagte, draußen auf See sollten wir mit Spitfires zusammentreffen. Nachdem die Spitfires uns verlassen hätten, würden wir 10 Minuten unter Geleitschutz der P-47 stehen. Auf dem Rückflug würden uns noch einmal die P-47 für 10 Minuten begleiten. Unsere Flughöhe an diesem Tag sollte 7600 m betragen; eine Gruppe von B-24 sollte in 5800 m Höhe vor uns herfliegen. Warnend erklärte er, wir müßten darauf gefaßt sein, von deutschen Jagdflugzeugen angegriffen zu werden, sobald wir den Bremer Luftraum erreichten. Außerdem hätten wir von Erreichen der Küste an bis zum Verlassen des Feindgebietes Flak-Beschuß zu gewärtigen; die größte Gefahr jedoch drohe uns über der Wesermündung. Ich erinnerte mich an die Nachrichtenberichte, denen zufolge Bremen von sehr vielen Flak-Türmen mit doppelläufigen 88 mm-Geschützen verteidigt wurde, die aufgrund ihrer Lage 30 km Hin- und Rückflugstrecke bestreichen könnten. Zu den Flak-Geschützen gab es übrigens noch etwas Neues. Der Einsatzleiter erklärte, eine Reihe von Flak-Geschützen wäre jetzt auf Eisenbahnwaggons montiert, die diesen gefürchteten Geschützen eine neue Beweglichkeit verliehen, womit der geschützte Luftraum um die Stadt herum sich vergrößere.

Für den Fall, daß jemand abgeschossen würde, nannte der Einsatzleiter uns noch eine Fluchtroute, die über die Niederlande führte, wo gute Chancen bestünden, irgendwelchen Untergrundeinheiten zu begegnen.

Nach der Einsatzbesprechung begaben wir uns in ein anderes

Gebäude, wo wir unsere Wertgegenstände in einem Spezialsafe deponierten. Ich selbst hatte nie etwas von besonderem Wert besessen und schickte den größten Teil meines Solds nach Hause. Man gab noch Fluchtgepäck und zwei Schokoriegel an uns aus, im allgemeinen amerikanische Erzeugnisse. Ein katholischer Priester rief sämtliche Katholiken in einen Nebenraum und nahm ihnen für alle Fälle noch die Beichte ab. Ich hatte keine Ahnung, worum es dabei ging, und überlegte, ob wir anderen auch irgend etwas tun sollten. Da ich mit Religion keinerlei Erfahrung hatte, hatte ich nie darüber nachgedacht, was ein Priester für die Soldaten tun könne, und überlegte, was es damit eigentlich auf sich habe.

Um 5 Uhr 30 gab es Frühstück: zwei Eier, gebratenes Dosenfleisch, Kaffee und Toast. Wir wurden an die Spitze der Schlange geschickt und bekamen die besten Portionen; neidisch sahen die anderen zu, sagten aber kein Wort.

Gegen 6 Uhr setzten wir Läufe und Kammerteile der MGs ein. Jeder Bordschütze, der Bombenschütze und der Navigator eingeschlossen, war für seine eigene Waffe verantwortlich. Schlagbolzen, Führungsstangen und Federn der MGs wurden in heißes Öl gelegt. Gewissenhaft wischte ich das Öl von meinen Bolzen ab. In Berichten hatte ich gelesen, daß ein Zuviel an Öl dazu führe, daß Waffen unpräzise arbeiteten oder bei großer Kälte sogar funktionsuntüchtig würden. Darüber stritt ich mich mit Lamoureaux, doch er ließ sich nicht davon abbringen, sämtliche beweglichen Teile reichlich zu ölen.

Um 6 Uhr 30 saßen wir in unseren Maschinen und warteten auf das Zeichen zum Anwerfen der Motoren. Henroid hatte gerade noch einmal die Schärfdrähte an den Zündern jeder einzelnen Bombe überprüft. Es handelte sich um 113 kg-Brandbomben britischer Herstellung, bei denen der Zünder im Schwanz saß und gegen die Henroid etwas hatte. Während wir warteten, ging er noch mal hin und prüfte ein letztesmal Schärfdrähte und Aufhängevorrichtungen.

Über der Einsatzzentrale leuchtete das grüne Licht auf, das Signal zum Motoranwerfen; die Schwungkraftanlasser jaulten auf, dann ratterten die Wright R-1820er und erwachten zum Leben. Die Maschinen rollten auf die Startbahn und nahmen dort Aufstellung, um eine nach der anderen zu starten. Die Maschine vor uns signalisierte uns einen Fehlstart, woraufhin wir an ihre Stelle rückten. Als die Maschine zu unserer Linken die Startbahn hinunterrollte, schob Eaton die Gasdrosseln der *Deacon's Sinners* vor. Aufheulend brauste die Maschine die Rollbahn hinunter und kam langsam, aber sicher immer mehr in Fahrt. Mit dem vertrauten Hopser am Ende der Startbahn hob sie ab.

Auf das Signal K im Morse-Code hin, das vom Heckleitwerk aufblitzte, sollte der Verband sich formieren, doch das erst, nachdem wir ein paar tausend Meter durch diesige Luft emporgestiegen wären. Die Wolkendecke begann bereits bei 360 m; infolgedessen war es nötig, sofort auf Kurs zu gehen, ehe wir in die Dunstschwaden eindrangen, von denen wir ja nicht wußten, wie dick sie waren. Ich selbst hatte Angst vor einer Kollision bei reinem Instrumentenflug; hoffentlich blieben alle Maschinen bei vorgeschriebener Steigungsrate auf Kurs. Die Motoren wummerten nahezu vollkommen synchron, und die B-17 drang blind in die dicke Wolkenschicht ein. Endlich, nach einer Zeit, die uns viel zu lang vorkam, brach die Maschine in einer Höhe von etwa 3600 m aus der dichten Wolkenschicht heraus und flog in das wäßrige Licht der frühen Morgensonne hinein. Das plötzliche Herauskommen aus den dichten Wokenschwaden rief eine ganz eigentümliche Empfindung in mir hervor. Eaton ging mit der Maschine in die Waagerechte; ein paar Minuten versuchten wir, uns in der sich bildenden Formation zurechtzufinden und starrten gebannt auf die großen B-17, die plötzlich und wie von ungefähr erst mit der Schnauze, dann mit dem Cockpit, den Motoren und Tragflächen aus den Wolken emportauchten, bis schließlich das ganze herrliche Flugzeug sich darüber erhob und kleine Wolkenfetzen hinter sich herzog.

Es dauerte ungewöhnlich lange, bis die Maschinen sich gesammelt hatten; dieweil entdeckten wir ein paar Maschinen von Molesworth, die ein dreieckiges C am Heckleitwerk trugen. Da keine zusätzlichen Maschinen für unseren Verband vorgesehen waren, nahm ich an, daß einige unserer Maschinen einem anderen Verband zugeschlagen worden waren.

Über England bis zu einer Höhe von 3600 m aufzusteigen, kostete ohnehin viel Treibstoff; sich jetzt zu formieren, noch mehr, als sonst erforderlich gewesen wäre. Da ich es war, der sich die meisten Sorgen um die *Deacon's Sinners* machte, überschlug ich im Geist, wieviel Treibstoff wir wohl für diesen Flug brauchten, doch was sollte ich daran ändern? Beim Aufstieg verbrannten wir rund 1700 l pro Stunde, beim Formieren rund 1520 l und jetzt, wo wir während des Anflugs auf Bremen noch höher gingen, waren wir wieder bei 1635 l angelangt.

Wir befanden uns rund 50 km vor der Küste Englands und flogen auf die Nordsee hinaus; die Bordschützen fingen an, ihre MGs auszuprobieren, und feuerten ein paar Schuß in die Luft ab. Außer mir gaben alle ein paar Probeschüsse ab. Eaton fragte mich, ob mein MG in Ordnung sei, woraufhin ich ihm meine Bedenken bezüglich schwitzender und dann gefrierender MGs mitteilte. Er sagte: «Okay. Hauptsache, die Dinger funktionieren, wenn es darauf ankommt.»

Wir gewannen immer noch langsam weiter an Höhe; dabei waren wir jetzt seit dreieinhalb Stunden in der Luft. Wir flogen in 6700 m Höhe über die deutsche Nordseeküste dahin; rechterhand von uns dehnte sich eine riesige Bucht. Keiner von uns hatte seit dem Start eine Spur von einer Spitfire oder einer P-47 gesehen; ich nahm an, daß der lange Aufstieg durch die dicke Wolkendecke und die schwierige Formationsbildung uns diesen wertvollen Schutz gekostet hatte. Schließlich erwarteten wir die P-47 für fünf Minuten kurz vor der deutschen Küste, und jetzt fehlten sie uns. ‹Nördlich der Weser keine Flak›, dachte ich. Die Motoren arbeiteten mit voller Kraft, um uns im Laufe der nächsten Kilometer auf 7600 m zu bringen.

«Feindliche Flugzeuge 2 Uhr voraus», rief Nevells. Es handelte sich um Me-109, die in Schwärmen von vier Maschinen rund 900 m über uns flogen und Kondensstreifen hinter sich herzogen. Als unser Verband noch höher und damit in noch kältere Luft stieg, zogen plötzlich auch wir Kondensstreifen hinter uns her. Jede Maschine produzierte ihre eigenen Wolken aus verdichteten Eiskristallen und zog sie hinter sich her; sie wurden immer dicker, je höher die Maschine ging. Bei 7600 m waren die Kondensstreifen dichte, streifige Wolken, die in der dünner gewordenen Luft trieben. Die neuen Wolken verliehen mir ein Gefühl der Sicherheit; irgendwie meinte ich wohl, daß diese vermeintliche Tarnung unsere Maschine vor der aus drei Jägern bestehenden Staffel über uns schützte, doch dieses Gefühl schwand rasch, als ich sah, daß die Me-109 ihrerseits die Kondensstreifen nutzten, um zu vertuschen, wo sie wären.

Von meinem Ausguck in der Turmkanzel verfolgte ich, wie der Gegner auf unseren Verband herabstieß. Sie kamen paarweise oder in Rotten, wie die Deutschen das nannten, versammelten sich dann zu Schwärmen, um mit geballter Macht anzugreifen. Keiner der Gegner kam in Reichweite unserer Maschine, doch die weiter vorn und tiefer fliegenden Maschinen wurden angegriffen. Wir flogen parallel zur Weser über dem Nordufer dahin, womit wir der Flak entzogen wurden. Die Zahl der Jäger vergrößerte sich; jetzt griffen sie unsere höher fliegenden Formationen an; sie tauchten im Süden rund 300 m über uns auf. Ich hatte mein Visier auf 10 m Spannweite eingestellt und hoffte, eine Me-109 zu erwischen. Lamoureaux feuerte auf zwei Me-109 rechts hinter uns, dann tauchte plötzlich eine Me-109 über uns auf, woraufhin ich herumfuhr, um sie mit dem Netzvisier zu verfolgen, doch war sie ebenso plötzlich, wie sie gekommen war, wieder verschwunden. Ich schwenkte mit dem MG auf eine andere Me-109 ein, die im rechten Winkel auf uns zugebraust kam, versuchte, sie ins Visier zu bekommen, und gab zwei kurze Feuerstöße ab, erkannte jedoch, daß sie parallel zu uns flog; dabei war mein Visier auf die Flügelspanne der Me-109 eingestellt und nicht auf ihre Rumpflänge. Ich überlegte, daß ich gut daran täte, den Luftraum über uns abzusuchen, denn diese Maschine war von oben auf uns herabgestoßen.

Mittlerweile hatten die Schwärme sich aufgelöst, und die Maschinen rückten uns von hoch hinter uns zu Leibe. Ich war mir nicht im klaren, wo die Jäger den Rest unseres Verbands angriffen, und war zunehmend damit beschäftigt, unseren Schützen das Auftauchen feindlicher Maschinen zu melden. Henroid beschwerte sich, seine Waffe funktioniere nicht. Über Bordsprechanlage riet ich ihm, das nicht funktionierende MG per Hand zu laden. Nevells rief, zwei Schwärme tauchten im 4 Uhr-Winkel auf. Schnell fuhr ich in diese Richtung herum und versuchte, sie mit dem Visier zu verfolgen. Ich konnte Nevells Hüft-MG rattern hören; außerdem etwas, was sich anhörte, als käme es aus der Kugelkanzel. Zwar schaffte ich es, ein paar Feuerstöße abzugeben, doch waren die Deutschen so schnell, daß ich mit dem Visier nicht nachkam.

Henroid machte uns auf das rote Aufblitzen von Flak-Granaten aufmerksam; augenblicklich zogen die Jäger sich zurück und verschwanden dann ganz. Das war das Zeichen von den Flak-Kanonieren außerhalb Bremens, daß intensiver Flak-Beschluß bevorstehe. Getreu ihrem Signal, platzten häßliche schwarze Wölkchen vor unserem Verband und zwischen unseren Reihen auf. Jetzt, wo die Kanoniere sich eingeschossen hatten, gerieten wir in die Reichweite weiterer Geschütze, und rings um uns her blühten viele kleine dunkle Wölkchen auf. Anfangs schienen die 88 mm-Geschosse keiner unserer Maschinen etwas anzuhaben, doch wußte ich, daß jetzt Zehntausende von Granatsplittern mit ungeheurer Wucht durch die Luft flogen und sehr wohl imstande waren, die dünne Haut unserer Maschinen zu durchschlagen. Dem Motor Nr. 4 einer der vor uns fliegenden Maschinen entwich weißer Rauch. Ich wußte, daß Öl in das Auspuffsystem leckte, und hoffte, daß es sich nur um einen harmloseren Treffer handelte.

Die Flak wurde von den Fliegern in Gefährlichkeitsgrade eingeteilt. Der Anblick der schwarzen Wölkchen löste selbst dann, wenn sie ziemlich weit entfernt aufplatzten, Alarm in einem aus. Das Gefühl des Bedrängtwerdens wurde selbstverständlich größer, in je größerer Nähe die Flak-Wölkchen aufplatzten; wir teilten dies auf einer von eins bis zehn reichenden ‹pucker›- oder ‹Gänsehaut›-Skala ein. Explosionswölkchen, die sechzig Meter oder noch weiter von uns entfernt auftauchten, ergaben ‹pucker›-Faktor 1 bis 2; allerdings richteten so weit von uns entfernt explodierende Geschosse nur selten irgendwelche Schäden an. Kamen die Wölkchen näher und erkannte man in der Mitte ein rötliches Aufblitzen, lag der Faktor über 5, möglicherweise sogar schon bei 7, denn jetzt bestand bereits Gefahr, daß Schrapnellsplitter unsere Maschine durchschlugen. Auf über 8 oder 9 stieg der Faktor, wenn man nicht nur das rote Aufblitzen der explodierenden Granate sah, sondern die Detonation auch noch zu hören war. Dann war die Maschine unmittelbar in Gefahr. ‹Pucker›-Faktor 10 war erreicht, wenn man nicht nur durch den schwarzen Rauch hindurchflog, sondern es leuchtend-rot aufblitzte, der Knall ohrenbetäubend war und die Druckwelle die Maschine anhob. Letzteres konnte sich in den nächsten Augenblicken als lebensgefährlich für Maschine wie Besatzung erweisen.

Henroid rief über die Bordsprechanlage, daß wir uns dem Zielgebiet näherten; kaum hatte er das bekanntgegeben, öffnete die Maschine vor uns bereits die Bombenschächte. Ich hörte ein leichtes Klatsch-Klatsch, fuhr im Turm herum und hielt nach Schaden Ausschau. Der Flakbeschuß war heftig, und ich hatte eine Heidenangst. Das Schlimmste war, daß man überhaupt nichts machen konnte, sobald der Zielanflug begonnen war. Das war der Augenblick, in dem ich mir der Kälte bewußt wurde. Meine geheizte Unterkleidung war ausgefallen, und die Kälte drang mir in die Glieder. Die Hände taten mir weh, ich schlug sie zusammen, krümmte und streckte sie abwechselnd, um den Blutkreislauf anzuregen. Draußen herrschte eine Temperatur von −44 Grad Celsius, und an der Wandung der Turmkanzel bildete sich innen Eis. Auch die Decke des Cockpits war mit einer weißen Schicht überzogen. Ich verfolgte, wie die Eisschicht von der Turmspitze an den Seiten herunterwuchs; ähnliches geschah auch mit dem Cockpit. Meine Sicht war etwas verschwommen, doch war es immer noch nicht so schlimm, daß ich kampfunfähig gewesen wäre. Auf dem Boden meiner Sauerstoffmaske bildete sich Eis; alle halbe Stunde war ich gezwungen, es zu zerbröseln und auszuschütteln.

Es erwies sich als nötig, die Luftschrauben eine nach der anderen mit Alkohol zu besprühen und alle Viertelstunde das heiße Motorenöl in der Propellernabe zirkulieren zu lassen. Das war notwendig, um die Luftschraube bei hoher Geschwindigkeit am Durchdrehen zu hindern und außer Kontrolle geraten zu lassen. Drehte die Luftschraube durch, drohte das Gehäuse des Untersetzungsgetriebes weg- oder überhaupt den Motor aus seinen Aufhängevorrichtungen herauszureißen, ja, in Extremfällen, die gesamte Tragfläche abbrechen zu lassen.

Eine vor und unter uns fliegene Maschine fiel aus der Formation heraus, obwohl nur eine Luftschraube in Segelflugstellung gefahren war. Ich verfolgte, was weiter mit ihr geschah, bloß um nicht an die Flak zu denken; zu meinem Entsetzen bog sie nach rechts ab und löste sich Rauch aus ihrem Cockpit. Die Maschine entschwand meinem Gesichtsfeld, aber keiner von unserer Besatzung meldete Fallschirme.

Die Flak ging mir wirklich unter die Haut, doch endlich rauschten die Bomben aus den Maschinen der Staffelkapitäne, und

Henroid drückte den Reihenfolgenhebel herunter, mit dem eine nach der anderen die Bomben ausgeklinkt wurden. Der Flak-Beschuß dauerte an, und über die Bordsprechanlage sang Henroid, was half, die Spannung zu lösen, unter der wir standen. Die Maschine des Staffelkapitäns gab Vollgas, um uns aus der Schußlinie herauszubekommen, doch begleitete die Flak uns noch ziemlich lange. Ich hörte es «Wumm», «Wumm» machen und wußte, daß die Geschosse ganz in unserer Nähe explodierten. Dann sah ich zu meiner Verwunderung ein Loch in der rechten Tragfläche aufreißen; ein leuchtendes Stück Metall wurde hochgerissen, das stark mit der Tarnfarbe von Tragflächen und Rumpf kontrastierte. Diesmal gab es nicht nur den «Wumm»-Laut, sondern die ganze Maschine wurde meterhoch in die Luft gehoben. Weitere Flak-Granaten explodierten, und weitere Löcher rissen auf. Dann erkannte ich ein rotes Aufblitzen mitten in einem Rauchwölkchen. Das geschah ganz in der Nähe, und wieder hörte ich die Detonationen – nicht nur der explodierenden Granaten, sondern auch der Splitter, die Löcher in meine Maschine rissen. Aus irgendeinem Grund blickte ich zu Boden – genau zwischen meinen Füßen lag ein Granatsplitter! Die Furcht, die mich packte, kann ich nicht beschreiben. Ich war dermaßen erstarrt, daß ich in diesem Trommelfeuer und dem zugehörigen Regen von Granatsplittern sogar die Kälte vergaß. Ich war durchaus darauf gefaßt zu spüren oder vielleicht auch nicht zu spüren, wie ein gezacktes Stück Metall durch mich hindurchfetzte und dafür sorgte, daß ich hilflos in der bitteren Kälte lag und verblutete. Oder würde es ein Volltreffer sein, der das Flugzeug in ein brennendes Wrack verwandelte und unsere Leiber unter den Wrackteilen durch die Luft segeln ließ? Flak und Kälte – das waren bittere Pillen, denen man nicht entgehen konnte. Besorgt dachte ich über den Schaden nach, oder besser noch, versuchte ich mir Sorgen um kleine Einzelheiten der aufgerissenen Teile in den Tragflächen, im Rumpf oder in den Motoren zu machen. Jeder Gedanke war mir willkommen, Hauptsache, er hielt meinen Kopf ab zu platzen wie die Granaten. Alle waren sich einig, daß der Flak-Beschuß den ‹Pucker›-Faktor 10 erreicht hatte. Plötzlich wurde das Flak-Feuer schwächer, und gleich darauf nahmen die Jäger ihre Angriffe wieder auf. Diesmal sichtete ich eine Ju-88 und zwei Me-210 oder 410, die jedoch gerade außerhalb der Reichweite unserer Granaten Kaliber .50 flogen. Lamoureaux rief, ein Jäger habe eine Tragfläche verloren und sei von einem unter uns fliegenden Flugzeug abgeschossen worden. Vor uns war eine lange schwarze Rauchspur zu erkennen, die vermutlich von einem Bomber stammte. Henroid meldete zwei Me-109 etwas über uns voraus. Ich schwenkte das MG gerade noch rechtzeitig herum, um seinen Feuerstoß zu hören, doch um selbst zum Schuß zu kommen, war es bereits zu spät. Mit ruhiger Stimme meldete Henroid über die Bordsprechanlage, ihn habe es erwischt, aber der Navigator kümmere sich schon um ihn.

Endlich ließen die Jäger von uns ab, die Maschine des Staffelkapitäns verlangsamte die Fahrt, was jedoch für diejenigen mit aussetzenden Motoren zu spät kam; diese waren längst aus dem Verband ausgeschert und versuchten, in geringerer Höhe nach Hause zu kommen.

Die Kälte war jetzt sehr stark, mir klapperten die Zähne, es war schwer zu sprechen, und meine Hände versagten mir fast den Dienst. Henroid schien es zu schaffen, jedenfalls sagte er, er brauche keine Hilfe. Wir ließen die deutsche Küste hinter uns, flogen über die Ostfriesischen Inseln hinweg, gingen bis auf 6000 m hinunter und gerieten beim Flug über die Nordsee immer tiefer.

Das Meer war um diese Jahreszeit gefürchtet; man hatte uns gesagt, ein Mensch könne höchstens zehn Minuten darin überleben. Außerdem griffen die Deutschen in diesen Augenblicken, da jeder entspannte und die Aufmerksamkeit nachließ, mit ihren Focke-Wulfs 190 und zweimotorigen Jagdbombern an, die unter 6000 m hervorragend flogen. Wir trafen auf keine weiteren Jäger, und als wir die 5400 m-Marke hinter uns ließen, wurde mir auch wieder warm. Ich hatte Hunger und Durst und versuchte, einen Schokoriegel auszuwickeln. Schließlich gelang es mir, das Papier abzureißen, doch durchbeißen konnte ich ihn nicht; er war steinhart gefroren. Wir hatten überhaupt nichts zu trinken dabei – Thermosflaschen konnten explodieren, wenn sie einen Treffer abbekamen, und Wasser gefrieren – so blieb uns nichts anderes übrig, als den Durst auszuhalten. Hainline mußte pinkeln und kämpfte sich bis zum Bombenschacht durch, wo sich zu diesem Zweck ein Rohr befand. Als er zurückkam, war der Urin an seiner

Fliegerkombination festgefroren, und er machte ein peinlich berührtes Gesicht. Der Beutel war schon von jemandem aus dem Heck benutzt worden und der Inhalt festgefroren. Hainline hatte das Rohr zum Überlaufen gebracht, und der Luftzug, der durch den Bombenschacht ging, hatte ihm den Urin an die Hosen gesprüht. Außerdem ließ er ein Stück Haut auf dem Trichterrand des Rohres zurück, das beim Kontakt mit dem Metall sofort festgefroren war.

Endlich 4560 m und damit Zeit, die Sauerstoffmasken abzunehmen. Mein Kopf und vor allem das Gesicht waren ganz wund; so fest hatte die Maske gesessen; und nahezu sechs Stunden hindurch nur mit der Sauerstoffmaske zu atmen, hatte mir den Mund ausgetrocknet; außerdem war der Sauerstoff so kalt gewesen, daß jeder Atemzug weh getan hatte. Bald tauchte die englische Küste auf, und Eaton sagte: «Gott sei Dank ist die Wolkendecke aufgerissen.» Ihm war die Übermüdung anzumerken; jetzt riß er den Helm herunter und gab ihn mir.

Wir erreichten den Flugplatz Kimbolton, und zwei Maschinen vor uns schossen beim Überfliegen des kleinen Towers rote Leuchtspurmunition in die Luft. Sie hatten Verwundete an Bord, und die anderen Maschinen ließen ihnen beim Landen den Vortritt. Auch ich feuerte eine rote Salve ab, und Eaton fädelte sich hinter die beiden anderen Maschinen ein. Ich nehme an, inzwischen wurden alle nervös, denn wir hatten so gut wie keinen Treibstoff mehr in den Tanks. Welche Erleichterung, wieder unten zu sein, und was für ein herrliches Gefühl, aus der Maschine herauszuspringen und festen Boden unter den Füßen zu haben. Henroid hatte einen Knieschuß abbekommen, der ihm die rechte Kniescheibe abgerissen hatte. Er litt zwar große Schmerzen, doch setzte er noch seine Army-Mütze auf, ehe die Sanis ihn forttrugen. Unsere Maschine wies 53, hauptsächlich in der rechten Tragfläche, ganz schön große Löcher von den Flak-Granaten und den Granatsplittern auf. Hainline steckte die Hand durch ein Loch, das hinter einem Treibstofftank in die Tragfläche gerissen war. Die rechte Tragfläche mußte ausgewechselt werden, was hieß, daß unsere Maschine mehrere Tage nicht einsatzfähig war. Ich folgte der Spur jener Kugel, die Henroid von der Schnauzensektion ganz durch den Rumpf getroffen hatte. Ich fand noch den Kupfermantel der panzerdurchschlagenden Granate im Kriechgang unter dem Wendezeiger des Cockpits. Der Kupferteil des Geschosses war von schwarzer Farbe überzogen und damit unverkennbar ein .50-Geschoß von einer unserer eigenen Maschinen. Ich steckte das Kupfermantelgeschoß in die Tasche und erzählte Henroid nie, daß er dem verirrten Geschoß von einer anderen B-17 zum Opfer gefallen war.

Die Besatzungen wurden in den Lageraum gebracht, wo die Nachbesprechung stattfand. Man bot uns Schnapsgläser Whisky an, doch allein der Geruch bereitete mir Übelkeit. So schenkte ich mein Glas Lamoureaux, der es zu genießen schien. Wonach ich mich sehnte, das war Wasser und nichts, womit ich mir Lippen und Rachen verbrannte.

Die Nachbesprechung war insofern aufregend, als sie Gelegenheit bot, jene furchtbaren Augenblicke überm Feindgebiet nochmals zu durchleben; außerdem konnten wir jetzt das Erlebte in einen größeren Rahmen einordnen. Der Offizier wollte wissen, was für Feindmaschinen wir gesehen hatten. Ich erklärte, bei den meisten Jagdflugzeugen habe es sich um Me-109 Es gehandelt, sonst nur um ein paar G-Modelle. Der Offizier interessierte sich für die zweimotorigen Kampfbomber und überlegte, was sie wohl bei einem Jägerangriff zu tun hatten.

Es dunkelte bereits, als wir aus der Nachbesprechung entlassen wurden. Ich holte mir Handtuch und Seife und frische Kleidung und ging hinüber in das elende Betonhaus, in dem die Duschen untergebracht waren. Eine Taschenlampe, die ich in die Ecke stellte, ermöglichte es mir, in der dunklen Kabine überhaupt etwas zu sehen. Die Dusche selbst bestand aus zwei Halbzollrohren, eines für Heiß- und das andere für Kaltwasser. Es gab keine Brauseköpfe, und man mußte heißes und kaltes Wasser mit der Hand mischen und so zu duschen versuchen. Es war schon erniedrigend, sich mit einer solchen Dusche zufriedengeben zu müssen, und so fand ich nach diesem Einsatz auch durch das Duschen mein inneres Gleichgewicht nicht wieder.

An diesem Abend gingen die dem Mannschaftsstand angehörenden Besatzungsmitglieder in den Club und versuchten zu entspannen. Zwar war es schwierig, an irgendwelche Informationen heranzukommen, doch sah es so aus, als ob die 379th Bomb Group an diesem Tag drei bis vier Maschinen verloren hätte. Die Flak hatte beträchtlichen Schaden angerichtet, und ich sprach keinen, dessen Maschine an diesem Tag nichts abbekommen hätte.

Wir spielten Karten, erzählten uns Geschichten, tranken Tee und aßen englischen Kuchen. Gegen 23 Uhr kehrte ich zurück in die Baracke, um mich schlafen zu legen. In dieser Nacht schlief die gesamte Mannschaft unruhig; immer wieder hörte man, wie einer angstvoll aufschrie.

Ich lag in der Frühe des 27. November nur im Halbschlaf da, als der Jeep heranfuhr und vor der Baracke hielt. Erwartungsvoll lauschte ich auf die Tritte, und tatsächlich stapften sie auf den hölzernen Vorbau zu, der Wachhabende machte die Tür auf, knipste das Licht an und sagte: «Los, Jungs, aus den Federn und auf sie mit Gebrüll! Es geht wieder los. Meldet euch in dreißig Minuten.» Stöhnen wurde laut; keiner konnte glauben, daß wir uns um 2 Uhr morgens auf einen neuen Einsatz vorbereiten sollten. Die ganze Baracke war in Aufruhr, und so stand ich auf, zog mich an, rasierte mich und suchte meine Sachen zusammen.

Wieder sollte es nach Bremen gehen, und das rief während der Einsatzbesprechung erneut Stöhnen hervor. Zwar jammerten wir bei diesen frühmorgendlichen Ritualen, aber unsere Pflicht taten wir hinterher ohne zu murren. Uns wurde eine andere B-17 zugewiesen, allerdings ein älteres F-Modell, das schon so manchen Einsatz über Deutschland hinter sich hatte. Das Wetter sei gerade eben noch erträglich, nicht nur über England, sondern auch über Norddeutschland.

Die Motoren wurden angeworfen, und die ersten Maschinen rollten an den Start, da wurde von der Einsatzzentrale ein rotes Leuchtspurengeschoß abgefeuert, was bedeutete, daß der Einsatz gestrichen wurde. Die Besatzung brach in Jubel aus und tanzte, nachdem wir aus der Flugmontur heraus waren. Lamoureaux sagte zynisch: «Also haben wir noch einen Tag länger zu leben.»

Doch lange sollten wir keine Ruhe bekommen. Am Nachmittag übten wir weiter mit den fliegenden ‹Grapefruit›-Bomben. Diesmal klappte alles, und es sah unheimlich aus, wie ein ganzes Bombengeschwader aufs Meer hinausflog. Als wir wieder zurückkamen zur Küste, bildete sich Nebel, der die tiefliegenden Täler und Senken mit dicken Schwaden ausfüllte. In dem tiefliegenden Nebel war es nicht einfach, Kimbolton zu finden. Endlich erkannten wir die verschwommenen Umrisse der Landebahn, und vor uns landeten einige Maschinen. Doch als wir an die Reihe kamen, war die Landebahn wieder verschwunden. Eaton zog über der Stelle, wo wir den Flugplatz zuletzt gesehen hatten, enge Kreise, und endlich sah ich eine helle Natrium-Flamme durch den Dunst auflodern. Dann tauchte noch eine Flamme auf. Ich rief Eaton zu: «Sie haben zu beiden Seiten des Rollfelds Fackeln aufgestellt.» Er erwiderte: «Behalt sie im Auge, während ich mit der Maschine wende.» Eaton ging dort, wo seiner Meinung nach die Fackeln gewesen waren, zum Anflug hinunter, doch konnten wir wieder nichts sehen. Dann entdeckte ich eine Fackel rechts von uns, und Eaton drosselte die Leistung, befahl, die Landeklappen ganz auszufahren, und ging mit der Maschine in Schräglage, um die Flamme zu sehen, konnte sie jedoch nirgends entdecken. Ich dirigierte ihn, während ich die Luftschraubenregler auf höchste Drehzahl und den Ladedruck ganz hoch einstellte. Endlich sah Eaton die Fackeln und fragte mich, ob sie links oder rechts von der Landebahn brenne. Ich rief: «Ich weiß ja nicht, wo die andere ist.» Trotz der Tatsache, daß wir die Landebahn erst sahen, als die Räder sie berührten, legte Eaton eine gute Landung hin. Dabei konnten wir wirklich von Glück sagen, daß wir auf der Landebahn und nicht daneben aufgesetzt hatten. Die letzte Maschine landete nur wenige Minuten nach uns gleichfalls ohne Schaden, doch wie der Pilot das fertigbrachte, ist mir unerfindlich.

Jeremy Willis war mein Partner beim Münzen-Sammeln; er schlief in der Unterkunft neben uns. Er war Heckschütze und nur wenige Tage nach uns über den Atlantik nach Kimbolton gekommen. Wir beide sammelten sämtliche Florins und Crowns, die wir finden konnten, und steckten sie in dieselbe Schachtel. In wenigen Wochen hatten wir ein Holzkistchen von etwa der doppelten Größe einer Zigarrenschachtel bis zur Hälfte mit Silberflorins gefüllt. Es war abgemacht zwischen uns, daß, wer immer als erster abgeschossen wurde, sämtliche Rechte an dem Kasten an den anderen übertrug und der Überlebende den Silberschatz behalten sollte.

Glücksspiel in jeder Form war ein beliebter Zeitvertreib bei uns Fliegern; zur Hauptsache wurden selbstverständlich die üblichen

Kartenspiele gespielt. Münzenschnippen allerdings war in letzter Zeit sehr in Mode gekommen, und Jeremy und ich waren Meister in diesem Spiel geworden, das draußen im Freien gespielt wurde. Die Lebenserwartung der Besatzungsmitglieder einer B-17 betrug damals nur sechs Einsätze, und so paßten Glücksspiele jeder Art zu dem Russischen Roulette, welches die Einsätze über Deutschland darstellten. Beim Münzenschnippen ging es darum, einen Spielpartner zu finden, der eine zwischen Daumen und Zeigefinger gehaltene Münze in die Luft schnippt, sie mit der Hand auffängt und auf dem Handrücken der anderen Hand ablegt. Ich selbst schnippte sofort hinterher eine ähnliche Münze in die Luft, und dann deckten wir sie gleichzeitig auf. Zeigte meine Münze Wappen oder Zahl entsprechend der seinen, hatte ich gewonnen. Wenn nicht, war ich meine Münze los. Mir fiel es leicht, die Münzen mit den gleichen Bewegungen in die Höhe zu schnippen wie meine Gegner, und so war ich oft der Gewinner. Ja, es fiel mir so leicht, Münzen einzuheimsen, daß ich es für gut hielt, meinen Gegner ein paarmal absichtlich gewinnen zu lassen, damit das Spiel nicht gleich abgebrochen wurde. Mit Florins und Crowns ging das auch ganz gut, nur mit noch kleineren Münzen kam ich nicht so gut zurecht. An diesem Abend gewann ich im Club einen kleinen Beutel voll Münzen, so daß bald keiner mehr mit mir spielen wollte.

Eine halbe Stunde vor Mitternacht kehrte ich durch den Nebel zurück in die Baracke. Boden und Gebäude waren weiß vom Rauhreif, und Eiskristalle knirschten unter meinen Sohlen. Als ich zwischen die Laken kroch, war ich überzeugt, eine gute ruhige Nacht vor mir zu haben.

Die Reifen des Jeeps knirschten, als das Gefährt in der Frühe des 28. November einen kleinen Kreis vor unseren Unterkünften drehte. Mein Adrenalinspiegel stieg sofort beträchtlich an, als ich den Wachthabenden den Vorbau heraufstapfen hörte und er die Tür aufmachte. Das Licht ging an, und wieder wurden wir zum Einsatz gerufen. Unsere Besatzung war in einer Saustimmung, wieder um 2 Uhr morgens aus dem Schlaf gerissen zu werden, und ehe der Wachhabende wieder draußen war, mußte er einen Schwall wüstester Beschimpfungen über sich ergehen lassen. Die gesamte Besatzung redete durcheinander, alle schrien sich gegenseitig an, da zog Ray Ferrel seine .45 und feuerte einen Schuß in die Decke ab. Der ohrenbetäubend laute Knall der im Barackeninneren abgedrückten Pistole hatte augenblickliche Ruhe zur Folge; ohne ein weiteres Wort machten wir uns fertig.

Dennoch neuerliches Stöhnen der Mannschaft, als sie hörte, daß das Ziel wieder Bremen sein solle. Wir bereiteten uns wie üblich vor, und um halb sieben saßen wir in unserer Maschine und warteten auf den Startbefehl. Ich selbst meinte, es könnte noch jeden Augenblick ein rotes Leuchtspurgeschoß in die Höhe gehen und damit der Einsatz abgeblasen werden, doch die anderen widersprachen, und es wurden Wetten darüber abgeschlossen. Es herrschte trübes Wetter, und es war auch noch dunkel, so daß wir nicht erkennen konnten, wie hoch die Wolkendecke war. Eine grüne Leuchtrakete ging über der Einsatzzentrale in die Höhe, und die Motoren wurden angeworfen.

Gleichmäßig gewannen wir durch die dicke Wolkendecke hindurch an Höhe, doch bei 600 m durchstießen wir sie und sahen im fahlen Frühmorgenlicht die Maschinen durcheinanderfliegen und nach dem Signal der Staffel Ausschau halten, zu der sie gehörten. Eaton sah linkerhand Lichter aufblitzen und nahm Kurs darauf, doch als wir nahe genug herangekommen waren, um sie zu entschlüsseln, stellte sich heraus, daß es sich um die Maschinen aus Moleworth handelte, die sich hier sammelten. Hainline zeigte auf eine andere Gruppe, die unter uns flog und auf die Eaton jetzt zuhielt. Wir wollten sie unbedingt einholen und Teil unserer eigenen Gruppe sein. Mir fiel auf, daß das Motorengeräusch sich verändert hatte; so hatte es noch nie geklungen. Die Turmkanzel ruckte unheilverkündend, ich machte, daß ich herauskam, und überflog die Instrumentenanzeiger. Wir näherten uns den 400 Stundenkilometern! Ich schrie Eaton an, zeigte auf den Geschwindigkeitsanzeiger und sagte, gleich würden wir auseinanderfliegen. Er ging augenblicklich mit dem Gas herunter und zog die Maschine sanft hoch, um von der viel zu hohen Geschwindigkeit herunterzukommen. Er hatte nicht berücksichtigt, daß wir beim Start rund 27 Tonnen gewogen hatten und die Maschine beim Abwärtsflug schneller beschleunigte, als das normalerweise geschehen wäre. Bald war es so hell, daß wir die aufblitzenden Signalcodes nicht mehr sehen konnten. Clark hatte aus unserer

Maschine das Signal ‹K› herausgehämmert, woraufhin sich uns zwei andere Maschinen angeschlossen hatten. Jetzt suchte diese Dreierformation nach dem Rest der Herde, doch wurde bald klar, daß wir sie verloren hatten.

Eine ganze Reihe von Maschinen anderer Fliegerhorste befand sich an diesem Vormittag in derselben Situation; bald hatte sich ein bunt zusammengewürfelter Haufen von elf Maschinen zusammengefunden, und wir flogen auf ein alternatives Ziel zu. Ich machte eine Bestandsaufnahme beim Treibstoff und stellte zu meiner Überraschung fest, daß wir 1890 l pro Stunde verbraucht hatten; hinzu kamen noch zwei Startversuche am Boden und das Heranrollen an die Startposition. Deshalb erklärte ich Eaton, wenn er sich nicht für ein Ziel in Frankreich oder Holland entscheide, würden wir Probleme mit dem Treibstoff bekommen. Eaton hatte die Initiative übernommen und die kleine Streitmacht über den Kanal auf die holländische Küste zugeführt. Ich denke, in diesem Augenblick kamen wir uns alle ein wenig töricht vor und begriffen, daß das Ganze unsinnig war; Eaton schwenkte zurück aufs Meer und nahm wieder Kurs auf England; der Rest der kleinen Luftflotte schloß sich ihm an.

Zu unserer größten Überraschung waren alle anderen Maschinen der 379th Group in Kimbolton abgestellt und wir die letzten, die wieder auf dem Heimathafen landeten. Offenbar hatte ein so gewaltiges Durcheinander geherrscht, daß die Flugzeuge zurückbeordert worden und wir der einzige Verband gewesen waren, der Kurs auf feindliches Gebiet genommen hatte. Nun hofften wir, daß uns dieser Feindflug angerechnet werden würde, doch schlug man uns das ab.

Das Wetter blieb weiterhin kalt und frostig. An diesem Abend ging es wie üblich im Club hoch her, doch ich verabschiedete mich um zehn und ging zu Bett. Ich war noch hundemüde von dem frühen Einsatz, und dieser wurde uns bloß als Routineflug angerechnet. Bestimmt durften wir heute nacht schlafen. ‹Andererseits›, sagte ich mir, ‹da der Einsatz heute ins Wasser gefallen ist und das Ziel nach wie vor bombardiert werden muß, wird man uns wahrscheinlich bei der ersten Gelegenheit wieder rauspfeifen. Hoffentlich ist das Wetter morgen so schlecht, daß wir nicht fliegen können›, dachte ich und hatte Mühe einzuschlafen.

Erschrocken fuhr ich hoch. ‹Der Jeep, der verdammte Jeep kommt›, fuhr es mir durch den Sinn, und ich hoffte, es wäre nur ein Traum, doch hielt das Knirschen der Räder auf den Eiskristallen an. Ich hörte, wie der Wachhabende auf die neben der unseren gelegene Baracke zuging und nach etwa fünf Minuten unseren Vorbau hochgestapft kam. Ich grub mir die Fingernägel in den Handteller und fluchte lautlos vor mich hin. Die Laute, die die Kameraden von sich gaben, verrieten mir, daß auch sie wach waren. Jawohl, neuerlicher Einsatzbefehl um 2 Uhr morgens!

Und wieder galt der Einsatz Bremen, einem der bestverteidigten Angriffsziele in ganz Europa. ‹Was ist eigentlich so wichtig an Bremen, daß wir dort immer wieder hinsollen?› dachte ich. Mir wollte es als sträflicher Fehler erscheinen, uns heute nochmals hinzuschicken, wo der Einsatz gestern nicht zustande gekommen war. Nach allem, was ich aus den Geheimdienstberichten der Briten wußte, waren die Deutschen über abgebrochene Einsätze durchaus im Bilde und würden uns entsprechend erwarten. Der Einsatzleiter nannte uns dieselben Ziele wie gestern: die Hafenanlagen von Bremen. Allerdings warnte er uns, heute werde es besonders kalt werden – kälter als je zuvor–, bis zu −55 Grad Celsius. Wir würden das Öl in den Luftschrauben kreisen lassen müssen; nachdrücklich wies er uns darauf hin, daß wir kein Metall anfassen und auch das Gesicht nicht mit irgendwelchem Metall in Berührung kommen lassen dürften.

Es wurden die Fallschirme an uns ausgegeben, dazu individuell angepaßte Fallschirmgurte. Ich bekam einen Brustfallschirm, denn in der Turmkanzel war es unmöglich, einen Rückenschirm zu tragen. Der Kugelschütze, Ray Ferrell, bekam gleichfalls einen Brustfallschirm, denn auch in der Kugel konnte er keinen Rückenschirm tragen. Der Bombenschütze und der Navigator bekamen Rückenfallschirme ausgehändigt, denn sie konnten sie ständig anhaben. Die Flugzeugführer bekamen vorläufig Brustfallschirme, da Rückenfallschirme momentan knapp waren. Alle anderen Besatzungsmitglieder sollten ihre ständigen Fallschirme in ein paar Tagen bekommen, hieß es.

Eaton hatte schlechte Nachrichten für mich. Man hatte uns die älteste B-17F der ganzen 379th Group zugewiesen, eine alte Generalsmaschine, die mit Spezialpanzerung aussgestattet war und deren Seitenfenster und Windschutzscheibe im Cockpit aus 3,7 cm starkem Panzerglas bestand. Es handelte sich um eine in jeder Beziehung ausgeleierte alte Mühle; selbst die Motoren hatten mehr Betriebsstunden hinter sich als üblich war, und mir fielen bedenkliche Öllecks an den Motoren Nr. 1 und 2 auf. Was außerdem fehlte, waren die Luftschrauben mit den breiten Blättern, die unserem G-Modell beim Start eine enorme Schubkraft verliehen. Das F-Modell war mit neuartigen Propellern ausgestattet, die beim Fliegen Vorteile hatten, Leistungen brachten, in der Startphase aber nicht überzeugten.

Es stimmte: Die Maschine kam beim Start mit der schweren Bombenlast so langsam in Fahrt, daß sie es – wäre nicht am Ende der Startbahn die kleine Senke gewesen – nicht geschafft hätte. Wir mußten vollgetankt – und das bedeutete weniger Treibstoff als das Modell G – siebeneinhalb Tonnen Bomben mitnehmen, Munition für 12 Geschütze und die Notausrüstung. Trotz der Tatsache, daß das Modell unter der Schnauze nicht mit einer MG-Kanzel ausgerüstet war und ein Geschütz weniger mitführte, wog es mehr als das Modell G. Offenbar war viel Elektronik eingebaut worden, die viel Verkabelung, Verkleidung und Batterien erforderte; dies alles war nicht ausgebaut worden. Nevells entdeckte in der Kanzel der Hüftschützen noch eine zusätzliche Panzerung; damit war das Bruttogewicht dieser Maschine höher, als es nach dem Flughandbuch hätte sein dürfen.

Es war ein kalter klarer Morgen, und es sah aus, als könnten wir bis zum Kontinent hinübersehen. Außer mir feuerten alle in geringer Höhe ein paar Probeschüsse in die Luft ab. Ich jedoch machte mir in Anbetracht der vorhergesagten großen Kälte Sorgen um die Funktionstüchtigkeit unserer Waffen. Meine elektrisch beheizte Unterkleidung hatte ich repariert, indem ich eine anderthalb-Volt-Birne mit zwei Drähten ausstattete, mehrere Taschenlampenbatterien zusammenschloß und dies alles mit einer Klemme versah. Dadurch, daß ich ausprobierte, ob die Drähte leiteten, fand ich die Bruchstellen heraus, und wo das der Fall war, flickte ich die Kabel wieder zusammen. Außerdem baute ich ein paar ‹Sicherheits›-Kabel ein und verband diese jeweils mit den beiden Steckern für Handschuhe und Socken. Die Handschuhe waren ganz besonders anfällig und schienen öfter auszufallen als die anderen Teile. Fiel ein Handschuh oder Socken aus, war aufgrund einer Serie von Kurzschlüssen die Heizung der gesamten Unterwäsche zum Teufel. Mit meinen Sicherheitskabeln konnte ich einen kaputten Handschuh oder Socken einfach überbrücken, um zu gewährleisten, daß der Rest der Wäsche trotzdem heizte. Der Handschuh blieb dann selbstverständlch kalt, doch zumindest konnte man die Hand von Zeit zu Zeit an einer warmen Stelle wärmen. Auf diese Weise hatte ich die Anzüge unserer gesamten Mannschaft frisiert und sie mit Überbrückungskabeln ausgestattet.

Nach einer Flugzeit von 3,5 Stunden waren wir in einer Höhe von 7600 m kurz vor der deutschen Küste und sichteten endlich ein paar P-47, die hoch über uns ihre Kondensstreifen zogen, doch umkreisten sie uns nur einmal und drehten dann ab in Richtung Heimat. Trotz ihres außen angebrachten Zusatztanks betrug ihr Aktionsradius nur 612 km. Südlich der Weser überflogen wir die Küste und stiegen auf die uns zugewiesene Höhe von 8500 m auf. Inzwischen hatte die Kälte auf der Skala für die Außentemperatur den Tiefstand von −60 Grad erreicht; tiefer ging der Anzeiger nicht hinunter. Es war erforderlich, alle Viertelstunde das Öl in den Luftschrauben zirkulieren zu lassen, damit es im Verkleidungsgehäuse nicht stockte, was schnell dazu führen konnte, daß die Propeller durchdrehten. Von den Ausdünstungen der Sauerstoffmaske hatte sich im Kuppelinneren meines Turms eine Eisschicht gebildet; sie kamen wie weißer Atemdunst aus der Maske heraus und wurden zu Eis, sobald sie mit dem Metall oder dem Plexiglas der Turmkuppel in Berührung kamen. Das Eis bildete sich zunächst im Zenith der Kuppel und hatte sich inzwischen bis nach unten heruntergezogen, so daß nur noch ein etwa fünf Zentimeter breiter Streifen am unteren Rand mir Sicht gewährte.

Es kam zu einem Angriff von Jägern, doch flogen sie nur diesen einen Angriff und verschwanden dann. Ich hörte, daß ein paar Salven abgefeuert wurden, dann herrschte Stille. Die Schützen meldeten, ihre Waffen funktionierten nicht. Weitere Jagdflugzeuge wurden gemeldet, ich erkannte auch eines durch den Eisfilm hindurch und feuerte eine Salve darauf ab; noch während ich feuerte, geriet die feindliche Maschine in den sichtfreien Streifen der Plexiglaskuppel. Mein MG funktionierte offensichtlich gut, und ich war mir auch darüber im klaren, was mit den anderen

Waffen geschehen war. Sie waren von gestocktem Öl und dem Eis, das sich aus dem Kondensat nach den Probeschüssen in geringer Höhe gebildet hatte, verstopft; ich hingegen hatte das überflüssige Öl sorgfältig abgewischt, und bei mir war es auch zu keiner Vereisung des Kondensats im Schloß gekommen. Die Me-109 hatten das gleiche Problem; aus diesem Grund konnten sie auch nur diesen einen Angriff fliegen, mit ihren MGs nur ein paar Feuerstöße abgeben und mußten dann zurück zu ihren Ausgangbasen am Boden.

Jetzt vereiste auch das Cockpit, und Eaton verlangte nach dem Eiskratzer. Ich reichte ihn ihm, doch war das Eis dermaßen hart, daß er ihm nichts anhaben konnte. Die Sicht im Cockpit wurde gefährlich behindert, und Eaton und Hainline flogen, indem sie sich nur nach den gespenstischen Umrissen der in unserer Nähe befindlichen Maschinen richteten. Um alles noch schlimmer zu machen, flogen wir in der niedrigsten Position der gesamten Gruppe von 34 Maschinen, die wir unter uns liebevoll die ‹*Purple Heart*-Ecke›* nannten. Der Verband war in drei Staffeln von je zwölf Maschinen aufgeteilt, nur, daß heute mindestens zwei Maschinen ausgefallen waren. Jede Staffel flog etwas höher als die ihr folgende; wurden wir von Jägern angegriffen, konnten wir uns zusammenziehen und erreichten damit ein Maximum an Abwehrfeuerkraft; flogen wir Bombenangriffe, wurde die Formation hingegen auseinandergezogen, damit die Bomben nicht die tiefer fliegenden Maschinen trafen. Ein zusätzliches Problem heute bildete die Tatsache, daß auch die Kanzeln von Bombenschützen und Navigator vereist waren und Hainline nicht mehr erkennen konnte, was die Maschine des Staffelkapitäns vor ihm tat.

Es dauerte nicht lange, da gerieten wir in ein Sperrfeuer der Flak, das wir eine ‹Decke› aus schwarzen Rauchwölkchen und Vernichtung nannten. Bald beschwerten sich die Flugzeugführer, sie könnten nicht mehr in so enger Formation fliegen und müßten sich ganz auf mich verlassen, daß ich ihnen sagte, wenn sie zu nahe an eine andere Maschine herankamen. Der unterste Rand meiner Plexiglaskuppel blieb klar, doch handelte es sich

---

* *Purple Heart* = Verwundetenabzeichen

nur um ein schmales umlaufendes, drei bis vier Finger breites Band. Durch diesen beschränkten Sehschlitz hindurch lenkte ich den Bomber. Ich erkannte, daß andere Maschinen ähnliche Probleme bekamen, nur daß wir sie des dicken Panzerglases wegen wesentlich früher bekommen hatten als die anderen.

Bei diesem Zielanflug trotzten wir der Flak, aber ich vermute, daß uns das wegen der Sichtbeschränkung auch etwas leichter fiel. Eaton meldete über die Bordsprechanlage, die Uhr der Maschine sei stehengeblieben. Ich warf einen Blick auf meine Piccard, eine Armbanduhr, die mich einmal 12 Dollar gekostet hatte, und rief Eaton zu, wie spät es sei. Daraufhin sah Hainline auf seiner Armbanduhr nach und erklärte, meine Uhr gehe vor, obwohl ich doch während der Einsatzbesprechung vorm Abflug einen Uhrenvergleich vorgenommen hätte.

Ich sah, daß die Klappen der Bombenschächte der anderen Maschinen aufgingen, meldete das Hainline und gab ihm das entsprechende Signal. Er bat mich, ihm Bescheid zu geben, wann die anderen ihre Bomben ausklinkten. Wieder hörten wir die Flak, und ich spürte und hörte Metall aufreißen. Das waren schon aufregende Augenblicke, als ich versuchte, Eaton nur durch einen kleinen eisfreien Sehschlitz hindurch innerhalb des Verbandes zu dirigieren. Ich sah, wie die Bombenschächte der anderen Maschinen sich schlossen. «Verflucht», erklärte ich über die Bordsprechanlage, «diesen Abwurf haben wir verpaßt; wir müssen noch einen Zielanflug machen.»

Der Druck, nicht mit anderen Maschinen zusammenzustoßen, und zu wissen, daß wir wieder Flak-Beschuß ausgesetzt sein würden, machte mir zu schaffen. Bald nachdem unser Riesenverband nach Norden abgedreht war, verstummte die Flak. Nach ein paar Minuten meldete Nevells zwei Schwärme von Me-109, die sich uns an die Fersen hefteten. Da sämtliche MGs unserer Maschine bis auf meines ausfielen, drehte ich den Turm nach hinten, von wo der Angriff drohte. Zwar wußten wir, daß die Jäger nur einen Angriff fliegen konnten, doch der konnte sich für einen Kameraden oder auch für die ganze Besatzung oder die ganze Maschine als tödlich erweisen. Bald sichtete ich zwei Me-109 und folgte ihnen mit dem Fadenkreuz, so gut ich konnte, doch ruckte der Turm auf merkwürdige Weise. Ich konnte mit meinen .50er

MGs zwei kurze Feuerstöße abgeben, dann entschwanden die beiden Jäger meinem Gesichtsfeld.

Durch den Sehschlitz meiner Plexiglaskuppel sah ich von der Küste einen weiteren Bomberverband näher kommen, der nach uns das Ziel anfliegen sollte. Jetzt würden die beiden Verbände in aufgeschlossenerer Formation fliegen; möglich, daß die Wirkung der Bomben auf die tiefer fliegende Gruppe schlimmer sein würde. Hoffentlich schwenkte unsere Gruppe schnell genug herum, um sich dem Strom der näher kommenden Bomber anzuschließen. Zumal jetzt, wo anscheinend alle irgendwelche Sichtprobleme hatten. Wir vollführten den Schwenk, und ich sah die Pracht der anderen Gruppe, die ganz nahe, aber etwas tiefer als wir flog; die Sonne blitzte auf dem Plexiglas der Türme und der Schnauzenkanzeln, und sie zogen die Wolkenbahnen der von ihnen gebildeten Kondensstreifen hinter sich her. Der Verband sah aus wie ein in Zeitlupentempo dahinfliegender riesiger Insektenschwarm. Jäh wurde ich von dem Schatten einer Tragfläche über meinem Turm aus meinen Überlegungen herausgerissen. Von Entsetzen gepackt, schrie ich Eaton zu: «Tiefergehen, ausweichen!» Durch den schmalen Streifen der überfrorenen Glaskuppel erkannte ich das Tragflächenende einer rechts vor uns fliegenden Maschine. Nevells sagte, wir wären gerade noch einmal davongekommen; der Abstand zwischen der Tragfläche und unseren Luftschrauben habe noch nicht einmal einen halben Meter betragen!

Wieder die Flak, allerdings weniger intensiv im Beschuß, wie mir schien. ‹Vielleicht bekommen wir wegen der Gruppe hinter uns etwas Schrägfeuer ab›, dachte ich. «Diese verdammten Flak-Türme da unten, und daß die furchtbare Kälte ihren Granaten nichts anhaben kann!» murmelte ich vor mich hin. Wieder öffneten sich die Bombenschächte, und endlich rauschten die Bomben aus. ‹Und jetzt ab nach Hause›, dachte ich. ‹Laßt uns machen, daß wir hier rauskommen!›

Es schien sich unendlich in die Länge zu ziehen, bis wir auf unserem Heimflug endlich aus dem Bereich der Flak heraus waren. Eaton sagte, er hole das Äußerste aus der Maschine heraus, doch ich war mir darüber im klaren, daß wir mit dem Rest des Verbandes nicht mithalten konnten. Außerdem hatte sich jetzt das gesamte Cockpit mit einer Eisschicht überzogen, was ganz unheimlich aussah. Nicht ein einziges Instrument ließ sich ablesen, und Eaton fragte immer wieder nach dem Horizont. Er sagte, es würde zunehmend schwieriger zu fliegen. Ich schlug Selbststeuerung vor, doch offenbar funktionierte diese wegen der Hydraulikflüssigkeit oder irgendeines anderen Schmiermittels nicht richtig. Ich kletterte aus meinem Turm hinunter und versuchte, das Seitenfenster zu öffnen, was Eaton und Hainline auch schon probiert hatten, freilich ohne Erfolg. Ich schlug die Feueraxt vor, und Eaton erklärte sich einverstanden. Doch so sehr ich mich auch abmühte, das Fenster ließ sich mit der Axt nicht zertrümmern; dazu war es viel zu dick und hatte einen viel zu großen Härtegrad. Mit der Spitze gegenüber der Axtschneide schlug ich heftig zu, und tatsächlich grub sich die Picke in das Glas ein. Ich glaubte, eine neue Möglichkeit zu sehen, und schlug ein zweitesmal mit womöglich noch größerer Gewalt zu und traf dieselbe Stelle. Jetzt, da die Axtspitze sich genügend tief hineingefressen hatte, zog ich das Fenster mit aller Kraft auf und stemmte mich dabei mit den Füßen gegen Eatons Sitz. Langsam glitt das Fenster ein paar Millimeter zurück. Diesen Vorgang wiederholte ich noch zweimal, und schließlich gelang es mir, das Fenster soweit zurückzuschieben, daß ich mit den behandschuhten Fingern zupacken und es ganz zurückschieben konnte. Endlich konnte Eaton aus seinem kleinen Fenster hinaussehen.

Der linke Hüftschütze meldete Jäger, die ein oder zwei Schuß auf uns abfeuerten. Diesmal drehten die Jagdflugzeuge nicht ab und suchten ihren Fliegerhorst auf, sondern zogen langsam von hinten kommend näher und immer näher heran. Wir waren jetzt einen knappen Kilometer hinter dem Hauptverband zurückgefallen, und nun flogen zwei Me-109 ein paar hundert Meter links von uns neben uns her. Der linke Hüftschütze konnte zwar noch einen einzelnen Schuß auf sie abfeuern, lud nochmals per Hand und schoß noch einen Schuß ab, dann versagte sein MG ihm den Dienst. Ich sah zu, wie die beiden Me-109 näher und immer näher herankamen, bis sie knapp zwölf bis fünfzehn Meter links von unserer Tragfläche Formation mit uns flogen. Ich versuchte, meinen Geschützturm herumzubekommen, doch sprang das Hydraulikventil immer wieder heraus und vollführte dabei einen blubbernden Laut. Äußerst langsam drehte sich der Turm, er ratterte wegen des gefrorenen Schmiermittels in seiner Laufschiene, doch schaffte er es nie so weit, daß ich freie Bahn gehabt und diese Me-109 vom Himmel hätte herunterpusten können. Da waren meine MGs die einzigen der ganzen Maschine, die noch funktionierten, und ich konnte nicht schießen!

Jetzt, da Fahrgestell und Spreizklappen eingefahren waren und die Maschinen gemächlich neben uns dahinflogen, offenbarten die Jäger die ganze Eleganz ihrer Linienführung. Der Pilot der uns zunächst fliegenden Maschine winkte uns freundlich zu, und ich erwiderte den Gruß, indem ich ihm den Mittelfinger hochhielt. Schließlich war er kein Freund. Vielleicht hatte er einige meiner Freunde getötet oder würde in Zukunft welche töten, vielleicht sogar mich selbst. Deutlich erkannte ich das kleine Hakenkreuz am Heckleitwerk und das Eiserne Kreuz, das freilich von etwas verdeckt wurde, das sich ausnahm wie eine ‹25›. Bald verließen sie uns, und wir rangen mit dem Problem, unseren Verband wieder einzuholen, der jetzt etwa anderthalb Kilometer vor uns herflog.

Plötzlich entdeckte ich auf der Haubenverkleidung von Motor Nr. 2 einen Schmutzlappen. Einen Moment starrte ich ihn entgeistert an, ehe mir klarwurde, wie unsinnig es wäre, daß bei einer Geschwindigkeit von 370 Stundenkilometern ein Schmutzlappen auf der Haubenverkleidung liegen sollte. Ich dachte, irgend etwas könne mit meinem Hirn nicht stimmen, als ich zusehen mußte, wie der Lappen immer größer wurde. ‹Stell dir vor, da taucht schwarz und dreckig plötzlich ein Lappen auf und wird immer größer.› Dann ging mir auf, daß Öl aus dem Entlüftungsstutzen oben auf der Verkleidung herausspritzte. Der Motor war ausgefallen und pumpte heißes Öl in die Atmosphäre, die freilich dermaßen kalt war, daß das Öl oben auf dem Konus augenblicklich zu einem Klumpen gefror, der anfangs allerdings aussah wie ein zusammengeknüllter Lappen. Ich klärte Eaton über die Situation auf und sagte, wir müßten die Verstelluftschraube entweder in Segelstellung bringen oder hätten bald kein Öl mehr; dann würde es uns unmöglich sein, sie in Segelstellung zu bringen. Hainline erhob Einwände dagegen, den Motor abzustellen, und erklärte, dann könnten wir Jägern zum Opfer fallen, doch sprach das heute Erlebte dagegen. Nachdem die Verstellschraube in Segelstellung gebracht worden war, verlangsamte die alte ‹F› ihre Geschwindigkeit beträchtlich. Das brachte Eaton zu der Überlegung, den Versuch zu machen, allein zurückzufliegen. Mir fiel auf, daß die Drosseln mit einer weißen Eisschicht überzogen waren, die freilich diesmal nicht von den Abgasen aus den Sauerstoffmasken herrührten, sondern von dem Schweiß, den Eatons rechte Hand verströmte. Er trug nur einen Lederhandschuh, um die Drosseln zu betätigen; ich hatte den Handschuhstecker seines heizbaren Anzugs kurzgeschlossen, so daß der Hauptteil des Anzugs weiterhin heizte. Endlich, als wir die 8000 m-Grenze durchbrachen, verlangsamte der Gruppenanführer das Tempo.

In diesem Augenblick bemerkte ich, daß parallel mit uns rechterhand eine Heinkel-177 flog, allerdings außerhalb der Reichweite unserer MGs. Gebannt verfolgte ich, wie sich aus ihrer Rumpfkanzel langsam ein Feuerstoß löste. Von Zeit zu Zeit sah ich eine schwache gewölbte Rauchbahn – ein sichtbares Zeichen dafür, daß Geschützgranaten in unseren Verband hineingefeuert wurden. Es mußte sich um 30 oder 40 mm-Geschosse handeln, und wenn eine B-17 davon getroffen wurde, konnte das schlimm ausgehen. Was einen jedoch schier verrückt machte, war die Tatsache, daß wir diese Heinkel-177 nicht daran hindern konnten, gerade eben außerhalb der Reichweite unserer Waffen neben uns dahinzufliegen.

Wir fielen stetig weiter hinter dem Hauptverband zurück, und schließlich beschloß Eaton, tiefer hinunterzugehen bis in eine Höhe, in der die alte Maschine besser mit den ihr verbliebenen drei Motoren zurechtkam. In 5500 oder 6000 m Höhe ging Eaton wieder zum Waagerechtflug über, um in dieser Höhe den Heimflug zu überstehen. Der Navigator beklagte sich, die Instrumente immer noch nicht wieder ablesen zu können, und Hainline begriff, daß das auch im Cockpit noch nicht wieder möglich war. Gut wußten wir immer noch nicht wieder über die Richtung Bescheid, in die wir flogen, und jetzt waren wir auch noch zwischen zwei Wolkenschichten geraten. Ich versuchte, den Magnetkompaß von Eis freizukratzen, schaffte es jedoch nicht. Eaton steckte den Kopf zum Fenster hinaus, um nachzusehen, ob sich nicht irgendwo ein Loch in der Wolkendecke fand. Der Luftsog riß ihm prompt die Brille vom Kopf, und so lieh ich ihm meine blaugetönte. Er sah nichts weiter als Wolken. Ich schlug vor, noch tiefer hinunterzugehen und das Eis auf den Instrumenten abschmelzen zu lassen. Eaton ging unter die Wolkendecke hinunter, wobei er Flak-Beschuß und Jägerangriffe riskierte, aber wir mußten unbedingt herausbekommen, ob wir auch wirklich in die richtige Richtung flogen. Durch die Eiswolken hinunterzugehen, war schon gefährlich genug, doch ohne irgendwelche Instrumente zu fliegen, war noch gefährlicher. Eaton war nervös und starrte ständig zu der kleinen Öffnung hinaus, die ich durch das Zurückschieben des Cockpit-Fensters geschaffen hatte. Hainline starrte auf seinen Steuerknüppel, rührte ihn jedoch nicht an. Uns fiel wirklich eine Zentnerlast von der Seele, als Eaton endlich – bei 3500 m – wieder die Erde sah. In dieser Höhe war es wärmer, und das Eis im Cockpitinneren wurde schon weicher, bedeckte aber immer noch die Instrumente.

Da es diesig war und dunkel, konnte Eaton keinerlei Landmarken erkennen. Jetzt schaffte ich es, das Eis vom Magnetkompaß abzukratzen; dabei stellte ich fest, daß wir auf einem Kurs von 120 Grad flogen, der uns weit von unserem richtigen Kurs abgebracht hätte. Eaton schwenkte die Maschine wieder zurück auf 270 Grad und meinte, wir müßten irgendwelche Auffälligkeiten in der Landschaft erkennen, zumindest in Küstennähe.

Während er sich damit beschäftigte, machte ich mir Sorgen wegen des Treibstoffverbrauchs; schließlich waren wir eine lange Zeit über mit allen vier Motoren volle Kraft geflogen und jetzt, da Motor Nr. 2 ausgefallen war, volle Kraft mit drei Motoren. Viel Treibstoff konnten wir nicht mehr haben; es war schon vertrackt, daß wir immer noch keine Instrumente ablesen konnten. Sämtliche an uns ausgegebenen Armbanduhren waren zusammen mit den eingebauten Uhren stehengeblieben. Nur meine Piccard ging noch und bot daher für mich die einzige Möglichkeit, den Treibstoffverbrauch abzuschätzen. Das einzige, was positiv bewertet werden konnte, war, daß wir den ganzen Treibstoffvorrat von Motor Nr. 2 noch in Reserve hatten. Dieser ausgefallene Motor war mit zwei Treibstofftanks verbunden, und der darin noch enthaltene Treibstoff mußte in die anderen Tanks übergeleitet werden. Die Verteilerventile waren am vorderen Schott des Bombenschachtes angebracht. Es war unmöglich, Treibstoff aus den Tanks von Motor Nr. 2 in die von Nr. 1 zu leiten, ohne diesen zunächst in die rechte Tragfläche hinüberzupumpen und dann erst in den in der linken Tragfläche untergebrachten Tank von Motor Nr. 1. Ich versuchte, das Verteilerventil zu öffnen, doch das rührte sich nicht. Ich stemmte mich mit dem Fuß gegen den Hebel, konnte ihn jedoch immer noch nicht umlegen. Das Ventil war festgefroren; offenbar hatte es etwas Feuchtigkeit enthalten. Schon wollte ich die Kurbel für das Notfahrgestell mit Kabeln am Hebel festzurren, da fiel mir noch rechtzeitig ein, daß, wenn der Ventilhebel abbrach, während das Ventil halb geöffnet war, ein neues Problem auf uns zukommen konnte: Was, wenn dann der Tank von Motor Nr. 1 leerlief?

Ich stellte die Motorleistung auf 1800 Umdrehungen ein, das Gemisch auf Selbststeuerung-mager, den Ladedruck auf 73,5 cm und schloß die Kühlluftregelklappe. Unsere Geschwindigkeit fiel auf 250 Stundenkilometer; dabei hätten wir gut 20 Stundenkilometer schneller sein müssen. Aus zwei Gründen mußten wir so hoch wie möglich fliegen: Erstens befanden wir uns immer noch über Feindesland, mußten bis zur Küste auf mörderischen Flak-Beschuß gefaßt sein und konnten bei dieser geringen Geschwindigkeit von fast jedem deutschen Jagdflugzeug angegriffen werden. Zweitens hatte die Maschine Übergewicht und leistete mit drei Motoren nicht viel; wenn noch ein Motor ausfiel, mußte sie abstürzen. Wir flogen weiterhin in den Wolken, galt es doch zu verhindern, daß wir von unten gesehen wurden. Bald flogen wir wieder zwischen zwei Wolkenschichten, was uns ein gewisses Gefühl der Geborgenheit einflößte.

Langsam taute das Eis auf dem Armaturenbrett, und eines nach dem anderen wurden die Glasabdeckungen der Anzeiger von unseren behandschuhten Fingern freigerieben, damit wir endlich erkennen konnten, was die Instrumente zu berichten hatten. Für alle drei Motoren zeigten sich auf allen Instrumenten normale Werte. Nur die Treibstoffanzeiger machten da eine Ausnahme: Der Tankstand für die Motoren 1, 3 und 4 war niedrig, doch noch beklemmender war die Tatsache, daß der Treibstoff, der in den Tanks für Motor Nr. 2 schwappte – immerhin mehr als 750 l –, wegen des eingefrorenen Verteilerventils nicht umgeleitet werden konnte.

Wir verloren stetig weiter an Höhe: zwischen drei und sechs Metern in der Minute, wie der Steigungsmesser auswies. Die Treibstoffanzeiger standen auf ganz niedrig. Wir flogen zwischen zwei Wolkenschichten dahin, hatten aber keine Ahnung, wo wir uns befanden. Eaton flog nach dem Magnetkompaß einfach nach Westen, wenn man so will blind, ohne jeden Blickkontakt mit Land oder Meer unter uns.

Plötzlich blinkte das Warnlicht der Treibstofftanks von Motor Nr. 3 auf; das hieß, daß wir nur noch zehn Minuten weiterfliegen konnten; dann mußte der Motor ausgehen. Nevells rief aufgeregt: «Vor uns ist ein Loch in der Wolkendecke.» Diese Entdeckung wiederholte er noch einmal, um dann zu rufen: «Die Küste Englands!» Alle sahen wir das kleine Loch in den Wolken, das uns aus 1500 m Höhe einen flüchtigen Blick auf das Meer gewährte, das unten gegen Felsen anbrandete. Eaton befahl, Spreizklappen und Fahrgestell voll auszufahren, und ging im Spiralflug durch die Öffnung in den Wolken hinunter; bei etwa 250 m durchbrachen wir die Wolkendecke. Ich machte Eaton auf das blinkende Warnlicht aufmerksam, das gerade über der Tankanzeige von Motor Nr. 1 aufblinkte. Eaton sagte: «Matheny, bereite die Besatzung auf eine Bruchlandung vor.» Wie der Blitz schoß ich in den Funkraum und forderte die Kameraden auf, sich mit dem Rücken gegen die Schotten zu setzen, die Knie anzuziehen und den Kopf zu senken.

Ich kam gerade noch rechtzeitig ins Cockpit zurück, um zu sehen, wie Hainline auf ein Stück Land rechterhand von der rechten Tragfläche deutete. «Ein Flugplatz», rief er im lärmerfüllten Cockpit, in dem beide Seitenfenster offenstanden. Eaton ging mit der Maschine in Schräglage, um besser sehen zu können, da blinkte das Warnlicht für die Tanks von Motor Nr. 4 auf. Motor Nr. 3 mußte jetzt jeden Augenblick aussetzen, sagte ich mir und ließ die Augen nicht vom Treibstoffdruckanzeiger auf dem rechten Armaturenbrett. Eaton flog auf den Flugplatz zu, von dem ich jedoch nichts sehen konnte. Das einzige, was ich sah, war ein kleiner unbefestigter, etwa 170 m langer freier Streifen und dahinter ein abgeholztes Areal, aus dem allerdings noch bedrohlich die Baumstümpfe herausragten. Wir hatten keine Zeit, uns weiter umzusehen. Eaton versuchte zu landen, doch hatten wir Rückenwind. Eaton flog viel zu weit über die Landebahn hinaus, schob die drei Drosseln ganz hinein, doch nichts geschah. Die Luftschrauben waren auf 1800 Umdrehungen pro Minute eingestellt, und vollständig geöffnete Drosseln brachten in Meereshöhe keine zusätzliche Schubkraft. Augenblicklich stellte ich die Luftschrauben-Drehzahlregler auf Höchstleistung und brachte den Ladedruck so schnell ich konnte auf 1,16 m. Wir flogen keine 15 m über den Baumwipfeln dahin, da reagierte die müde Mühle endlich; bei 200 Stundenkilometern wendete Eaton und flog zurück. Eaton und Hainline schienen regelrecht mit der Maschine zu ringen, um sie vor dem drohenden Motorausfall zu bewahren. Die Leistung dauerte noch an, als die Piloten wendeten – dann sah ich den Treibstoffdruck von Motor Nr. 3 auf Null absacken. Eaton und Hainline schafften den Landeanflug, und am Ende der kleinen unbefestigten Rollbahn setzte die Maschine auf. Auf den Rädern des Hauptfahrgestells rollte die große Maschine weiter, doch war abzusehen, daß wir in wenigen Sekunden über die freie Bahn hinausrollen würden. Eaton befahl Vollbremsung; mit aller Kraft zog ich an den über meinem Kopf angebrachten Griffen der Notbremsen. Die Maschine rutschte vom gerodeten Streifen herunter und weiter durch die Baumstümpfe, über einen Graben hinweg und dann über noch einen, bis sie schließlich nach Zerreißung eines dicken Drahtzauns stehenblieb. Jetzt erst krachte das Hinterrad unterm Heck auf den Boden.

Eaton faßte sich und gab Befehl zum Verlassen der Maschine. Draußen versammelte sich die Mannschaft, und gleich darauf untersuchte ein jeder die Maschine nach etwaigen Schäden. Die Heckradstrebe war durch den Heckteil und das Seitenruder hindurchgetrieben worden, als das Heck sich endlich gesenkt hatte. Die Wannenkanzel war zertrümmert, und die Drehzapfenverstrebung schaute oben aus dem Rumpf heraus. Die Luftschrauben Nr. 3 und 4 waren von dem Stahldrahtzaun bös zugerichtet worden.

Hainline gab Befehl, sämtliche Waffen auszubauen, um sie vorm Verrosten zu bewahren. Mit Hilfe eines um einen Stecken gewikkelten Lappens gelang es mir, Motorenöl herauszuholen, mit dem wir die Waffen ölen konnten. Es dauerte nicht lange, und britische Soldaten kamen und sagten uns, wir sollten ihnen folgen. Was wir kaum fassen konnten, war, daß die Maschine über zwei 1,80 m tiefe und 3 m breite Gräben hinweggerutscht war. In einem zumindest hätte das Fahrgestell sich festsetzen und dadurch die Maschine dazu bringen können, mit der Schnauze aufzuschlagen und dabei die Kanzel des Bombenschützen zu zertrümmern, oder sich auf den Kopf zu stellen und noch im letzten Augenblick in Flammen aufzugehen. Die Rollbahn sollte erst in ein paar Monaten fertiggestellt werden und war auch nur für Jagdflugzeuge gedacht.

Mit einem Lastwagen wurden wir auf den noch nicht fertiggestellten britischen Fliegerhorst gefahren und dort für die Nacht untergebracht. Das Essen war schlecht, aber heiß, die Betten kalt und nur mit rauhen Wolldecken ausgestattet, so daß man sich dauernd kratzen mußte.

Am nächsten Morgen wurde unsere Besatzung auf einem nahe gelegenen Flugplatz in einen Lancaster-Bomber verfrachtet. Der Flugzeugführer der Lancaster machte einen Besichtigungsgang durch die Maschine mit uns und erzählte stolz von seinen bei den Packardwerken gebauten Rolls-Royce Merlin 38-Motoren, von denen ein jeder fast 1500 PS stark war. Was uns erstaunte, war, daß die Lancaster und die B-17 zwar fast gleich groß waren, die Lancaster aber im Rumpf viel offenen Raum und einen riesigen Bombenschacht aufwies. Als die große Maschine sich vom grasbewachsenen Rollfeld in die Luft erhob, flößte uns das gleichmäßige Summen der Motoren Zuversicht ein, und wir fühlten uns sicher. Die Lancaster flog mit einer Geschwindigkeit von über 360 Stundenkilometern, und bald waren wir in Kimbolton gelandet.

Ein Kurzurlaub in London half, uns von der schrecklichen Spannung zu befreien, unter der wir alle standen. Zwar gab es in London furchtbar viel zu sehen und zu unternehmen, doch das Essen war für einen amerikanischen Soldaten schlecht. Das berühmte Britische Museum war der Luftangriffe wegen die meiste Zeit über geschlossen. Ich erinnere mich, ein paar Filme gesehen zu haben, wie «Salute to the Marines» mit Wallace Beery und «Miracle of Morgan's Creek» mit Betty Hutton und Eddie Bracken. Nach ein paar Tagen kehrte ich zurück nach Kimbolton und bereitete mich auf den nächsten Einsatz vor. Unsere Maschine, die *Deacon's Sinners*, hatte eine neue rechte Tragfläche bekommen und war gründlich repariert worden; überall hatte man die Außenhaut mit Blechquadraten ausgebessert. Der nächste Einsatzbefehl kam am 5. Dezember um 4 Uhr morgens. Unser Ziel sollte die französische Stadt Cognac sein, und das ganze Unternehmen erwies sich als Kinderspiel; es gab nur wenig Flak-Beschuß und kam auch nur zu wenigen Jägerangriffen.

Vom 6. bis zum 10. Dezember herrschte schlechtes Wetter, so daß wir den Himmel über Europa nicht heimsuchten. Vom 7. bis zum 10. wurde unsere Mannschaft für das Unternehmen «Grapefruit» nochmals einer Sonderausbildung unterzogen.

Als es am 11. Dezember in aller Herrgottsfrühe neuerlich einen Einsatzbefehl gab, war ich dabei, mich zu übergeben, und kam nicht von der Toilette herunter. Der Feldarzt schrieb mich für diesen Tag dienstuntauglich. Von der Warteliste wurde ein Ersatz-Bordmechaniker abberufen. Mir war es schrecklich, daß jemand anders meinen Platz einnehmen sollte, denn ich empfand es als meine Pflicht, auch diesen Einsatz zusammen mit meinen Kameraden zu fliegen. Vor diesem Tag hatte ich gedacht, ich würde es als Erleichterung empfinden, einmal nicht nach Deutschland fliegen zu müssen, doch als ich überlegte, daß nur einer dummen Magenverstimmung wegen ein anderer meinen Platz einnehmen sollte, war ich kreuzunglücklich. Vielleicht war mein Einfluß in der Maschine dafür verantwortlich, ob sie zurückkam oder nicht. Wir hatten krankheitshalber bereits auf Sutton verzichten müssen, Henroid war durch eine .50-Kugel dienstunfähig geschossen worden und Doty fiel aus, weil er chronisch krank war. Jedenfalls hatte ich das Gefühl, ein wichtiges Besatzungsmitglied zu sein.

Als die Maschinen starteten, wurde ich in der Krankenstation gerade vom Feldarzt untersucht. Mit kalten Händen tastete er mir den Bauch ab, und er mußte fast schreien, um sich beim Aufheulen der Motoren verständlich zu machen. Inzwischen meinte ich, die Übelkeit bereits überwunden zu haben, und war den Tränen nahe, als die Maschinen Kurs auf Emden nahmen.

Gegen elf fuhr ich mit meinem Fahrrad durch das Gelände und hörte eine einsame B-17 in geringer Höhe näher kommen. Verwundert sah ich die Maschine auf dem Rasen neben der Landebahn zur Landung ansetzen. Als sie landete, fiel mir auf, daß Luftschraube Nr. 3 in Segelstellung stand und die rechte horizontale Dämpfungsflosse fehlte. Auch die Seitentür im Rumpf war nicht vorhanden. Die Maschine kam nach einer halben Schleife auf dem Rasen zum Stehen, und ein paar Männer liefen auf sie zu. Da der Matsch die Reifen behinderte, ließ ich das Fahrrad einfach liegen.

Als ich näher an die Maschine herankam, erkannte ich, daß das rechte Querruder fehlte und die oberen Dreiviertel des Seitenruders abgerissen waren. Ich half, einen toten Hüftschützen herauszuholen; er hatte einen Brustschuß abbekommen. Auch der Heckschütze war gefallen, doch Blut konnte ich nirgends entdecken. Der Wannenschütze befand sich noch im Turm; ich half, die Tür aufzuklinken, um ihn herauszuholen. Er hatte einen Bauchschuß von einer großkalibrigen Kugel – wahrscheinlich einem 13 mm-Geschoß – erhalten, lebte aber noch. Dem Funker hatte eine Granate den Kopf abgerissen; es klebten nur furchtbare Reste an der Wand. Von dem anderen Hüftschützen fehlte jede Spur. Die Besatzungsmitglieder im Cockpit und im Schnauzenbereich hingegen hatten nichts abbekommen.

Der Bordmechaniker der 4239789 erzählte mir, der rechte Hüftschütze habe den Piloten einer angreifenden FW-190 erschossen; daraufhin sei diese auf die rechte Tragfläche der B-17 zugerast, davon abgeprallt und dabei gegen die rechte Dämpfungsflosse geschleudert worden, habe diese abgerissen, die ihrerseits wieder fast das Seitenruder mitgenommen habe.

Dieses Ereignis wurde benutzt, um uns davor zu warnen, während des Luftkampfes aus der Formation auszuscheren. Der Flugzeugführer dieser Maschine hatte den Entschluß gefaßt, den Einsatz abzubrechen, weil Motor Nr. 3 ausgefallen war. Er sei tiefergegangen, um in geringerer Höhe den Heimflug anzutreten; dabei sei die Maschine von mehreren FW-190-Jägern abgefangen worden. Außerdem warnte man uns, die Maschine zu verlassen, bevor nicht der Flugzeugführer den Befehl dazu gegeben hatte. Es wurde gemunkelt, man werde den rechten Hüftschützen vors Kriegsgericht stellen, weil er ohne Befehl aus der Maschine ausgestiegen sei.

Der traurige Zwischenfall schien deutlich zu machen, wie wichtig es sei, die Maschinen zu ihrem eigenen Schutz zusammenzuhalten, was wir alle allerdings bereits wußten. Kein vernünftiger Mensch würde weit über feindlichem Gebiet absichtlich aus einer Formation ausscheren, doch manchmal war das durchaus nötig. Wir alle kannten ja aus eigener Anschauung die Taktik der deutschen Jagdflieger. Selbstverständlich stürzten sie sich auf einen

Nachzügler, der nicht im Verband mit den anderen flog, und versuchten, ihm durch wiederholte Angriffe den Garaus zu machen. Es wurde auch darüber geredet, man solle mit den Luftschrauben bei einem Motorenausfall nicht in Segelstellung gehen, weil dies den Jägern eine lahme Ente signalisiere, die man ohne größere Gefahr angreifen könne. Diejenigen, die sich dafür aussprachen, eine Luftschraube sich im Wind drehen zu lassen wie einen Windmühlenflügel, hatten von den Realitäten des Luftkampfes keine Ahnung. Sobald man sich einem Ziel näherte und der Flak-Beschuß dichter wurde, neigten die Maschinen der Staffelkapitäne dazu, möglichst zu beschleunigen. Eine angeschossene Maschine mit ausgefallenem Motor und in Segelstellung befindlichem Propeller konnte da unmöglich mithalten, besonders nicht in Höhen über 7500 m. Die Maschinen der Staffelkapitäne versuchten nach erfolgtem Bombenabwurf mit Höchstgeschwindigkeit aus dem Gefahrenbereich herauszukommen, der noch von der Flak bestrichen wurde. Gerade in dieser Phase fallen die angeschlagenen Maschinen böse zurück, und wenn die grünen Detonationswölkchen der Flak aufplatzten, hatten die deutschen Jäger sich ihre Opfer bereits ausgesucht. Eine weitere Taktik der Jäger bestand darin, sich die tiefstfliegende Formation vorzunehmen, die am wenigsten von der geballten Feuerkraft der anderen Flugzeuge profitierte. Überhaupt versuchten die Jäger, jede Formation zu sprengen, um die mörderische Feuerkraft der in Formation fliegenden Bomber zu verringern. Der YB-40 Geleitbomber wurde, um als Lockvogel zu fungieren, mit einer Bendix-«Kinn»-Kanzel ausgestattet; anstelle des schwenkbaren MGs des Funkers wurde zusätzlich noch ein Sperry-Turm aufmontiert und die Maschine außerdem gepanzert und mit reichlich Munition versehen. Dieser Geleitbomber wurde auf den amerikanischen Air Force-Basen in England gezeigt; er sollte anstelle von Jägern mit großer Reichweite eingesetzt werden, doch im Einsatz haben wir ihn nie zu sehen bekommen.

Aufgeregt wartete ich am Nachmittag auf die Rückkehr der Bomber. Endlich trudelten sie ein. Als erste überflogen uns zwei B-17 in Formation und gingen dann in eine Linkskurve, um zu landen. Nach ein oder zwei Minuten tauchte eine weitere aus drei Maschinen bestehende Formation auf; unten vor den Hallen und auf den Parkplätzen versammelte sich das Bodenpersonal und zählte die ankommenden Maschinen. Fast das gesamte Personal des Fliegerhorsts stand vor den kleinen Flughafengebäuden, suchte den Himmel ab und verfolgte das Schauspiel der heimkehrenden und landenden Bomber. Eine Gruppe von rund zehn B-17 donnerte in lockerer Formation über den Flugplatz, fuhr das Fahrgestell aus und setzte zur Landung an. Die Nachzügler trafen einzeln einer nach dem anderen ein; zwei davon mit Luftschrauben, die auf Segelstellung gestellt waren. Zwei feuerten rote Leuchtraketen ab, um zu verkünden, daß sie Verwundete an Bord hatten und deshalb Vorrang beim Landen beanspruchten. Endlich, nach langer angstvoller Warterei erkannte ich den frisch angepinselten Namenszug *The Deacon's Sinners* an der Schnauze unserer Maschine. Erleichtert atmete ich auf, als Eaton die «093» auf ihren Parkplatz rollen ließ.

Eaton nahm mich mit meiner Übelkeit auf den Arm und sagte, da hätte ich was verpaßt: vor ihnen sei nämlich eine B-17 von einer Rakete getroffen explodiert, und sie hätten durch ein paar Trümmer hindurchfliegen müssen. Der Bordmechaniker, mein Ersatzmann, erklärte, zusammen mit den Trümmern habe er einen Mann durch die Luft segeln sehen; mindestens ein Fallschirm sei aufgegangen. Raketenangriffe waren zwar selten, wurden aber ihrer großen Sprengkraft wegen gefürchtet.

Bei der Einsatzbesprechung am 16. Dezember war das Ziel wieder Bremen. Ein allgemeines Aufstöhnen ging durch die Besatzungen, und Rufe wie: «Diese gottverfluchte Flak», «Flak-Türme» wurden laut. Für unsere Gruppe war dies Einsatz Nr. 49, und diesmal sollten ‹Pfadfinder›-Flugzeuge eingesetzt werden, die Radargeräte für den Luftraum mitführten, welche den Bombenabwurf auch bei Wolken gestatteten. Die Pfadfinder-Maschinen flogen an Anführerpositionen und sollten den ganzen Schutz der rechts- und linksaußen fliegenden Maschinen genießen.

Aus britischen Berichten wußte ich von *Gee* und *Oboe* genannten Navigationshilfen, auf Schnittstellen über dem Kontinent gerichtete Funkpeilungen. Wir verfügten zwar über einige mit *Gee* ausgerüstete Maschinen, doch genügte das noch nicht, präzise jenen Punkt anzugeben, an dem die Bomben ausgeklinkt werden sollten, so daß sie ihr Ziel auch wirklich erreichten. Die Pfadfinder hingegen waren mit Luft-Radar ausgestattet, das auf einer Kathodenröhre das Landschaftsprofil wiedergab, so daß zumindest hervorstechende Landmarken abgelesen werden konnten. Der große Vorteil für die Besatzungen bestand darin, im Winter auch bei bezogenem Himmel Bombenangriffe fliegen zu können. Für den Instrumentenflug waren die deutschen Jäger nicht eingerichtet, mußten also Schwierigkeiten beim Durchstoßen der Wolkendecke haben. Auch die Eisverhältnisse in den Wolken stellten für die Jagdflugzeuge ernstzunehmende Hindernisse dar.

Immer wieder wurde über die Gefahren gemunkelt, die das Durchfliegen von Wolken unter dem Gefrierpunkt darstellte. Eine sollte darin bestehen, daß die Maschinen sich sofort mit einer Eisschicht überzögen. Es kursierten Berichte über Me-109 und FW-190, die außer Kontrolle abgetrudelt waren, bloß weil sie in solche Wolken hineingeflogen waren. Tatsachen waren nur sehr wenige zum Nachlesen veröffentlicht worden, und so mußten wir probieren und unsere Erfahrungen selbst machen.

Bei diesem Einsatz waren wir von Anfang an vom Pech verfolgt. Während die Motoren bereits liefen und ein paar Maschinen an den Start rollten, berührte der rechte Hüftschütze der zwei Plätze vor uns wartenden Maschine rein zufällig den Abzug seines 50 mm-MGs, und dieses ging, festgestellt, wie es war, im Inneren der Maschine los. Unseligerweise ratterte die Waffe auf Automatikfeuerung weiter, obwohl der Schütze den Abzug sofort losließ. Durch die Kugeln des wildgewordenen MGs wurden vier Mann verwundet oder getötet und mehrere Maschinen schwer beschädigt. Dieser Zwischenfall hatte eine kurze Verzögerung zur Folge, da erst die arg mitgenommenen Maschinen abgeschleppt und aus dem Weg geschoben werden mußten. Das völlig außer Rand und Band geratene MG feuerte, bis der Lauf sich durch die Hitze verzog und das Schloß eine Ladehemmung bekam.

Es tagte bereits, als die Maschinen endlich abhoben. Die Flugzeuge standen dicht hintereinander in Zweierreihen auf der schmalen Startbahn von Kimbolton. Die Maschine zu unserer Rechten wartete darauf, zum Start heranzurollen, als die Maschine davor vier Motoren voll aufdrehte und der Propellersog die Windschutzscheibe des Co-Piloten unserer Nachbarmaschine eindrückte. Die Maschine stand höchst unglücklich verkeilt da, und etliche andere

Maschinen mußten zurückgeschoben werden, damit die fluguntüchtig gemachte abgeschleppt werden konnte.

Unser Verband sammelte sich und begann den langen Aufstieg nach Bremen. Bei dem unter größter Leistung vollzogenen Höhergehen verbrauchten wir in der ersten Stunde rund 1700 l Treibstoff; nachdem die Staffeln ihre jeweiligen Positionen eingenommen hatten, wurde der Aufstieg auf sparsamere Weise fortgesetzt.

Über der Nordsee war es ziemlich klar, doch als wir uns dem Festland näherten, war die Wolkendecke zu sieben Zehnteln geschlossen. Wir hatten die Aufgabe, über dem Ziel Aufnahmen zu machen, um die Bombeneinschläge festzuhalten. In Kimbolton war ich in Einbau und Bedienung der K-17-Luftbildkamera eingewiesen worden. Meine Aufgabe war es, dafür zu sorgen, daß die Photos gut wurden.

Die Höhe, in der der Bombenangriff an diesem Tag geflogen wurde, betrug 8200 m, die Außentemperatur −56 Grad Celsius. Beim Anflug durch das Wesertal kam es zu starker Bildung von Kondensstreifen, doch lösten diese sich in Küstennähe auf. Der Frost machte sich störend bemerkbar insofern, als er die Sicht behinderte, doch ganz so schlimm wie am 29. November war es nicht. Ein paar Flak-Granaten explodierten; die Geschütze waren vermutlich auf Eisenbahnwaggons montiert. Auf dem Flug das Wesertal aufwärts wurden wir von Jägern nicht belästigt, doch war klar erkennbar, daß einige sich in der Ferne aufhielten und unseren Flug beobachteten.

Keine zehn Kilometer vom Ziel entfernt, sah ich eine B-17 unseren Kurs kreuzen. Hainline meldete diese B-17 über die Bordsprechanlage als eine vorbeifliegende ‹befreundete› Maschine. Mir kam es im höchsten Maße spanisch vor, daß eine B-17-Besatzung in diese Richtung fliegen sollte. Ich stellte die Fadennetze meines Visiers auf eine Rumpflänge von 23 m ein und wartete. Plötzlich spuckten die Geschütze an der linken Seite Feuer. «Ich hab's gewußt!» rief ich. «Das ist ein Nazi.» Ich ging mit dem Visier hinunter und rahmte den Rumpf ein. Jetzt erkannte ich auch das Eiserne Kreuz an der Stelle, wo eigentlich der amerikanische Stern sein sollte. Während die Maschine quer an uns vorüberflog, gab ich einen langen Feuerstoß auf sie ab, stellte dann jedoch das Feuern ein, da ich beim Weiterschießen andere, in unserer

Nähe fliegende B-17 gefährdet hätte. Hainline schwor über die Bordsprechanlage Stein und Bein, daß es sich um eine unserer Maschinen handele. Ich schrie ihn meinerseits an, sie habe ein Eisernes Kreuz getragen. Eaton sagte, meine MGs hätten seine Windschutzscheibe zertrümmert, weil ich über ihn hinweg geschossen hätte. Ich war enttäuscht, daß kein anderer auf die feindliche B-17 schoß und stritt mich noch lange weiter mit Hainline herum.

Um diese Zeit begann der Funker, durch eine kleine Rutsche in seinem Funkraum Pakete mit Silberlametta abzuwerfen. Wir nannten das Zeug damals *chaff* – Düppel; die Engländer hatten es zuvor mit einigem Erfolg eingesetzt, um die Bedienung der deutschen Würzburg-Geräte zu verwirren. Rund 2000 Silberpapierstreifen gaukelten den Ortungsgeräten unten das Vorhandensein von B-17-Bombern vor, die allerdings viel tiefer und weit auseinandergezogen flogen.

Die Jagdflugzeuge stürzten sich von oben auf uns, flogen jedoch nur ein paar Angriffe und drehten dann ab. Die meisten Kameraden hatten Schüsse auf die Me-109 abgegeben, doch keiner behauptete, irgendwelche Treffer gelandet zu haben. Als die atmosphärischen Verhältnisse in Zielnähe sich veränderten, lichteten sich auch die Kondensstreifen. Das Flak-Feuer wurde beängstigend dicht, als unser Verband sich beherzt auf dem vorbestimmten Ausgangspunkt für den Zielanflug drehte. Die Klappen des Bombenschachts wurden geöffnet, und die Bombenschützen waren in Bereitschaft. Aber irgend etwas ging schief, und irgendwelche Kursänderungen in letzter Sekunde vermasselten uns den Anflug. Es wurden keine Bomben abgeworfen und die Bombenschachtklappen wieder geschlossen. Der gesamte aus dreißig Maschinen bestehende Verband vollführte einen langsamen Linksschwenk, um einen neuerlichen Zielanflug zu beginnen. War das eine scheußliche Situation! Wieder mußten wir durch die Flak hindurch.

Ich nehme an, daß die ‹Düppel› die erwünschte Wirkung tat, denn beim ersten Anflug verloren wir keine Maschine. Beim zweiten hatten wir jedoch einen hohen Pucker-Faktor, und es tat weh, wieder durch die explodierenden Granaten hindurchfliegen zu müssen.

Ich stellte die K-17-Luftbildkamera und das Inter-Velometer so ein, daß ich zu 50 Prozent überlappende oder deckungsgleiche Bildpaare erhielt. Unser Ziel waren heute nicht die Verladeeinrichtungen, die wir bei früheren Einsätzen angegriffen hatten, sondern die Wohnhäuser der Arbeiter. Für ein solch heikles Ziel galt es, Photos zu machen. Die meisten von uns schämten sich, nichtmilitärische Ziele zu bombardieren.

Erleichtert atmeten wir auf, als wir über die friesischen Inseln hinweg auf die ausgewühlte kalte Nordsee zuflogen. Bald verschwand das Wasser unter Wolken, und wir gingen auf rund 6000 m hinunter. Ich bemerkte drei B-17, die in aufgelockerter Formation runde 600 m unter uns flogen. Plötzlich ging die Maschine des Anführers der kleinen Gruppe zum Sturzflug über und zog dann in einem Looping hoch. Statt mit der Maschine in die Waagerechte zu gehen, vollführte sie zwei weitere Loopings und flog dann etwa eine halbe Minute geradeaus; in dieser Zeit sprangen fünf Mann mit dem Fallschirm ab. Dann stürzte die Maschine steil nach unten und verschwand in den Wolken. Die fünf Fallschirme schwebten in die Wolken hinab. Unser Funker brach die Funkstille und rief die Seenotrettung, obwohl wir nur wenige Kilometer von den Friesischen Inseln entfernt waren. Wir hofften, daß deutsche Rettungsmannschaften die unglücklichen Männer rechtzeitig herausholten und ihnen das Leben retteten. Allerdings ist es zu bezweifeln, daß sie gerettet wurden, denn in den kalten Fluten der Nordsee konnten die Opfer nur etwa zehn Minuten überleben. Der Einsatz dauerte an diesem Tag sechs Stunden und fünfundvierzig Minuten.

Unsere Staffel hatte genug Besatzungen verloren, daß manche Ränge unbesetzt waren und die Beförderung schnell ging. Ich wurde am 18. Dezember 1943 zu einem Technical Sergeant befördert. Unser Staffelführer klopfte mir auf den Rücken und sagte: «Ein so begabter junger Mann wie Sie verdient einen weiteren Streifen.» Dabei bezog er sich auf Anmerkungen von mir zu unseren Einsätzen und die Tatsache, daß ich als einziger auf die deutsche B-17 geschossen hatte.

In meiner Freizeit beschäftigte ich mich zunehmend mit den Berichten der britischen Nachrichten. Ich wollte soviel wie möglich über den Gegner erfahren. Raketenangriffe nahmen zwar zu, aber wenn Raketen vom Boden abgeschossen wurden, ließ die verräterische Rauchspur ihre Flugbahn erkennen, und man konnte leicht ausweichen. Das Schlimme bei den Bomberpiloten war, daß sie nur bei Angriffen von Jagdflugzeugen Ausweichmanöver machten. Die Luftwaffe belegte die B-17 und B-24 mit Bomben, und das stellte eine echte Gefahr dar, insbesondere dann, wenn unsere Maschinen im Zielanflug begriffen waren. Der höher fliegenden Luftwaffe konnte der Flak-Beschuß, unter dem unsere Bomber litten, nichts anhaben. Ich wies unsere Besatzung an, nach allein und hoch über uns fliegenden feindlichen Maschinen Ausschau zu halten, auch wenn es Jäger waren.

Die Luftwaffe bereitete sich auf den Ansturm amerikanischer Bomber vor, indem sie unter den Tragflächen ihrer Me-109 mehrläufige Kanonen anbrachte. Drei 20 mm-Kanonen und zwei 7,9 mm-MGs konnten ohne weiteres Kleinholz aus einem Bomber machen. Das Gewicht der Kanonen bewirkte, daß die Me-109 im Vergleich zu anderen Jägern unbeholfener waren, und so waren Maschinen dieses Typs innerhalb des Aktionsradius' unserer Jägerbegleitung nicht zu erwarten. Ich machte den Vorschlag, daß jeder, der eine Me-109 mit Tragflächentöpfen sichtete, sofort Alarm geben sollte, so daß jeder Schütze seine Waffe auf dieses Ziel lenken konnte. Bis jetzt hatten wir diesen neuen Bomber-Killer nicht zu sehen bekommen; hoffentlich blieb das so.

Die FW-190 wurde nicht gegen feindliche Maschinen eingesetzt, die in einer Höhe über 6500 m operierten; in diesen Höhen fiel sie leistungsmäßig enorm ab. Wir hatten das Glück, bei unseren Einsätzen eigentlich immer zwischen 7000 m und 8500 m zu fliegen und bekamen in dieser Höhe nie eine FW-190 zu Gesicht. Bei einem der Angriffe auf Bremen jedoch beobachteten wir, wie eine Gruppe von B-24, die rund 6000 m hoch flog, von einem Schwarm FW-190 angegriffen wurde. Die Jäger schossen in kürzester Zeit zwei B-24 ab, in deren Tragflächen Feuer ausbrach. Wir fühlten uns doppelt begünstigt, denn erstens brauchten wir, auch wenn diese schneller war als die B-17, keine B-24 zu fliegen, denn in größerer Höhe ließ ihre Leistungsfähigkeit stark nach. Außerdem war die Oberfläche der Davis-Flügel dieser Maschinen spannungsgefährdet, und die Jäger der Luftwaffe versuchten, besonders die Tragflächen mit ihren Granaten zu treffen.

Am 22. Dezember bereiteten wir uns früh um halb drei Uhr morgens wieder auf einen Feindflug über dem ‹Vaterland› vor. Diesmal führte der rote Faden auf der Karte südlich von Bremen nach Osnabrück und Münster. Eine geteilte Streitmacht sollte beide Ziele treffen. Osnabrück lag etwas südlich des Mittelland- und Münster am Dortmund-Ems-Kanal. Spitfires sollten auf einem Rendezvous-Kurs zu uns stoßen und uns nördlich von Amsterdam Geleitschutz geben. Der begrenzten Reichweite der Spitfires wegen sollten sie uns nur etwa fünf Minuten lang begleiten. Die Kameraden stöhnten laut auf, doch dann hielt der Einsatzleiter der Hiobsbotschaft von der kurzen Reichweite der Spitfires die gute Nachricht entgegen, daß im Bereich von Meppel, rund 90 km nordwestlich von Amsterdam, P-47 Thunderbolts zu uns stoßen sollten. Auf unser beifälliges Gemurmel hin warnte uns der Einsatzleiter: «Ihr müßt die Flugzeit genau einhalten, denn zum Treffen mit den Thunderbolts wird es hier kommen» – dabei zeigte er auf einen Punkt, wo sich der rote Faden mit dem Ufer des Ijsselmeers kreuzte. «Und», fuhr er fort, «sie werden sich zehn Minuten lang in eurer Nähe aufhalten.» Die P-47 waren mit 280-Liter-Außentanks ausgestattet, die ihnen eine Reichweite von 560 km verliehen; kam es jedoch zu Luftkämpfen, verkleinerte sich ihr Aktionsradius entsprechend. In der U.S.-Militärzeitung *Stars and Stripes* war mir aufgefallen, daß P-47 B-17-Bomber bis zu dem in der Nähe von Wilhelmshaven gelegenen Emden eskortiert hatten, und das mit Hilfe von 280-Liter-Tanks, die über den Niederlanden abgesprengt worden waren. Da fragte ich mich natürlich, warum man den Aktionsradius der P-47 nicht durch Verwendung von 420-Liter-Außentanks, von denen ich gehört hatte, auf 680 km ausweitete. Ich hatte das Gefühl, daß man uns bei jedem Flug über feindliches Gebiet um den angemessenen Geleitschutz durch Jagdflugzeuge gebracht hatte. Diese Gedanken gingen mir durch den Kopf, als der Einsatzleiter die Einsatzbesprechung beendete.

Der Einsatz wurde behindert durch schlechtes Wetter; es gab wieder Probleme beim Sammeln der Flugzeuge, und zum Schluß bildeten sich Einsatzgruppen aus Maschinen, die verschiedenen Staffeln angehörten. Ich weiß nicht mehr, welches Ziel wir schließlich bombardierten, aber ich glaube, es war Münster. Ein Pfadfinder flog uns voran. Unsere Verluste waren leicht; ich erinnere mich, Zeuge gewesen zu sein, wie eine Maschine nach einem Raketenangriff aus der Luft abstürzte. Geleitschutzjäger bekamen wir an diesem Tag nicht zu sehen, nur Jagdflugzeuge der Luftwaffe. Der Einsatz an diesem Tag dauerte 5 Stunden und 50 Minuten.

Das Weihnachtsfest 1943 in Kimbolton verlief für mich besonders freudig, weil ich fast zwanzig Briefe von daheim bekam, die alle verspätet eintrafen. Auch das Truthahnessen am Abend trug dazu bei, den Tag noch angenehmer zu gestalten. Endlich konnten wir in unserer Baracke die Nachrichten der BBC empfangen. Während meiner Zeit in Kingman, Arizona, hatten meine Eltern mir ein Motorola-Transistorgerät geschenkt. Ein Freund lieh es sich aus, ließ es über Nacht in einer 110-Volt-Steckdose angeschlossen, so daß der Empfänger verschmorte. Jetzt nahm ich den Lautsprecher und brachte ihn in unserer Baracke an. Dann zapfte ich das Radio im Tagesraum unserer Staffel an und zog eine Strippe bis zum Lautsprecher. An diesem Tag wurde ein Angriff gemeldet, bei dem 700 Bomber über die Straße von Calais hinweggeflogen und wir überhaupt keine Verluste hatten.

Am 30. Dezember wurde ich wieder durch das Knirschen der Jeepreifen auf dem gefrorenen Boden geweckt. In dieser Nacht hatte nicht nur ich unruhig geschlafen. Ray Ferrel, genannt Tex, redete im Schlaf und mußte lange schlecht geträumt haben. Bob Lamoureaux hatte die letzten beiden Nächte hindurch Alpträume gehabt, wachte davon auf, daß er im Traum mit jemanden kämpfte, mit den Armen um sich schlug und zusammenhanglose Laute ausstieß. Ich mußte ihn wachrütteln, um ihn aus seinem Traum herauszureißen. In der Annahme, daß ich heute nacht das gleiche noch einmal tun müsse, hatte ich schlecht geschlafen. Es war 2 Uhr morgens, als der Wachhabende das Licht anknipste. Einige von uns stöhnten laut, andere taten so, als schliefen sie noch.

Zuerst war ich wütend, als ich erfuhr, daß wir nicht die Tokyo-Tanks unserer Maschine benutzen, sondern Zusatztanks im Bombenschacht mitführen sollten. Der größte Teil der Maschinen der 379th Group waren B-17Fs, die zügig durch B-17Gs ersetzt wurden. Die wirtschaftlichste Methode, die älteren F-Modelle gegen die neuen B-17Gs ausgetauscht zu bekommen, bestand darin, sie abschießen zu lassen oder soweit zu Schrott zu fliegen, daß sie nicht mehr repariert werden konnten. Die Besatzungen der F-Modelle waren nicht gut auf die der G-Modelle zu sprechen, denn letztere wurden in Europa von den Besatzungen geflogen, die sie auch hergebracht hatten. Die Besatzungen der älteren F-Modelle hatten das Gefühl, in ihren Maschinen sterben und nie die neuen Modelle fliegen zu dürfen. Deshalb sollten wir mit unserem G-Modell so verfahren, als wäre es ein F-Modell, indem wir die E-5 Absperrventile am fünften Schott herausnahmen. Sodann sollten wir einen Treibstofftank im Bombenschacht montieren, der 1550 l faßte. Durch das Absperren der in den Tragflächen untergebrachten Zusatztanks Nr. 1 bis 5 und 6 bis 9 mußten wir auf ein zusätzliches Fassungsvermögen von 2050 l verzichten; bei Einbau des 1550-l-Tanks im Bombenschacht hatten wir einen Nettoverlust von 500 l. Alle müßten gleich behandelt werden, erklärten die Besatzungen der F-Modelle. Was dahinter stand, war die Angst, daß die F-Modelle im Ärmelkanal notlanden mußten und nur die G-Modelle es schaffen konnten, bei diesem Langstreckeneinsatz nach England zurückzukehren. Für meine Begriffe war es unsinnig, die G-Modelle nur acht 250 kg-Bomben mitführen zu lassen, wo sie doppelt soviel hätten mitnehmen können.

Vorläufig wußten wir noch nicht, wohin der Einsatz uns führen sollte, doch gehorchten wir und halfen, den an sich überflüssigen Tank im Bombenschacht zu installieren. Der Einsatzleiter riß das Tuch vor den Einsatzkarten herunter. Der rote Faden markierte einen umständlichen Kurs, der bis nach Ludwigshafen und zurück führte, eine Strecke von insgesamt etwas über 2500 km. Da wir jetzt 500 l weniger mitführten, blieben uns nur noch 10000 l Treibstoff. Rund 3400 l gingen allein für Aufstieg und Sammeln drauf, blieben also für den Flug selbst noch 6700 l. Wer immer diesen Einsatz geplant hatte, hatte an Treibstoff nur das äußerste Minimum berechnet. Zwar sollten an verschiedenen Punkten P-47 und Spitfires zu uns stoßen, doch glaubte inzwischen keiner von uns mehr im Ernst daran, daß unsere Pfade sich jemals so kreuzen würden, daß wir auch wirklich Nutzen davon hätten. Um 16 Uhr sollte Nebel aufkommen, und man legte uns ans Herz, vorher wieder daheim zu sein.

Beim Start – gegen 7 Uhr – war es immer noch dunkel. Wir erkannten ausgedehntere Schwaden Bodennebel und verstreute niedrige Wolken. Oberhalb der aufgelockerten Schichtwolken sammelten wir uns im Frühmorgenlicht. Die Armada der B-17 mit ihrer Bombenfracht und mit ihrer Bewaffnung – insgesamt 468 Geschütze – machte einen gewaltigen, ja unbesiegbaren Eindruck. Das Gefühl von Kraft und Stärke hielt allerdings nur bis zur französischen Küste, als die ersten Explosionswölkchen der Flak aufplatzten, und schwand vollständig, als die ersten Jäger uns angriffen.

Als wir in einer Höhe von 7300 m über Deutschland kreuzten und von Maschinen der Luftwaffe erstaunlich wenig zu sehen war, flogen wir in der ach so beliebten tiefsten Staffel, der ‹Purple Heart Corner›. Wir gerieten in Turbulenzen hinein, die die Riesenformation zeitweilig auseinanderriß. Diese Turbulenzen waren lästig; zumal bei so schwer beladenen Maschinen hatten wir immer Angst, daß sie auseinanderbrechen oder kollidieren könnten.

Ich erinnere mich, früher im Jahr über Mississippi erlebt zu haben, wie es drei B-17 auseinandergerissen hatte.

Die Luft wurde wieder ruhiger, doch auch, als wir wieder zur Formation aufschlossen, war die Unruhe in der Luft immer noch spürbar. Unser kleiner aus drei Maschinen bestehender Verband war der letzte, der sich wieder zusammenfand; wir flogen in einer «V»-Formation, und unsere Maschine war die letzte der Flügelmaschinen. Wir flogen ziemlich hoch, etwa in mittlerer Höhe im Verhältnis zu dem dreifach gestaffelten Verband vor uns. Unsere kleine Einheit versuchte gerade, in die ‹Purple Heart Corner› hinunterzugehen, als es abermals zu Turbulenzen kam. Unsere drei Maschinen waren außer Kontrolle. Eaton schrie: «Sieh dir die Querruder an!» Ich sah zur rechten Tragfläche hinüber und erblickte ein voll hochgestelltes Querruder, doch ging die rechte Tragfläche hoch und immer höher, bis sie nahezu senkrecht stand; dann plötzlich senkte sie sich wieder. Gleichzeitig kam es in der Maschine zu heftigen ruckartigen Erschütterungen. Ich erhaschte einen Blick auf die anderen beiden Maschinen: Sie waren drauf und dran zusammenzustoßen. Als ich hochblickte, sah ich den Rest der Gruppe in Formation fliegen, doch keine einzige Maschine wurde so gebeutelt wie wir. Ich rief Eaton zu, wir wären in den Propellersog der vor uns fliegenden Maschinen geraten; die Turbulenzen müßten diesen bis zu uns heruntergedrückt haben. Eaton wich mit der Maschine seitlich aus und ging auf die für uns vorgeschriebene Höhe hinunter; damit endeten diese erschreckenden Augenblicke.

Der Einsatzleiter hatte uns gesagt, was wir in Ludwigshafen treffen sollten, wäre eine chemische Fabrik, doch aus den Geheimdienstberichten wußte ich, daß das Ziel, um das es hauptsächlich ging, eine Fabrik für synthetisches Öl war.

Der Rhein tauchte unter uns auf, dann der Neckar, und am Zusammenfluß der beiden Flüsse Ludwigshafen. Die riesigen Gebäude am Rhein waren trotz der Rauchgeneratoren deutlich zu erkennen, denn der Wind meinte es nicht gut mit den Deutschen. Der Flak-Schutz war für ein so wichtiges Ziel erstaunlich mager; außerdem schossen die Deutschen zu unserem Glück wenig zielgenau. Von unserm Verband sowie möglicherweise von einem vor uns herfliegenden Mosquito-Aufklärer abgeworfenes Düppel könnte die deutschen Würzburg-Geräte aus dem Konzept gebracht haben.

Den langen Heimweg über flogen wir im Zickzack-Kurs. Es kam zu einigen wenigen Gefechten mit deutschen Jägern; insbesondere eines war schon sehr unangenehm. Unsere Flughöhe betrug auf diesem sehr umständlichen Kurs 7300 m, die Außentemperatur −50 Grad Celsius. Die Temperatur im Inneren der B-17 war dieselbe. Eis hatte sich im Cockpit sowie im oberen Teil meiner Turmkuppel gebildet. Da wir jetzt seit rund sechs Stunden in der Luft waren, hatte sich die Eisschicht bis auf die letzten fünf Zentimeter der Plexiglaskuppel hinuntergezogen. Wir kreuzten über Frankreich und gingen gerade auf 6700 m hinunter, als wir plötzlich von mehreren Schwärmen von Me-109 angegriffen wurden. Die Jäger stießen paarweise auf uns herab. Ich nahm jeweils die über die Bordsprechanlage weitergegebene Meldung vom Funker oder von einem Hüftschützen entgegen, daß ein Jäger sich nähere. Durch die Eisschicht hindurch konnte ich die Jäger erkennen, folgte ihnen, bis sie in den sichtfreien Streifen unten gerieten, und schoß.

Jemand rief, jetzt hätten auch FW-190 in den Kampf eingegriffen. Ceglarek, unser polnischer Kamerad, rief, Jäger stürzten sich auf uns. Durchs Eis erkannte ich zwei Umrisse, verfolgte einen davon und feuerte, als die Maschine in den sichtfreien Bereich kam. Zu meinem Entsetzen entpuppte sich das verschwommene Bild als eine P-47, die kaum hundert Meter von uns entfernt flog. Der Feuerstoß war nur kurz, doch hatte ich genau gezielt; bis zu 25 Prozent der Kugeln hätten das Ziel eigentlich treffen müssen. Es kam jedoch zu keiner Meldung, daß eine P-47 abstürzte. Ich verfluchte mich selbst, das Eis in meinem Turm und die anderen Schützen, die mir nichts davon gesagt hatten, daß P-47 so nahe wären. Den ganzen Rest des Tages über hatte ich ein flaues Gefühl in der Magengrube; erst als ich dem Einsatzleiter bei der Nachbesprechung von diesem Zwischenfall berichtete, wurde mir ein wenig wohler.

Überm Ärmelkanal gingen wir endlich bis auf 4800 m hinunter. Unser Sauerstoffsystem war so angelegt, daß es den Flugzeugführer, den Navigator und den Bordmechaniker in einer Höhe von 7600 m sieben Stunden lang aus einer Batterie von Sauerstoffflaschen versorgte. Andere Posten wie zum Beispiel den des Co-Piloten, des Bombenschützen und des Bordmechanikers gleichfalls in 7600 m Höhe 5,8 Stunden. Ich mußte die Versorgungssysteme wechseln, damit der Vorrat insgesamt für die sieben Flugstunden reichte, von denen wir 6,5 Stunden mit Sauerstoffmaske geflogen waren. Unsere Druckanzeiger standen etwas über dem roten 23 kg-Strich. Zum Glück hatten wir A-12 Sauerstoffregulatoren und A-10-Masken, die wesentlich bequemer waren als die alten A-8B-Masken, mit denen wir ausgebildet worden waren. Der Druck auf den Kopf war nach drei Stunden unangenehm, aber sieben Stunden hindurch die Sauerstoffmaske anzuhaben, konnte einen an die Decke gehen lassen. Es bedeutete eine unendlich Erleichterung, sie abzureißen und den Sauerstoffschlauch abzuklemmen; beides hatte meine Bewegungsfreiheit im Cockpit beträchtlich eingeschränkt.

Als die englische Küste auftauchte, waren wir weit über acht Stunden unterwegs. An tief gelegenen Stellen hatte sich Nebel gesammelt, und Wolken im Westen hatten die Sicht beeinträchtigt. Als wir uns Kimbolton näherten, waren wir fast neun Stunden in der Luft, waren mit einem Ladedruck von 74 cm und 2000 Umdrehungen pro Minute über Frankreich hinweggeflogen und hatten rund 720 l pro Stunde verbraucht. Den Treibstoffanzeigern zufolge mußten jeden Augenblick die Warnlampen aufleuchten. Und jetzt auch noch Nebel! Treibstoff, um einen Ausweichflughafen anzufliegen, war nicht mehr vorhanden.

Die Natriumfackeln brannten links und rechts von der Landebahn und markierten einen möglichen Landeplatz. Die Maschinen waren über viele Kilometer auseinandergezogen; jede versuchte, Treibstoff zu sparen, um nach Hause zu kommen. Bei der Landung wurden im allgemeinen schnurgerade Anflüge gemacht, bis auf jene Maschinen, die die Fackeln auf dem Boden nicht entdeckten. Zwei Maschinen mußten im Kanal notlanden; ich habe nie herausfinden können, was aus den Besatzungen geworden ist.

Bei der Nachbesprechung wickelte ich meinen Schokoriegel aus, der den ganzen Tag in der großen Höhe gefroren gewesen war. Ich hielt es immer noch für unsinnig, mir nach diesen Einsätzen Whisky anzubieten. Was ich brauchte, war Wasser! Nach sieben Stunden Sauerstoffmaske hatte ich das Gefühl, völlig ausgetrocknet zu sein. Schließlich hatte man bei der Gewinnung von Flug-Sauerstoff alles getan, um ihm jeden Feuchtigkeitsgehalt zu entziehen; sonst wäre er womöglich in den Flaschen, Rohren oder Schläuchen gefroren!

Es war ein besonders anstrengender Tag gewesen, und an diesem Abend machte sich die Müdigkeit bald bemerkbar. Arnold Nevells und ich gingen in den Unteroffiziers-Club, und Arnold überredete mich, ein Glas warmes Bier zu trinken. Das englische Bier war scheußlich, und viel bekam ich nicht davon herunter. Schließlich einigten wir uns auf Tee und Blechkuchen und redeten bis Mitternacht. Hinterher legten wir uns schlafen, doch wurden wir gegen 2 Uhr 30 wieder durch die knirschenden Jeepreifen aus dem Schlaf gerissen.

Knarrend ging die Barackentür auf, und der Wachhabende sagte freundlich: «Einsatzbefehl!» Dabei knipste er das Licht an. Mein Körper war vor Erschöpfung fast gelähmt, doch gehorsam raffte ich mich hoch, wankte ins Bad und klatschte mir kaltes Wasser ins Gesicht.

Lamoureaux fluchte über Gruppenkommandant und Staffelführer, dann über die Deutschen, die Nazis, und am Schluß bedachte er Hitler mit einer Flut übelster Beschimpfungen.

Rundum wurde ausgiebig gestöhnt und sich beschwert, bis unser Lastwagen uns vor der Maschine absetzte.

Zur Einsatzbesprechung wurden diesmal nicht die üblichen Leute gerufen, und ich tappte, was diesen Einsatz betrifft, im Dunkeln, bis der Bombenschütze uns erzählte, um was es eigentlich ging. Offenbar hatte die britische Navy vor der spanischen Küste einen Blockadebrecher mit einer Ladung Kautschuk auf Grund laufen lassen. Unsere Aufgabe war es, das Schiff zu versenken, ehe die Flut es wieder flott machte. Eine kleine Streitmacht von nur etwa fünf Maschinen sollte am Morgen des 31. Dezember 1943 am Einsatz Nr. 54 beteiligt sein. Wir sollten die Führung übernehmen und beim Zielanflug eine Maschine nach der anderen ihre Bombenlast abwerfen.

Die Nachricht, daß wir die Nordküste Spaniens anfliegen sollten, war gut. Dort erwarteten uns bestimmt keine dicht gedrängten Flak-Türme mit ihren doppelläufigen Schnellfeuergeschützen, sondern höchstens leichter Beschuß von einigen kleinen Schiffen. Bis auf Bob Lamoureaux freuten sich alle über diesen Einsatz. Die Flugstrecke betrug alles in allem knapp 2400 km; wir konnten auf geradem Weg hin- und zurückfliegen und sollten die englische Küste zwischen Portsmouth und Southampton überfliegen. Einige Sorge bereitete uns die Frage, was die britische Abwehr tun würde, wenn wir in so großer Nähe an ihren Häfen vorüberflogen. Beim Flug übers Meer mußten wir außerdem in Sichtweite von Cherbourg kommen, östlich von Brent die niedrigen Hügel der Bretagne überfliegen, hinaus auf den Golf von Biscaya und dann auf südlichem Kurs weiter nach Spanien. Treibstoffsorgen brauchten wir diesmal nicht zu haben. Wir erhielten Erlaubnis, die Tragflächentanks bis zu 10500 l zu betanken, und nahmen neben der vollständigen Bordbewaffnung und Munition 16 250 kg-Bomben mit. Bei diesem Gewicht und einer Flughöhe von 5000 m betrug unsere Reichweite ungefähr 4300 km, doch wußte ich, daß man unter Kampfbedingungen wesentlich mehr Treibstoff brauchte, als die Tabellen im Flughandbuch angaben.

Lamoureaux war völlig durcheinander. Ich weiß noch ganz genau, daß er direkt vorm Heckrad zwei Wolldecken unterbrachte. Ich fragte ihn, wozu er die Wolldecken brauche, worauf er mich anfauchte und sagte: «Mann kann schließlich nie wissen, Mann.»

Beim Start war es bereits hell. Wir sahen an diesem Morgen nur zwanzig Maschinen und flogen in weit auseinander gezogener Formation. Andere Maschinen sollten offenbar andere Ziele an der französischen Küste anfliegen. Wir ließen den Kanal hinter uns und sichteten Cherbourg. Von deutschen Jägern und Flak keine Spur – der ganze Einsatz versprach, ein Kinderspiel zu werden.

Über die Bordsprechanlage fragte Lamoureaux mich, ob ich den Platz mit ihm tauschen würde; Eaton erklärte sich einverstanden. Die Heckschützenkanzel bedeutete für mich eine angenehme Abwechslung. Sie bildete einen langgestreckten Schlauch, gewährte aber doch mehr Raum als meine Turmkanzel oben. Links und rechts vom Schützen lagerten zwei große Munitionskisten aus rostfreiem Stahl. Außerdem war vor dem achteraus blickenden Schützen eine Panzerplatte angebracht, um 30 mm-Geschosse abzulenken. Das Visier war draußen oben auf dem Heckkegel montiert und bestand aus einem ringsumschlossenen Quereisen und einem Metallzapfen mit einem kleinen Kugellager darauf. Wenn ich dieses Zielgerät mit meinem raffinierten Computervisier im Turm verglich, gefiel mir dieses gar nicht. Auch der kleine Sitz mißfiel mir und daß man zum Zielen knien mußte.

Bob Lamoureaux hingegen gefiel meine Turmkanzel nicht und bat schon nach einer halben Stunde, ob wir nicht doch wieder tauschen könnten. Kaum wieder in meinem Turm, hörte ich, wie Lamoureaux den Co-Piloten anrief und fragte, ob dieser für eine Weile den Platz mit ihm tauschen wolle. Da wir inzwischen über die Bucht von Biscaya flogen, erklärte Eaton sich auch damit einverstanden. Doch Lamoureaux hielt es nur für kurze Zeit im Sitz des Co-Piloten aus; dann bat er, wieder an seinen eigenen Posten im Heck zurückkehren zu dürfen. Etwa eine Stunden später bat er den Bombenschützen, den Platz mit ihm zu tauschen. Bob Lamoureaux mochte den Posten vorn in der Schnauze offenbar; jedenfalls kamen Bemerkungen von ihm, daß er es dort bequem finde. Der Navigator meldete sich und sagte, in etwa zwanzig Minuten würden wir uns dem Zielgebiet nähern. Daraufhin kehrte Lamoureaux zurück an seinen Heckschützenposten.

Die Küste Spaniens tauchte auf. Zwischen Navigator und Bombenschützen entspann sich ein Dialog über auffällige Landmarken. Schließlich wurde unsere Position bestätigt, und wir machten einen Schwenk, um der Küste zu folgen.

Ich hatte mir eine deutsche 127er-Schwarzweiß-Kamera ausgeliehen, um Bilder vom Bombenabwurf zu machen. Da wir diesen Einsatz in vergleichsweise geringer Höhe flogen und wir keine Jägerangriffe erwarteten, mußten die Aufnahmen von der Bombardierung des Schiffes phantastisch werden. Bei Deutschlandeinsätzen nahm ich nie eine Kamera mit, dafür war die Gefahr, von der eigentlichen Aufgabe, unsere Maschine sowie die anderen Flugzeuge zu schützen und Jägerangriffe abzuwehren, abgelenkt zu werden, viel zu groß.

Als wir uns dem Zielgebiet näherten, ging Eaton mit der Maschine bis auf 900 m hinunter. Es herrschten gute Sichtverhältnisse; nur in der Ferne sah ich Nebel sich vor der Felsküste bilden. Plötzlich rief der Bombenschütze: «Da ist es! 1 Uhr voraus. Ein Frachter.» Und in der Tat: da lag das Schiff, von kleinen Booten und Lastkähnen in die Mitte genommen, die offensichtlich kleinere Mengen der Fracht ans Ufer schaffen wollten.

Rasch hatte der Bombenschütze das Zielgerät und damit auch den Autopiloten eingeschaltet. Mit geöffneten Bombenschachtklappen, die Kamera gezückt, waren wir im Zielanflug begriffen, als eine etwa 50 m dicke Nebelbank sich übers Wasser schob und erst den Bug und dann das ganze Schiff verhüllte, und das, wo wir nur ein paar Sekunden vor dem Ausklinken gewesen waren. Gemeinsam mit den anderen Maschinen kreisten wir, doch lag es auf der Hand, daß der Nebel das Schiff, seine Ladung und damit wahrscheinlich vielen Besatzungsmitgliedern sowie den kleineren Fahrzeugen, die die Schmuggelfracht entluden, das Leben gerettet hatte.

Wir wendeten und flogen zurück in Richtung Norden, um ein Ausweichziel zu suchen. Es gab eine Reihe von Möglichkeiten, und wir entschieden uns für den Flugplatz Abbeville, auf dem die Leibstaffel von Hermann Göring stationiert war. Görings Staffel hatte als Farbzusammenstellung für die Haubenverkleidung des Motors Gelb und Schwarz gewählt. Diese Einheit war berühmt dafür, wie sie Westfrankreich verteidigte, und wo immer die schwarz-gelb gekennzeichneten Jäger auftauchten, forderte ihr Symbol dem Feind höchsten Respekt ab.

Es war ein langer Flug die Westküste Frankreichs entlang, dann bogen wir ab nach Abbeville. Für den langen Rückflug waren wir wieder auf 5000 m hinaufgegangen. Eigentlich sollten wir in dieser Höhe die Sauerstoffmasken anlegen, was jedoch fast keiner von uns tat. Ich prüfte Finger und Nägel häufig auf bläulich-violette Verfärbungen und nahm lieber alle paar Minuten einen tiefen Atemzug reinen Sauerstoff zu mir, als ständig die Maske aufzuhaben.

Der Flugplatz Abbeville lag unmittelbar vor uns, und wir gingen bis auf 3500 m hinunter. Überraschenderweise tauchten sechs Spitfires hinter uns auf und ließen, als sie um uns herum kreisten, die Eleganz ihrer elliptischen Tragflächen erkennen. Keine Flak, keine Spur von einem Feind, und dazu noch freundlicher Jägerschutz. Die Bombenschachtklappen waren geöffnet, und der Zielanflug begann. Die Kamera in der Hand, stand ich im Kriechgang des Bombenschachts und wartete darauf, Aufnahmen von den fallenden Bomben zu machen und Einschläge auf Görings Flugplatz festzuhalten.

Plötzlich hörte ich ein unheimliches «Wack, wack», und ein Zittern ging durch unsere Maschine. ‹Da hat es uns erwischt›, dachte ich und beeilte mich, hinaufzukommen in meine Turmkanzel. Hainline sagte über die Bordsprechanlage: «Da kommt er.» Ich schwenkte meinen Turm von der nach hinten gerichteten Ruhestellung gerade noch rechtzeitig nach links, um eine FW-190 mit gelb-schwarzer Schnauze geradewegs auf uns zufliegen und dann wie der Blitz über unserem rechten Tragflächenende hinwegziehen zu sehen. Keine sechzig Meter dahinter und höchstens dreißig Meter von unserer rechten Tragflächenspitze entfernt, folgten ihr zwei P-47. Der Pilot der FW-190 wußte, daß er verfolgt wurde, tauchte im Sturzflug ab, riß die Maschine unvermittelt wieder hoch und verschwand darauf im Sturzflug wieder in einer Wolkendecke. Doch die beiden P-47 folgten einem jedem ihrer Manöver. Ich dachte, daß der FW-190 bei ihren heftigen Kurswechseln die Höhenflosse abbrechen müßte. In den Nachrichtenberichten hatte ich gelesen, daß FW-190 ab und zu ihr Heck verloren hatten.

Zu meiner größten Überraschung meldete Bob Lamoureaux mit schwacher Stimme, er sei getroffen worden. Gleich darauf meldete sich Arnold Nevells mit der Nachricht, auch er und der andere Hüftschütze hätten etwas abbekommen, doch sei alles nicht weiter schlimm; sie kämen schon allein zurecht. Der Zielanflug war vorüber; ein einzelner Jäger hatte ihn uns verpatzt. Wir hatten keine Zeit, noch einen zweiten Angriff auf den Flugplatz zu fliegen.

Ich erkannte, daß unsere Position sicher war und wir keine weiteren Jägerangriffe zu befürchten hatten; dann stellte ich fest, daß Motor Nr. 4 einen Schaden aufwies, der das Zittern verursachte, dieser jedoch nicht schwerwiegend genug war, um den Motor abzustellen. Bei Motor Nr. 3 fiel der Turbolader aus, doch lief er auch bei geringerem Ladedruck immer noch zufriedenstellend. Jetzt erhielt ich Erlaubnis, mich um Lamoureaux zu kümmern und das Ausmaß des Schadens festzustellen.

Die Kugelkanzel rührte sich nicht mehr, weil ein 20 mm-Geschoß in der Laufschiene explodiert war. Ich forderte Clark, den Funker, auf, mir zu helfen, den Schützen aus der Kanzel herauszuholen. Nevells hatte zum rechten Seitenfenster hinausgeschaut und sich dabei auf seine Waffe gestützt, als wir getroffen worden waren. Zwar hatte eine Patrone oder eine Geschützkugel ihn am Ellbogen getroffen, allerdings nur seine dicke Fliegerjacke gestreift. Der andere Hüftschütze war auf ähnliche Weise am Kopf getroffen worden, nur, daß dieses Geschoß eine kleine Schramme an seinem Helm hinterlassen hatte. Er war bewußtlos geschlagen worden, und an der Kopfhaut hatte er eine Platzwunde, doch sonst war ihm nichts passiert.

Als ich wieder ins Heck zurückkroch, ergriff ich unterwegs die beiden Wolldecken, die Bob Lamoureaux mit an Bord genommen hatte. Dabei fiel mir auf, daß ein Geschoß ein Bündel von Elektrokabeln am einziehbaren Heckrad zerrissen hatte. Weiß wie ein Laken, lag Bob auf dem Rücken. Zwischen den beiden zerfetzten Munitionskisten zog ich ihn heraus. Er blutete heftig, und ich erkannte, daß er zwei Wunden aufwies, eine im Gesäß, die am heftigsten blutete, und eine kleinere in der Leistengegend. Was sollte ich tun? Ich wußte es nicht. Als ich die Wunde in der Leistengegend sah, dachte ich, er würde gleich sterben. Ich machte den ersten Verbandkasten auf und fand eine Schachtel mit großen

Gazequadraten. Einen dicken Stapel davon stopfte ich in die Gesäßwunde und deckte sie mit anderen Gazestücken ab. Ich hatte Angst, irgend etwas anderes zu tun, außer auch die andere Wunde noch mit Gaze abzudecken; auch sollte Bob nicht erfahren, wie schlimm er verwundet war. Als ich vorschlug, ihm eine Morphiumspritze zu geben, lehnte er das ab. Ich gab ihm eine Zigarette, doch fühlte er sich hinterher nur schlechter. Da wickelte ich ihn in die Wolldecken ein, die er mitgebracht hatte, und hielt ihm eine Zeitlang die Hand. Als er einen ruhigeren Eindruck machte, kehrte ich an meinen Platz im Cockpit zurück und erstattete Eaton Meldung über das Ausmaß der Schäden. Da die Bomben, die wir mitführten, empfindliche neue Zünder hatten, erwies es sich als notwendig, sie überm Meer abzuwerfen.

Die Motoren arbeiteten unverändert, der Motor Nr. 4 vibrierte nach wie vor, doch war es nichts Ernstliches. Kimbolton kam in Sicht. Ich streckte die Very-Pistole in ihre Halterung an der Cockpit-Decke. Ich hatte sie mit einer roten Leuchtkugel geladen, mit der ich signalisieren wollte, daß wir Verwundete an Bord hätten und beim Landen zuerst an die Reihe kommen wollten. Ein neues Problem ergab sich, als ich die Hydraulik einschalten wollte. Ein Geschoß war durchs Cockpit gekommen und hatte eine Hydraulikleitung zerrissen; als ich sie einschaltete, floß die Flüssigkeit heraus. Ohne Bremsen mußte Eaton sich für die Landung etwas einfallen lassen. Ich kehrte zurück ins Heck, tröstete Lamoureaux und kurbelte dann per Hand das Achterdeck herunter. Die Achterradmuffe war zerrissen, und ich konnte erkennen, daß der Reifen fast abgeschossen worden war.

Meine Meldung an Eaton war lang: keine Bremsen, die Kugelkanzel unter der Wanne mit vorwärts, aber nicht abwärts gerichteten Läufen festgeklemmt, das Heckleitwerk fast nicht mehr vorhanden, Motor Nr. 3 mit verminderter Leistung, Motor Nr. 4 vibriert, weshalb, nicht bekannt, ein Schwer- und zwei Leichtverwundete an Bord, Treibstoffvorrat gering, aber noch nicht kritisch. Das Tageslicht war im Schwinden begriffen, und es war nicht mehr genug Zeit, Lamoureaux nach vorn zu bringen, um die zu erwartende Bruchlandung für ihn zu mildern.

Als wir den Westrand des Flugplatzes überflogen, feuerte ich eine rote Leuchtkugel ab. Alle anderen Maschinen ließen uns den

Vortritt. Eaton setzte neben der Rollbahn zur Landung an und landete auf dem Gras. Sanft rollte die Maschine über den Rasen; dann gab Eaton ihr hartes linkes Ruder, damit sie am Boden eine halbe Wendung vollführte. Wenige Minuten später war ein Krankenwagen zur Stelle. Ich half, den armen Lamoureaux durch die kleine Hecktür hinauszutragen. Seine bösen Ahnungen hatten sich erfüllt.

Ein paar Tage Urlaub trugen dazu bei, daß Körper und Geist sich wieder erholten. Lamoureaux befand sich in einem höchst bedenklichen Zustand und konnte keinen Besuch empfangen. Ich ging dem Bodenpersonal bei der Reparatur unserer Maschine zur Hand, baute einen neuen Turbolader ein und half beim Flicken der Außenhaut. Das 20 mm-Geschoß hatte den Abgasturbolader völlig zertrümmert. In dem Augenblick, da das Geschoß ihn traf, hatte der Turbolader mit 21 000 Umdrehungen pro Minute gearbeitet, und in seinem Rotor hatte sich eine Menge kinetischer Energie aufgebaut. Stücke dieses Rotors und der Schaufeln hatten sich in die Tragfläche und in den Rumpf hineingefressen. Motor Nr. 4 war von mehreren Maschinengewehrkugeln getroffen worden. Sie waren ursprünglich auf das Getriebegehäuse mit seiner stark gewölbten Oberfläche aufgetroffen, waren nach oben abgeprallt und hatten gewissermaßen als Querschläger um die Zylinder herum Kühlerrippen abgerissen. Ein 20 mm-Geschoß hatte das Luftschraubenblatt von Motor Nr. 4 getroffen und ziemlich am äußersten Ende ein faustgroßes Stück herausgerissen. Auf das nunmehr fehlende Stück Luftschraube war die Vibration zurückzuführen. Zwei 7,9 mm-Maschinengewehrkugeln hatten ganz in der Nähe meines Turms den Rumpf getroffen; wahrscheinlich aber sind es leichtgewichtige Leuchtspurgeschosse gewesen, die nur Dellen auf der Aluminiumverkleidung hinterlassen hatten.

Nachdem ich den ganzen Tag an unserer Maschine gearbeitet hatte, ging ich zum Ende der Landebahn, wo an dem Tag, als wir nach Spanien geflogen waren, eine B-17 beim Start zu Bruch gegangen war. Aus irgendeinem Grunde hatte die ‹Fliegende Festung› nicht genug Fahrt gemacht, um abzuheben. Jemand, der es gesehen hatte, erzählte mir, am Ende der Startbahn habe es die Maschine hochgerissen, sie sei dann wieder heruntergegangen, das Fahrgestell sei gegen eine Futtermauer gerast, woraufhin die Maschine sich überschlagen habe. Sie war in Brand geraten, und sämtliche zehn Besatzungsmitglieder hatten den Tod gefunden. Ich fand das Heckteil der Unglücksmaschine intakt und baute den zwei Meter langen Sauerstoffschlauch am Posten des Heckschützen aus. Diesen Sauerstoffschlauch baute ich in meinem Turm ein, so daß ich jetzt im Cockpit viel mehr Bewegungsfreiheit hatte. Das sollte mir später das Leben retten.

Am 3. Januar wurden wir zu einem Einsatz geweckt, bei dem es nach Berlin gehen sollte, doch wurde dieser Einsatz gestrichen, als wir bereits startklar in unseren Maschinen saßen. Der Geheimdienst hatte herausgefunden, daß die Leute in Bedford über den Bombenangriff auf Berlin Bescheid wußten; offenbar gab es in Kimbolton eine gefährliche undichte Stelle. Es sollte der erste Angriff sein, der die 8th Air Force auf Berlin flog, und das letzte, was wir wollten, war, daß die Deutschen darauf vorbereitet wären.

Als wir am 5. Januar 1944 morgens um 2 Uhr geweckt wurden, um uns auf einen neuen Einsatz vorzubereiten, war es draußen eiskalt. Zu so früher Stunde Begeisterung für einen Feindflug aufzubringen, ist nicht einfach; aber es gab ja noch viel zu tun, bevor es losging.

Ich begab mich frühzeitig in die Waffenkammer, wo unsere Geschütze und MGs in heißem Öl gelagert wurden. Ich wischte Bolzen, Führungsstangen und Federn solange sauber, bis sie frei waren vom Öl. Als ich die Bolzen und die anderen Teile ins Flugzeug brachte, stolperte ich in der Dunkelheit und fiel auf Bolzen und Führungsstange des rechten Maschinengewehrs. Ich kehrte zurück in die Waffenkammer und säuberte die Gewehrteile nochmals. Die Führungsstange war so verbogen, daß man sie nicht mehr gebrauchen konnte. Vergeblich sah ich mich nach einer Ersatzstange um. Um auf normalem Wege eine neue zu bekommen, war es zu spät, so bog ich sie so gut gerade, wie ich konnte, und baute sie in die rechte Schiene ein. Funktionierte diese Führungsstange nicht, fiel die ganze Waffe aus. Es blieb mir keine andere Wahl, als weiterzumachen.

Die Einsatzbesprechung an diesem Morgen zog sich in die Länge. Der rote Faden auf der Karte führte in nordöstlicher Richtung über die Nordsee und dann ein kurzes Stück nach Südosten, als wäre ein Angriff auf Bremen geplant. Danach gab es einen Schwenk nach Norden über das Land nördlich von Bremerhaven, dann in nordöstlicher Richtung nördlich von Hamburg bis auf die Ostsee hinaus. Bis dahin mußten die Deutschen, was das Ziel betraf, das angegriffen werden sollte, völlig verwirrt sein. Eine weite Linkskurve und der Anflug auf Kiel brachte uns dann dem näher, um was es heute ging – um die U-Boot-Bunker und zugehörigen Einrichtungen. Erfreulich war die Nachricht, daß P-51 und P-38 über dem Zielgebiet, also tief über Deutschland, zu uns stoßen sollten. Was die Jägereskorte betraf, so konnte uns das nur kurz beruhigen, denn schon bald kam uns Zweifel, und viele erinnerten sich an die vielen Geleitschutzversprechungen, die nie eingehalten worden waren.

Danach erhob sich der Offizier vom Nachrichtendienst und klärte uns über Fluchtmöglichkeiten auf, falls wir über dem Zielgebiet abgeschossen würden oder gezwungen wären, uns mit dem Fallschirm zu retten. Diesem Offizier gegenüber, der uns vor kurzem eine Lektion darüber erteilt hatte, wie wir uns verhalten sollten, falls wir in Gefangenschaft gerieten, hegten wir alle eine gewisse Abneigung. Die Vorstellung, in Gefangenschaft zu geraten, hatte an sich schon etwas Defätistisches. Die allgemein unter uns vorherrschende Einstellung war die, daß wir uns sagten: Mich wird's schon nicht treffen, höchstens andere. Warum an so etwas wie Fehlschlag oder Mißerfolg überhaupt denken? Wenn wir keine Optimisten wären, würden wir nicht fliegen. Wir wußten zwar, daß jeden Tag welche von unseren Kameraden abgeschossen wurden, doch die meisten glaubten, sie würden überleben.

Wir machten uns lustig über diesen Nachrichtenoffizier, daß er uns nur so vage Anweisungen gab. An diesem Morgen sagte er uns, wenn wir über Kieler Gebiet abgeschossen würden, sollten wir versuchen, uns nach Kopenhagen durchzuschlagen, dort zu den Quais zu gelangen und ein schwedisches Schiff mit einer bestimmten Flaggenkombination am Mast zu suchen. Er sagte: «Prägt euch die Flaggen ein. Geht dann die Reling des Schiffes mit den Flaggen rauf, die genau in der richtigen Reihenfolge wehen müssen. Und bittet den Kapitän, euch nach Schweden zu bringen: Dort wird man sich dann um euch kümmern.» Viele kicherten über die Anweisungen des Offiziers, woraufhin er verzeihung- und verständnisheischend abtrat.

Unsere Besatzung hatte sich, seit man uns bei der Ausbildung in Dalhart, Texas, «Crew 80» genannt hatte, stark verändert. Seit wir nach Europa geflogen waren, hatten wir den Stellvertretenden Waffenwart, Thomas Sutton, durch Krankheit verloren, den Navigator Robert S. Doty, weil ihm Morgen für Morgen, wenn wir zum Einsatz gerufen wurden, schlecht wurde und er anfing, sich zu übergeben, den Bombenschützen Melvin Henroid, dem über Bremen die Kniescheibe abgeschossen worden war, und Bob Lamoureaux, den es in Abbeville erwischt hatte. Um die Einsätze zu einem Erfolg zu machen, hatten wir bei jedem Flug Ersatzmänner an Bord gehabt. Wer aber tauchte an diesem Morgen zum Dienst auf: Doty, unser Navigator. Der Feldarzt hatte endlich eine Möglichkeit gefunden, daß er sein Essen bei sich behielt, und so war Doty wieder dienstfähig geschrieben worden.

Selbstverständlich waren die Kameraden froh, Doty wiederzusehen, aber irgendwie war das Verhältnis zwischen uns gespannt. Er hatte etwas Entschuldigung Heischendes, schämte sich und war ganz in sich zurückgezogen. Keiner machte ihm einen Vorwurf daraus, daß ihm übel wurde, wenn es zum Einsatz ging. Er hatte einen Einsatz nach Knaben, Norwegen, mitgemacht, und noch 24 vor sich. An diesem Morgen sah er bleich und eingefallen aus. Keiner sah in ihm einen Feigling oder Drückeberger. Da hatten wir schon andere erlebt, die es einfach nicht aushalten konnten, zu töten oder zu leiden, und die aus dem Frontdienst ausgeschieden waren. Gerissen hat sich ja niemand darum, sich von dem furchtbaren Krach und den Vibrationen einer B-17 quälen zu lassen, von der extremen Kälte im Winter, dann stundenlang trockenen Sauerstoff einatmen zu müssen und sich die Schrecken ausmalen, die wir unten mit unseren Bomben anrichteten, oder an der entsetzlichen Vernichtung von Menschen und Flugzeugen in der Luft teilnehmen und sich, völlig erschöpft, die Alpträume hinterher einzuhandeln.

Vorm Start unterhielt ich mich ein paar Minuten mit Doty. Er sagte, er könne die Belastung des Fliegens, insbesondere von Feindflügen, einfach nicht aushalten. Er erzählte von seiner Frau, davon, daß er erst vor kurzem geheiratet habe und jetzt Angst habe, daß sie ihn nie wiedersehen würde. Er erzählte mir, sein Vater diene als aktiver Offizier im Majorsrang bei der Army, und die Familie erwarte, daß die Tradition der Pflichterfüllung beim Militär weitergeführt werde. Ich dachte, Doty sollte sich um seinet- und vielleicht auch um der Mannschaft willen zum Bodendienst versetzen lassen. Als er dabei war, die Fliegerkombination anzuziehen, versuchte ich, ihn aufzumuntern. Er trug einen Helm und einen Schutzanzug an Bord.

Ich kehrte noch einmal in die Waffenkammer zurück, um mir einen Lappen zum Abwischen des Zielgeräts zu holen und nachzusehen, ob die Leute von der Waffenkammer eine Ersatzführungsstange gefunden hätten, was jedoch nicht der Fall war. Ich holte mir noch mein Kochgeschirr aus rostfreiem Stahl sowie einen Becher, und im Hinausgehen überlegte ich, daß ich beides vielleicht brauchen würde. Dann riß ich mich aus der Trance heraus, in der ich mich zu befinden schien, und schüttelte den Kopf. ‹Wozu brauchst du in einer B-17, die nach Kiel fliegt, ein Kochgeschirr?› fragte ich mich. «Was einen so bedrückt, ist, daß Lamoureaux neulich so eine Vorahnung davon hatte, es würde ihn treffen. Deshalb hat er ja auch die Wolldecken mitgenommen und ist in der Maschine von Unruhe getrieben von einem Posten zum anderen gezogen», sagte ich laut. Der Waffenmeister sah mich an und sagte: «Es ist keine Führungsstange da, tut mir leid.» Daraufhin stellte ich mein Kochgeschirr zurück und eilte hinaus zur Maschine.

Als ich einstieg, hatten Eaton und Hainline gerade eine kleine Meinungsverschiedenheit. Eaton sagte: «Die ganze Besatzung dreht durch. Matheny, sieh mal zu, ob du sie nicht beruhigen kannst.» Während wir auf das grüne Leuchtgeschoß warteten, mit dem uns der Start freigegeben wurde, ging ich von einem zum anderen und tat so, als wollte ich überall noch mal nach dem Rechten sehen. Dabei bemühte ich mich, mich jedem gegenüber besonders gut gelaunt zu geben, doch die Wolke hing nach wie vor über uns. Unser Bombenschütze, Leutnant Clifford W. Wright aus Wellington, Kansas, beschwerte sich über einen Sauerstoffregler, doch als ich das Ventil für ihn öffnen konnte, war alles wieder in Ordnung. Staff Sergeant Boleslaw B. Ceglarek, ein Pole, der zuvor als Schütze in Wellingtonbombern geflogen war, machte unseren linken Hüftschützen. Er gehörte zwar nicht dem U.S. Army Air Corps an, war jedoch als Angehöriger der Polnischen Luftwaffe abkommandiert, mit uns zu kämpfen. Er sprach nur wenig englisch und grinste unentwegt, ob es paßte oder nicht. Sergeant Charles V. Blondell aus Hector, Minnesota, war der neue Heckschütze, der Lamoureaux' Platz einnehmen sollte. Ich hatte ihn erst heute morgen kennengelernt. Obwohl Henroid, der der Maschine den Namen gegeben hatte, nicht mehr dabei war, nannten wir sie nach wie vor *The Deacon's Sinners*.

Das Wetter war scheußlich; in 3500 m Höhe lag eine aufgerissene Wolkendecke. Beim Start war es stockdunkel. Die Maschinen versuchten, eine die andere zu finden und die tiefliegenden Wolken zu vermeiden. Es schien eine noch größere Verwirrung zu herrschen als sonst, und die Kameraden meldeten dauernd in der Nähe fliegende Maschinen, um eine Kollision zu vermeiden. Als wir etwa 600 m erreicht hatten, sah ich etliche andere Maschinen ganz in unserer Nähe gegen den Uhrzeigersinn kreisen; sie morsten die Codebezeichnung mit den Positionslampen am Heck und hatten die Tragflächenpositionslichter angestellt. Wir hingegen kreisten im Uhrzeigersinn. Mein Adrenalinausstoß stieg vehement, als ich die kreisenden Lichter und schemenhaft verschwommenen Umrisse der Maschinen im sich verändernden Licht so nahe beieinander durcheinanderwurlen sah. Dann geschah es.

Ich sah zwei Lichtergruppen und die schwachen Umrisse zweier B-17 aus entgegengesetzten Richtungen aufeinander zukommen, klopfte Eaton auf die Schulter, zeigte mit dem Finger hin, sagte aber nichts. Die beiden Lichtergruppen rasten mit größter Geschwindigkeit aufeinander zu, es gab einen riesigen Feuerball, und dann trennten die brennenden Wrackteile beider Maschinen sich und fielen zur Erde hinunter, wo es zu weiteren Explosionen und Bränden kam. «Mein Gott!» entfuhr es Hainline. «Himmel!» kam es von Eaton. Ich dachte an die zwanzig Männer, die auf der Stelle den Tod gefunden und nicht die geringste Chance gehabt hatten, dieser Hölle zu entgehen. Wir sahen andere Maschinen aus diesem tödlichen Kurs ausbrechen; wie oft hatten wir Angst davor gehabt, daß genau dies geschehen könnte! Der Luftraum, in dem die Maschinen vom nahe gelegenen Fliegerhorst Molesworth mit dem dreieckigen C am Heckleitwerk sich sammelten, deckte sich zum Teil mit dem von Kimbolton.

Das grauenvolle Geschehen trug dazu bei, die Spannung zu

lösen, unter der unsere Besatzung früher am Morgen gestanden hatte. Wir waren weniger verkrampft in unserem Gerede über die Bordsprechanlage, und das Gefühl böser Vorahnungen schien sich zu verflüchtigen. Ich war traurig und erleichtert zugleich und mußte daran denken, wie es mir vorhin mit dem Kochgeschirr ergangen war. Der Unfall schien die Furcht zu vertreiben, daß mich eine ähnliche Vorahnung gepackt hätte wie neulich Lamoureaux.

Unser Flug sollte wieder über die Nordsee führen, und ich mußte an die B-17 denken, die dreimal ein Looping geflogen war, ehe sie steil in die Tiefe gestürzt war, und an die Männer, die sich mit dem Fallschirm über den eisigen Fluten zu retten versucht hatten. Ich empfand in keiner Phase dieser Einsätze irgendwelches Vergnügen, doch blieb das Gefühl, seine Pflicht tun zu müssen; und daß unser Eingreifen, um Hitler und seinem Wahnsinn Einhalt zu gebieten, berechtigt sei.

Wieder tauchten die Friesischen Inseln auf. Diese Küste war mir in den vergangenen Monaten zu einem vertrauten Anblick geworden. Es hatte immer etwas Erwartungsvolles, wenn wir in den Luftraum über den von den Deutschen besetzten Ländern eintraten. Bis jetzt war von Gegnern nichts zu sehen, und wir hatten unsere befohlene Flughöhe von 7600 m und damit auch die Reisegeschwindigkeit noch nicht erreicht. Wie unendlich in die Länge gezogene Wattebäusche zogen sich die Kondensstreifen hinter unserer Gruppe her. Diesmal handelte es sich um einen ausgesprochenen Langstreckeneinsatz – das Zielgebiet war rund 1000 km von Kimbolton entfernt –, und wenn wir wieder nach Hause zurückkommen wollten, mußten wir sorgfältig mit Leistung und Energie umgehen. Ein paar Flak-Salven, die wahrscheinlich von Eisenbahnwaggons abgefeuert wurden, richteten keinen Schaden an, und wir hielten unbeirrbar an unserem geheimnisvollen Kurs fest.

Nördlich von Hamburg überkam mich der Drang, meine Notdurft zu verrichten. Das Bauchkneifen ließ nicht nach, doch blieb mir nichts anderes übrig, als die Zähne zusammenzubeißen. Schließlich flogen wir in nordöstlicher Richtung über die Ostsee und vollführten über der Kieler Förde einen langsamen Linksschwenk. Der Drang wurde immer schmerzvoller. Ich versuchte mich auf die ungewöhnlichen Kondensstreifen zu konzentrieren, die sich in der verdünnten Atmosphäre über Hunderte von Kilometern hinzogen. Ein Blick auf das Außenthermometer verriet mir, daß dort −56 Grad Celsius herrschten. Im Geist versuchte ich, Celsius in Fahrenheit umzurechnen. Nach ein paar Anläufen war ich überzeugt, daß es ungefähr 70 Grad Fahrenheit unter Null sein müßten. Das war furchtbar kalt und machte es erforderlich, alle Viertelstunde das Öl in den Luftschraubennaben kreisen zu lassen. Ich prüfte, ob die elektrisch geheizte Unterkleidung bei jedem funktionierte oder ob einer die Drähte zum Kurzschließen brauchte, die ich bereitliegen hatte. Es war alles in Ordnung. Nur die Schmerzen in meinen Eingeweiden blieben. Ich versuchte mich in Träumereien über *G-8 and His Battle Aces* sowie die Geschichten von Spads gegen Focker D-7 im Ersten Weltkrieg zu verlieren. Solche Schundheftchen waren während meiner Higschool-Zeit meine Lieblingslektüre gewesen. Das Bauchkneifen wollte nicht weichen.

Jetzt, in der Nähe des Zielgebietes, platzten die ersten Flak-Wölkchen auf. Nach einer Weile gewann die Angst vor der Flak die Oberhand, und der Drang, mich zu erleichtern, trat in den Hintergrund. Unsere Gruppe flog in einer seitlich und höhenmäßig innerhalb von 900 m gestaffelten Angriffsformation auf der niedrigsten Position. Unsere Maschine war das letzte und am tiefsten fliegende Flugzeug des gesamten Kampfverbands. Unsere mächtige Armada bestand aus vierzig Maschinen, und eine jede zog träge, aus kleinsten Eiskristallen bestehende Kondensstreifen hinter sich her. Die Flak schoß nicht zielgenau genug, um irgendwelche Maschinen zum Absturz zu bringen, doch die schwarzen Rauchwölkchen waren so dicht gesät, daß man schon von einem Pucker-Faktor 8 sprechen konnte.

Von Jägern nichts zu sehen. Vielleicht hatte unser Ablenkungsmanöver doch seine Wirkung getan. Der Zielanflug wurde bei klarem Wetter geflogen, die Bomben rauschten ohne gravierende Verzögerungen aus. Und jetzt ab nach Hause!

«Me-109 von hoch oben, 6 Uhr», ließ sich Blondells Stimme vernehmen; unmittelbar darauf meldete Ceglarek weitere Jäger aus dem Osten. ‹Wo bleibt jetzt der berühmte Geleitschutz›, dachte ich und kurbelte die Rumpflänge einer Me-109 in das Zielgerät. Hoch über uns – meiner Schätzung nach in einer Höhe über

10000 m – tauchten die Kondensstreifen von langsam kreisenden Maschinen auf. Ich ließ diese fernen Maschinen nicht aus den Augen. Eine Me-109 kam von der Seite heran, ich folgte ihr und gab kurze Feuerstöße auf sie ab. Der Jäger flog eine angeschnittene S-Kurve, doch von Rauch war nichts zu sehen. Ein zweiter Jäger stieß von hinten auf uns herab. Ich stellte das Zielgerät auf die Flügelspannweite von 10,25 m ein, doch da die Me-109 im Sturzflug, also mit sehr großer Geschwindigkeit, auf uns zugerast kam, konnte ich sie nicht lange mit dem Zielgerät verfolgen. Die Luftschraubennabe des Jägers ließ die Feuerfunken seiner 13 mm-Zwillings-MGs erkennen. Der Pilot konnte die Leuchtspurgeschosse nutzen, um auf das Ziel zuzuhalten. Als er näher herankam, blitzte es an den Flügelwurzeln auf – die Geschütze spuckten ihre tödliche Ladung aus. Dünne Rauchspuren führten über uns und ein Stück von unserer rechten Tragfläche entfernt hinweg. Ich feuerte und folgte der Maschine mit dem Zielgerät, so schnell ich konnte. Der Jäger verschwand, griff aber bestimmt bald wieder an.

Ich schaute nach oben, um nicht die hochfliegenden Maschinen aus dem Auge zu verlieren. Sie waren inzwischen so nahe herangekommen, daß ich P-51 und P-38 in ihnen erkennen konnte, und verkündete diese gute Nachricht über die Bordsprechanlage. Ein Blick auf meine treue Piccard-Armbanduhr sagte mir, daß es 11 Uhr 30 war. Der Geleitschutz würde uns bis zur Küste nicht allein lassen.

Der Kampf ging weiter. «Warum sind die Jäger denn nicht runtergekommen, als wir angegriffen wurden?» murmelte ich. Dann bemerkte ich, daß Blondell mit seinen Heck-MGs feuerte. Es war ein langer Feuerstoß. Ich blickte gerade noch rechtzeitig zurück, um mitzubekommen, wo seine Läufe nach oben zeigend einrasteten. ‹Er hat die MGs losgelasssen – warum?› dachte ich. Mein Turm schwenkte herum, und ich sah eine Me-109 aus allen Rohren feuernd auf unser Heck zurasen. Der Pilot der Me-109 hatte unseren Heckschützen erschossen und kam immer noch näher heran. Ich bemühte mich, mein Zielgerät auf ihn zu richten, da sah ich, wie auch das MG von Clark, unserem Funker, plötzlich hoch und in Ruhestellung ging. ‹Clark hat es auch erwischt›, durchfuhr es mich. ‹Diesen Deutschen muß ich mir holen!› Schon war ich im Begriff abzudrücken, als die Me-109 in unserem

Kondensstreifen verschwand. ‹So also geht das Spiel›, dachte ich. ‹Na warte, nächstes Mal bin ich bereit.›

Mein Zielgerät war auf die Spannweite der Me-109 eingestellt, und ich hatte in Erwartung eines neuen Angriffs aus unserem Kondensstreifen heraus eine Reichweite von rund 200 m eingegeben. Wir waren die am tiefsten fliegende Maschine und genossen keinerlei Feuerschutz von anderen Maschinen. Ich rief Tex Ferrell in der Kugelkanzel an, um ihn über die Taktik der Me-109 aufzuklären, doch Tex war beschäftigt und antwortete nicht.

Ich brauchte nicht lange zu warten. Die Schnauze der Me-109 tauchte ganz plötzlich von unten herauf, und als der Pilot in die Waagerechte ging, stellte ich das Fadennetz im Zielgerät auf seine Flügelspannweite ein. Das Ziel beschleunigte, und während es näher kam, mußte ich an den aus zwei Rädchen bestehenden Reglern drehen, um ihn richtig einzurahmen. Ich drückte ungefähr im selben Augenblick ab wie er. Die Feuergarben seiner Geschütze kamen jetzt aus größter Nähe, vielleicht aus 70 m Entfernung. Ich hielt den Abzug lange durchgezogen. Das rechte MG versagte. ‹Die Führungsstange ist zerbrochen›, dachte ich und schoß mit dem linken MG weiter. Nur wenige Handbreit über der Kuppel meines Turms sah ich die Rauchspuren von 20 oder 30 mm-Geschossen hinweggehen. Was wir jetzt ausfochten, war ein Zweikampf zwischen einer voll funktionstüchtigen Me-109 G mit zwei 20 oder 30 mm-Geschützen und zwei 13 mm-Maschinengewehren, die alle auf unser Heck zuhielten; wir beide feuerten in Kernschußweite.

Als die Me-109 ganz nahe war, sah ich Teile ihrer Haubenverkleidung wegfliegen. Die Me-109 hörte auf zu feuern, kam aber weiter heran. Ich sah, daß die Luftschraube der 109 fast stillstand, während ich unablässig weiter auf sie feuerte. Jetzt war die Me-109 etwa zehn Meter entfernt und leicht rechts in die Höhe gegangen. ‹Ich muß den Flugzeugführer erschossen haben›, dachte ich. ‹Und jetzt stoßen wir gleich zusammen.› «Hochziehen!» schrie ich in die Bordsprechanlage, damit wir auswichen. Das Manöverkommando bedeutete, daß beide Piloten jäh den Steuerknüppel zurückrissen und ihn dann runterdrückten, um zu vermeiden, daß wir mit Maschinen über uns zusammenstießen und ein auf uns zukommendes Flugzeug verfehlten. In Erwartung dieses Manövers lehnte ich meine Stirn gegen das Zielgerät, kauerte mich zusammen und legte beide Arme über die Munitionsbehälter, um zu verhindern, daß die Munition durch die Turmkuppel hinausgeschleudert wurde, wenn die Piloten den Steuerknüppel runterdrückten.

Es wunderte mich nicht, als die Explosion mich aus dem Turm auf den Boden schleuderte. ‹Allmächtiger! Er hat uns gerammt. Jetzt stürzen wir ab!› war mein einziger Gedanke. Unsere Maschine wälzte sich auf den Rücken und dann wieder auf den Bauch, so daß die rechte Seite hochstand. Ich griff nach meinem Fallschirm, den ich mit zerreißbarem Sicherheitsdraht an den Längsholmen festgezurrt hatte. Rasch klinkte ich den rechten Karabinerhaken des Rückenschirms an meinen Fallschirmgurten ein, dann mußte ich fassungslos zusehen, wie mir das Paket aus den Händen gerissen wurde. Die Fliehkraft drückte mich zu Boden. Wir trudelten flach ab. Der Länge nach auf dem Boden liegend, rutschte ich herum und versuchte, den linken Fallschirmhaken einzuklinken. Ein Blick in die Höhe zeigte mir, daß Hainline versuchte, seinen Fallschirm zu erreichen, den er an der Rückenlehne seines Sitzes festgeschnallt hatte. Die Piloten hätten Rückenschirme haben sollen statt Brustschirme. Ich sah Eaton sich vergeblich abmühen, die Maschine unter Kontrolle zu bekommen, um den anderen zu ermöglichen auszusteigen.

Der lange Sauerstoffschlauch war, als ich am Boden kämpfte, meine Rettung. Der kurze Standardschlauch wäre mir in dieser Lage und bei diesen Bewegungen abgerissen, ich hätte das Bewußtsein verloren und wäre binnen kurzem tot gewesen. Wieder rollte ich herum und rutschte diesmal hinein in den Kriechgang, der die Schnauzensektion mit dem Cockpit verband. Der Steuerungsquadrant befand sich über dem Kriechgang und war mit sämtlichen Kabeln und Strippen des Cockpits verbunden. Auf dem Bauch kroch ich vorwärts durch die Strippen und Kabel, die durch die im Abtrudeln entstandene Fliehkraft herausgerissen worden waren. Schwarzer Rauch beeinträchtigte meine Sicht. Unter großer Anstrengung kroch ich zu dem kleinen Notausstieg an der linken Seite des Rumpfes gleich neben Luftschraube Nr. 2. Wie einfach wäre es gewesen, liegenzubleiben und zu sterben, doch irgendeine innere Kraft ließ mich kämpfen wie ein Tier, das in eine Falle geraten war. Ich sah Doty – Stahlhelm auf dem Kopf,

Schutzanzug, Schwimmweste und Fallschirm im Arm – auf dem Rücken liegen und eine Hand nach dem Lukengriff ausstrecken. Ich konnte ihm nicht helfen. Seine Ahnung, daß er fallen würde, erfüllte sich.

Ich packte den roten Griff der Notluke und zog die Splinte aus den Angeln heraus. Die Tür hätte ins Freie hinaussegeln müssen, doch eine durch das Abtrudeln hervorgerufene Verwerfung des Rumpfes muß sie dort festgeklemmt haben, wo sie saß. Ich dachte nicht daran, Doty zu helfen; es ging um mein Leben, und alle Kraft, die ich noch hatte, war darauf gerichtet, mir dieses zu erhalten. Das letzte, woran ich mich erinnere, war, daß ich den Riegel der Notluke herunterriß und dabei mit der Faust gegen die Tür schlug.

Das nächste, woran ich mich bewußt erinnere, war, daß ich fiel und mein Brustfallschirm, der immer noch nur am rechten Haken eingeklinkt war, mir ins Gesicht schlug. Ich wußte, daß ich nicht mehr im Flugzeug war und fiel. Ungeachtet der Höhe, in der ich mich befand, riß ich am Zugring, der Schirm mit einem Durchmesser von 7,5 m entfaltete sich, und es gab einen heftigen Ruck, daß mir schmerzlich die Brust zusammengedrückt wurde. Wie sich herausstellte, hatte an diesem Tag Nevells meinen Leibgurt erwischt und ich den seinen. Nevells wog elf Kilo mehr als ich, und sein Gurt saß locker an meinem Körper. Außerdem zerrte der einzelne Karabinerhaken an der rechten Seite des Gurtes diesen derart, daß meine Rippen vorn gequetscht wurden. Trotzdem war es wunderbar, den weißen Seidenschirm über mir zu sehen.

Gleichsam phasenweise wurde mir bewußt, was geschah. Zunächst einmal hörte ich die Motoren nicht mehr brüllen. Vor wenigen Sekunden waren meiner Erinnerung nach noch vierzig Bomber dagewesen und hatten in der Hitze des Gefechts neben dem Lärm von Motoren und Propellern das Geratter der MGs von sich gegeben. Jetzt war alles still, und ich sah mich vergeblich nach den Bombern um. Sie waren fort! Da ging mir auf, daß ich mich schon lange im freien Fall befunden haben mußte – Tausende von Metern – und daß Bomber und Jäger, während ich fiel, mit 400 Stundenkilometern weitergeflogen waren. Gleich darauf hörte ich, wie meine Maschine den schrecklichen Lärm von überdrehenden Propellern machte und sah das flammende Wrack sich drehend in die Tiefe fallen. Ich stieß einen erstickten, schmerzerfüllten Schrei aus: «Lieber Gott, bitte, laß sie am Leben!» Ich wußte, es war zu spät, die Mannschaft war tot. Es war das erstemal, daß ich Gott um irgend etwas bat, und eine Antwort erwartete ich nicht; ich hoffte nur auf eine Reaktion.

In der Ferne sah ich, wie ein Jäger mit einer Rauchfahne hinter sich zu Boden ging. Er sah aus wie eine Me-109, aber sicher war ich mir nicht. Ich folgte mit den Augen meiner Maschine, bis sie unten am Boden zerschellte und ein Feuerball und Rauch sich von der Stelle erhoben, wo sie auf das schneebedeckte Land aufgetroffen war. Ich merkte, daß Metallsplitter durch die Luft flogen; es flatterten kleinere Teile hernieder und trafen den Fallschirm. Es regnete kleine Flugzeugtrümmer. Ich konnte sehen, wie sie auf den Fallschirm fielen, verharrten, dann langsam die gewölbte Oberfläche herunterrutschten, über den Rand fielen und an mir vorüber weiter in die Tiefe segelten. Ich bemerkte sogar, daß eine Seite des Metalls mit Tarnfarbe gestrichen war und die andere Seite vom Korrisionsanstrich mit Zinkchromat hellgrün schimmerte. Ich wurde mir eines Stücks brennender Tragfläche bewußt, das an mir vorüberfiel und sich dabei immer wieder um sich selbst drehte. Es sah aus wie das äußerste Ende einer B-17-Tragfläche. Zweifellos regnete es viele Dinge zugleich, doch war mein Bewußtsein nur imstande, sich auf ein Teil zu konzentrieren. Ich warf einen Blick auf die Uhr, die ich an der Innenseite meines linken Handgelenks trug. Das Deckglas sowie Sekunden- und Minutenzeiger waren fort. Nach der Stellung des Stundenzeigers schätzte ich die Zeit auf 11 Uhr 40. Ich versuchte abzuschätzen, wie hoch ich überm Boden schwebte: vielleicht 3000 oder 3500 m. Das hieß, daß ich bewußtlos einen Fall von rund 3 km hinter mich gebracht hatte.

Sauerstoffmaske, Helm und Brille hatte ich ebenso verloren wie meinen linken Handschuh. Ich hielt mich an den Aufhängeseilen fest, um nicht so schief dranzuhängen. Ein paarmal probierte ich aus, wie es war, einfach loszulassen, und erkannte, daß ein Haken in der Tat reichte.

Unter mir schwebte ein anderer Fallschirm. Ich jubelte. Der Fallschirm trieb 600 oder 900 m unter mir nach Norden, wohingegen ich nach Osten trieb. Bald entdeckte ich noch einen Fallschirm, diesen allerdings bereits tief unter mir am Boden liegend, wo er sich offenbar an einem Stück brennender Tragfläche verfangen hatte. Sogar den Körper des Kameraden im Schnee daneben erkannte ich.

Der Schrecken über den Motorenlärm einer Me-110 fuhr mir in die Glieder. Aus dem Osten kam die Maschine mit dem Zwillingsmotor, hellblau und schwarz gestrichen mit einer Radarantenne an der Schnauze. Ich zitterte und erinnerte mich an die Geschichten, die ich in Comic-Serien und Schundheften über die Grausamkeit der Deutschen gelesen hatte. Ich hatte fast alle Ausgaben der Reihe *G-8 and His Battle Aces* gelesen, in denen Luftkämpfe gegen tyrannische und verrückte Deutsche geschildert wurden. Jetzt erwartete ich, am Fallschirm hängend erschossen zu werden. Ich ließ die Aufhängeseile fahren und hing am linken Karabinerhaken, so daß ich wie ein plumper Sack aussehen mußte. Die Me-110 kam geradenwegs auf mich zugebraust, doch dann, fünfzig, sechzig Meter von mir entfernt, drehte der Pilot ab, zog einen Kreis um mich herum und winkte mir zu. Ich stellte mich tot. Die Me-110 flog davon, und mir fiel ein Stein von der Seele.

In einer Höhe von vielleicht 600 m über dem Boden konnte ich erkennen, wo ich ungefähr landen würde. Direkt vor mir verliefen Hochspannungsleitungen auf Stahlmasten. Ich konnte ungefähr vier bis sechs Leitungen erkennen und nahm an, daß sie mit Hochspannung geladen waren. Ich dachte: ‹In Texas haben sie uns beigebracht, wie man einen Fallschirm lenkt; aber wie geht das noch? Mal sehen: Der Ausbilder hat etwas von an den Seilen ziehen gesagt. O ja, eine Viertelstunde Fallschirmunterricht gab's an dem Tag.› Ich zog an den linken Auslaufleinen, und der Fallschirm reagierte damit, daß er mich hin- und herschwingen ließ wie ein Uhrenpendel.

Ich erkannte ein kleines, aus acht oder zehn Häusern bestehendes Straßendorf unter mir. Ein paar Leute kamen auf die Stelle zugelaufen, auf der ich in die Hochspannungsleitungen hineingeraten mußte. Dann war da noch eine Straße unter mir; diese allerdings von Schnee bedeckt. Die Leitungen kamen schnell näher, und in meiner Verzweiflung zog ich das linke Auslaufseil herunter, bis der Fallschirm in sich zusammenfiel. Jetzt sank ich unmittelbar neben den Leitungen senkrecht hinunter. Ich ließ die Auslaufleine los, und der Fallschirm entfaltete sich wieder voll, gerade noch rechtzeitig, um meinen Sturz abzubremsen. Ich landete in einem Kanal und brach durch das Eis hindurch. Offenbar war der Kanal den Winter über so gut wie ausgetrocknet; jedenfalls führte er höchstens fünfzig bis sechzig Zentimeter Wasser. Da lag ich auf dem Eis, die Beine unter Wasser, unendlich erleichtert und bedrückt zugleich – belastet von etwas, das ich nicht verstand. Damit endete meine kurze Laufbahn als Kampfflieger in der 8th Air Force.

TEIL II

Kriegsgefangenschaft 1944–1945

In deutscher Gefangenschaft

Es war eine Erleichterung, unten auf der Erde zu sein, selbst wenn der ‹Boden› unter meinen Füßen aus Eis bestand. Da lag ich nun und fragte mich, wieso ich am Leben geblieben war, während die meisten meiner Kameraden wohl hatten sterben müssen. Während ich noch wie benommen dalag, kam ein Junge von etwa 10 Jahren herbeigelaufen und sagte: «Venga con me, venga con me!» Zuerst verstand ich nicht, was er meinte, doch dann wiederholte ich seine Worte, freilich nicht auf italienisch, wie er gesprochen hatte, sondern auf spanisch: «Ven con migo!» Das Gassenspanisch meiner Jugend in Watts, Kalifornien, brach sich Bahn, und ich verstand: «Komm mit!» ‹Er will mir helfen›, dachte ich.

Mühselig raffte ich mich hoch, zog die Beine aus dem Wasser heraus und setzte mich aufs Eis. Mittels Zeichensprache versuchte ich dem Jungen begreiflich zu machen, mir beim Ablegen der Fallschirmgurte behilflich zu sein, denn ich hatte keinerlei Gefühl in den Händen; es war, als hätte ich nur Armstümpfe. Der Junge hatte Angst, näher zu kommen und zu helfen. Ich mühte mich ab. Wie frustrierend das für mich war! Mein Verstand befahl meinen Händen, die Schnallen der Fallschirmgurte aufzumachen, doch reagierten die Hände nur, indem sie unbeholfen und fahrig auf die Schnallen zutappten und ohne Halt zu finden vom Metall abrutschten.

Minuten vergingen, und der Junge drängte mich immer wieder, mich zu beeilen, doch ich gab es auf und legte mich nieder aufs Eis. Wie dankbar ich war, daß jedenfalls kein Wind wehte.

Der Junge sagte etwas und lief im Schweinsgalopp davon. Wenige Minuten darauf kam ein großer, abgearbeitet aussehender und etwa sechzig Jahre alter Bauer herbeigelaufen und trat vorsichtig näher. Ich setzte mich auf, und ihm wurde bald klar, daß ich harmlos war.

Der Bauer half mir auf die Füße. Ich zeigte immer wieder auf die Fallschirmgurte, doch er wußte nicht, was tun. Schließlich begannen meine Finger, unter Schmerzen an der Schließe herumzunesteln, und endlich war ich von den Gurten frei. Der Bauer gab mir zu verstehen, ihm zu folgen. Ich tat einen Schritt, doch die Knie knickten unter mir ein. Der alte Bauer half mir auf, legte den Arm um mich und stützte mich, woraufhin ich meinerseits ihm den Arm um den Hals legte und mich an seiner Schulter festhielt.

Mein rechtes Bein wollte keinerlei Belastung ertragen. Nachdem ich ein paar hundert Schritt mit dem Bauern vorwärtsgestolpert war, erreichten wir ein Bauernhaus. Dach und Hof waren übersät von Wrackteilen meines Flugzeugs. Vorm Haus standen zwei Mädchen. Da ließ ich den alten Mann innehalten, zog einen Kamm aus der linken Brusttasche und kämmte mir die Haare. Ich kam mir in meinem Aufzug den Mädchen gegenüber ungehörig vor und mußte versuchen, einen besseren Eindruck zu machen. Sie zeigten auf die Flugzeugtrümmer auf dem Dach und sagten: «Kaputt! Kaputt!» Ich verstand damals zwar noch kein deutsch, aber die Bedeutung dieses einen Wortes war klar.

Eine kleine Gruppe von Leuten aus dem Dorf erwartete den alten Mann und mich bereits; in der Hauptsache waren es Frauen, kleine Kinder und ein paar alte Männer. Auf einem Fahrrad kam ein junger Mann herbei, den die Gruppe zum Sprecher bestimmte. In radebrechendem Englisch erklärte er mir, er sei Lehrer. Immer wieder fragte er mich etwas, das sich für meine Begriffe anhörte wie: «Where are your ears?» Ein böser Schrecken durchfuhr mich, und ich dachte: ‹Mein Gott, hab ich etwa keine Ohren mehr?› Doch als ich dorthin faßte, wo die Ohren sitzen mußten, war kein Blut an den Fingern zu sehen. Endlich, nach mehreren Versuchen, verstand ich: «What are your years? – Wie alt bist du?» Ich erklärte, ich sei achtzehn; dabei mußte ich wie sechzehn und kaum wie ein Krieger ausgesehen haben. Jedenfalls fragte der Lehrer mich, ob ich einen Arzt brauchte, und zeigte dabei auf eine Wunde an meiner Stirn, von der mir ein kleines bißchen Blut übers Gesicht gelaufen war. Inzwischen hatte ich mich etwas erholt und konnte auch wieder allein stehen. Ich sagte, das sei nur eine Schramme, die schnell verheilen würde.

Alle waren so freundlich zu mir, und ich konnte nicht glauben, daß dies der Feind sein sollte. Ich fragte, ob ich denn in Dänemark wäre; immerhin hielt ich es für möglich, daß wir viel weiter im Norden gelandet wären als angenommen, doch der Lehrer erklärte mir auf freundliche Weise: «Nein, dies hier ist Deutschland.» Ich war enttäuscht, um das mindeste zu sagen.

Man brachte mich in ein direkt an der Straße gelegenes Bauernhaus mitten im Dorf und übergab mich dort an einen italienischen Soldaten im Unteroffiziersrang. Dieser führte mich ins Haus hinein, schob einen Stuhl neben einen dickbauchigen, gußeisernen Kanonenofen, und ich setzte mich und war dankbar für die Wärme.

Der Italiener trug eine italienische Uniform, die eigentlich längst hätte ausgemustert werden müssen. Den ganzen Nachmittag über unterhielten wir uns auf italienisch und spanisch. Der Italiener war in Afrika an der Hüfte verwundet worden und deshalb nicht mehr einsatzfähig. Die Deutschen verwendeten nicht mehr kriegsdiensttaugliche Männer wie ihn sowie minderjährige Jungen als Erntehelfer auf den Dörfern.

Das Bauernhaus war geräumig und behaglich. Der kleine dickbauchige Kanonenofen heizte eine Wohnstube sowie das angrenzende Eßzimmer. Die deutsche Familie war freundlich zu mir, bot mir eine Wolldecke und einen Lappen an, mir die blutende Stirn damit zu verbinden: auch etwas zu essen boten sie mir zu Mittag an, doch das brachte ich nicht herunter. Es war alles noch zu früh nach dem traumatischen Geschehen heute morgen. Die Kinder – ein Junge von vielleicht sieben und ein kleines Mädchen von etwa acht Jahren – spielten ein Kartenspiel mit Karten, die anders waren als die unseren. Sie sprachen mich ebenso an wie ihre Mutter, eine nett aussehende Frau. Der Christbaum der Familie war noch nicht geplündert; der meiste Christbaumschmuck bestand aus Buntpapier. Photos von Männern in Uniform machten deutlich, warum sie fehlten.

Nach etwa zwei Stunden brachte der italienische Unteroffizier mich nach draußen, wo ich Arnold Nevells, unseren rechten Hüftschützen, wiedersah. Er war es, dessen Fallschirm ich unter mir gen Norden hatte abtreiben sehen. Seine rechte Schulter war verrenkt; Nevells litt beträchtliche Schmerzen und hatte die Schulter auf komische Weise hochgezogen. Er meinte, wir wären von der Flak getroffen worden, und diese habe uns die rechte Tragfläche abgeschossen. Da erzählte ich ihm von der Me-109, von der ich meinte, daß sie uns gerammt hätte, was er jedoch energisch bestritt.

«Wie bist du denn bloß aus dem abtrudelnden Bomber rausgekommen?» fragte ich. Er sagte: «Die Fliehkraft war so stark, daß die Turmkanzel regelrecht aus der Verankerung herausgerissen wurde und ein Riesenloch entstand, und aus dem Loch bin ich rausgekrochen.» Ich war wie vom Donner gerührt und vermochte kaum zu sprechen. «Der arme Ray Ferrell konnte ja keinen Fallschirm in der Kanzel tragen, er...»

Arnold war in ziemlich schlechter Verfassung, und so brachten die Deutschen ihn in ein anderes Haus, von wo aus er in ein Krankenhaus überführt werden sollte. Es dauerte kaum eine Stunde, und er wurde abgeholt. Ich habe ihn nicht wiedergesehen.

Der Italiener und ich brachten den Nachmittag damit zu, zu reden und mein ‹Flucht›-Päckchen durchzusehen. Das Päckchen war so klein, daß es in meine obere linke Brusttasche hineinpaßte, und enthielt auf Seide aufgezogene Karten von Deutschland und Frankreich, 27000 Francs, 17000 Reichsmark, einen Riegel hochkonzentrierter harter Schokolade, Aufputschpillen und eine kleine Taschensäge. Der Italiener hatte überhaupt nichts mit Hitler und «seinem» Krieg im Sinn. Die Karten verbrannte ich im Ofen, denn ich wußte genau, daß ich mich niemals nach Dänemark würde durchschlagen können und das Zauberschiff finden, das mich nach Hause bringen sollte. Ich war verletzt und konnte kaum laufen, trug unförmige Fliegerstiefel und eine Fliegermontur. An Flucht war in diesem Augenblick wirklich nicht zu denken.

Welche Ironie, daß ich mir bei meinem letzten Heimaturlaub einen Film angesehen hatte, in dem Eroll Flynn einen Flieger gespielt hatte, der über Deutschland abgeschossen worden war. Dem war die Flucht selbstverständlich gelungen: Er hatte einen Munitionszug in die Luft gejagt und die nötigen Kontakte zum Untergrund geknüpft, die es ihm gestatteten, sich auf abenteuerliche Weise bis nach England durchzuschlagen. Doch im tiefsten Winter in auffälliger Kleidung und nur mit Hilfe dieses kleinen ‹Flucht›-Päckchens einen Fluchtversuch zu unternehmen, schien lächerlich.

Ich bot dem Italiener die Reichsmark an, doch hatte er Angst, das viele Geld anzunehmen. Ich aß den Schokoriegel und steckte die kleine Eisensäge in die Bleistifttasche meiner Fliegermontur. Der Italiener machte keinerlei Anstalten, sie mir abzunehmen.

Gegen sechs gab es Abendessen, und die junge Mutter forderte mich auf, am Tisch Platz zu nehmen. Der Italiener wurde nicht eingeladen und entschuldigte sich, um hinauszugehen und eine Zigarette zu rauchen, die ich ihm gegeben hatte. Die Familie war sehr höflich zu mir, reichte mir Salzkartoffeln, Möhren und Kohl und gab mir zu verstehen, ich solle nur zulangen. Dazu gab es deftiges Schwarzbrot und Butter. Den Höhepunkt der Mahlzeit bildete eine Scheibe Möhrenkuchen für jeden. Den Ersatzkaffee lehnte ich ab.

‹Das also sind die Feinde, die man dich gelehrt hat zu hassen›, dachte ich. Diese Leute spielen sogar die gleichen Kartenspiele wie wir. Der Hauptunterschied besteht darin, daß sie deutsch sprechen und kein englisch. Ich war verwirrt. Von hoch oben aus der Luft nahm sich der Feind so ganz anders aus. Aus sieben- bis achttausend Metern Höhe war der Feind etwas ganz und gar Unpersönliches; sofern personifiziert, nahm er die Gestalt Hitlers an, wie er bei den Aufmärschen in den dreißiger Jahren ausgesehen hatte, hysterisch schrie und wie ein Wahnsinniger mit den Armen in der Luft herumfuchtelte. Manchmal stellte man sich den Feind als Marschkolonne von gesichtslosen Uniformierten vor, die im Gleichschritt die Beine hochwarf und mit steif ausgestrecktem Arm ihr Idol grüßte. Mir hatte man den Feind als blindwütige, monokeltragende Ungeheuer hingestellt, die weder Mitleid noch Familiensinn kannten, weder höheres Streben noch Religion. Man hatte sie uns als willenlose Roboter geschildert, die nie Gutes taten, sondern immer nur Böses. Sie hatten alle gleich ausgesehen und das Zeichen des Todes im Gesicht getragen.

Plötzlich hatte der Feind ein von Sorgen und Arbeit, von Mühsal und Liebe, von Mitgefühl gezeichnetes Gesicht – Mitgefühl sogar für einen Fremden, ja für einen Feind; und er hatte ein Gesicht, das Angst verriet. Der Vater der Kinder, der Mann der Mutter, der Bruder, der Onkel – alle trugen sie Uniform. Waren das die Männer, die am Steuerknüppel und hinter dem MG der Me-109 saßen und die Flak-Geschütze bemannten? ‹Wer ist das – der Feind?› fragte ich mich. Die Antwort auf diese Frage sollte ich in den nächsten anderthalb Jahren finden.

Gegen 10 Uhr abends hielt draußen vor dem Haus ein Lastwagen. Schweigen legte sich über die Familie, als an die Tür geklopft wurde. Ein schneidiger Infanteriehauptmann wurde in die Vorderstube hineingelassen. Er nahm die Mütze ab und verbeugte sich knapp vor der jungen Mutter, die ihn eingelassen hatte. Aus lauter Respekt vor dem Uniformträger erhob sich die gesamte Familie. Ich blieb sitzen, brachte damit zum Ausdruck, daß ich keinerlei Hochachtung vor dem Uniformierten hätte, und versuchte, die Ruhe zu bewahren. Der Mann sagte irgend etwas Höfliches, was die Familie beruhigte.

Trotz der späten Stunde war der Hauptmann wie aus dem Ei gepellt. Der Uniformrock war nahezu steif, der Mann blieb stehen und sah aus wie das Gemälde irgendeines klassischen Heerführers. Er war etwas über 1,80 m groß und schmuck. Er hatte ein feingeschnittenes Gesicht und trug einen schmalen, aber tadellos gehaltenen Lippenbart. Seine ausladenden Reithosen steckten in kniehohen, glänzend geputzten schwarzen Stiefeln. Seine Art zu reden und seine ganze Haltung sowie die Gesten, die er mit Hand und Arm vollführte, hatten geradezu etwas Theatralisches. Er stellte einen neuen Typ von Persönlichkeit dar, wie ich ihm später nur noch einmal in Deutschland begegnen sollte.

Nachdem der Austausch von Höflichkeiten vorüber war, stand die Familie wieder auf; der Hauptmann hob halbherzig den rechten Arm und grüßte: «Heil Hitler!» Murmelnd erwiderte die Familie den Gruß, doch die Hand hob keiner. Forsch marschierte der Hauptmann zur Stube hinaus, ohne mich eines Blickes zu würdigen, doch beim Hinausrauschen winkte er und pfiff zwischen den Zähnen, als pfeife er einem Hund. Gehorsam raffte ich mich vom Stuhl hoch und folgte ihm eilends. Schließlich hatte der Hauptmann hier zweifelsfrei das Sagen.

Draußen stand ein dreiachsiger Lastwagen. Um was für eine Marke es sich handelte, konnte ich nicht erkennen, denn er war mit einer dunklen Plane bedeckt. Ein Soldat hielt ein Gewehr in der Hand, dessen Typ ich gleichfalls nicht ausmachen konnte. Der Soldat hatte eine Taschenlampe, wollte jedoch Batterien sparen, und knipste sie nur immer kurz an. Als erster kletterte der Soldat auf die Ladefläche hinauf. Dann reichte er mir die

Hand, um mir hinaufzuhelfen; offenbar wußte er, daß ich keine Ahnung hatte, wo ich mich sonst festhalten sollte. Hinten auf dem Laster saßen dreizehn Männer, und zuerst sprach keiner ein Wort.

Mit abgeblendeten Scheinwerfern rumpelte der Lastwagen durch stockdunkle Nacht. Schließlich hörte ich den neben mir Sitzenden vor Schmerzen aufstöhnen. Ich sagte: «Was ist los?», und er antwortete: «Ich habe einen Hüftschuß und einen zweiten Schuß in die Seite bekommen.» Gott sei Dank sprach er englisch. Noch jemand meldete sich und sagte: «Er blutet schon die ganze Zeit über, aber dieser verdammte Hauptmann will nichts dagegen tun.» Bald redeten auch alle anderen, allerdings waren sie alle auf der Hut. Keiner wollte Staffel, Gruppe oder Heimatfliegerhorst preisgeben. Immerhin bestand die Möglichkeit, daß einer unserer Gruppe ein englischsprechender Deutscher war.

Ein großer Mann mit pockennarbigem Gesicht fing gottserbärmlich an zu fluchen. Er saß genau in der Mitte der Ladefläche und wütete vor sich hin: «Dieser Hund, dieser verdammte Hund! Dieser gottverdammte Blödmann hatte keine Ahnung, auf wen er eigentlich schoß. Wenn ich bedenke, daß ich zu Haus sein und mir noch einen holen könnte!» Schließlich fragte einer von den dunklen Gestalten, warum er sich eigentlich so aufrege. «Das will ich dir sagen», schrie er. «Dieser Idiot von Heckschütze hat mich abgeschossen, hat er getan», sagte der Mann. «Was für ein Heckschütze denn?» fragte jemand. «Der Heckschütze von dieser gottverdammten B-24», rief er.

Der Lastwagen hielt. Der makellos gekleidete Hauptmann kam an die Heckklappe und sagte: «Was ist los?» – «Nichts, sie reden nur», sagte unsere Bewachung. In knappem und gespreiztem Englisch erklärte der Hauptmann: «You will refrain from speaking, gentlemen! – Bitte nicht reden, meine Herren!»

Als der Lastwagen wieder fuhr, fragte jemand den großen Pockennarbigen, was denn passiert sei. «Ich gab diesen B-24 mit meiner P-38 Geleitschutz, und nachdem ich mich auf eine 109 gestürzt hatte, ging ich hinter den B-24 wieder in die Höhe. Und da sah ich diesen gottverdammten Heckschützen aus beiden Rohren Feuer spucken und auf mich schießen, die gottverdammten Geschosse trafen unsere rechte Tragfläche und sägten mitten durchs Cockpit, und das gottverdammte Armaturenbrett wurde zerfetzt.

Dieser gottverdammte Hund hat mich abgeschossen! Ich ging in Schräglage und stieg aus.»

Meines Wissens gab es nur ein deutsches Flugzeug, das Ähnlichkeit mit einer P-38 aufwies, und das war die Focke-Wulf 189. ‹Wie konnte ein Schütze eine P-38 nur damit verwechseln?› sann ich. ‹Eine Focke-Wulf 189 würde nie auf über 6000 m gehen.› Doch diese Überlegung behielt ich für mich.

Der Mann neben mir stöhnte wieder, und diesmal schaffte ich es, ihm ein bißchen Vertrauen einzuflößen. Ich fragte ihn, ob er sich anlehnen wolle; sofort ließ er sich gegen mich sacken. Ich ertastete das verkrustete Blut auf seiner Fliegerkombination, dann das klebrige frische Blut und einen großen Riß im Gewebe. Ich sagte: «Du blutest wieder. Komm, ich leg dir dies Taschentuch auf die Wunde.» – «Danke», entgegnete er schwach. Ich schob das olivgrüne Taschentuch durch den Riß in seiner Kombination und bemühte mich, die Stelle zu finden, an der man die Blutung am besten zum Stillstand bringen konnte. Er schrie vor Schmerz auf, doch hielt ich ihn fest im Arm und drückte das zusammengelegte Taschentuch auf sein zerfetztes Fleisch.

Die ganze Nacht hielt ich ihn in der Kälte und bei holperigen Straßen im Arm. Der deutsche Soldat versuchte, mir von Zeit zu Zeit dadurch zu helfen, daß er die anderen etwas beiseite schob, damit der Verwundete und ich etwas mehr Bewegungsfreiheit hatten. Der Verwundete erzählte mir, er sei Leutnant, und jetzt habe er Angst zu sterben. Ich wußte nicht recht, was ich sagen sollte, um ihn zu trösten.

Gegen 4 Uhr morgens hielt der Lastwagen vor einem großen Gebäude. Von unserer Wache erfuhren wir, daß wir in Hamburg wären. Der Hauptmann befahl den Pockennarbigen zu sich hinaus und wies mich dann an, den verwundeten Leutnant hinunterzuheben. Der junge Leutnant schrie vor Schmerz, als ich ihn in die Arme des P-38-Piloten hinunterließ. Er sagte: «Danke, und viel Glück!»

Als nächstes hielt der Laster mitten in der Stadt. Man sah nirgends Licht, und Häuser und Straßen waren nur schattenhaft zu erkennen. Mir wurde befohlen hinunterzukommen, und der Hauptmann brachte mich an den dunklen Eingang eines vier- bis fünfstöckigen Gebäudes. Vergeblich blickte ich mich nach irgend etwas Auffälligem in der dunklen Landschaft um; es gab keine

Möglichkeit, sich zu orientieren. Die Häuser auf der anderen Straßenseite waren kaum zu erkennen. Ohne eine Ahnung von den Haupthimmelsrichtungen kam ich mir verloren vor. Bei meinem Großvater und später bei den Boy Scouts hatte man mir beigebracht, die Himmelsrichtungen zu erkennen. Doch ohne auch nur die geringste Ahnung zu haben, wo Norden war, kam ich mir wirklich verraten und verkauft vor.

Bald öffnete ein Uniformierter die Tür, und der Hauptmann überhäufte ihn mit einer Flut rüde klingender Worte. Ich wurde vom Hauptmann hineingestoßen, die Tür von ihm zugeknallt. Der Soldat führte mich hinauf in den vierten Stock und in einen Raum mit einer fein säuberlich rechtwinklig angeordneten Büroeinrichtung.

Drei Soldaten mit verquollenen Augen, die offenbar in ihren verknitterten Uniformen geschlafen hatten, traten ein. Einer von ihnen war Feldwebel mit zwei pilzähnlichen silberfarbenen Rangabzeichen auf dem Kragenspiegel. Diese Männer sollten völlig unvorbereitet auf einen Gefangenen aufpassen, einen jener Flieger, die insbesondere hier in Hamburg den Tod hatten vom Himmel regnen lassen. Sie besprachen sich, dann führte der Feldwebel ein Telephongespräch. Seine Stimme hatte etwas Entschuldigung Heischendes; er wurde jedoch offensichtlich angeschnauzt, ehe er das Gespräch förmlich beenden konnte.

Die Männer knipsten mehr Licht an und überprüften die Verdunkelungsrollos. Dann bemühten sie sich, mir eine Frage zu stellen, doch konnten wir uns nicht verständigen. Diese Soldaten in ihren zerknautschten Uniformen und mit ihren alles andere als gepflegten Umgangsformen bildeten einen auffallenden Gegensatz zu dem makellosen Offizier im Lastwagen und kamen mir nicht bedrohlich vor. Ich setzte mich und versuchte zu entspannen; denn schließlich war ich hundemüde. Nach ein paar Minuten befiel mich von einem Augenblick auf den anderen der Drang, eine Toilette aufzusuchen. Schon während des Fluges über der Ostsee hatte ich das dringende Bedürfnis gehabt, mich zu erleichtern, doch der Luftkampf und das traumatische Erlebnis des Abgeschossen-Werdens hatten dieses Bedürfnis einfach abgeschnitten. Jetzt jedoch mußte ich unbedingt auf die Toilette. «Ich muß aufs Klo», sagte ich auf englisch. Ohne zu begreifen, starrten sie mich an. Ich versuchte es auf spanisch, denn ich erinnerte mich daran, wie erfolgreich ich mich mit dem Italiener verständigt hatte, doch hatte ich damit hier kein Glück. Da riß ich den Hosenstall meiner Fliegerkombination auf, doch sie begriffen immer noch nicht. Schließlich riß ich auch noch den der blauen, elektrisch heizbaren Unterkleidung auf, woraufhin einer mit einem Wort reagierte, das sich anhörte wie *shitzen house*. Der Feldwebel brachte mich zu der Toilette gegenüber. Gott sei Dank gab es dort Klopapier. Jetzt ging es mir wesentlich besser; das einzige, wonach ich mich verzweifelt sehnte, war Schlaf.

Wieder im Dienstzimmer, wurde ich von einem untersetzten und gedrungenen Obergefreiten mit schwarzen Knopfaugen in einem rundlichen Gesicht und glattem schwarzen Haar mit einem in freundlichem Ton vorgebrachten: «Hello, please sit down» begrüßt. Ich war ebenso überrascht wie erfreut, daß jemand englisch sprach; seiner Knopfaugen wegen nannte ich ihn bei mir «Beady».

Beady ließ von den Männern einige Formulare suchen. Dann zog er einen Stuhl vor mich hin und mit einem dieser Formulare auf einer Schreibplatte, setzte er sich.

«Dein Name», sagte er. Ich zeigte ihm meine Hundemarke mit Namen, Rang und Stammrollen-Nummer. Er versuchte, mich zu verhören, doch kam ich bald dahinter, daß sein Englisch ziemlich lückenhaft war. Er erzählte mir, kurz vorm Krieg habe er ein paar Monate in New York gelebt.

Plötzlich wurden die Männer nervös und blickten zur Tür. Draußen auf dem Flur war das harte Klicken von Hacken auf dem Fußboden zu hören. Ein Major in feldgrauer Wehrmachtsuniform trat ein, und alle Männer nahmen Haltung an. Da erhob auch ich mich, denn ich wußte, von nun an würde Achtung vor Offizieren von entscheidendem Einfluß auf mein Wohlergehen sein. Der Major rief Beady zu sich und stellte ihm eine Reihe von Fragen. Beady antwortete förmlich mit einem «Jawohl, Herr Major»; dann wies er mit einigen beredten Handbewegungen den zum Teil bereits ausgefüllten Fragebogen vor. Der Major warf einen Blick auf das Formblatt und knallte es dann auf den Tisch. Er trat vor mich hin, sagte etwas, das ich nicht verstand, woraufhin ich mit einem Ausdruck des Nichtbegreifens auf dem Gesicht und gespreizt vor mich hingehaltenen Händen reagierte. Der Major hatte kraft seiner Größe und seiner barschen Sprechweise etwas Einschüchterndes. Plötzlich fing er an, mich zu filzen. «Was haben wir denn da?» fragte er und zog die kleine Eisensäge hervor, die ich in der Bleistifttasche meiner Fliegerkombination verborgen hatte. Siegesgewiß, so daß alle es sehen konnten, hielt er das Blatt in die Höhe, ließ dann einen Schwall von Worten vom Stapel und fuchtelte vor dem Gesicht des Feldwebels und danach aller anderen mit der Klinge herum und rief triumphierend irgend etwas auf deutsch. Das einzige, das ich mitbekam, war das Wort «Dummkopf», das er allerdings etliche Male wiederholte. Der Zorn des Majors brauchte ziemlich lange, um zu verrauchen; jedenfalls brachte er mehrere Minuten damit zu, seine Untergebenen mit Hohn und Spott zu übergießen. Dabei bekam er ein hochrotes Gesicht, das deutlich den grauen Tagesbart darauf erkennen ließ. Der Major vollführte Gesten und redete auf eine Weise, mit der er mir zu gratulieren schien, das Sägeblatt verborgen zu haben, die anderen jedoch herunterputzte. Als er sich endlich beruhigt hatte, rief er wieder Beady zu sich.

Der Major stellte Beady eine Frage, und Beady versuchte, sie ins Englische zu übersetzen. «You Jahre, many?» Er versuchte es noch einmal: «You, Jahre, when, many?» Diesmal war der Tonfall besser, aber die Frage gleichwohl schwer zu verstehen, so daß ich immer wieder wiederholte: «Was? Was meinen Sie?» Schließlich sagte er: «How many years you?» – «Eighteen – achtzehn», erwiderte ich, woraufhin er wiederholte: «Achtzehn.»

Befriedigt stellte der Major mir eine weitere Frage. Wieder versuchte Beady sein Glück: «You, house, land (unverständlich)?» Das hörte sich zwar nach einer Frage an, doch ich verstand sie nicht. Er wiederholte sie wohl sinngemäß: «City, du house (unverständlich)?» ‹Ach so, er will wissen, aus welcher Stadt ich komme›, dachte ich. ‹Dieser Kerl versucht, mich zu verhören, und kann nicht mal englisch. Jetzt sieht er mich bittend an›, sann ich. Obwohl ich in Los Angeles zu Hause war, antwortete ich mit: «New York City», schon weil ich wußte, daß Beady dem Major über diese Stadt immerhin etwas erzählen konnte. Der Major wiederholte: «Neu Jork», und das in einem nachdenklichen Ton.

Wir setzten das Spiel fort. Ich erkannte, daß Beadys Miene Erleichterung ausdrückte. Der Major stellte noch eine Frage, und

Beady übersetzte: «You Schule (unverständlich)?» Ich entgegnete: «Sie meinen, wo ich meine Ausbildung – *education* – absolviert habe?» – «Ja, *engeneering*», ließ sich jetzt der Major vernehmen und verwechselte *education* offensichtlich mit *engineering* – Ingenieurstudium. Beady nickte zustimmend. Diese Probe erleichterte Beady und mir den Rest.

Der Major fragte nach meinem Namen, doch als Beady ihm diesen wiederholte, klang das schon sehr deutsch, und der Major erklärte, es gäbe eine ganze Reihe von ‹Mattinis› hier in Hamburg.

Der Major stellte immer weitere Fragen, und Beady entwickelte zunehmend eine Begabung für das Erfinden von Lauten, die in den Ohren des Majors wie Englisch geklungen haben müssen. Ich meinerseits antwortete alles Mögliche, etwa mit: «Yes, I like the wall paper in my aunt's parlor.» – Ja, die Wohnzimmertapete bei meiner Tante gefällt mir.» Woraufhin Beady unverzüglich dem Major irgend etwas auf deutsch sagte, der Major mit dem Kopf nickte und sich manchmal eine Notiz machte.

Das Telephon klingelte, und das Verhör war beendet. Der Major gab einen Befehl, und zwei Soldaten brachten mich nach unten. Wir marschierten etwa zehn Minuten durch eine dunkle Straße und erreichten ein Gefängnis in der Nähe des Bahnhofs. Die Soldaten steckten mich in eine Zelle, die der Gefängniswärter bereits aufgeschlossen hatte.

Die Zelle war geräumig und warm. In ihr stand ein Holzbett mit Holzbrettern statt Matratze und einem geneigten Kopfteil. Ich streckte mich aus und war im Handumdrehen eingeschlafen.

Sanft rüttelte der Gefängniswärter mich an der Schulter, um mich zu wecken. Zu meiner Überraschung sprach er englisch mit britischem Akzent. «Tut mir leid, Sie wecken zu müssen, aber seit dem Tag- und Nachtangriff müssen Sie hier raus.» Zuerst begriff ich nicht, um was es ging. Offenbar meinte ich, noch zu träumen; jedenfalls konnte ich meinen Körper nicht dazu bewegen, auf eine unbekannte Gefahr zu reagieren. Der Wärter gab mir einen Emailbecher heißen Ersatzkaffee und zwei Scheiben Schwarzbrot mit roter Marmelade darauf. «Essen Sie schnell», sagte er. «Wir müssen Sie noch vor Tagesanbruch von hier wegbringen. – Die Leute hassen euch Terrorflieger, wegen der Bombenangriffe», setzte er dann noch hinzu.

Der Wärter erklärte, in zehn Minuten würde ich fortgebracht. Dann machte er die aus Eisenstäben bestehende Tür zu, schloß sie aber nicht ab.

An der Hinterwand der Zelle stand ein elektrischer Heizkörper, auf den ich jetzt meine Schwarzbrotscheiben legte. Nach kurzer Zeit war das Brot getoastet, woraufhin es schon wesentlich besser schmeckte. Der Wärter kehrte zurück und sagte, ja, so schmecke das Brot besser. Den Kaffee brachte ich nicht hinunter.

Vorm Hauptportal des Gefängnisses waren noch weitere acht amerikanische Air-Force-Angehörige versammelt. Zwei Wehrmachts-Schützen stellten unsere Bewachung dar; ein jeder von ihnen war mit einem 9 mm-Mausergewehr samt Bajonett bewaffnet. Im ersten Licht des Tages eskortierten die Wachen uns die Straße hinunter. Bald erreichten wir den Bahnhof. Unsere Wächter gaben am Fahrkartenschalter rote Karten ab und bekamen die entsprechenden Fahrkarten dafür. Die Zivilisten, die hier zu ihren Zügen eilten, schenkten uns nur wenig Beachtung. Wir befanden uns in einer langen, überdachten Halle, die noch kaum irgendwelche Bombenschäden aufwies. Kaum, daß die Lokomotive pfiff, verfrachteten uns unsere Wachen in einem nach Süden fahrenden Zug. Wir ließen uns auf Holzbänken nieder, die mit dem Rücken zu den Fenstern standen. Die Wachen nahmen an einem Ende des Waggons Platz und gaben nicht weiter auf uns acht. Uns gegenüber nahmen ein paar Zivilisten Platz. Jeder von ihnen trug eine kleine schwarze Aktenmappe, und ich hielt sie für Geschäftsleute. Obwohl der Wagen geheizt war, trugen alle Hut und Mantel. An den Fenstern bildete sich etwas Eis, das wir immer wieder mit dem Ärmel abwischten. Immerhin war dies das erstemal, daß wir Deutschland aus der Nähe zu sehen bekamen. Es war angenehm, über ein paar Bauernhöfe und Gehölze hinwegblicken zu können.

Der Zug lief glatt und war bequemer als manche amerikanischen Züge, in denen ich gefahren war. Ich döste, bis der Zug ruckartig stehenblieb. Wir waren in einen anderen Bahnhof eingelaufen, manche der Fahrgäste stiegen aus und neue nahmen ihren Platz ein. Diesmal waren auch ein paar Frauen dabei, doch hielten diese größeren Abstand von uns. Ich merkte, daß mehrere Soldaten in blauer Luftwaffenuniform in den Waggon vor dem unseren einstiegen. Auf dem Namensschild des Bahnhofs stand «Marburg». Es war inzwischen 12 Uhr 30 mittags geworden.

Glatt fuhr der Zug an und nahm Tempo auf. Ich sah eine Lokomotive ohne Boiler und Führerhaus sowie etliche ausgebrannte Waggons. Der Pilot der P-38 sagte, die Lok sei mit Bordwaffen beschossen worden und der Kessel explodiert. Ich war immer noch sehr müde und schlief den größten Teil des Nachmittags über.

Der Zug lief in einen riesigen, gleichfalls überdachten Bahnhof ein, bei dem allerdings einige Scheiben zerbrochen waren. Auf dem Namensschild stand «Frankfurt am Main». Wir mußten auf dem Bahnsteig Aufstellung nehmen und dann im Gänsemarsch auf das steinerne Haupttor zumarschieren. Unter einer Tür stand ein Herr in Anzug und weichem Filzhut und starrte uns an. Als wir an ihm vorüberkamen, schwenkte er den Arm mit dem darüber gelegten Mantel auf uns zu und machte mit zwei hochgestellten Fingern das *Victory*-Zeichen. Dabei verhüllte der Mantel seine rechte Hand so geschickt, daß die Wachen, die uns folgten, es nicht sahen. Ein Gefühl der Ermutigung durchflutete mich, und einige von uns reagierten mit halblaut gemurmelten Worten.

‹Also sind sie hier in Deutschland nicht alle Feinde›, dachte ich. Als wir das Hauptportal passierten, machte eine kleine alte Dame ihren Schal auf und machte schweigend dasselbe Zeichen, auch sie so, daß die Wachen es nicht sahen. Unsere Gruppe fühlte sich sehr ermutigt.

Fast gleichzeitig jaulte die Sirene auf: Fliegerangriff. Alle verließen die obere Bahnhofsebene und stiegen die Treppen hinunter. Die Wachen nahmen uns als letzte mit hinunter; drei Stockwerke tiefer suchten wir Zuflucht in einer Kneipe. In der Ferne vernahmen wir Bombengebrummel und Flak-Schüsse, doch in der Nähe war nichts zu hören.

Der Wirt war stolz auf eine kleine Ehrenecke über dem Spiegel mit den Flaschenregalen davor; auf einem Photo waren Hitler und andere zu sehen. Einer von uns, der deutsch konnte, sagte, hier habe Hitler 1933 seinen Putsch geplant. ‹Vermutlich erheben viele Kneipen Anspruch auf diese Ehre›, dachte ich bei mir.

Der Luftangriff dauerte nur zwanzig Minuten. Wir wurden aus dem Bahnhof auf die Straße geführt. Was mich überraschte, war, soviel Bekanntes zu sehen. Da war eine 1938er Chevrolet-Limousine und ein 1937er Ford, eine Shell-Tankstelle und ein Reklameschild von Coca Cola. Zwei Autos waren auf dem Dach mit riesigen Treibstoffbehältern ausgestattet, und bei einem Lastwagen schwelte ein Holzkohlenbrenner. Diese Bilder mitten in Frankfurt erinnerten mich mehr an zu Hause als irgend etwas, das ich in England gesehen hatte.

Die Wachen brachten uns zu einer Straßenbahnhaltestelle. Wir stiegen in den bereits überfüllten Waggon ein und standen, so daß die Frauen sitzen konnten. Die Straßenbahn fuhr nicht ab. Der Schaffner, der eine Uniform trug, die aussah, als wäre er beim Militär, stritt sich mit einem unserer Bewacher herum und wollte die roten Scheine nicht für die Straßenbahn annehmen. Schließlich mußten die Wachen aus eigener Tasche für uns bezahlen, ließen sich aber vom Schaffner eine Quittung geben.

Die Straßenbahnfahrt brachte uns aus der Stadt hinaus einen leicht ansteigenden Hügel hinan, wobei das alte, beanspruchte Getriebe quietschte. Einmal mußte der Schaffner aussteigen und den Stromabnehmer, der aus der Leitung gesprungen war, wieder einsetzen. Die Straßen waren mit Steinen und Ziegeln gepflastert und schon ganz ausgefahren. Endlich hielt die Straßenbahn vor einem riesigen, von einer hohen Steinmauer umfaßten Anlage. Wir marschierten auf ein Tor zu, das von zwei Wachen erst geöffnet wurde, nachdem sie über ein Feldtelephon ein Gespräch geführt hatten. Jenseits des Tors wurden unsere beiden Bewacher entlassen und wir von einem Unteroffizier in einen Raum geführt.

«Willkommen im Dulag Luft, meine Herren», sagte ein untersetzter, ewig lächelnder Hauptmann. Wir mußten uns aufstellen und uns bis auf die Unterwäsche entkleiden. Unsere elektrisch geheizte Unterkleidung wurde uns abgenommen, die Fliegerkombination jedoch nach gründlicher Untersuchung zurückgegeben. Ich hatte an meinem letzten Tag im aktiven Dienst einen wollenen Mechanikersweater angehabt und bat, ihn wieder zurückzubekommen; da niemand darauf einging, nahm ich ihn einfach und zog ihn wieder an. Ein Soldat beobachtete mich zwar, sagte aber nichts zu dem Hauptmann, der gerade woanders hinsah. Dieser Sweater sollte mir in den vor mir liegenden Wintern als Gefangener unschätzbare Dienste tun.

Man brachte mich hinaus; es ging einen Flur mit vielen schmalen Türen hinunter. Die Türen hatten in Augenhöhe kleine Fenster mit einem Schieber davor, der sich von der Flurseite aus betätigen ließ. Außerdem war jede Tür mit einer kleinen roten Fahne aus Metall ausgestattet, die sich vom Zelleninneren aus herunterkippen ließ. Ich wurde in eine Zelle etwa in der Mitte des Flurs gebracht. Mein deutscher Bewacher machte die Tür auf und winkte mir einzutreten.

Ehe die Tür geschlossen wurde, verschaffte ich mir noch einen raschen Überblick über den winzigen Raum; denn sonst konnte man des mangelnden Lichtes wegen nur undeutlich sehen. Die Zelle war ungefähr 1,20 m breit und 2,50 m lang und wies eine etwa 3 m hohe Decke auf. Den größten Teil des Raums nahm ein aus Brettern bestehendes Bett ein; die Strohschütte war zehn bis fünfzehn Zentimeter dick und bedeckt mit einer dünnen Wolldecke. Das Fenster am Ende der Zelle war mit Brettern verschalt, so daß es aufgrund der dämmerigen Umrisse mehr zu erahnen als zu erkennen war. In die Wand unterm Fenster war eine elektrische Heizung eingebaut.

Ich lag im Bett und versuchte mir klarzumachen, was eigentlich mit mir passierte. Nach ein paar Minuten hörte ich draußen eine Glocke schlagen. Dann erkannte ich die kleinen Geräusche des Gebäudes; die quietschenden Betten in anderen Zellen, wenn Männer sich anders hinlegten, die gedämpften Stimmen von Eingesperrten, die sich bemühten, die Wachen auf sich aufmerksam zu machen, und den Klang von nägelbeschlagenen Stiefeln.

Um 6 Uhr abends brachte der Wächter das Abendessen. Eine kleine Schiebetür unten an der Tür wurde aufgemacht und eine Schüssel Suppe sowie zwei Scheiben Schwarzbrot hineingeschoben; gleich danach gab es noch einen Becher Ersatzkaffee. Das Brot hob ich mir auf, bis die Heizung anging; dann toastete ich es darauf. Die Suppenschale und der Becher wurden nach etwa einer Viertelstunde wieder eingesammelt.

Der Heizkörper wurde voll aufgedreht, bis ich dermaßen schwitzte, daß ich mich ausziehen mußte. Dann wurde die Wärme wieder abgestellt, bis ich vor Kälte schlotterte. Die Glocke draußen schlug getreulich alle fünfzehn Minuten, bloß um den Gefangenen klarzumachen, wie lange fünfzehn Minuten wirklich dauern können. Als ich in der Nacht zitternd im Bett lag, kamen Wanzen, Flöhe und Küchenschaben aus der Matratze herausgekrochen. Sie fühlten sich offenbar von meinem warmen Körper angezogen. Da ich aufs Klo mußte, zog ich am Flaggengriff gleich neben der Tür. Geschlagene zwei Stunden lang übersah der Wachmann draußen die Flagge. Als er die Tür schließlich aufmachte, hielt er das Gewehr mit aufgepflanztem Bajonett stoßbereit in der Hand; der Mann zeigte den Gang hinunter auf die Toilettentür. Kaum hatte ich mich auf die Kloschüssel niedergelassen, trieb der Wachsoldat mich auch schon an, zu machen, daß ich fertig wurde. Ich schaffte es gerade noch, mir Wasser ins Gesicht zu spritzen. Meine Bewachung gab mir durch Gesten zu verstehen, ich solle machen, daß ich zurückkam, fuchtelte mit der Knarre in der Luft herum und schrie mich an.

Immer wieder wurde ich durch das Läuten der Glocke draußen sowie durch das An- und Abstellen der Heizung aus dem Schlaf gerissen. Die Wanzen piesackten mich, und die Kratzerei begann. Am Morgen war ich alles andere als ausgeschlafen und schrecklich gereizt. Um 6 Uhr wurde mir das Frühstück durch die kleine Öffnung geschoben. Mit einer Scheibe Brot und einem Becher heißen Wassers mußte ich bis zum Mittagessen auskommen.

Gegen 9 Uhr kam ein kleiner vierschrötiger Mann in die Zelle, streckte mir die Hand entgegen und erklärte, er sei vom Internationalen Roten Kreuz in Genf. Er hatte braune Augen, dunkles und mit einem wohlriechenden Öl glatt zurückgekämmtes Haar und trug eine blaue Uniform mit einer Armbinde mit dem Roten Kreuz darauf.

Der kleine Rot-Kreuz-Repräsentant nahm auf der Pritsche Platz, und der Wachmann ließ die Tür halb offen stehen, so daß wir die Formulare, die er mitgebracht hatte, sehen konnten. Das Männchen fragte mich, wie es mir gehe, und forderte mich dann auf, die Formulare auszufüllen. Da war Raum für Namen, Rang, Stammrollen-Nummer, nächste Angehörige, Heimatadresse, Name des Fliegerhorstes, auf dem ich stationiert gewesen war, der Name des Staffelkommandeurs und andere Informationen ganz offensichtlich militärischer Natur. Ich reichte dem kleinen Mann die Formblätter zurück und erklärte, bis auf Namen, Rang und Stammrollen-Nummer könne ich keinerlei Angaben machen. Daraufhin erklärte er, ich hätte die Formulare auszufüllen, damit man meine Stellung als Soldat nachprüfen könne. Ich weigerte mich hartnäkkig, und er drang weiter in mich. Der Mann war offenkundig kein Rot-Kreuz-Vertreter, sondern ein schlecht verkleideter Spitzel. Schließlich überredete er mich, zumindest meine Heimatadresse anzugeben, damit wenigstens meine Familie benachrichtigt werden könne, daß ich in Gefangenschaft geraten, aber am Leben sei. Noch im Hinausgehen warnte das Männchen mich, alle auf dem Formular verlangten Informationen zu geben.

Dieser erste Tag wollte und wollte kein Ende nehmen. Ich hatte Angst um meine Zukunft und hörte das Gestöhn einiger von den Wachen mißhandelter Mitgefangenen. Die Glocke draußen schien die Zeit anzuhalten. Der ständige Wechsel von Hitze und Kälte nahm mich beträchtlich mit, und das Ungeziefer tat sich an mir und meinen Schrammen gütlich.

Am nächsten Tag kam das Männchen mit der Rot-Kreuz-Armbinde wieder und erklärte, ich hätte den ‹offiziellen› Fragebogen vom Roten Kreuz vollständig auszufüllen. Als ich ihm entgegenhielt, Angaben militärischen Inhalts könne ich nicht machen, erwiderte er: «Sie werden nicht eher aus dieser Zelle herauskommen, als bis Sie alle Fragen beantwortet haben.» Ich wußte, daß er Deutscher war und versuchte, militärische Dinge aus mir herauszuholen, doch stellte er sich nicht sonderlich geschickt an.

Ich litt Hunger und Durst. Die drei Becher Flüssigkeit und die Suppe pro Tag reichten bei der Hitzebehandlung nicht aus. In der Suppe befand sich nur wenig Nahrhaftes; den meisten Nährwert besaßen noch die drei Scheiben Brot. Auf der Latrine versuchte ich, an Wasser heranzukommen, doch drohte mir der Wachmann mit aufgepflanztem Bajonett, scheuchte mich vom Klo herunter und brachte mich zurück in die Zelle.

Die neben der meinen gelegenen Zellen waren leer, so daß ich mich nicht einmal durch Morsezeichen mit anderen Gefangenen verständigen konnte. In der Nacht wurde zwischen 11 Uhr und Mitternacht die Zelle rechts neben mir belegt. Bei dem Gefangenen handelte es sich um einen jungen Burschen, nicht älter als ich, der am Arm verwundet war. Der Helfer des Wachmanns sprach englisch und bedeutete meinem jungen Kameraden, er habe die gestellten Fragen zu beantworten. Der Junge wiederholte laut seinen Namen, seinen Rang und seine Stammrollen-Nummer; dann gingen die beiden Deutschen.

Der Junge litt Schmerzen und hämmerte immer wieder mit dem Kopf gegen die Wand. Es gelang mir, mich über eine unverputzte Stelle an einem alten Rohr, das durch unsere beiden Zellen ging, mit ihm zu unterhalten. Er hatte einen Schuß durch den Arm bekommen, und das Geschoß oder der Granatsplitter hatte einen der Knochen zertrümmert. Die Deutschen hatten ihm nichts gegen die Schmerzen gegeben, ja, nicht einmal seine Wunde versorgt. Da er dachte, ich könnte ein deutscher Spitzel sein, blieb der Junge recht einsilbig. Schließlich gegen 2 Uhr morgens schrie er vor Schmerz auf und fing an, in seiner Zelle wild um sich zu schlagen. Die diensthabende Wache sah nach, was los wäre, und ging dann ans Ende des Korridors. Kurz darauf erkannte ich die Stimme des angeblichen Rot-Kreuz-Repräsentanten. Die beiden schrien den Ärmsten an, und der Junge bat um einen Arzt. Der Deutsche schrie zurück, er werde keinen Arzt bekommen, bis er nicht alle Fragen beantwortet hätte, woraufhin mein Kamerad schließlich sagte: «Gut, alles, was Sie wollen.» – «*All right,* danach bring ich dich zum Arzt.» Nachdem der Mann alles erfahren hatte, was er wissen wollte, brachte er den Jungen weg. Ich schlief schließlich ein, doch dem ständigen Glockengeläut alle Viertelstunde konnte ich nicht entgehen.

Die Nacht wollte für mich kein Ende nehmen. Es fiel mir schwer, mich mit der Isolation, der dunklen Zelle und der ständigen Hitze- und Kältebehandlung sowie mit dem ständigen Glockengebimmel abzufinden. Allerdings, allein war ich eigentlich nicht; denn inzwischen hatte ich Hunderte von kleinen Gefährten, von denen ich siebzehn Monate später einige nach Hause mitnehmen sollte. Diese neuen Freunde nisteten sich in meinem Sweater und meiner Fliegerkombination und auf meinem Körper ein. Allein ihrer Vielzahl wegen waren die Flöhe die unangenehmsten; die Wanzen lebten vor allem in den Matratzen und überfielen mich nur im Schlaf. Was mir jedoch am unheimlichsten war, das waren die Läuse. Obwohl ich sie nachts nicht sah, spürte ich den ungesunden Juckreiz, den sie auslösten, wenn sie sich an meinem ungewaschenen Körper mästeten. In der Totenstille, die sich manchmal über das Gefängnis herabsenkte, meinte ich, die Läuse knackende

Geräusche machen zu hören. Das Schlimmste war, daß ich gegen diese Armee von Ungeziefer in der Nacht nichts unternehmen konnte, und die Quälereien, die sie mir zufügten, wirkten sich äußerst negativ auf meine Gemütsverfassung aus.

Das Klicken eisenbeschlagener Stiefel auf dem mit Kopfsteinpflaster gepflasterten Hof draußen vor meinen vernagelten Fenstern jagte kurz nach dem Frühstück eine Welle von Furcht durch mich hindurch. Es mußte sich um etwa zehn Soldaten handeln, die im Gleichschritt marschierten und dabei einen unheimlichen Laut hervorriefen, der zwischen den Steinmauern widerhallte. Ich vernahm deutsche Befehle: «Halt!», woraufhin die Knobelbecher innehielten, dann: «Bindet den Gefangenen! Ladet das Gewehr!», das Klicken der Gewehrverschlüsse und das Einschieben der Patronen in die Kammer. «Anlegen, Feuer!» Die Gewehrsalve hallte wie ein Donnerschlag in den Gefängnismauern wider. Damit allerdings war die kleine Demonstration noch nicht zu Ende. Die Soldaten marschierten zurück, doch diesmal meinte ich zu hören, wie eine Leiche hinter ihnen hergeschleift wurde. Von Angst geschüttelt, lag ich auf meiner Pritsche und zitterte.

Nach und nach lernte ich meine Zelle kennen. Wenn die Wache die Tür öffnete, konnte ich über der Pritsche Zeichen und Schriftzüge in die Wand geritzt sehen. Inzwischen hatte ich die Zahlenzeichen gezählt und den Durchschnitt ermittelt. Offenbar wurden die Gefangenen in der Regel sieben Tage lang in dieser Zelle festgehalten. Ich bemühte mich um eine positive Einstellung und redete mir ein, alles folge einer bestimmten Routine; folglich müßte ich in ein paar Tagen hier herauskommen. Schließlich waren die Deutschen berühmt für ihre Ordnung, und eine Woche schien der Aufenthalt hier in der Regel nun mal zu dauern.

Von allem abgeschnitten, hatte ich reichlich Gelegenheit, über das Geschehene nachzudenken. Viele Male ließ ich an meinem geistigen Auge die Ereignisse des 5. Januar 1944 vorüberziehen, malte mir aus, wie der hoffnungslos auf seinem Sitz festgeschnallte Hainline die Hände nach einem Fallschirm ausstreckte, der niemals an einen Piloten hätte ausgegeben werden dürfen, und stellte mir vor, wie Eaton heldenmütig und doch vergebens versuchte, das abtrudelnde Ungeheuer wieder in die Waagerechte zu bringen, damit jemand aussteigen konnte, sah noch vor mir, wie Doty in seiner Fliegermontur auf dem Rücken liegend gegen den Boden gedrückt wurde und es nicht schaffte, die Notluke zu erreichen. Ich stellte mir vor, wie es den anderen Besatzungsmitgliedern in ihren schlimmsten Augenblicken ergangen sein mochte. Vor meinem inneren Auge sah ich den Heckschützen, den ersten, den es mit den schrecklichen 20 mm-Geschossen getroffen haben mußte, dann Clark, der verwundet oder tot im Funkraum das MG hatte fahren lassen. Furchtbar das Bild, wie Ceglarek, der sich mit seinem Fallschirm in einem brennenden Tragflächenteil verheddert hatte, viel zu langsam zu Tode kam. Doch das Schlimmste, was ich mir vorstellen konnte, war, wie Ferrell gestorben war. Ohne Fallschirm hatte er wie in einer Falle in der Kugelkanzel gesessen; und Nevells hatte gesagt, während die Maschine abtrudelte, sei die Kugelkanzel aus der Flugzeugwanne herausgerissen worden! Nie werde ich das Bild loswerden, wie Ferrell in seiner Turmkanzel ins Nichts sauste.

Gegen 9 Uhr kam der ‹Rot-Kreuz›-Mann mit den Formularen, mit denen er vor sieben Tagen angefangen hatte, wieder. «Sie sind jetzt soweit, die Fragen hier zu beantworten, ja», erklärte er mit schneidender Stimme. «Nein», erwiderte ich. «Sie wissen ganz genau, daß ich keinem gegenüber militärische Informationen preisgeben kann.» – «Das wird Ihnen noch leid tun, mein Junge. Wenn Sie das nicht tun, wird es sehr hart für Sie werden.» – «Nein», schrie ich. «Sie sind überhaupt kein Rot-Kreuz-Beamter, Sie sind ein deutscher Spitzel.» Verlegenheit machte sich auf dem Gesicht des Männchens breit, als er meine entschiedene Antwort hörte. Er wußte, daß ich auf seinen Trick nicht hereingefallen war und ihn durchschaut hatte. Er hatte verloren und sah jetzt aus wie ein Verlierer. «Nun gut», sagte er kleinlaut. «Dann werden Sie jetzt dem Oberst übergeben.» Damit nahm er die Formulare und stakste hinaus.

Etwa eine halbe Stunde später wurde ich von einem etwa vierzig Jahre alten Wachmann auf einen in einem anderen Flügel gelegenen Abtritt gebracht. Der Mann war zwar mit einer Pistole bewaffnet, trug sie jedoch in der geschlossenen Pistolentasche am Koppel. Der Wachmann hatte eine sanfte Stimme, und sein Wortschatz im Englischen war beschränkt. Durch Zeichen gab er mir zu verstehen, ich solle mich duschen. Nur allzu bereitwillig zog ich mich aus und drehte das Wasser an. Es war heiß, und Seife gab es auch. Von einem Handtuch war zwar nichts zu sehen, doch das machte nichts. Der Wachmann gab mir zu verstehen, ehe ich vor den Hauptmann gebracht würde, solle ich mich rasieren. ‹Ich hab's ja gewußt›, dachte ich. ‹Jetzt werde ich gesäubert, weil ich von einem Offizier verhört werden soll. Jedenfalls hat dieser elende kleine ‹Kraut›* nichts bei mir erreicht. Der Wachmann fand auf dem Waschtisch eine alte Rasierklinge, die er wohl hundertmal am Spiegel wetzte, ehe er sie mir lächelnd reichte. Nur die Klinge zwischen den Fingern, rasierte ich mich, und erstaunlicherweise schnitt ich mich nur wenige Male.

Binnen Stundenfrist wurde ich von demselben Wachmann in den Nordflügel des alten Gebäudes gebracht. Es tat wohl, aus der elenden kleinen Zelle heraus- und von den Flöhen fortzukommen. Ich war über und über mit kleinen rötlichen Quaddeln bedeckt, die mich schrecklich juckten, doch die heiße Dusche und die Seife schienen gutgetan zu haben.

Der Hauptmann sah nach meinem Eintritt lange nicht von den vor ihm auf dem Schreibtisch liegenden Papieren auf. Der Raum hatte eine hohe Decke und ein großes, von einem Vorhang verdecktes Fenster. Endlich sagte der Hauptmann in perfektem Englisch: «*Please, sit down.*» Dann sah er auf und sagte: «Unsere Luftwaffe hat Sie in der Nähe von Kiel abgeschossen?» – «*Yessir*», antwortete ich. «Von welchem Stützpunkt kommen Sie?» fragte er. Ich bewahrte Schweigen. «Ach, kommen Sie, sagen Sie mir, woher Sie kommen», wollte er wissen. Ich antwortete immer noch nicht. «Und den Namen Ihres Staffelkapitäns wüßte ich auch gern», fuhr er fort.

«Nun kommen Sie schon, junger Mann», begann er im Plauderton. «Sie müssen sich ausweisen.» Ich hielt ihm meine Hundemarke hin, doch die tat er mit einer Handbewegung ab. Dann hielt er mir einen langen Vortrag über die Unbesiegbarkeit der Deutschen, und daß sie den Krieg gewinnen würden. «Den deutschen Geist bricht keiner», sagte er. «Sogar die Römer sind von den Germanen aufgehalten worden, als sie bei uns eindringen woll-

---

* *Kraut,* Kurzform für Sauerkraut, allgemeiner Spitzname der Amerikaner für Deutsche. Anm. d. Übers.

ten.» Dann stand er auf und schob die Fenstervorhänge beiseite. «Sehen Sie», fuhr er fort, «der von Hadrian gebaute Schutzwall, um die Germanen abzuhalten, sich den römischen Lagern zu nähern. Wir sind unbesiegbar», faselte er weiter. Ich war beeindruckt von dem, was er den römischen Schutzwall nannte, und wünschte, ich könnte ihn mir genauer ansehen.

Der Hauptmann setzte sich, griff in eine Schublade hinein und zog amerikanische Zigaretten hervor. «Möchten Sie eine?» bot er mir an. Ich lehnte kopfschüttelnd ab. Da griff er tiefer und zog eine kleine Flasche hervor. «Dann vielleicht ein Gläschen Schnaps?» Wieder lehnte ich dankend ab, woraufhin er streng sagte: «Junger Mann, Sie müssen nachweisen, wer Sie sind. – Was die Nummer auf dem Metall betrifft, nun, die könnte sich jeder verschaffen. – Wenn Sie nichts vorbringen können, um es zu beweisen, daß Sie Soldat sind, sehe ich mich gezwungen, Sie als Spion an die Gestapo zu übergeben.» Rasch erwiderte ich: «Aber ich bin Angehöriger des Army Air Corps der Vereinigten Staaten und kein Spion.» – «Deshalb könnten Sie trotzdem ein Spion sein», erwiderte der Hauptmann. «Aber ich bin doch erst achtzehn; wie sollte ich da Spion sein?» Lachend sagte er: «Es wäre nicht das erstemal, daß Leute, die jünger sind als Sie, per Fallschirm über Deutschland abgesetzt werden.» – «Bei einem Luftangriff, und das bei hellichtem Tag?» Er erkannte, daß ich sein kleines Spiel durchschaut hatte, und so griff er jetzt in eine der Schubladen auf der rechten Seite seines Schreibtisches und zog einen braunen Aktendeckel hervor.

«Ich habe keine Zeit für solche Spiele», sagte er mit gestrenger Stimme. «Hier, das sind Ihre Unterlagen», sagte er und klopfte mit der Hand auf den Aktendeckel. Ich saß da und überlegte, womit er mich jetzt wieder bluffen wollte. Ein zufriedenes Grinsen auf dem Gesicht, schlug der Hauptmann den Aktendeckel auf. «Was haben wir denn da für einen hübschen Zeitungsausschnitt?», frohlockte er. «Da wird von der erfolgreich bestandenen Abschlußprüfung in... wo? – Kingman, Arizona, berichtet. Von der Bombenschützenschule. Und hier noch einer aus Gulfport, Mississippi, und einer mit einem hübschen Bild von Ihrer Mutter in Los Angeles.» Ich sperrte Mund und Nase auf und konnte nicht fassen, woher er diese Dinge haben mochte.

«Aha!» rief er dann, «und hier die Angaben über Ihre Maschine. Aus Kimbolton, ja? Nummer 238093, eine B-17G. Der Kommandant Ihres Stützpunktes ist Colonel Preston, stimmt's? – Verstehen Sie, das Heckleitwerk Ihrer angeschossenen Maschine mit der Nummer darauf wurde nicht weit von der Stelle gefunden, wo das zerschellte Wrack ausbrannte. Was ist denn aus den anderen Besatzungsmitgliedern geworden?» Ich erwiderte: «Die sind alle umgekommen; bis auf einen Kameraden, der verwundet war und fortgebracht wurde.»

«O ja, Ihre Akte», fiel er mir ins Wort. «Woher wir solche Unterlagen bekommen? Ja, wissen Sie, wir haben Sie schließlich erwartet, und deshalb legen wir über jeden amerikanischen Flieger in England eine Akte an. In Amerika beschäftigen wir ein Zeitungsausschnittsbüro. O ja, wir haben treue Deutsche, die Zeitungen und Zeitschriften nach Informationen über alle Flieger durchforsten. Die Ausschnitte werden dann an unser Hauptquartier in Berlin geschickt und wurden bei Ihrem Eintreffen bei uns vom Dulag Luft angefordert.»

Nicht zu fassen, daß eine dicke Akte über mich existieren sollte – über mich, einen Niemand. Ich meinte, es müßte mindestens eine Woche gebraucht haben, den Aktenordner von Berlin herzuschaffen; das war wohl der Grund, warum es so viele Zeichen mit Strichen an der Zellenwand gab.

Ich wurde entlassen, und der Hauptmann erwiderte meinen militärischen Gruß. ‹Noch eine Nacht in der Zelle›, dachte ich.

An diesem Abend wurde die Zelle gegenüber der meinen mit einem amerikanischen Major belegt. Er war sehr lautstark und ließ sich von der Wache nicht einschüchtern. Bei dem Major handelte es sich um einen Stabsoffizier, der einen Angriff mitgeflogen war, um Erfahrungen zu machen – in seinem Fall ein wirklich folgenreicher Fehler. Die Leute, die ihn verhörten, nahmen ihn ganz schön in die Mangel und warfen ihm vor, ein Spion zu sein; der Major hatte schon fast einen ganzen Monat im Dulag Luft zugebracht. Laut ermutigte er uns andere, standhaft zu bleiben und nichts von unserem Wissen preiszugeben.

Am 15. Januar 1944 wurden gegen 9 Uhr morgens sieben von uns unter der Bewachung von zwei Soldaten nach draußen gebracht, wo wir auf die Straßenbahn warteten. Die alte Elektrische quietschte ohrenbetäubend, so sehr waren Gänge und Lager ausgeleiert; besonders schlimm war es, als es galt, einen kleinen Hügel hinaufzufahren. Bald gelangten wir nicht weit vom Hauptbahnhof an einen von hoher Mauer umschlossenen Gebäudekomplex: die vorläufigen Unterkünfte für Kriegsgefangene, die gerade aus dem Dulag Luft entlassen wurden.

Ich betrat die Anlage und sah Air Force-Angehörige wie mich selbst sich frei bewegen, sich unterhalten und rauchen. An jeden von uns wurde Kleidung ausgegeben; die Fliegerkombination nahm man uns ab. Ich bekam ein paar Holzpantoffeln mit Leinenbezug, die aus Holland stammten, eine komisch aussehende dunkelgrüne Mütze, von der jemand behauptete, sie stamme von der tschechoslowakischen Armee; eine Sommerjacke der U.S. Army und ein Baumwollhemd. Bei den aus den USA stammenden Uniformteilen handelte es sich um ausrangierte Army-Bestände, die irgendwie in der Schweiz gelandet waren.

Wie es hieß, sollten sämtliche Kriegsgefangenen in ein paar Tagen auf verschiedene Lager verteilt werden. Die Zeit verging wie im Fluge. Männer, die unter größter Anspannung gestanden hatten, abgeschossen worden waren und das Dulag Luft hinter sich hatten, waren jetzt nur allzu bereit, jemandem, der sie verstand, von ihren Erfahrungen zu berichten. Das Erzählen und nochmalige Durchleben dieser traumatischen Erlebnisse stellte für die meisten von uns ein Ventil dar, das unendliche Erleichterung verschaffte; zum erstenmal seit meiner Ankunft in Deutschland hörte ich Lachen und sah ich Leute lächeln. Die Deutschen machten sich diesen Augenblick der Schwäche zunutze.

Mir fiel eine dicht gedrängte Gruppe von Männern auf, die ganz hinten im Hauptaufenthaltsraum standen. Schon schickte ich mich an hinüberzugehen, um nachzusehen, was eigentlich los sei, denn ich meinte, zwei Männer in Luftwaffen-Uniform zu erkennen. Und in der Tat: zwei Luftwaffen-Piloten unterhielten sich mit unseren Männern. Ich hielt mich am Rande der Gruppe auf, weit genug entfernt, um den Eindruck zu erwecken, nicht dazuzugehören, aber doch nahe genug, um mitzubekommen, was gesagt wurde. Die Piloten sprachen tadellos englisch und erzählten unseren Leuten, wie die alliierten Flugzeuge abgeschossen wurden. Im Gegenzug erzählten die Amerikaner den Deutschen, wie sie ihrerseits die Jäger vom Himmel holten. Es war so durchsichtig, daß die Deutschen die armen Tröpfe als Informationsquelle anzapften, die nur dazu diente, dem Feind zu noch mehr Abschüssen zu verhelfen. Ich zog mich zurück und ging jedem Deutschen oder Amerikaner aus dem Weg, der sich mit einem Deutschen unterhielt.

Am 17. Januar wurden wir in aller Herrgottsfrühe von den Wachen geweckt, um halb acht marschierten wir in kleinen Gruppen zum Hauptbahnhof. Dort wurden die einzelnen Gruppen auf wartende Güterwagen verteilt. Für unsere Begriffe sahen diese zweiachsigen Güterwagen komisch aus; denn schließlich waren wir die vierachsigen Waggons daheim gewohnt. Die Wagen waren klein und bestanden außer dem metallenen Rahmenwerk ganz aus Holz. Die Wachen zählten jeweils zwanzig Mann ab und befahlen ihnen, in die Waggons hineinzuklettern. Im Wageninneren balgte man sich fast um die Sitzplätze an den Wänden. In der Mitte des Waggons stand mitten in einer sandgefüllten Kiste ein Holzofen.

Nach ein paar Stunden setzte sich der Zug in Bewegung. Zuerst war es nicht besonders schlimm, doch je schneller der Zug wurde, desto schlimmer wurde es mit der Vibration. ‹Die Räder sind vom vielen Bremsen abgenutzt›, dachte ich, ‹und das mit der Vibration wird noch ärger werden. Ich muß weg von der Wand, die bebt jetzt schon ganz schön; bald wird es unerträglich werden.› Ich überließ meinen Platz einem anderen, der ein höchst erstauntes Gesicht machte, und wich in die Nähe des Ofens aus. Nach etwa zehn Minuten erreichte der Zug seine Höchstgeschwindigkeit. Die Männer konnten es nicht mehr aushalten, sich gegen die schüttelnden und ruckenden Wände zu lehnen, weil sie im Einklang mit den abgenutzten Rädern vibrierten. Holzsplitter lösten sich von Decke und Wänden, und der ziemlich heruntergekommene Waggon schwankte manchmal in einem Rhythmus, der dem des tanzenden Fahrgestells gerade entgegengesetzt war. Es handele sich um die alten 12 × 2,5 m-Waggons aus dem Ersten Weltkrieg, sagte jemand. «Damit wurden vierzig Mann und acht Mulis an die Front nach Frankreich gebracht.» Im Schneidersitz hockte ich auf einem kleinen Bündel Stroh und nahm die Wärme des dickbauchigen Ofens in mich auf.

Der Zug hielt oft, was wir uns zunutze machten, um unsere Notdurft zu verrichten. Wir hatten die gesamte Reiseverpflegung für die Bahnfahrt dabei; sie bestand aus Schwarzbrot, rohen Möhren und Brocken nicht allzu wohlschmeckenden Käses. An einen Aufenthalt erinnere ich mich besonders: ein paar Stunden lang blieben wir auf dem Bahnhof von Nürnberg stehen. Zwei Wehrmachtsoldaten machten die Tür auf, und bald bewachten sie uns aus einiger Entfernung.

Während der Fahrt machte ich die Bekanntschaft von Joseph Shenko. Joseph stammte aus Chicago und haßte die Nazis von ganzem Herzen. Er hatte einen runden Kopf und ein breites Gesicht sowie einen gedrungenen Körper, was auf seine osteuropäische Herkunft schließen ließ. Joseph war als Komiker ein Naturtalent und verstand es glänzend, berühmte Persönlichkeiten nachzumachen.

Als die Wachen draußen Posten bezogen hatten und ein Stück vom Waggon entfernt waren, trat Joseph an die offene Tür und winkte uns anderen, näher zu kommen. Auf Befehl Josephs, der mit aufgesetztem deutschen Akzent sprach, knöpften wir alle unseren Hosenschlitz auf, hoben spöttisch die Hand zum deutschen Gruß, pinkelten unter übertriebenem «Heil Hitler»-Gerufe in weitem Bogen auf das Schotterbett und grüßten mit dampfendem Strahl das riesige Stadion mit dem hoch darüber prangenden, dunstverhangenen Hakenkreuz. Zuerst waren die Wachen furchtbar erschrocken und beschworen uns mit Gesten und Worten aufzuhören. Doch nachdem sie ängstlich die Reihe der Waggons auf- und abgeblickt und nach einem Offizier Ausschau gehalten hatten, der etwa Zeuge unseres beleidigenden Tuns hätte werden können, verzogen sie, als sie niemanden sahen, das Gesicht zu einem breiten Grinsen.

Langsam ging es durch die Berge weiter, und häufig blieb der Zug stehen, manchmal auf einem Seitengeleis, um einen wichtigeren und schnelleren Zug vorbeizulassen. Diese Aufenthalte gewährten uns einen eingehenden Blick auf eine Landschaft mit kleinen Gehöften und Fichtenwäldern. Endlich, am 20. Januar wurde unser Zug gegen 15 Uhr vor den Toren der österreichischen Stadt Krems auf ein Abstellgleis geschoben.

Neue Bewacher nahmen uns in Empfang, und wir erhielten

Befehl, auf der Straße in Richtung auf die Stadt zu marschieren. An einer Kreuzung wurde unsere Marschkolonne angewiesen, einer gewundenen, bergan führenden Straße zu folgen. Nachdem wir diese etwa bis zur Hälfte geschafft hatten, ging es einen Fußpfad steil den Hügel hinan. Joseph erklärte, er müsse sich erleichtern, und blieb zurück. Dem Wachmann gefiel das gar nicht; drohend richtete er das Bajonett auf Joseph. Ich fiel gleichfalls zurück und redete Joseph gut zu, mit den anderen Schritt zu halten, doch er weinte jetzt vor Schmerzen. «Ich muß, ich muß einfach kacken.» Der Wachmann drohte mit dem aufgepflanzten Bajonett. Joseph schickte sich an, die Hose runterzulassen, worauf der Wachmann eine noch bedrohlichere Haltung einnahm. Daraufhin zog Joseph die Hose wieder hoch, machte ein paar Schritt und schrie mit erbarmungswürdiger, kläglicher Stimme: «Seit ich abgeschossen wurde, hab ich nichts mehr gemacht. Bitte, laß mich kacken!» Wieder zog er die Hose herunter und ließ der Natur einfach ihren Lauf. Der Wachmann gab nach, und ich bemerkte, daß er sich keineswegs so sicher gewesen war, wie es den Eindruck gemacht hatte.

Oben auf der Bergkuppe lag ein riesiges Kriegsgefangenenlager. Am südlichen Lagerabschnitt wurden wir auf ein hölzernes Tor zugetrieben, auf dem bogenförmig in großen Lettern stand *Stalag 17-B, Krems, Österreich*. Die Anlage war mit Stacheldraht eingezäunt; etwa drei Meter vom Zaun entfernt zog sich eine riesige Stacheldrahtspirale entlang. Wachttürme überragten jeden Lagerabschnitt; ein jeder wurde von Luftwaffenangehörigen bewacht, die mit Karabinern bewaffnet waren.

Offenbar vom amerikanischen Lager-Kommandanten zu diesem Zweck hinbeordert, standen ein paar amerikanische Gefangene am Tor, um uns einzuweisen. Es wurde dunkel, und die Torbeleuchtung wurde eingeschaltet. Wir wurden in ein hölzernes Gebäude befohlen, wo wir unsere Unterlagen vervollständigen sollten. Die Amerikaner waren uns behilflich, indem sie die Fragen auf den Formularen übersetzten, die ausgefüllt werden sollten. Jeder von uns bekam eine metallene deutsche ‹Hundemarke›; die amerikanische wurde uns abgenommen. Das bereitete mir ziemliches Unbehagen; irgendwie hatte ich jetzt das Gefühl, nunmehr durch nichts mehr beweisen zu können, daß ich amerikanischer

Soldat war. Von jedem Gefangenen wurde eine Aufnahme gemacht und seine Seriennummer in einem Kasten darunter eingerahmt. Meine neue Nummer lautete 105921.

Zur Entlausung wurden wir in ein nahe gelegenes Gebäude gebracht; dort wurden uns auch die Haare geschnitten. Unsere Kopfhaut war weiß, denn durch den kurzen Haarschnitt wurde sie zum erstenmal seit sehr langer Zeit dem Licht ausgesetzt. ‹Ausgerechnet jetzt, wo der Winter vor der Tür steht, kahlgeschoren zu werden!› dachte ich. Ohne die natürliche Schutzschicht hatte ich das Gefühl, die Kälte auf dem Kopf besonders zu spüren. Ich hatte immer einen starken Haarwuchs gehabt, und so war mein Haar lockig und für militärische Verhältnisse stets ein wenig zu lang gewesen.

An jeden von uns wurde eine dünne weiße Steingutschale, ein Blechlöffel und ein kleiner Becher ausgegeben. Diese Eßgeräte wirkten zerbrechlich, und als nach einer Woche der Löffel zerbrach, fühlte ich mich in meiner Befürchtung bestätigt. Außerdem erhielten wir eine Wolldecke, die allerdings aus mehreren zusammengenähten rosa und gelben Wolldeckenstreifen bestand, so daß die ganze Decke insgesamt eine merkwürdige Form aufwies.

Direkt draußen vor dem Haus, in dem uns der Haarschnitt verpaßt wurde, gaben unsere amerikanischen Mitgefangenen einen Empfang für uns; sie hatten zu diesem Zweck Tee und Zwieback zusammengelegt. Endlich hatten wir Gelegenheit, mit unseresgleichen zu reden; ich allerdings konnte die deutschen Spitzel in Frankfurt nicht vergessen. Zusätzlich zu allem anderen wurde an einen jeden von uns ein Lebensmittel-Paket vom Internationalen Roten Kreuz ausgegeben.

Drei von uns wurden in die Baracke Nr. 19 eingewiesen, die neben dem Wachtturm am Zaun von Lagerabschnitt Süd stand. Die Hauptstraße der amerikanischen Abteilung des Gefangenenlagers lief an der Vorderseite der Baracke entlang und endete am Wachtturm. In der Baracke waren 150 Mann untergebracht; sie wurde von einem Waschraum unterteilt, in dem es rund zwanzig kleine Waschbecken und zwei große eingebaute Waschzuber gab. Jede der beiden Barackenhälften war mit 75 Mann belegt. Die Pritschen waren dreistöckig gebaut und boten je 13 Mann Platz. Als ich der Baracke 19 zugeteilt wurde, herrschte keine allzu große

Enge, und so schliefen in meinem dreistöckigen Bett sechs Mann. Ich entschied mich für das oberste Stockwerk und bezog es zusammen mit Michael Titev aus New York.

Michael war ein kleiner Mann mit zartem Gesicht und roten Backen, die stark mit seinen blaßblauen Augen kontrastierten. Das blonde Haar trug er seitlich gescheitelt. Da seine Eltern erst vor relativ kurzer Zeit aus dem Balkan eingewandert waren, sprach Michael russisch. Michael und ich bildeten eine Partnerschaft, was bedeutete, daß wir all unser Essen, Zigaretten, einen Taschenkamm und etliche leere Konservendosen, einen Riegel Seife, eine zerbrochene Röhre und etwas Klopapier zusammenwarfen.

Partner betrachteten sich, was Essen und andere Habseligkeiten betraf, als eine Art Ehepaar. Zwei Männer konnten mündlich übereinkommen, sämtliche Lebensmittel und andere Dinge gemeinsam zu nutzen, so daß beide nur Vorteile davon hatten. Gelegentlich wurden vom amerikanischen Lager-Kommandanten Lebensmittelpakete vom Internationalen Roten Kreuz verteilt. Diese Pakete sollten die von der deutschen Luftwaffe gelieferten Lebensmittel ergänzen. Jeder sollte wöchentlich ein Paket erhalten und zusammen mit dem Essen, das von den Deutschen kam, eine anständige Ernährung gewährleisten. Die Pakete enthielten Fleischkonserven – entweder Frühstücksfleisch oder Corned Beef, Leberpastete, Orangenkonzentrat, Milchpulver, Marmelade, Zucker, Rosinen oder Backpflaumen, Kaffee, einen Riegel Schokolade, ein paar Blättchen Kaugummi, etliche kleine Päckchen Zigaretten und Streichhölzer. In manchen Dingen unterschieden die Pakete sich, so daß gleich nach der Ausgabe ein lebhafter Tauschhandel einsetzte.

Ein Paket zu bekommen, war wie Weihnachten. Für alle war es schrecklich wichtig, etwas Fleisch, Milch, Zucker und besonders Zigaretten zu bekommen. In langen Reihen warteten wir, die Deutschen überprüften jeden Mann anhand seiner Hundemarke und hakten seinen Namen auf einer Liste ab. Ein Soldat durchlöcherte den Deckel einer jeden Konservendose mit dem Bajonett, so daß der Inhalt binnen weniger Tage verderben mußte, sofern er nicht aufgegessen wurde. Dadurch wurde das Horten von hochkonzentrierten Lebensmitteln für eine etwaige Flucht wirksam unterbunden.

Michael und ich warfen unsere Pakete zusammen und verschlossen als erstes die Bajonettlöcher mit kleinen Batzen Margarine. Der Besitz der beiden Pakete verlieh uns das Gefühl, fast reich zu sein; vor allem aber gab es uns vorübergehend ein Gefühl größerer Sicherheit. Dann besprachen wir, welche Sachen wir gegen andere eintauschen wollten. Frühstücksfleisch und Corned Beef brachten von allen Lebensmitteln den höchsten Preis – doch absolut am meisten bekam man für Zigaretten. Was wir brauchten, war Ersatz für unser Eßgeschirr, denn das, was die Deutschen an uns ausgegeben hatten, war bereits in den ersten Tagen entzweigegangen. Außerdem ging man davon aus, daß wir uns mit vier anderen Partnerpaaren zu einer Gruppe zusammentaten und uns am Kauf eines Brotmessers und eines Wetzsteins beteiligten.

Red Greaves aus Denver, Colorado, war mit seinen fünfunddreißig Jahren vielleicht der älteste Bordschütze im Lager. Red war von zierlicher Gestalt, still und sehr geduldig. Aus Blechbüchsen, kleinen Stücken Holz und Draht fertigte er Löffel und Becher. Michael und ich kauften zwei Löffelgriffe und einen Becher. Der Becher war nichts weiter als eine Dose, die mit einem geschnitzten Holzgriff ausgestattet war. Äußerst kunstvoll schnitzte Red mir für meinen abgebrochenen Löffel einen Holzstiel zurecht. Der Stiel war dort, wo er mit dem abgebrochenen Stielansatz des Löffels verbunden werden sollte, gespalten, mit kräftiger Schnur umwickelt und mit Schellack überzogen. Red schärfte mir ein, den Löffel äußerst sorgfältig zu behandeln und ihn vor allem nie zu lange in irgendwelcher Flüssigkeit liegen zu lassen, damit er sich nicht vollsaugte. Als Bezahlung erhielt Red eine halbe Dose Frühstücksfleisch und etwas Orangenpaste.

Als einmal über 4000 Rot-Kreuz-Päckchen ausgegeben wurden, war das ein großer Tag für das Lager. Die ganze Haltung der Gefangenen änderte sich; Männer, die das deutsche Essen haßten und ständig mit mürrischer Miene herumliefen, lächelten plötzlich. Man sah Männer von einer Baracke zur anderen huschen und nach Tauschmöglichkeiten Ausschau halten. Auch bedeuteten die Pakete, daß der Handel um Verbotenes mit den Deutschen bald blühen würde. Das Glücksspiel lebte wieder auf, und ein paar Tage lang konnte man in jeder Baracke Männer beim Pokerspiel beobachten.

Beim Fliegen hoch oben in der Luft war der Winter kalt gewesen; jetzt erlebten wir, wie das Leben unten auf der Erde war, wenn man keine Wärme hatte außer der, die der eigene Körper erzeugte. Die dreistöckigen Betten beherbergten im allgemeinen sechs Mann, doch gab es Zeiten, in denen sich drei bis vier Mann in einem Stock drängten. Latten gaben einer dünnen Sperrholzplatte Halt, auf der wiederum eine strohsackähnliche Matratze lag. Da von diesen Latten ständig welche fehlten, mußte man immer ein Auge auf sie haben. Jedes Stück Holz wurde hochgeschätzt und diente nicht nur dazu, Becherhenkel und Löffelgriffe daraus zu fertigen, sondern Hunderte von anderen kleinen Dingen, die die Männer schnitzten. Für ein kleines Päckchen Rot-Kreuz-Zigaretten konnte man zwei Bettlatten bestellen; jemand, der kaltschnäuzig genug war, ‹besorgte› sich diese Latten und fügte sie in der gewünschten Bettstatt ein. Unvergeßlich ist mir, wie Michael und ich an einem der ersten Abende zu unserer Pritsche im dritten Stock hinaufkletterten und samt Sperrholzplatte durchbrachen. Irgend jemand hatte uns zwei Latten geklaut; so klaffte zwischen den anderen jetzt ein zu großer Zwischenraum. Die nächsten Nächte gestalteten sich verdammt schlecht, bis ich auf den Dachboden hinaufkletterte und ein Brett losmachte, aus dem dann zwei Latten hergestellt wurden. Einige unternehmungslustige Leute besaßen ein ganzes Lager von Latten und erzielten für jede einzelne Latte einen hohen Preis besonders dann, wenn auch noch das Sperrholz kaputtgegangen war. Um Probleme wie das Lattenklauen hatte sich der Barackenälteste zu kümmern; wurde ein Dieb erwischt, wurden Strafen und Wiedergutmachungsleistungen verhängt.

Ronald Winters mußte die oberste Pritsche mit Michael und mir teilen. In die unteren Pritschen wurden zwei weitere Männer eingewiesen, so daß nunmehr neun Mann in unserem Bettgestell nächtigten. Ron ging es nicht gut, und er hustete viel. Er war schlank wie ich, aber nur 1,65 m groß. Wo auf so beschränktem Raum neun Mann zusammen schlafen mußten, standen wir alle unter beträchtlichen Spannungen, doch Unteroffizier Hansen sagte, das sei nur vorübergehend, bis eine andere Baracke fertiggestellt sei. Unsere schönen Partnerschaften gingen ebenso in die Brüche, wie die Beziehungen zu anderen Kameraden in anderen Bettgestellen darunter litten. Das Schlimmste war vielleicht, daß wir unsere Wolldecke mit einem Dritten teilen mußten. Alle schliefen voll angekleidet; nur die Schuhe wurden zum Schlafen ausgezogen. Sich in den kalten Januarnächten des Jahres 1944 unter ein paar dünnen Wolldecken zu drängen, konnte man wirklich keinen angenehmen Schlaf nennen.

Mit Rons Gesundheit ging es immer weiter bergab. Immer wieder hatte er Husten- und Fieberanfälle. Zwar wurde er untersucht, doch weder hatte der Arzt Medikamente, noch wies er ihn ins Krankenrevier ein. Eines Nachts bekam Ron sehr hohes Fieber, und er phantasierte. Am nächsten Morgen trugen wir ihn ins Krankenrevier. Zwei Tage darauf war er tot.

Die Luftwaffe veranstaltete ein Begräbnis mit militärischen Ehren: Offiziere marschierten gemessen im Trauermarsch, eine Kapelle spielte, Flaggen wurden ausgebreitet und zum Schluß Salutschüsse abgefeuert. Warum der Tod dieses jungen Mannes den Deutschen so wichtig war, konnte niemand sagen, oder sie verrieten es uns nicht. Jedenfalls war dies das einzige militärische Begräbnis, das in den Jahren 1944/45 trotz vieler Todesfälle im Stalag 17-B stattfand.

In den Wintermonaten begann der Appell morgens um sieben, wenn eben der Tag graute; wenn die Gefangenen in Reih und Glied Aufstellung genommen hatten, war es endgültig hell. Dann fand eine Wachablösung statt: die Soldaten der Wehrmacht hatten dienstfrei, und die Luftwaffe übernahm die Bewachung. Geweckt wurden wir von einer blau-uniformierten Wache, die Freude daran hatte, besonders laut mit den nagelbeschlagenen Knobelbechern die Holztreppe heraufzutrampeln und den Gang zu betreten. Dort entfernte der Wachmann die außen an der Tür angebrachte Eisenstange, stieß die Tür auf und warf die schwere Holztür wieder hinter sich zu, rief: «Raustreten! Raustreten!», fuchtelte wild mit den Armen in der Luft herum, rief: «Raus aus dem Mief der Betten, schnell, schnell! Ap-pell! Ap-pell! Ap-pell!»

Manche stöhnten lauthals, andere überschütteten den Mann mit englischen Flüchen, doch ein paar flachsten auch mit der Wache, die manchmal gutmütig zurückflachste. Nach etwa einer Viertelstunde war alles draußen und stellte sich barackenweise in Zehnerreihen auf. Ein Bewacher übernahm, nachdem von einem Offizier ein entsprechender Befehl gegeben worden war, das Abzählen.

«Eins, zwei, drei, vier, fünf, sechs...» Laut zählend, ließ der Wachmann in jeder Reihe den Arm vorschnellen. War er zufrieden, meldete er militärisch grüßend, daß die Gefangenen vollständig angetreten seien.

Wir Kriegsgefangenen oder *Kriegies* standen wie das Vieh in der Kälte und bibberten in denselben Kleidern, in denen wir auch geschlafen hatten. Kalte Füße hatte ich in den an mich ausgegebenen Holzpantoffeln erstaunlicherweise nicht. Andere stampften im Schnee und schlugen sich die Arme um den Leib, um sich warm zu halten. ‹Wenn wir bloß Mäntel hätten wie die Krauts›, sann ich. ‹Gott sei Dank, daß ich den Sweater hab, der mich warm hält.›

Der Offizier trat vor und gab den Wachen Anweisungen für den Tag; gelegentlich wandte er sich auf englisch an uns und warnte uns, die Lagervorschriften zu übertreten oder die Wachen zu beschimpfen. Ganz selten kam auch der Lagerkommandant zum Appell und wandte sich durch den englisch-sprechenden Offizier an uns. Bei dem Kommandanten, Oberst Kuntz, handelte es sich um den Bruder von Fritz Kuntz, der Ende der dreißiger Jahre oben im Staat New York die sogenannten *love-camps* oder ‹Liebeslager› ins Leben gerufen hatte.

Die Partnerschaftsvereinigung, zu der Michael und ich gehörten, kaufte von Smitty aus Baracke 17 A ein Brotmesser und einen Wetzstein. Messer jeder Art waren von den Deutschen verboten, obwohl für jeweils zwei oder drei Tage ein Kilo Schwarzbrot an uns ausgegeben wurde, das jeweils unter sieben bis dreizehn Mann aufgeteilt werden mußte. Sollten dreizehn Mann jeder einen gleichen Anteil erhalten, mußte ein solches Brot sehr sorgfältig geschnitten werden. Smitty aus Baracke 17 A fertigte aus den Fensterriegeln, die die deutschen Zimmerleute 1919 beim Bau der Baracken angebracht hatten, Messer. Ein solcher Riegel war rund 35 cm lang, drei bis vier Zentimeter breit und enthielt zwei Öffnungen, durch welche sich die Sperrhaken hindurchführen ließen. Mit einer Feile, die er einer deutschen Wache abgekauft hatte, feilte Smitty einen solchen Fensterriegel dünn. Mit Hilfe von Kupfernieten wurde ein Holzgriff daran befestigt, und es entstand ein passables Brotmesser. Da jede Partnervereinigung Brot schneiden mußte, gab es in jeder Hälfte der Baracke mindestens ein Brotmesser.

Ich war geübt in feinmechanischen Arbeiten und bekannt für meine Fähigkeit, Dinge gleichmäßig zu schneiden. Die Art und Weise, wie das Brot geschnitten wurde, gefiel mir ganz und gar nicht, und eines Tages packte ich das Messer und machte mich meinerseits daran, das Brot in Scheiben zu schneiden. Da ich sehr sorgsam vorging, wurde mir die Aufgabe übertragen, das Brot für unsere kleine Gruppe zu schneiden. Nach jeder Brotausgabe paßte jeder von uns auf wie ein Schießhund, denn die Aufteilung des Brotleibs in gleiche Teile war für uns äußerst wichtig; sonst kam es leicht zum Streit. Das neue Brot wurde auf einen Tisch gelegt, und dreizehn Mann versammelten sich drum herum, um es zu begutachten, in die Hand zu nehmen und zu beriechen. Ich selbst begann damit, daß ich oben auf dem Brot dreizehn Striche anbrachte und die Dicke der Scheiben an den Enden, wo das Brot sich verjüngte, ausglich. Waren die Striche fertig, wurden sie wiederum begutachtet und das Ergebnis von den Beteiligten durchgesprochen. Auf ein Stück Papier oder Pappe wurden die Namen aufgeschrieben und jeder einer Nummer zugeordnet, die der entsprechenden Brotscheibe entsprach. Zwar standen die Nummern fest, doch wurden die Namen bei jeder Brotausgabe um eine Stelle verrückt, so daß man jedesmal die Scheibe Brot mit der nächstfolgenden Nummer erhielt. Als Lohn für meine Mühen im Aufteilen und Brotschneiden erhielt ich das Recht, jede Brotscheibe abzuwischen. Beim Schneiden des schweren und feuchten Brotes entstanden zusammengerollte Krumen, die nach wenigen Minuten trockneten und verloren waren. Wischte man diese Krumen jedoch sofort ab, ließen sie sich retten. Ich hatte eine Dosenmilchbüchse, um die Krumen darin aufzuheben; im Laufe von zwei, drei Wochen füllte sie sich. Ich erhielt den Namen *Cutter* – Brotschneider –, und meine Dienste waren bei anderen Partnerschaftsvereinigungen in anderen Baracken sehr gesucht, besonders dann, wenn ein nicht ganz regelmäßig geformtes Brot ausgegeben wurde.

Mein rechtes Bein verheilte und schwoll auch nicht mehr an, wenn ich den ganzen Tag auf den Beinen war. Auf dem Kopf hatte ich Wunden, die ständig verschorft waren und häufig eiterten. Da man mir das Haar kurz geschoren hatte, säuberte Michael alle paar Tage vier kleine entzündete Stellen auf meiner Kopfhaut. Später eiterten Splitter von Nieten aus den Wunden heraus. Meine linken Rippen standen merklich vor, und es war mir unmöglich, auf dem Bauch zu schlafen. Doch im Vergleich zu manchen, die verwundet worden, jedoch ohne ärztliche Hilfe geblieben waren, hatte ich keinen Grund, mich zu beklagen. Bei Jim Williams zum Beispiel hatten sich 84 Splitter eines 20 mm-Geschosses in Rücken, Kopf und Nacken gegraben. Viele Male badete ich ihm die Wunden mit Seife und Wasser. Die meisten Metallteilchen waren als dunkle Flecken unter seiner darüber verheilten Haut zu erkennen, doch hatte er ein paar Wunden, die einfach nicht heilen wollten und ständig näßten und eiterten. Jim machte gute Miene zum bösen Spiel und war überzeugt, daß die Deutschen sich eines Tages seiner annehmen würden, doch soweit sollte es nie kommen. Er wurde von Tag zu Tag kränker, bekam Fieber und wurde ins Krankenrevier gesteckt. Nach einer Woche kam er in wesentlich besserem Zustand zurück in die Baracke.

Der 15. Februar war ein kalter, verschneiter Tag. Bis in die Morgenstunden hinein hatte es die ganze Nacht geschneit. Vor der Barackenwand hatte der Wind kleine Schneeverwehungen aufgetürmt, und beim Gang zum Abtritt schlotterten wir vor Kälte. Es war mein neunzehnter Geburtstag, für mich ein bedeutendes Ereignis, war ich damit doch einen Schritt weiter zum Erwachsenendasein gekommen. Als ich mit siebzehn ins Army Air Corps eingetreten war, hatte ich offiziell kein Billardzimmer betreten, Bier trinken oder ein Lokal aufsuchen dürfen, in dem Alkohol ausgeschenkt wurde; was jedoch am wichtigsten gewesen war: Ich hatte nicht wählen dürfen. Das hatte sich auch mit achtzehn noch nicht geändert – höchstens, daß ich offiziell Uniform tragen und für meine Heimat sterben durfte. Jetzt wollte ich meinen Geburtstag gebührend feiern. Ich hatte mir eine Dose Brotkrumen zusammengespart, und wir hatten etwas Milchpulver, Zucker, Salz und Orangenpaste sowie ein paar Backpflaumen beiseite gelegt. Michael war einverstanden, daß wir diese Kostbarkeiten benutzten, um etwas Besonderes zum Feiern zu backen. So bereitete ich aus den Brotkrumen einen Kuchen, indem ich zunächst aus Milch, Zucker und Orangenpaste einen Brei anrührte. Die Backpflaumen weichte ich über Nacht ein; den Saft benutzte ich zur Herstellung einer Art Milkshake. Gegart habe ich den Kuchen in einer Konservenbüchse neben dem Feuer, das wir benutzten, um für unseren

Teil des Lagers die Suppe zu erhitzen. Es dauerte rund vier Stunden, um den Kuchen gleichmäßig zu garen, und ich mußte die Büchse immer wieder sorgfältig ein Stück drehen.

Am Abend schneite es wieder, ich sammelte eine Konservenbüchse Schnee ein und versuchte, mit Hilfe einiger Zutaten Speiseeis herzustellen, was jedoch nicht klappte. Mit dem Kuchen war ich recht zufrieden, und unsere Gruppe genoß den kleinen Leckerbissen.

Ende Februar meinten die Wehrmachtsangehörigen, die nachts Wache schoben, es werde ein Ausbruchsversuch unternommen. Die Wachmänner hatten sämtliche Flutlichter angeschaltet und gaben Schüsse auf Schatten ab. Ein Geschoß durchschlug die Holzwand von Baracke 16 und traf einen Gefangenen ins Bein. Die Wachen kamen mit scharfen Polizeihunden und liefen den ganzen Außenzaun auf und ab. Bis 3 Uhr morgens wurden immer wieder Schüsse abgefeuert; dann erst beruhigten sich die Wachen. Das Ganze war für uns Kriegies ein erschreckendes Erlebnis; es war schlimm, auf den Pritschen zu liegen und ständig darauf gefaßt zu sein, daß sich ein Geschoß bis zu uns verirrte.

Dreiundsechzig Tage hintereinander schneite es, und das Leben war höchst unbehaglich. Die ganze Zeit über wurde für Heizzwecke kein einziger Eimer Kohle ausgegeben. Das bißchen Brennmaterial, das uns zur Verfügung stand, ging restlos für die Essenszubereitung drauf. Im März schneite es immer noch, doch tagsüber schmolz der Schnee, und nach und nach gingen wir wieder hinaus und genossen die frische Luft und die Sonne. Eines Nachts, nach einem Sturm, verriet uns eine Kältewelle, wie unangenehm und häßlich ein früher Frühling sein konnte. Gegen 5 Uhr morgens herrschten draußen plötzlich Leben und Aufruhr, und die Wachen redeten laut durcheinander. Später am Morgen erfuhren wir, daß einer der Wachmänner gestorben war, und zwar zwischen den Posten, aber innerhalb der Anlage. Von unseren Luftwaffen-Bewachern erfuhren wir, daß der Mann in der bitteren Kälte offenbar einem Herzschlag erlegen war; dabei sollte er sonst kerngesund gewesen sein. Später verbreitete sich das Gerücht, Sergeant Smeltezer habe den Wachmann mittels Stromschlag hingerichtet.

Smeltezer hatte vor dem Krieg als Repräsentant einer Gruppe

von Elektrofirmen in Deutschland und Österreich gearbeitet und sich in dieser Eigenschaft eine eingehende Kenntnis von Elektrizitätswerken und Verteilernetzen erworben. Er wußte, daß die deutschen Planer auf verschiedenen Ebenen unterirdische Hochspannungsleitungen verlegt hatten, damit für kleinere Fabriken auch in nicht-industriellen Gebieten Strom von ausreichender Stärke zur Verfügung stand. Die Leitungen für das Lager kamen aus drei Meter Tiefe mit 880 Volt, aus zwei Meter Tiefe mit 440 Volt und aus ein Meter Tiefe mit 120 Volt in einem Verteilerkasten zusammen. Smeltezer hatte den 440 Volt-Verteilerkasten vor mehreren Monaten angezapft, und in der besagten Frostnacht hatte er zwei nichtisolierte Leitungen über den Pfad gespannt, auf denen die Wachen patrouillierten. Als der Wachmann mit seinen benagelten Knobelbechern auf den Leitungsdraht trat, bekam er die ganze Wucht des elektrischen Stromschlags zu spüren, und der Schock hatte offensichtlich zum Herzversagen geführt. Die Deutschen erfuhren nie, was wirklich geschehen war, denn die Todesursache des Mannes schien auf der Hand zu liegen, und Smeltezer entfernte die Tod austeilenden Leitungen wieder.

Im April freuten wir uns über die wärmeren Temperaturen, doch grassierten verschiedene Krankheiten im Lager. Das für mich Unangenehmste war ein schlimmer Fall von Schützengrabenfüßen oder Fünftagefieber, bei dem ich mich nur unter Schmerzen vorwärtsbewegen konnte. Ich suchte den Lagerarzt, Major Cramer, auf, der jedoch über keine Medikamente verfügte. Er riet mir, die Füße einfach in Seifenlauge zu baden und draußen in der Frühlingssonne zu sitzen. Mehrere meiner Barackenkameraden litten an derselben Krankheit. Das war schon ein merkwürdiges Bild, zu sehen, wie zehn oder noch mehr erwachsene Männer in der Sonne saßen und den ganzen Tag über mit den Füßen die Sonnenstrahlen aufzufangen suchten.

Der Major war der einzige amerikanische Offizier im Lager. Er war vom Sanitätskorps und galt nach der Genfer Konvention aus dem Jahre 1929 nicht als Kriegsgefangener. Angehörige des Sanitätskorps fielen in dieselbe Kategorie. Major Cramers Sanitätseinheit war in Italien von einem deutschen Bataillon überrollt worden, und er und seine Sanitäter hatten beschlossen, bei der amerikanischen Einheit zu bleiben, die zusammen mit ihnen gefangengenommen worden war. Später hatte Major Cramer dann die Aufgabe übernommen, als Lagerarzt für Stalag 17-B zu arbeiten.

In diesem Frühjahr litten wir Gefangenen unter Flöhen, Läusen und Wanzen. Die Deutschen gestatteten uns, einmal heiß zu duschen. Ich hatte seit meiner Ankunft im Dulag Luft nicht mehr gebadet und mich mit dem kalten Wasser beholfen, das es in der Baracke gab. Barackenweise wurden die Gefangenen nun zur ‹Dusche› geführt. Wie herrlich, ja, wie genußreich, sich aufs Duschen zu freuen; dennoch erfüllte uns ein gewisses ängstliches Unbehagen. Das Waschhaus mit den Duschen stand direkt am Lagerabschnitt der Russen, und der Weg, der dorthin führte, brachte uns bis auf wenige Meter an die russischen Kriegsgefangenen heran. Als wir den Stacheldrahtzaun erreichten, wurden gerade die Leichen von zwei Russen weggeschleift, und andere Russen schrien nach Zigaretten und winkten uns, ihnen welche hinüberzuwerfen. In diesem Moment kam die amerikanische Belegschaft einer Baracke aus dem Waschhaus heraus und warnte uns, den Russen Zigaretten hinüberzuwerfen; denn die leichtgewichtigen Zigaretten schafften es nicht über den äußeren Zaun und den inneren Warndraht hinweg. Die zwei toten Russen waren über die Warndrähte hinweggesprungen, und die deutschen Wachen hatten sie bedenkenlos abgeknallt. Trotzdem waren die anderen Gefangenen bereit, ihr Leben für ein paar Zigaretten aufs Spiel zu setzen.

Wir wurden in den Umkleideraum hineingetrieben und mußten uns ausziehen. In geordneten Reihen wurden wir dann in einen Duschraum hineingeführt, in dem zwei Männer sich einen großen Brausekopf teilen mußten. Wir rissen Witze darüber, daß Gas aus den Brausen herauskäme, doch wie wir darauf gekommen sind, entzieht sich meiner Kenntnis. Das Wasser kam, und es war herrlich. Ich seifte mich ein, und plötzlich wurde das Wasser abgestellt. Protestrufe wurden laut. Ein deutscher Wachsoldat machte die Tür auf und rief laut, jetzt käme nur noch eine Minute lang Wasser.

Nach dem Ankleiden wurden wir entlaust, das heißt, man besprühte uns Kopf und Kleider mit einem weißen Pulver. Als wir dann am russischen Zaun vorüberkamen, warfen einige von uns doch mit Steinen beschwerte Zigarettenschachteln hinüber. Ich erinnere mich noch, daß eine Zigarette innerhalb des Zauns aus einer solchen Schachtel herausrutschte. Ein Russe sprang über den Draht, und fast gleichzeitig schoß ein deutscher Wachmann auf ihn, verfehlte sein Ziel jedoch; man vernahm nur einen schmatzenden Laut, als das Geschoß sich in die feuchte Erde bohrte. Der Russe sprang wieder hinter den Draht, und der Deutsche schrie und scheuchte die Gefangenen mit dem linken Arm zurück. Als wir vorüberkamen, lag die Zigarette immer noch da, und zehn weitere Russen standen dort und warteten nur darauf, in dem tödlichen Spiel mit dem Wachmann den nächsten Zug zu machen.

Die Entlausung half kaum, uns von dem Ungeziefer zumindest teilweise zu befreien. Unsere zusammengestückelten Wolldecken wiesen in den Nähten kleine, aber nicht unbedeutende Läusenester auf. Ich nahm meine Wolldecke und zog die Nähte auseinander, hielt die Ränder dort, wo die Stücke zusammengenäht waren, mit Steinen auseinander und ließ die Sonne ihr segensreiches Werk gegen die Flöhe verrichten. Diese Methode war hilfreich, doch suchten die Flöhe jetzt Zuflucht in meinen Kleidern. Sich gegenseitig von Flöhen zu befreien, gehörte zu den Aufgaben von Leuten, die eine Partnerschaft eingegangen waren, und so sah man im Frühjahr 1944 häufig Gefangene hintereinander hocken und der eine den anderen nach Flöhen absuchen. Glaubten wir uns unbeobachtet, gingen wir auch daran, uns gegenseitig zu ent*lausen* – eine Aufgabe, die einen zum Wahnsinn treiben konnte. Die winzigen Viecher hatten sich bei fast jedem von uns eingenistet, und es gab keine Möglichkeit, sie loszuwerden. Major Cramer untersuchte mich zusammen mit einigen anderen. Dabei witzelte er und sagte: «Die einzige Möglichkeit, die Läuse loszuwerden, besteht darin, sich mit Alkohol und Sand einzureiben. Sobald die Läuse besoffen sind, fangen sie an, sich gegenseitig mit Steinen zu bewerfen.» Sein Ratschlag ging dahin, sich mit abgenutzter Klinge Scham- und Achselhaar abzurasieren. Das verschaffte einem zumindest vorübergehend Erleichterung, doch eben nur vorübergehend; denn nach kurzer Zeit nisteten die kleinen Quälgeister sich wieder ein. Ihre Eier haften an den Körperhaaren, manchmal tief unten an der Wurzel. Wasser und Seife vermochten gegen diese Eier nichts auszurichten. Manchmal gelang es, mit den Fingernägeln ein solches Ei abzuziehen, und gelegentlich schaffte man es dabei sogar, gleichzeitig auch noch eine Laus loszuwerden. In den schlimmeren Fällen leiden die Opfer unter einer Sekundärentzündung, die durch Kratzen hervorgerufen wird. Man spürt förmlich, wie die Läuse über die gereizte Haut dahinwandern. Auch bildet man sich wohl ein, die Viecher schnappen zu hören, und entwickelt einen Komplex wie jemand, der an einer Geschlechtskrankheit leidet.

Maynard Jackson litt furchtbar unter entzündeten Ungezieferbissen. Aus den Quaddeln wurden nässende Wunden, die nie ganz heilen wollten. Wann immer möglich, ließ er die entzündeten Stellen von der Sonne bescheinen, was offenbar ein bißchen half. Die Strohsäcke wimmelten von Wanzen, und die einzige Möglichkeit, ihrer Herr zu werden, bestand darin, die Strohsäcke zu lüften und sie in die pralle Sonne zu legen.

Die Deutschen waren in diesem Frühling trotzig und verbohrt; viele hatten das Gefühl, der Krieg könnte trotz fortwährender Niederlagen im Osten und in Afrika noch gewonnen werden. Ständig verbreitete die deutsche Propaganda übers Radio Sondermeldungen, und die Wachen erzählten uns von den neuesten Entwicklungen. Manche unserer Bewacher waren freundlich zu uns und fragten uns oft nach den Nachrichten, die die Amerikaner mit ihren Radios aufgefangen hatten. Radioapparate waren selbstverständlich verboten, aber ein paar gab es doch. Dabei handelte es sich um Detektorempfänger mit Kristallen, die die Gefangenen aus deutschen Einzelteilen zusammenbastelten. Ein deutscher Wachmann wurde mit amerikanischen Zigaretten bestochen, Arbeitern der Panzerfabrik in St. Pölten und einer Fertigungsstätte in der Wiener Neustadt etwas außerhalb von Wien Radioteile abzukaufen. Unsere deutschen Bewacher und die Arbeiter in der Rüstungsindustrie waren äußerst bestechlich. Bei den Kristallen handelte es sich um künstliche Gebilde, wie sie in den Funkstationen der Panzer verwendet wurden; die 4500 Ohm-Kopfhörer stammten gleichfalls von den Panzerausstattungen, und Drähte sowie Zylinder aus Hartpappe kamen aus anderen Quellen. Die Pappzylinder wurden mit feinstem Kupferdraht umwickelt, ein Kristall wurde mit einem ‹Sucher› bestrichen, der mit der Leitung verbunden war, und die Kopfhörer überbrückten den Kreislauf. Deutlich empfingen wir die Nachrichten der Londoner BBC, so daß wir mit der britischen Version von Kriegsnachrichten versorgt wurden. Da es den Deutschen verboten war, die BBC oder andere ausländische Sender abzuhören, kamen sie oft zu uns, um bestimmte Nachrichten gegenzuprüfen.

Alexander Struck sah in seiner Luftwaffenuniform immer noch wie der typische Geschäftsmann aus. Er entsprach so gar nicht der Klischeevorstellung, die wir von einem Nazi hatten, und tat wegen seiner sprachlichen Fähigkeiten Dienst in unserem Lager – er beherrschte sieben Fremdsprachen. Er war 1,70 m groß, dabei ziemlich vierschrötig und hatte ein rundes Gesicht mit rosigen Backen und tiefsitzenden blauen Augen. Er sah intelligent aus und verhielt sich auch so. Strucks Aufgabe war es, sich mit den Kriegsgefangenen gut zu stellen und für geheimdienstliche Zwecke Informationen aus ihnen herauszuholen. Kaum jemand von uns glaubte, daß Struck seine Aufgabe ernst nahm oder die Nazis unterstützte. Er bekleidete den Rang eines Feldwebels, doch einige behaupteten, insgeheim sei er Luftwaffenoffizier. Er schien Macht und Einfluß auf die niedrigeren Dienstgrade auszuüben, konnte jederzeit einen Gefangenen kommen lassen und ihn ausquetschen, was er auch oft tat. Trotz seiner Haltung und Autorität verstand Struck es, einem während der Unterredung das Gefühl einzuflößen, sich wohl zu fühlen. Bei den Gesprächen mit ihm ging es niemals ums Fliegen, um strategisches Vorgehen oder irgendwelche militärischen Dinge, sondern höchstens um die letzten Kriegsnachrichten. Sein Lieblingsthema waren politische Bewegungen. Er bemühte sich, die Unterhaltung so hinzubiegen, daß Mängel in der Form der Demokratie, wie sie in den Vereinigten Staaten praktiziert wird, deutlich zutage traten. Struck stand dem Nationalsozialismus in gleicher Weise kritisch gegenüber, doch am häufigsten ließ er sich gegen den Bolschewismus aus.

Dieter Stramlin war ein österreichischer Lehrer, tat bei der Luftwaffe Dienst, war rund 1,84 m groß und hatte ein schmales Gesicht. Er befleißigte sich höflicher Umgangsformen und tat sich sichtlich schwer, uns laut Befehle zu erteilen oder gar anzuschnauzen. Wollte er gemein sein – was sehr selten vorkam –, mußte er sich große Mühe geben. Stramlins Aufgabe war es, die Gefangenen zum Appell zusammenzutreiben und mit uns zu reden; immerhin verstand er ein bißchen englisch. Wäre es ihm möglich gewesen, hätte Stramlin sich den Amerikanern ergeben, als sie 1945 einrückten; zumal nachdem er gesehen hatte, was die SS-Einheiten beim Näherrücken der Russen der Zivilbevölkerung antaten.

Czatinoski war ein zwangsverpflichteter Bauer aus der Tschechoslowakei. Es wurmte ihn, in der Wehrmacht Dienst tun zu müssen, und er spuckte oft aus, wenn das Thema zur Sprache kam. Er war etwa 1,75 m groß, hatte einen leicht verwachsenen Oberkörper und ließ die linke Schulter ein wenig fallen. Seines gewaltigen Unterkiefers wegen hatte er den Spitznamen *Lantern Jaw* – ‹Laternen-Kiefer› – bekommen und haßte es, uns aus der Baracke heraustreiben zu müssen, und das manchmal zweimal am Tag. Die Deutschen behandelten ihn schlecht, und auch wir machten ihm das Leben nicht gerade leicht – allerdings auch nicht allzu schwer, denn meistens war er auf unserer Seite. Auch er hätte sich ergeben, wäre ihm die Möglichkeit dazu gegeben worden.

«Herman the German» hätte gut den dritten Mann bei Pat und Patachon abgeben können. Er war mit seinen 1,70 m und fast zweihundert Pfund unglaublich ungeschlacht. Manchmal versuchte Hermann, die Rolle des typischen Nazis zu spielen, was ihm jedoch meistens ganz und gar danebenging. Er war schlampig und erweckte den Eindruck, als wäre er mehr mit dem Lederschurz eines Schmieds zu Hause als in der Wehrmachtsuniform. Hermann war schrecklich naiv und ließ sich leicht in Schwierigkeiten bringen, aus denen er von selbst nicht mehr herauskam. Manche von uns machten sich einen Spaß daraus, ihm ein paar ‹englische› Brocken beizubringen, die er dann mit Gusto immer wieder von sich gab. Wie ein wütender Stier kam Hermann die Stufen zur Baracke heraufgestapft. Fragte ihn dann jemand: «Was ist los, Hermann?», pflegte er spaßhaft zu antworten: «Nix ist los, alles ist verboten!» Irgend jemand empfand das immer als Aufforderung, ihn zu einem albernen Schlagabtausch von Worten zu bringen und ihn dazu zu verleiten, englische Flüche zu wiederholen. Zu solchen ‹Englisch-Stunden› gehörte es dann, daß jemand ihn aufforderte: «Komm, Hermann, sprich mir nach: ‹I am a dumb son-of-a-bitch›», was Hermann prompt tat, ohne zu ahnen, daß das, was er da radebrechte, auf gut deutsch etwa hieß: ‹Ich bin ein dummer Hurensohn.› Beherrschte Hermann diese Sätze nach ein paar Tagen gut, machte der betreffende Amerikaner ihm weis, was sie bedeuten sollten. Mit dröhnender Befehlsstimme wiederholte Hermann diese Sätze zum innigen Vergnügen aller. Dieses Spiel ging über ein Jahr so weiter, bis zufällig Struck dazukam, wie Hermann sein neu erworbenes ‹Englisch› zum besten gab.

Big Stoop – der ‹Große Bucklichte› – verbrachte nicht viel Zeit im Barackenbereich, denn er fürchtete stets um sein Leben. Big Stoop hatte diesen Spitznamen weg, weil er so aussah wie die Figur desselben Namens aus dem Comic Strip *Terry and the Pirates*. Wie Big Stoop mit seinem richtigen deutschen Namen hieß, war nicht allgemein bekannt, doch entsprach er nur allzugut besagter Comic-Figur. Er war etwa 1,85 m groß und mußte an die zweieinhalb Zentner wiegen. Er hatte ein grobflächiges Gesicht mit hängenden Kinnbacken und wirkte unglaublich stupide. Was das betraf, bildete er in der Luftwaffe, die sonst sehr wählerisch war, wer die blaue Uniform tragen durfte, eine Ausnahme.

Vor meinem Eintreffen im Stalag 17-B hatte es einen Ausbruchsversuch gegeben, der in einer Katastrophe geendet hatte. Von einer unmittelbar neben dem Zaun gelegenen Baracke aus hatte man einen unterirdischen Gang gegraben, der in einem kleinen Wäldchen endete, das als Friedhof diente. Gegraben hatte diesen Tunnel eine kleine Gruppe von Männern, die sich äußerste Verschwiegenheit geschworen hatten. Zum Ausbruch selbst sollte es kommen, indem man am Ende des Ganges einen in die Höhe führenden Schacht grub. Die Deutschen wußten von dem Tunnel, wußten sogar, wo der Durchbruch stattfinden mußte, und waren auch über den Zeitpunkt des Ausbruchsversuchs im Bilde. Als die Männer aus dem Schacht herausgekrochen kamen, wurden sie von Scheinwerferstrahlen und Schüssen begrüßt. Einer der Ausbrecher bekam einen Beinschuß ab, andere fanden den Tod dabei; Big Stoop trat auf den Verwundeten zu und feuerte trotz der Gnadenrufe, die von einigen der Männer in den Baracken gehört wurden, acht Schuß ins Gesicht ab. Dieser Akt der Barbarei haftete von nun an Big Stoop sowie den in dieser Nacht diensthabenden Offizieren an, unter anderen auch dem Lagerkommandanten, Oberst Kuntz. Das tragische Ereignis sprengte sämtliche Ausbruchsgruppen, die es in der amerikanischen Abteilung des Lagers gab. Als ich dort eintraf, wurde jeder Neuankömmling mit größtem Mißtrauen betrachtet, und es dauerte Monate, Verbindung mit irgendwelchen Gruppen aufzunehmen, die später noch an Ausbruch dachten. Ein Verräter wurde, solange ich da war, nie bekannt; wahrscheinlich ist er unter den Insassen der betreffenden Baracke zu suchen.

Noch ein Deutscher, der bei den Ausbruchsversuchen eine Rolle spielte, war *Abe the Mole* – ‹Abe, der Maulwurf›. Wie Abe mit richtigem Namen hieß, habe ich nie erfahren; seinen Spitznamen jedenfalls erhielt er von den Amerikanern seines Gesichts und überhaupt seiner ganzen Erscheinung wegen. Der Name Abe – eine Kurzform von Abraham – stellte für ihn eine große Beleidigung dar, und wenn er ihn hörte, wurde er fuchsteufelswild. Er war sehr klein und dickbäuchig und hatte ein Gesicht, das Amerikaner an das Klischee vom Juden erinnerte. Abes Aufgabe war es, Fluchtgänge aufzufinden, indem er unter die Baracken kroch und in der Hoffnung, auf irgendwelche Hohlräume zu stoßen, mit einer Eisenstange im Boden herumstocherte. Abe ließ sich nie ohne Begleitung eines großen deutschen Schäferhundes blicken, der ihn beschützte und Fluchtgänge wahrscheinlich auch erschnüffelt hätte. Abe kam immer so unauffällig wie möglich, doch wenn er dabei erwischt wurde, wie er unter eine Baracke kroch, trampelten alle Insassen mit den Füßen auf jener Stelle herum, wo er gerade sein mußte. Das ergab einen ohrenbetäubenden Lärm und störte nicht nur Abe, sondern auch den Hund. Die Gefangenen machten Abe mit ihrem Spitznamen und den spöttischen Bemerkungen das Leben zur Hölle. Bald konnte Abe nur noch dann nach Fluchttunneln stochern, wenn wir zu einem verlängerten Appell draußen antreten mußten.

Entsprechend der Genfer Konvention von 1929, durch welche die Behandlung von Kriegsgefangenen international geregelt wurde, sollten die Gefangenenlager von einem neutralen Inspekteur besucht und alle beteiligten Regierungen über die von ihm vorgefundenen Zustände informiert werden. Im Frühjahr erhielten wir im Lager Besuch von einem Vertreter des Internationalen Roten Kreuzes aus Genf. Dieser Mann trug einen ziemlich abgewetzten blauen Sergeanzug. Dazu hatte er unter dem schlecht sitzenden Mantel einen dicken Pullover an und einen schmalkrempigen Filzhut auf dem Kopf. Der Mann stand in den Vierzigern und wies im Gesicht eine gewisse Ähnlichkeit mit dem Filmschauspieler Frederick March auf. Von der deutschen Verwaltung wurde er dem amerikanischen Lagerkommandant förmlich vorgestellt. Der Rot-Kreuz-Vertreter fragte uns, wie wir behandelt würden. Die Deutschen hatten uns gerade einen deutschen Film aus dem Jahre 1938 gezeigt, einen Liebesfilm, der kurz vor unserem Kriegseintritt auch in einigen amerikanischen Städten gelaufen war, jedoch für amerikanische Kriegsgefangene, die nur wenig deutsch verstanden, nur wenig Wert besaß. Die Deutschen gaben Extrarationen Margarine, Ketchup und Senf aus und versprachen uns Gemüsesamen für einen noch anzulegenden Lagergarten. Das waren durchsichtige Machenschaften, um uns friedlich zu stimmen und auf den Inspekteur aus Genf vorzubereiten. Ums Haar wäre das den Deutschen auch gelungen, nur fanden die Amerikaner heraus, daß es sich bei dem Rot-Kreuz-Vertreter in Wahrheit um einen deutschen Spitzel handelte.

Der Pseudo-Vertreter vom Roten Kreuz sollte das Lager drei Tage hindurch inspizieren, doch wurde sein Besuch abgekürzt. Er saß in unserer Baracke, stellte uns Fragen und tat so, als wäre er wirklich aus Genf. Sein Fahrrad stellte er draußen vor unserer Baracke ab, und auf ein Zeichen von Sergeant Smith hin, dem Barackenältesten, trugen zwei Mann von uns das Fahrrad fort – und als die Wachen gerade nicht hinsahen, von einer Baracke zur anderen bis ans Ostende des Lagers. Bei der letzten Baracke wurde das Fahrrad unter der Bedeckung einiger Männer in die mehrere Lagerabschnitte entsorgende Senkgrube geworfen.

Die Männer in der Baracke behandelten den Pseudo-Rot-Kreuz-Mann mit besonderer Zuvorkommenheit und hatten sich auf ein längeres Gespräch eingelassen, das für seine Begriffe wertvolle militärische Informationen enthielt. Er fraß alles, was wir ihm weismachten, und als das Fahrrad sicher in seinem Schlammgrab ruhte, wurde das Gespräch auf ein entsprechendes Zeichen hin abgebrochen. Wer beschreibt das Erstaunen des kleinen falschen Fuffzigers! Da hatte er sich eingebildet, besonders tüchtig vorgegangen zu sein, und plötzlich stand er allein da, und kein Mensch wollte noch mit ihm reden. Er wußte, daß man ihm auf die Schliche gekommen war, doch welchen Preis er zu zahlen hatte, das ahnte er noch nicht. Schließlich behandelten die Deutschen alliierte Spione nicht als Kriegsgefangene, sondern ganz anders! Der deutsche Spitzel, der jetzt davon ausgehen mußte, daß sein Spiel aus sei, griff nach seiner schwarzen Aktenmappe und lief zur Tür hinaus. Draußen fluchte er: «O Gott im Himmel, mein Fahrrad ist weg! – Wo ist mein Fahrrad?» keuchte er atemlos. «Wo ist es?»

Auf sein Gezeter hin kamen zwei Wehrmachtswachen herbeigelaufen, die an diesem Tag eigentlich gar nicht Dienst tun sollten, jedoch wohl als Verstärkung für alle Fälle bereitgestanden hatten. Die feldgrau-uniformierten Wachen durchsuchten sämtliche Baracken nach dem verschwundenen Fahrrad, während der Spitzel sich über die Lagerstraße zur Dienststelle des Kommandanten zurückzog. Als das Fahrrad nirgends zu finden war, zogen sich auch die Wachen aus dem eigentlichen Lagerbereich zurück.

Etwa eine halbe Stunde später kam – von sechs Wehrmachtsangehörigen eskortiert – ein Luftwaffen-Leutnant die Lagerstraße herunter. Der Leutnant verlangte den Barackenältesten zu sprechen und quetschte Sergeant Smith nach dem Fahrrad aus; Smith jedoch erklärte, nicht die leiseste Ahnung zu haben. Da drehte der Leutnant durch und winkte zwei der Wehrmachtsangehörigen, Sergeant Smith bedrohlich in die Mitte zu nehmen. Smith seinerseits rief lauthals, als Kriegsgefangener werde er mißhandelt, und berief sich auf die Genfer Konvention. Das kühlte dem Leutnant ein wenig den Kopf, und er winkte die Bewacher zurück. Diese wiederum waren schlecht gelaunt, denn schließlich hatten sie die ganze Nacht über Dienst getan, und daß sie jetzt gerufen wurden, um nach dem Fahrrad zu suchen, fuchste sie sehr. Der Leutnant befahl eine gründliche Durchsuchung unserer Baracke, woraufhin wir Gefangenen ein großes Geschrei anhoben und mit den Füßen trampelten. Die Wachsoldaten wurden angewiesen, ihre Pflicht zu tun, woraufhin sie bedrohlich mit den Gewehren in der Luft herumfuchtelten. Langsam verließen wir Gefangenen die Baracke; ich allerdings sah, wie zuvor einer meiner Kameraden mit dem Gewehrkolben einen Stoß in die Magengrube bekam. Da das Fahrrad bei der Durchsuchung nicht ans Tageslicht kam, ließ der Leutnant die sechs Wehrmachtsangehörigen im Gleichschritt die Lagerstraße zurückmarschieren zu den Unterkünften der Deutschen.

Etwa eine Stunde später kam ein weiterer Trupp Soldaten die Lagerstraße heruntermarschiert – und zwar unter der Führung von Oberst Kuntz. Diesmal waren es sechs Luftwaffenangehörige, die mit ihren Karabinern bewaffnet Oberst Struck begleiteten, dem wiederum der Pseudo-Rot-Kreuz-Mann folgte. Struck sah nach wie vor aus wie ein stattlicher Geschäftsmann, auch dann, wenn er im Gleichschritt marschierende Soldaten anführte; etwas Militärisches hatte er jedenfalls überhaupt nicht. Der Oberst befahl Smith, aus der Baracke herauszukommen und vorzutreten. Smith knallte die Hacken zusammen und grüßte schneidig. Halbherzig erwiderte Kuntz den militärischen Gruß, dann stieß er einen Schwall deutscher Worte aus. Struck übersetzte die Forderungen des Obersten, das Fahrrad herauszugeben. Smith leugnete, auch nur das Geringste zu wissen, woraufhin der Oberst endgültig die Fassung verlor. Kuntz verzog das Gesicht, faßte sich dann jedoch wieder und sprach ganz ruhig. Struck übersetzte: «Wie konntet ihr einen Vertreter des Internationalen Roten Kreuzes nur auf so gemeine Weise behandeln? Er ist hergekommen, um das Lager zu inspizieren und euch Vorteile zu verschaffen. Jetzt haben Ihre Leute ihm das Fahrrad gestohlen, und das muß zurückgegeben werden.» Smith erwiderte: «Dieser Mann ist kein Angehöriger des Roten Kreuzes, sondern ein elender Spitzel.» Der Oberst tat übertrieben überrascht; dabei mußte er diesen Ausdruck bereits vorm Spiegel geübt haben. «Aber dieser Mann hat alle nötigen Beglaubigungsschreiben dabei», erwiderte er, zog einen dicken Umschlag aus der Manteltasche und fuchtelte dem Sergeanten damit vor dem Gesicht herum. In diesem Augenblick war es Sergeant Myers, der amerikanische Lagerkommandant, der uns alle aus der verfahrenen Situation rettete; im Geschwindschritt kam er aus Baracke 19-A herausgestürmt, zeigte mit dem Finger auf den falschen Fuffziger und schrie: «Dieser Mann ist ein deutscher Spitzel, den der Geheimdienst hergeschickt hat.» Und als Sergeant Myers fortfuhr: «Er heißt Cedric Hoffmann und stammt aus Berlin», breitete sich Verblüffung auf den Zügen des Obersten aus. Verlegen erklärte er: «Aber das Fahrrad muß wieder herbeigeschafft werden; Ersatz kann er erst nach dem Krieg bekommen» – woraufhin wir Gefangenen anfingen zu kichern. Kuntz fuhr auf den Hacken herum, winkte Struck mitzukommen, und dann marschierten sie die Lagerstraße hinunter. Wir hatten gewonnen. Der Spitzel war entlarvt, das Fahrrad für immer verschwunden, und der Oberst konnte uns nicht bestrafen.

Etwa eine Woche später kam der echte Rot-Kreuz-Vertreter zur Inspektion. Es handelte sich um einen großgewachsenen Mann mit roten Backen und rötlich-braunem Haar. Er trug grobgewebte graue Knickerbocker und einen viel zu großen schweren Pullover. Seinem Wesen nach handelte es sich um einen freundlichen Mann, der gute Laune verbreitete. Allein aufgrund der Art, wie er angezogen war, wußten wir von Anfang an, daß er wirklich Schweizer war; auch seinem Gehabe und seinem Wesen nach unterschied er sich wesentlich von den Deutschen. Für uns Amerikaner brachte er einen amerikanischen Film über das Leben von John L. Sullivan mit, einen Box-Champion der neunziger Jahre des vorigen Jahrhunderts; dieser Film war ganz dazu angetan, die Moral in unserem Lagerabschnitt mächtig anzuheben.

Der Rot-Kreuz-Vertreter hörte sich unsere Beschwerden an, bei denen es hauptsächlich um unzureichende Ernährung, den Mangel an Heizmöglichkeiten, Wolldecken, ärztliche Versorgung und die Schikanen den Gefangenen gegenüber und dergleichen ging, doch brachten wir auch vor, daß ein verwundeter Gefangener völlig ungerechtfertigt getötet worden war. Außerdem baten wir darum, daß Oberst Kuntz als Lagerkommandant abgelöst werde, weil er grausam gegen die Kriegsgefangenen vorging. Anfangs hatte man gedacht, Kuntz müsse einen guten Kommandanten für Stalag 17-B abgeben, denn er stand in den Fünfzigern, war seit vielen Jahren Berufsoffizier und während des Ersten Weltkriegs selbst als Gefangener in Rußland gewesen; folglich war anzunehmen gewesen, daß er Verständnis für die Bedürfnisse von Kriegsgefangenen hatte.

Mit den anderen Lagerabschnitten, in denen Russen, Serben, Engländer, Franzosen und später auch Italiener untergebracht waren, hatten wir so gut wie keinen Kontakt. Gerüchteweise hieß es, das Lager sei mit 20000 Gefangenen belegt, doch bezweifle ich, daß das stimmte.

Den engsten Kontakt hatten wir noch mit russischen Gefangenen, die für den Unterhalt des Lagers die unterschiedlichsten niederen Arbeiten ausführten. Für je zwei Baracken gab es eine Latrine; der Inhalt wurde über Tonröhren in eine große Senkgrube geleitet. Da die Abtritte übermäßig benutzt und auch viel von den Deutschen zubereitetes Essen hineingekippt wurde, verstopften die Abflüsse häufig. Ein jeder Abtritt wies 77 in Reihen nebeneinander gelegene Sitze auf, von denen 75 für den normalen Gebrauch da waren; 2 Abteile jedoch dienten dazu, ungenießbares deutsches Essen verschwinden zu lassen. Es wurden häufig russische Gefangene geschickt, die Latrinen zu säubern.

Die Luftwaffe war verpflichtet, jedem Gefangenen einen Sold zu zahlen, wie ihn die Luftwaffen-Angehörigen entsprechenden Ranges erhielten. Für jeden einzelnen von uns Gefangenen wäre dies Geld nutzlos gewesen, weil wir so wenig dafür kaufen konnten; legten wir jedoch alle zusammen, ergab das für unseren amerikanischen Lagerabschnitt eine Menge von Vorteilen. Flossen etwa die Latrinen über, bezahlten wir die russischen Gefangenen mit Reichsmark, sie zu reinigen.

So ein Tag, an dem die Latrinen gesäubert wurden, stellte etwas Besonderes dar, weil damit die Eintönigkeit des Lagerlebens unterbrochen wurde und wir in einen gewissen Kontakt mit den Russen kamen. Am Abend vor einem solchen Tag wurde unsere Latrine nicht mehr von uns benutzt. Wir einigten uns in aller Form mit den Ältesten anderer Baracken, ihre Latrinen zu benutzen. Das wiederum gab uns zusätzlich Gelegenheit, mit anderen etwas zu tun zu haben. Jede Baracke neigte dazu, seine Insassen auf eine gewisse Gemeinschaft oder Gemeinsamkeit zu verpflichten, die sich allein äußerlich in der Barackennummer kundtat. «Ich bin von 15 A», sagte man dann wohl und setzte sich damit von denen in Baracke 16 A oder B oder sonstwo ab, falls man sich damit nicht sogar über sie erhob. Zu Kontakten zwischen den Insassen verschiedener Baracken kam es durch Freunde, durch den Tauschhandel und – rein formal – durch die Barackenältesten. Besonders zutage traten diese Beziehungen an den Säuberungs-Tagen.

Gegen 8 Uhr morgens trafen die russischen Gefangenen ein. Sie trugen höchst unterschiedliche Kleidung: blaue und grüne Uniformen, hellbraune Steppuniformen, verschiedene Farben durcheinander, alles ziemlich abgerissen; vor allem aber trugen sie durch die Bank längst durchgelaufene Stiefel. Bei den Kopfbedeckungen handelte es sich um Pelzmützen, um wattierte und ganz einfache Armee-Mützen. Die russischen Kriegies sprachen nur sehr wenig russisch, denn die meisten von ihnen stammten aus Sibirien und sprachen tungusisch und samojedisch. Ich schloß Bekanntschaft mit einem Tungusen, der ein paar russische Brocken und umgangssprachliche Floskeln verstand. Michael schaffte es mit seinem Russisch herauszubekommen, wie er hieß und woher er kam. Wenn wir es richtig verstanden haben, hieß er «Ugar» oder so ähnlich und stammte aus einem Ort in der Nähe des Amur-Flusses. Mit seinen 1,80 m war Ugar größer als die meisten anderen Sibirier. Er war ziemlich ausgemergelt, hatte jedoch ein rundes Gesicht und trug einen schmalen schwarzen Lippenbart, der ihm zu beiden Seiten des Mundes herunterhing. Sein Haar war schwarz, dick und strähnig, und seine dunklen Augen lagen halb verborgen in den Falten seiner Haut, was ihm ein etwas schlaffes Aussehen vermittelte. Die Zähne waren gelb, und ein Vorderzahn im Unterkiefer fehlte. Während er bei der Arbeit von einem Abort zum nächsten ging, schaffte ich es, mich mit diesem für unsere Begriffe exotischen Mann anzufreunden.

Die *Shit-Dippers* oder «Scheiße-Schöpfer», wie wir sie nannten, verwendeten lange Stangen mit einem Holzgefäß am Ende; damit schöpften sie den Schlamm heraus, der sich auf dem Boden angesammelt hatte, und leerten ihn in Holzfässer, die auf einem robusten, von zwei Pferden gezogenen Wagen montiert waren. Kamen die langen Stangen und Eimer tropfend und schwappend aus der Grube heraus und wurden sie zu den Holzkübeln hinaufgeschwungen, stank es pestilenzialisch. Um an den Schlamm heranzukommen, war es notwendig, die Latrine selbst zum Teil abzubauen; das heißt, die Ostwand mit ihrer Sitzreihe wurde abmontiert. Unter den Sitzen und hinter ihnen wurde jetzt ein Erdsims sichtbar, der später einem Menschen das Leben retten sollte. Der Schlamm wurde in den Wagen fortgeschafft und diente als Dünger auf den Feldern.

Drei Latrinen zu säubern, dauerte drei Tage. Zwischen den Gefangenen der einzelnen Lagerabschnitte, insbesondere zwischen Amerikanern und Deutschen, wurde ein schwunghafter Tauschhandel betrieben. Die Sibirier hatten jedoch nur wenig, was sie eintauschen konnten. Ich gab Ugar ein Paket Chesterfield und bekam von ihm ein großes, von ihm selbst gearbeitetes Messer. Die Klinge war aus einem Stück Stahlabfall gearbeitet; als Griff diente ein Stück Rentiergeweih. Die Klinge war etwa zehn Zentimeter lang und sollte mir später, insbesondere im Jahre 1945, noch große Dienste erweisen. Ich erfuhr, daß Ugar seinen Lebensunterhalt mit einer Herde Rentiere verdiente, verheiratet war und mehrere Kinder hatte. In die Rote Armee war er zwangsverpflichtet worden, als er mit ein paar anderen Männern zum Zweck des Handeltreibens eine kleine Stadt aufgesucht hatte. Ugar haßte die Russen und hatte kaum gewußt, wer die Deutschen waren. Von Amerika oder irgendwelchen anderen Ländern hatte er überhaupt keine Ahnung; sie waren ihm auch von Herzen gleichgültig. Das einzige, was er wollte, war wieder zurückzukehren nach Hause.

Die russischen Kriegsgefangenen kamen nicht in den Genuß der durch die Genfer Konvention geschaffenen Grundsätze der Gefangenenbehandlung; die Sowjetunion hatte dieses internationale Abkommen nicht unterzeichnet. Zu essen bekamen sie ungefähr das gleiche wie wir; wir jedoch erhielten ja ab und zu die Lebensmittelpakete vom Roten Kreuz. Die Deutschen behandelten die russischen Gefangenen sehr schlecht, und wir hörten von vielen Todesfällen in ihrem Lagerabschnitt. Die *Dippers* erzählten, wie sie sich etwas Extra-Essen beschafften: Sie trugen ihre toten Kameraden solange zum Appell hinaus, bis sie zu verwest waren. Außerdem patrouillierten die Deutschen den Lagerabschnitt der Russen nachts mit Hunden; die Kriegsgefangenen töteten immer wieder Hunde und aßen sie auf. Von meinem tungusischen Freund erfuhr ich, daß es auch weibliche Kriegsgefangene gäbe und diese gezwungen wären, in denselben Baracken zu leben wie die Männer. Bestätigt wurde dies später, als einige von unseren Leuten sie in der Nähe der Duschen sahen.

War die Latrinengrube leer, wurde der Holzbau wieder zusammengefügt, allerdings anders als zuvor. Als das Lager 1919 errichtet wurde, hatte man mit Material wirklich nicht gespart, so daß die Gebäude sehr haltbar waren. Da gab es zum Beispiel Doppelwände, doppelte Decken und viele Dachbalken und -latten, die uns jetzt sehr zustatten kamen, wenn es darum ging, Bettlatten und anderes zu basteln. Wollte man solches Holz herausnehmen, hatte das praktisch unter den Augen der Wachen zu geschehen, ging aber im allgemeinen ziemlich leicht. Die Bretter wurden in die Baracken geschmuggelt und versteckt. Die Planken mit den Klositzen der Ostreihe wurden auch nicht festgenagelt, sondern nur draufgelegt. Dieser Zugang war nicht leicht zu entdecken, da die alten Nagellöcher immer noch mit den Nagelköpfen ausgefüllt waren – nachdem wir die Stifte selbst abgetrennt hatten. So ließen sich bis zur nächsten Grubenleerung Dinge verstecken, die wir eigentlich nicht haben durften.

Der Winter und das Frühjahr 1943/1944 waren streng gewesen. Der Boden hatte sich bis in beträchtliche Tiefe mit Wasser vollgesogen, und so waren jetzt alte wie neue Fluchttunnel in Gefahr. Da die Erde zuviel Feuchtigkeit enthielt, fingen die Gänge an einzustürzen, und auf dem Lagergelände zeigten sich überall Absenkungen, die auf ihr Vorhandensein hinwiesen. Im südlichen Lagerabschnitt gab es allein zehn solcher eingesunkenen Stellen, und das alarmierte die Deutschen. Abe, der Maulwurf, und sein Hund hatten bei jedem Appell viel zu tun: er stocherte mit einer Stahlstange im weichen Boden herum, und der Hund wühlte im Erdreich und bellte.

Zwar waren Fluchtgruppen die ganze Zeit über aktiv gewesen, doch ich persönlich wurde erst im Mai aufgefordert, mich einer solchen anzuschließen. Ich erklärte von Anfang an, selbst nicht an einem Ausbruchsversuch durch einen solchen Tunnel teilnehmen zu wollen; statt dessen wollte ich mich gern an irgendwelchen Ablenkungsmanövern beteiligen und beim Bau des Tunnels mithelfen. Jede Fluchtgruppe hatte einen Anführer; andere erfüllten ganz bestimmte Funktionen. So war im allgemeinen einer für den Bau des Tunnels verantwortlich; das hieß, daß er das Graben beaufsichtigte, die Richtung bestimmte und festsetzte, wann gegraben wurde und wann nicht. Ein Mann unter ihm war für das eigentliche Graben und für die Beseitigung der Erde zuständig. War der Tunnelbau bereits fortgeschritten, mußte jemand dafür sorgen, daß die Luftzirkulation klappte. Der Anführer der Gruppe plante den Ausbruch gemeinsam mit einem kleinen Komitee von Teilnehmern, und zu diesem konnte auch der Mann gehören, der zum Zeitpunkt des Aufbruchs für die Ablenkungsmanöver verantwortlich war. Jede Fluchtgruppe suchte sich einen Decknamen aus, an dem die Teilnehmer sich erkannten. Manche Gruppen waren extrem verschwiegen und wie religiöse Bruderschaften organisiert, bei denen sogar Eide geschworen werden mußten. Die Gruppe, an der ich aufgefordert wurde, mich zu beteiligen, nannte sich SNAFU, ein beim Air Corp bekanntes Akronym für *situation normal all fouled up*, etwa: ‹Lage normal – alles verpatzt›. Bei der

SNAFU hatten wir den Plan, von einer Stelle unterm Kamin im Waschraum der Baracke 19A einen Tunnel zu graben und in einem Wäldchen südlich vom Lagerzaun an die Oberfläche durchzubrechen. Dieser Tunnel sollte wohl der längste sein, der jemals im Stalag 17-B gegraben wurde. Eine Finte sollte die Deutschen außerdem noch vom Haupttunnel ablenken. Ich sollte unter Jim Beardsley arbeiten, der beruflich mit Chemie zu tun hatte. Jim hatte vor, Knallkörper zu konstruieren, die nicht richtig sprengen, sondern nur laut knallen sollten. Infolgedessen beauftragte er mich, Glyzerin zu beschaffen.

Es fiel den Männern schwer, auf den größten Teil ihrer Seife zu verzichten, damit ich ihr das Glyzerin entziehen konnte, das ohnehin nur in kleinen Mengen in bestimmten Marken vorhanden war. Ich schabte die Seifenstücke und löste die Schabsel in Wasser auf. Ich verfügte über mehrere Behältnisse, in denen die Bestandteile der Seife sich im Laufe von einigen Tagen trennten. Was sich gelöst und auf der Oberfläche abgesetzt hatte, schöpfte ich ab und hob es in Blechbüchsen sowie einigen wenigen vorhandenen Schraubgläsern auf. Ich versuchte es mit Erhitzung und Verdampfung und bastelte schließlich eine primitive Zentrifuge, mit der es mir dann einigermaßen gelang, das Glyzerin von den anderen Seifenbestandteilen zu trennen. Das Problem war nur, daß wir mit dieser Methode und den geringen Seifenmengen, die uns zur Verfügung standen, nie genug Glyzerin gewannen, als daß es uns bei unserem Vorhaben wirklich hätte nützen können.

Andere hatten den Auftrag, andere Chemikalien zu beschaffen, mit denen man Substanzen herstellen konnte, die mit lautem Knall explodierten. Einer von uns hatte Gelegenheit, aus dem Krankenrevier eine kleine Menge Salpeter zu entwenden, ein anderer Schwefel, wiederum ein anderer irgendeine Säure; eines Tages tauchte sogar jemand mit Zündhütchen auf, die eigentlich für 13 mm-Geschosse gedacht waren. Alle diese Dinge wurden Jim Beardsley übergeben.

Bei einem weiteren Auftrag, den Jerry Smiley und ich erhielten, ging es darum, Kohlenstaub für eine laut explodierende Handgranate zu beschaffen. Jerry und ich kamen prächtig miteinander aus, weil wir beide uns für alles Mechanische interessierten, insbesondere für Motoren und Dampfmaschinen, also Apparate mit innerer und äußerer Verbrennung. Jerry war etwa 1,65 m groß, hatte einen extrem kräftigen Hals und wog an die 86 kg. Er hatte geboxt und gerungen, diese Sportarten jedoch aufgegeben, weil er bei einem Arbeitsunfall den kleinen Finger der linken Hand am zweiten Glied verloren hatte. Jetzt, da wir den Auftrag hatten, eine Art Handgranate herzustellen, wurden wir womöglich noch dickere Freunde.

Jerry und ich suchten die verschiedenen Lagerabschnitte ab, bis wir die passenden Steine zum Zermahlen der Kohle fanden. Wir probierten etliche aus und fanden schließlich drei zueinander passende Steinpaare, mit denen es ging. Der erste Schritt bestand darin, alle Baracken abzuklappern und die harte Kohle herauszusuchen, die den größten Heizwert besaß. Sorgsam höhlten wir den Mahlstein oder Mörser aus, indem wir einen weicheren Stein mit einem kleineren, aber härteren Feuerstein ausschmirgelten. Dann schliffen wir unter Zuhilfenahme von Wasser, Sand und einem weiteren gerundeten Stein die grob ausgehöhlte Mulde glatt. Unter vielen Mühen gelang es uns, eine brauchbare Art von Mahlsteinen für die erste Phase der Zerkleinerung herzustellen. Danach fertigten wir auf ähnliche Weise, nur aus feinkörnigeren Steinen zwei weitere Mahlsteine, bis es uns gelang, die harte Kohle zu einem feinen Staub zu zermahlen.

Wir hatten vor, unter Verwendung von pulverisierter Kohle als Brennstoff aus Blechbüchsen Handgranaten zu basteln. Ein Schlagbolzenmechanismus, der die Zündhütchen zur Explosion bringen sollte, beschwerte die Granaten dergestalt, daß sie in die Luft gehen mußten, wenn sie nach dem Werfen mit der Zündnadel auf dem Boden auftrafen. Es wurden Zeichnungen von der Granate und dem Schlagbolzenmechanismus hergestellt und dann die verschiedenen SNAFU-Angehörigen angewiesen, bestimmte Teile der Granate herzustellen. Zum Entwurf gehörte ein Luftzirkulationsmechanismus, der die pulverisierte Kohle zerstäubte, die wiederum explodieren sollte, sobald das Zündhütchen in die Luft ging. Wir stellten die Einzelteile für etwa zwanzig Handgranaten her, doch ließ sich das Endprodukt leider nicht testen, ohne das gesamte Vorhaben zu verraten. Es wurde unendlich darüber diskutiert, ob die Granaten funktionieren würden oder nicht.

Auch die Verteilung des aus den Tunnels herausgegrabenen

Erdreichs stellte ein ernstliches Problem dar. Sah eine Wache frische Erde, wußte sie, daß irgendwo ein Tunnel gegraben wurde. Sergeant Hampdon löste das Problem, indem er die SNAFU-Angehörigen bewog, Löcher in ihre Hosentaschen zu machen. Ich glaube nicht, daß irgend jemand außerhalb des engen Kreises der SNAFU-Angehörigen von unserem Tunnel wußte; ausschließlich Leute von uns stopften sich im Waschbereich die Hosen mit Erde voll, gingen dann überall im Lagerbereich spazieren und ließen an den Beinen kleine Mengen Erde herunterrieseln. Der auf diese Weise verteilte Boden, blieb für andere praktisch unsichtbar, denn er trocknete rasch und oxydierte bei Sonnenschein am Boden. Wie oft haben wir nicht darüber gewitzelt, daß der Boden des Lagers anstieg, während wir unseren Tunnel gruben.

Zur Planung gehörte auch die Anlage mehrerer falscher Tunnels, gewissermaßen falscher Fährten, die die Deutschen vom richtigen Tunnel ablenken sollten. Außerdem wurden bei manchen Tunnels Fallen eingebaut, mit denen der Maulwurf hinters Licht geführt werden sollte. So wurde zum Beispiel ein falscher Tunnel im Luftschutzgraben angelegt; die Deutschen fielen tatsächlich auf ihn herein. Die falschen Tunnels wurden ja auch unter größter Vorsicht angelegt und sollten zum rechten Zeitpunkt enthüllt werden und die Deutschen auf eine falsche Spur lenken. Der Luftschutzgraben wies mehrere Meter nach dem Eingang und nach einer scharfen Biegung einen tiefreichenden Schacht auf. Auf der Schachtsohle erwartete einen unvorsichtigen Eindringling angespitzte Pfähle.

Ein nicht leicht zu lösendes Problem beim Bau eines tiefen und langen Tunnels war das Herausschaffen des Erdreichs. Die Tunnels waren nur so hoch, daß ein Mann auf Händen und Knien hindurchkriechen und notfalls auch kehrtmachen konnte. Eine Zeitlang klappte es, etwa einen Eimer voll Erde in einen Sack zu füllen und diesen die ganze Länge des Tunnels hinter sich herzuziehen, doch je länger der Tunnel wurde, desto mühseliger wurde das. Hampdon konstruierte eine Art an einem Zugseil befestigten Förderkorb, mit dem sich das Erdreich ganz gut transportieren ließ. Der Förderkorb enthielt etwa einen Viertel Kubikmeter Erde und ließ sich in wenigen Minuten von einem Ende des Tunnels bis zum anderen ziehen. Der Förderkorb bestand aus einer Reihe von

Blechbüchsen, die zu flachen Platten aufgeschnitten wurden. Verbunden wurden diese Platten miteinander, indem wir Löcher hineinbohrten und die Platten vernieteten. Die Bohrer wurden aus Nägelstiften gefertigt, die an verschiedenen Stellen in unterschiedlichem Winkel angefeilt und in ein primitives, gurtbetriebenes Bohrfutter eingesetzt wurden, wie Pfadfinder sie häufig herstellen. Die Nieten wurden aus weichem Stacheldraht gemacht. Das Problem des Drahtschneidens lösten wir dadurch, daß wir von einer der Luftwaffen-Wachen einen Seitenschneider kauften. Das zu bewerkstelligen, dauerte etwa einen Monat, weil der Wachmann offensichtlich Schwierigkeiten hatte, einen Seitenschneider zu beschaffen.

Das Herausziehen des voll mit Erde gefüllten Förderkorbs wurde mit Hilfe von Leitungsdrähten bewerkstelligt, die wir der Barackenverkabelung entnahmen. Da die schlauen Deutschen ein Leitungssystem eingebaut hatten, das an jedem Stecker 220 Volt-Strom zur Verfügung stellte und für besondere Geräte an einigen Stellen 440 Volt-Starkstrom, gab es praktisch vier Leitungen. Zwei Strippen wurden herausgezogen und die Beleuchtung auf 120 Volt umgestellt. Der blecherne Förderkorb lief auf Schienen, die aus Holz gefertigt waren, das wir nach der Reinigung und dem anschließenden Neuaufbau der Latrine übrig hatten. Der Leitungsdraht wickelte sich auf großen Holzspindeln auf, die per Hand gedreht wurden. Diese Methode des Boden-Herausholens funktionierte, erforderte aber eine ständige Wartung der Laufkatze.

Der Haupttunnel kam gut voran; die Ablenkungstunnels waren bereits fertig. Daraus ergab sich neuerlich ein Problem: sie fingen viel zu früh an, wieder zusammenzufallen. Zwar versuchten wir, den Schaden zu beheben, doch der Luftschutzgraben wurde von Abe, dem Maulwurf, und seinem Hund entdeckt.

Im Haupttunnel wurde die Lüftung zu einem Problem, und zwar dort, wo er sich dem Warndraht des Südzauns näherte – über zwanzig Meter vom Schornstein im Waschraum entfernt. Hampdon bastelte ein Lüftungssystem, das mit einem fünfblättrigen, durch Rollen, Seile und Handkurbel zum Drehen gebrachten Ventilator betrieben wurde, der einen größeren Durchmesser hatte als der Tunnel selbst. Der Apparat funktionierte zwar, doch schaffte es niemand, den Ventilator länger als eine Viertelstunde in

Betrieb zu halten. Die Wartung der primitiven Apparate gestaltete sich stets schwierig, insbesondere was Seile und das Schmieren der Ventilatorlager betraf, die aus den gewölbten Stücken von Keramikbechern bestanden. Als Schmiermittel diente deutsche Margarine.

Eine weitere Schwierigkeit war das Durchstoßen der Betonmauer unterm Lagerzaun. Das Betonfundament lag zwar unter dem Zaun, ragte aber nicht bis über den Boden hinaus. Der Tunnel von Baracke 19 A stieß etwa 25 m vom Eingang entfernt auf diese Betonmauer. Eine Verzögerung trat ein, als wir harte Steinmeißel und einen Fäustling brauchten und dies durch die Wachen beschaffen mußten. Die Wachen mußten diese Werkzeuge in Wien auf dem Schwarzen Markt besorgen; denn bezahlt wurden sie mit Zigaretten und nicht mit Reichsmark.

Die Klopfgeräusche von Hammer und Meißel waren draußen und drinnen in unserer 25 m entfernten Baracke zu hören, besonders dann, wenn der Boden gefroren war. Für die stillen Nächte dachten wir uns ein Signalsystem aus, das folgendermaßen funktionierte: Sobald die Wachen sich entfernten, zogen wir an einer durch den Tunnel führenden Schnur, die an dem Hemd dessen festgeknotet war, der unten arbeiten sollte. Manchmal wurden die Signale verwechselt, oder die Schnur riß und das Hämmern ging zur falschen Zeit weiter. Glücklicherweise kamen die Wachen nie dahinter, was eigentlich vorging. Es erforderte vierzehn Tage Knochenschinderei, diese Mauer zu durchbrechen. Die Betonbrocken, die dabei anfielen, versenkten wir in einer in den Gang gegrabenen Grube.

Die meiste Zeit verbrachten wir nicht mit dem eigentlichen Bau von Tunnel und Ablenkungsgängen, sondern mit Diskutieren, Kartenspielen oder Lesen. Karten wurde täglich gespielt; manche von denselben Partnern gespielte Partien gingen über Tage. Das Kartenspiel 500 war überall dort beliebt, wo die Mitspieler hoch reizen konnten. Bridge erfreute sich zwar nicht so großer Beliebtheit, wurde dafür jedoch von einigen mit um so größerer Leidenschaft gespielt. Ich spielte mit Howard Greenwood aus Kansas Cribbage. Ursprünglich hatte uns unser gemeinsames Interesse an Kleinflugzeugen zusammengeführt. Howard war ein Mann von sanftem Wesen, und ich war besonders gern mit ihm zusammen. Er war 1,70 groß, mittelschwer und hatte eine sehr helle Haut. Sein Haaransatz ging merklich zurück; dabei war er erst dreiundzwanzig. Kopf und Gesicht harmonierten bei ihm insofern nicht miteinander, als er ein weit vorstehendes Kinn hatte, was ihm jedoch ein gewisses gemütliches und gelassenes Aussehen gab. Howard und ich ließen es uns angelegen sein, mindestens einmal am Tag Cribbage miteinander zu spielen. Gewinn und Verlust markierten wir am Seitenbrett meiner Pritsche.

Kartenspiele waren selbstverständlich bald abgegriffen, und es war schwierig, sie in ihrem schlaffen und an den Rändern bereits zerfaserten Zustand zu mischen. Die Figuren auf den einzelnen Spielkarten wurden mit Tinte und Bleistift nachgezogen. Konnte man sie überhaupt nicht mehr benutzen, wurden aus allem möglichen und unmöglichen Material neue Spiele hergestellt. Howard und ich bastelten aus Pappstücken und Holz ein Monopoly-Spiel. Ich wurde mit der Zeit ein recht guter Kartenspieler, konnte zählen und behielt nahezu jede ausgespielte Karte im Kopf. Viele waren versessen auf verschiedene Pokerarten und verbrachten häufig den größten Teil des Tages damit, um Zigaretten zu pokern. Einige Unternehmertypen zogen regelrechte Spielerringe auf. Sie verpflichteten andere, für sie zu spielen, und bezahlten sie mit einem Anteil an den an diesem Tag eingespielten Zigaretten. Sergeant Brack aus Baracke 17 A war für Lagerverhältnisse ein wohlhabender Mann geworden und wurde von manchen von uns der *King* genannt. Er ließ Tag für Tag fünf bis zehn Mann für sich arbeiten. Diese Männer hatten gute Karten und Würfel, die über die Wachen gekauft worden waren. Jeder einzelne von ihnen war erwiesenermaßen ein Meister-Pokerspieler und mehrte unter Einsatz Tausender von Zigaretten den Reichtum seines Herrn. Dem King gehörte so manches, und für einen entsprechenden Preis konnten Gefangene eine 35 mm-Leica und Filme ebenso bei ihm kaufen wie etwa eine Zange, eine Feile oder etwas zu essen, darunter sogar frische Erzeugnisse vom Bauernhof. Er gebot über einen solchen Reichtum, daß es hieß, er könne sich sogar Ausgang in die Stadt erkaufen, um sich dort der Gunst der Österreicherinnen zu erfreuen.

Ein ständiger Zeitvertreib war das Reden. Jeder von uns konnte stundenlang erzählen, wie er abgeschossen worden war. Stalag

17-B war das Lager der Überlebenden, und was sie erzählten, lief zumeist darauf hinaus, daß sie wie durch ein Wunder dem Tod entronnen waren. Freilich waren auch Männer darunter, die in Gefangenschaft geraten waren, ohne jemals die Schrecken des Krieges richtig kennengelernt zu haben. Einer von diesen war Lenny. Er hatte in einer B-17 gesessen, die von Amerika über den Atlantik nach England gebracht werden sollte, nur hatte der Navigator sich hoffnungslos verfranzt und war auf dem Flug von Schottland nach England weit übers Ziel hinausgeschossen und im deutschbesetzten Frankreich gelandet. Sie hatten den Deutschen das modernste Modell einer B-17 geliefert, und zwar samt Norden-Zielgerät.

Frank Schumann war ein lustiger Rotschopf, der als Heckschütze in einer B-17 geflogen war. Seine Maschine war von Jägern förmlich zerfetzt worden, nachdem sie aufgrund eines Motorschadens aus der Formation gefallen war. Er sagte, die Maschine sei außer Kontrolle geraten und das Heckleitwerk abgebrochen. Frank beschloß, nicht abzuspringen, sondern samt Heckleitwerk zu Boden zu gehen. Nun trudelte dieses in ziemlich sanft geneigter Kurve ab, und Frank wurde beim Aufprall auf die Erde kaum verletzt. Frank sang fast täglich gängige Schlager und kannte buchstäblich Hunderte davon.

Ich glaube, die grausigsten Erzählungen übers Davonkommen stammten von den Überlebenden der B-24, bei denen häufig Brände mit im Spiel gewesen waren. Sobald Treibstoff- und Hydraulikleitungen dieser Maschinen getroffen wurden, fing es im Rumpf an zu brennen. Einer der Kameraden war bei einer an sich harmlosen nächtlichen Flugblatt-Aktion in einer B-24 dabeigewesen. Seine Maschine wurde von einem Nachtjäger zusammengeschossen, und ehe die Besatzung wußte, was eigentlich los war, wurde das Innere des Rumpfes zu einem Inferno. Der Mann konnte sich zwar durch Absprung mit dem Fallschirm retten, trug jedoch im Gesicht, an den Händen und auf dem Rücken schwere Verbrennungen davon.

Viele waren auch aufgrund von Propellerversagen in Gefangenschaft geraten. Die Standardluftschraube von Hamilton war zwar sehr gut, doch kam es häufig dazu, daß das Öl in der Propellernabe gefror, was dann zum Durchdrehen führte. Auch der Verlust von

Motorenöl durch Kolbenversagen führte letztendlich zum Durchdrehen. Hier war das Problem, daß die Piloten Angst hatten, einen Motor auszuschalten und den Propeller in Segelstellung zu bringen, weil man den Deutschen damit signalisierte, daß man ein Krüppel war. Fiel ein Kolben aus, setzte die dadurch entstehende Kompression das Innere des Kurbelgehäuses unter Druck und preßte das ganze Öl durch den Entlüftungsstutzen hinaus. Auch wenn der Öltank einer B-17 hundert Liter faßte, brauchte es nicht lange, das viele Öl durch einen ausgefallenen Kolben in die Luft zu pumpen. Während des Kampfes wurden Maschinen aus den unterschiedlichsten Gründen verlassen. Unter anderem erfuhr ich von dem Fall, daß der Flugzeugführer den Ausstiegshebel nur überprüfen wollte, dabei Alarm gab und zwei Besatzungsmitglieder dazu brachte, mit dem Fallschirm auszusteigen; es gab Kollisionen mit anderen Maschinen oder mit feindlichen Jägern mitten in der Luft; explodierende Maschinen, bei denen ein einziger Überlebender inmitten von Flugzeugtrümmern in die Luft geschleudert wurde; ganze Besatzungen, die sich durch Absprung von einem Bomber in Sicherheit brachten, der sich lahm mit nur einem Motor dahinschleppte; es gab Fälle, in denen Bomber von über ihnen fliegenden Maschinen auf die eigene fielen und andere, die von deutschen Jägern oder durch Flak-Granaten oder durch Raketenangriffe vom Boden und aus der Luft vom Himmel heruntergeholt worden waren; und es war vorgekommen, daß Flugzeugführer offensichtlich an Sauerstoffmangel oder Erschöpfung gelitten hatten und ihre Maschinen in diesem Zustand zum Absturz gekommen waren. Es war so einsichtig, daß fast jeder nur um Haaresbreite mit dem Leben davongekommen war. Jeder mußte seine Geschichte ständig aufs neue erzählen, immer wieder die furchtbaren Augenblicke durchleben, in denen Kameraden gestorben und sie selbst dem Zugriff des Todes entronnen waren.

Irgendeiner von uns hatte fast jede Nacht Alpträume. Manche Gefangenen litten besonders unter immer wiederkehrenden Träumen über die Schrecken des Luftkampfes. Andere hingegen wurden mühelos damit fertig; das kam ganz auf den einzelnen und seine persönlichen Erfahrungen an; ob andere den Tod gefunden hatten, und wie er selbst damit zurechtkam, überlebt zu haben. Gelegentlich entstand auch das zwanghafte Bedürfnis, über das

Töten oder Verwunden von Gegnern oder darüber zu sprechen, was für ein Tod und Verderben über die unten am Boden gesät worden war. Ich selbst ließ in Gedanken die Augenblicke des Abgeschossenwerdens wohl hundertmal an mir vorüberziehen und war tief verstört, daß die anderen Besatzungsmitglieder es nicht geschafft hatten. Im Geist sah ich Eaton mit den Hebeln kämpfen und jede Hoffnung auf die eigene Rettung aufgeben; sann über die geringe Überlebenschance nach, die ein jeder von uns hatte, die aber zufällig für mich wahr geworden war. Die Träume suchten nahezu alle heim, halfen aber offensichtlich, die Spannungen abzubauen. Es stellte ein interessantes Phänomen dar, daß sich jeden Morgen Männer zusammenfanden und sich gegenseitig erzählten, was sie in der letzten Nacht geträumt hatten. Dabei ging es nicht nur um den Kampf, sondern auch um erotische Phantasien, und gerade diesen schienen die Zuhörer am gebanntesten zu lauschen und sie am meisten zu interessieren. Ich glaube, daß sich manchmal ein Mitglied dieser ‹Traum-Gruppe› nicht wirklich an einen Traum erinnerte, sondern einen erfand. Was mich erstaunte, war, daß ich mich – nachdem ich einer solchen Gruppe beigetreten war – mit einiger Übung an sehr viele Einzelheiten in meinen Träumen erinnern konnte. Die Gefangenen entwickelten das, was man als einen Traumkult bezeichnen könnte und was gelegentlich als entlastendes Ventil fungierte; außerdem befriedigten die Männer sich gegenseitig gewisse Bedürfnisse, indem sie an Phantasien teilhatten oder teilnehmen ließen, die im Lager nun einmal nicht verwirklicht werden konnten. Es kam unter anderem auch bei mir dazu, daß wir bestimmte Arten von Träumen absichtlich einleiteten. Die Erwartung eines Traums, an den man sich erinnern konnte, war sehr hoch; wir nahmen uns deshalb häufig vor, bestimmte Dinge zu träumen, was dem Dasein der Gefangenen eine Dimension hinzugewann, die ihnen das Leben ein wenig erleichterte.

«Postverteilung. Postverteilung», rief Smith. Die Namen der Glücklichen, die Post bekommen hatten, wurden aufgerufen. Etwa einmal wöchentlich traf Post im Lager ein – alles gehörig zensiert und schließlich verteilt. Die ersten sechs Monate hindurch war es für neue Gefangene entmutigend, weil es natürlich lange dauerte, bis die Verwandten daheim wußten, daß man in Gefangenschaft geraten war, und die erste Post eintraf. Unsere Briefe nach Hause wurden von den Deutschen zensiert; sie wollten schließlich verhindern, daß schlechte Nachrichten über das Lager hinausgelangten. Briefe von daheim mußten sowohl die amerikanische als auch die deutsche Zensur durchlaufen, damit bestimmte Informationen nicht durchkamen.

Erwartungsfreudig nahmen die Gefangenen ihre Post in Empfang, und ein jeder klammerte sich an den Brief oder die Briefe, die ihm im Augenblick das allerwichtigste im Leben waren. Bei der Postverteilung verbreitete sich immer gute Stimmung. Manche erhielten Photos von Freundinnen und Verwandten, die dann sofort herumgezeigt wurden. Es gab gute wie schlechte Nachrichten; jemand, der frisch Vater geworden war, schrieb das stolz seinem Freund oder Verwandten; genauso ging es mit Todesfällen in der Familie, und manchmal gab es auf solche Briefe hin Flüche oder ein trauriges Gesicht. Zusammen mit den Liebesbriefen kam manchmal eine weiße Feder – Symbol für Feigling –, was bedeutete, daß das Mädchen den Empfänger des Briefes nicht als Mann betrachtete, sondern als jemanden, der seinen Posten verlassen und den eigenen Kopf gerettet hatte. Daß jedoch Männer eine weiße Feder erhielten, schien mir mehr eine europäische als eine amerikanische Gepflogenheit, und ich vermutete, daß die deutschen Zensoren sie damals bestimmten Liebesbriefen beilegten, um die Gefangenen zu verunsichern und zu bewirken, daß sie den Kopf hängen ließen.

Ganz selten trafen auch Päckchen von daheim ein. Mit diesen wurde genauso verfahren wie mit den Rot-Kreuz-Päckchen, das heißt, jede Konservendose wurde mit einem Seitengewehr aufgestochen. Die Eltern von Kriegsgefangenen erhielten von der US-Regierung eine Liste mit Dingen, die man schicken, und solchen, die man nicht schicken sollte. So wurde zum Beispiel davon abgeraten, den Gefangenen Zigaretten zu schicken. Neuangekommene begriffen schnell, daß Zigaretten Geld waren und daß man über einiges Geld verfügen mußte, um zu überleben. Ich selbst schrieb daraufhin prompt nach Hause, man solle mir eine ganze Stange Lucky Strikes schicken, denn die brachten am meisten. Irgendwie kam dieser Brief unzensiert durch, und meine Eltern machten sich daran, mir diesen Wunsch umgehend zu erfüllen. Die selbstgebackenen Kekse, die Mütter ihren Söhnen mit Vorliebe schickten, trafen nur als Krümel ein; anderes, wie die lange haltbaren Früchtekuchen und Bonbons, wurde sofort von den Freunden aufgegessen, wohingegen man sich im Stalag 17-B für Zigaretten bis auf die Freiheit praktisch alles kaufen konnte.

Zigaretten wurden nach der Tabakqualität bewertet; so standen Lucky Strikes an erster Stelle, Camels an zweiter und Chesterfields an dritter, Avalons und Old Golds beide an vierter und etliche andere noch weniger gute Marken gingen bis auf den siebten Platz hinunter. Die Rot-Kreuz-Pakete enthielten Lucky Strikes, Camels und Chesterfields, im Lager so gut wie eine Menge bares Geld. Gab es viel von diesen Sorten, wurden sie auch geraucht, doch 1944 wurde immer weniger geraucht, und der Tauschhandel mit den Deutschen mit Hilfe dieser wertvollen Dinge nahm beträchtlich zu.

Manche Deutsche wurden von einfallsreichen Gefangenen ganz schön hereingelegt; sie machten sehr sorgfältig je ein Paket Lucky Strikes und Avalons auf und tauschten den Inhalt aus. Diese Pakete trugen keine Steuerbanderole, und so war es nicht allzu schwierig, das Päckchen zu öffnen und wieder zu verschließen, ohne daß der Käufer etwas merkte – bis er die Zigaretten dann rauchte. Es war durchaus ein gewöhnlicher Anblick, daß eine deutsche Wache sich mit einem Gefangenen unterhielt und die Wache sorgsam die Zigaretten beschnupperte, ja, sie manchmal einzeln prüfte. Zigaretten wurden zur begehrtesten Ware im Lager und stellten praktisch eine Währung dar.

Ich selbst brachte es nicht über mich, mit den Deutschen Handel zu treiben. Irgendwie empfand ich es als unmoralisch, in dieser Weise mit dem Feind zu tun zu haben. Andererseits stammten manche der Dinge, die die Deutschen für uns beschafften, wie etwa die Radioteile, direkt aus der Rüstungsindustrie.

Der April 1944 war ein kalter Monat, an dem es nur sehr wenige sonnige Tage gab. Zum denkwürdigsten Ereignis im April kam es etwa um die Monatsmitte, als wir einen einzelnen neuen Kriegsgefangenen bekamen. Bei diesem neuen Kriegie handelte es sich um einen Staff Sergeant namens Johnson, der von der hiesigen Polizei aufgegriffen worden war; da das Gefangenenlager gerade in der Nähe lag, lieferten die Beamten den Mann einfach am Lagertor ab. Die Wachen von der Wehrmacht wiederum machten einfach das

Tor auf, und Johnson kam hereinspaziert. Nach ein paar Stunden war er verschwunden, und das verursachte bei den Deutschen eine schreckliche Aufregung.

Johnson ging direkt zum amerikanischen Lagerkommandanten, Sergeant Myers. Myers wußte über seine geheimen Kanäle bereits von Johnson. Es war das drittemal, daß dieser Teufelskerl wieder eingefangen worden war, und jetzt war ein Preis auf seinen Kopf ausgesetzt. Er war über Deutschland abgeschossen und sofort von der Polizei gefangengenommen worden. Glücklicherweise wußte die Polizei nicht genau, was sie mit abgeschossenen alliierten Fliegern anfangen sollte, und steckte Johnson zu einer Gruppe von einfachen britischen Soldaten, die eine von Bomben getroffene Eisenbahnstrecke reparierten. Eine Woche lang arbeitete Johnson mit den Engländern, dann kam es zu einem Luftangriff. Die Männer durften im Keller eines Gutshauses Schutz suchen, in dem eine beträchtliche Menge Wein lagerte. Johnson zapfte den Wein an und machte alle – die Wachen inbegriffen – betrunken. Dann schlug er sich nach Süden durch, wurde jedoch wieder aufgegriffen und in ein altes Gefängnis gesperrt. Schon in der ersten Nacht lockerte Johnson die Eisenstangen vorm Fenster und entfloh. Als er das drittemal gefaßt wurde, hatte die Gestapo durch Anschläge bekanntgegeben, Johnson sei tot oder lebendig zu fassen, was über den Untergrund Myers zur Kenntnis kam.

Nachmittags rückte die Gestapo an und verlangte, daß Johnson an sie ausgeliefert werde. Myers erklärte, er habe keine Ahnung, wovon sie überhaupt redeten. Bei den Gestapo-Leuten handelte es sich um stattliche, wohlgenährte Männer in Zivil. Jeder von ihnen trug einen weichen, für diese Gegend Österreichs typischen Filzhut mit Federn im Hutband. Die meisten hatten lange schwarze Mäntel an, doch einer einen grauen Tweedmantel. Der Anblick dieser Männer flößte uns Angst ein; denn wir wußten über die schreckliche Macht, die sie über zivile und oft auch über militärische Angelegenheiten hatten. Die Gestapo befahl, alle Gefangenen hätten zum Appell herauszukommen. Da sich alle Gefangenen belegen ließen, verlangte der Mann im grauen Tweedmantel, bei jedem die Hundemarke zu sehen. So mußten die Wachen jede Blechmarke einzeln identifizieren, und die Gefangenen mußten ihre Nummer auf deutsch aufsagen. Trotzdem ließ sich jeder einzelne Gefangene belegen, nur Johnson nicht. Der Gestapo-Mann in Grau verlangte eine Photo-Überprüfung; folglich stellten wir uns wieder auf, und die ‹Verbrecherbilder› wurden mit jedem einzelnen Gefangenen überprüft. Es war bereits später Nachmittag, als der Gestapo-Mann eine Überprüfung auf Tätowierung verlangte; denn Johnson war auf der Brust und am linken Oberarm tätowiert. Alle Gefangenen mußten den Oberkörper freimachen und wurden auf Tätowierungen hin begutachtet. Da standen wir lange Schlange, während die Wachen und die Gestapo-Leute nach den Tätowierungen suchten.

Nachdem die Gesichter aller Gefangenen mit den Photos verglichen, die Hundemarken kontrolliert und Arm und Oberkörper auf Tätowierungen hin untersucht worden waren, war Johnson immer noch nicht gefunden worden. Daraufhin erklärte die Gestapo, wir hätten so lange draußen zu bleiben, bis er an sie ausgeliefert worden wäre. Die Gestapo-Leute durchsuchten jede Baracke, filzten Pritschen und Strohsäcke, warfen alles auf den Boden, stahlen Sachen, die wir vom Roten Kreuz erhalten hatten wie etwa Zigaretten, alles, was sie wollten. Durchsucht wurden auch die Latrinen, die Lagerhäuser, die Küchenhäuser, jedes einzelne Gebäude innerhalb des umzäunten Lagerbereichs.

Wir Gefangenen blieben die ganze Nacht über in der Kälte, während die Gestapo-Leute fortfuhren, alles durchzusuchen. Am Morgen standen drei Gestapo-Leute in ihre langen Mäntel gehüllt und den albernen kleinen Hut auf dem Kopf stoisch da. Einer sprach englisch und erklärte, wenn wir nicht verrieten, wo Johnson sich versteckt halte, könnten wir den Rest des Krieges hier im Freien stehen. Von den Gefangenen kamen weder Gekicher noch Lacher über die Erklärungen des Gestapo-Mannes. Das waren böse Menschen, die sich nicht gebunden fühlten an irgendeinen militärischen Verhaltenscodex. Diese Männer waren nur Hitler und sich selbst verantwortlich.

Wir Kriegies hielten die Schikanen der Gestapo drei Tage lang aus; dann wurden wir in unsere Baracken entlassen. Niemals werde ich die Schlußszene vergessen, wie die fünf Gestapo-Leute nach ihrer totalen Niederlage wutschnaubend quer durch unseren Lagerbereich zum Westtor stapften. Die Kriegies blieben mucksmäuschenstill, bis die Gestapo-Leute den Hügel nach Krems hinunter außer Sicht marschiert waren; da erst erhob sich ein gewaltiger Siegesjubel.

«Was ist denn bloß mit Johnson passiert?» lautete die allgemeine Frage. Zuerst war nichts zu erfahren, doch später, als die Kriegies aus dem Lager evakuiert wurden, berichtete der amerikanische Lagerkommandant, was geschehen war. Schon Minuten, nachdem er von der Polizei im Lager abgeliefert worden war, meldete Johnson sich beim amerikanischen Lagerkommandanten. Myers war unterrichtet worden und wußte, daß die Gestapo Johnson umbringen würde. Johnson war unter der lockeren Sitzbank der Latrinen für die Baracken 17 und 19 versteckt worden, die bei der Grubenleerung für einen solchen Fall präpariert worden war.

Am Tag, nachdem die Gestapo unverrichteter Dinge wieder abgezogen war, hörten wir über die BBC, Präsident Roosevelt habe dem deutschen Oberkommando eine Botschaft übermittelt, die amerikanische Regierung werde die Mißhandlung von Kriegsgefangenen nicht hinnehmen; die Verantwortlichen würden für die Vorkommnisse der letzten drei Tage im Stalag 17-B zur Rechenschaft gezogen werden. Diese Nachricht gab uns großen Auftrieb, vermittelte sie uns doch das Gefühl, daß unser Präsident sich ganz persönlich um uns kümmerte. «Woher weiß der Präsident schon nach so kurzer Zeit von unserer Misere?» fragten wir uns. «Myers muß von hier einen direkten Draht zum Weißen Haus haben», erwiderte jemand.

Im Juni hatte der Rot-Kreuz-Vertreter von hundert Mann gesprochen, die für die Rückführung in die Heimat in Betracht kämen. Die Regeln für die Repatriierung waren sehr locker gefaßt; auch Nichtverwundete konnten gegen einen deutschen Gefangenen ausgetauscht werden. Bei den Kandidaten für die Rückführung in die USA handelte es sich zumeist um Amputierte oder auf andere Weise disqualifizierte oder verwundete Gefangene, die man im Lager nicht entsprechend pflegen konnte. Diese Männer waren froh, nach Hause zu kommen, doch der Preis, den sie zahlten, war hoch. Nie werde ich den Tag vor dem Stichtag vergessen, an dem diese Leute das Lager verlassen sollten. Sie waren in der Nähe des Russenlagers in einer Baracke zusammengelegt worden. Sie spielten Baseball, doch ihnen zuzusehen, machte mir das Herz schwer.

Es ist alles andere als komisch, einen Einarmigen einen Baseballschläger schwingen und dann das Gleichgewicht verlieren zu sehen; oder miterleben zu müssen, wie ein Mann, der nur noch ein Bein hat, auf einer selbstgebastelten Krücke versuchte, humpelnd ein Laufmal zu erreichen. Es gab unendlich viele Anzeichen von Frustration bei diesen Männern, die versuchten, die Dinge zu tun, die sie immer getan hatten – und es jetzt nicht mehr konnten.

Wer beschreibt unsere Überraschung, als ein englischsprechender Luftwaffenmajor uns am Morgen des 6. Juni verkündete, die Alliierten seien erfolgreich in der Normandie gelandet. Begierig lauschend standen wir da, doch erst nachdem uns richtig klargeworden war, was diese Nachricht bedeutete, brach die Gruppe in Freudenrufe aus. Der Offizier hatte in anerkennend-bewunderndem Ton von einer «brillanten militärischen Operation» gesprochen, und das traf uns völlig unvorbereitet. Er zog sich zurück und wußte, daß eine ordnungsgemäße Durchführung des Appells für heute unmöglich war.

Nach der Invasion schärften die Deutschen uns immer wieder ein, es sei verboten, alliierten Radiosendungen zu lauschen. Jetzt jedoch wandten sich zunehmend die Wachen an uns, um Neuigkeiten über die Invasion in Frankreich und Italien von uns zu erfahren. Wir empfingen hauptsächlich die Nachrichten der BBC aus London, doch gelegentlich fingen wir auch solche aus Amerika auf, die vermutlich von einem auf See stationierten Schiff weitergegeben wurden. In den Nachrichten gab es viele Siegesmeldungen von den Alliierten, und wir wußten, daß der Oberkommandierende der gesamten alliierten Streitkräfte General Eisenhower war. Häufig wurden in den Nachrichten aber auch die Generale Montgomery und Bradley erwähnt, die binnen weniger Tage um Cherbourg herum durchbrachen; für uns sah alles danach aus, als ob die deutschen Verteidigungsstellungen zusammengebrochen wären. Wir Gefangenen befanden uns aufgrund der Invasionsnachrichten in Hochstimmung, und es wurde auf Teufel komm raus spekuliert: in zwei Wochen werde der Krieg zu Ende sein; General Patton werde von Afrika aus mit seinem Panzerkorps vordringen, um die Deutschen durch Italien hochzujagen; die Russen würden die deutschen Verbände vom Osten aus zu Hauf treiben. Für die Deutschen, die jetzt an allen Fronten Niederlagen erlitten, waren die Nachrichten negativ. Die guten Neuigkeiten für uns führten zu einem zunehmenden Bedarf an Radios. Der Tauschhandel trieb tolle Blüten, und zuletzt waren selbst aus der Panzerfabrik St. Pölten keine Kristalle und keine Kopfhörer mehr zu bekommen.

Wenige Tage nach dem *D-Day* jedoch erreichte uns eine bittere Nachricht. Aus Vergeltung für die Landung in der Normandie bombardierte Hitler London mit fliegenden Bomben. Anfangs konnten wir uns überhaupt keinen Vers auf diese Tatsache machen, zumal die Berichte darüber verwirrend waren. Es hieß, die Bomben kämen mit größter Geschwindigkeit aus großer Höhe herunter und verursachten beim Fliegen einen Höllenlärm. Es hieß aber auch, daß solche Bomben von Spitfires und P-51 abgeschossen würden. Licht in die geheimnisvolle Angelegenheit um die fliegenden Bomben brachte zuletzt ein Artikel in *Der Adler*, dem offiziellen Mitteilungsblatt der Luftwaffe. Die Deutschen überließen uns mehrere Exemplare dieser interessanten Veröffentlichung, und zumindest zwei Ausgaben wurden übersetzt und auf englisch gedruckt. Gezeigt wurde in diesem Artikel die berühmte V-1 mit dem Strahltriebwerk. Von einer Bodenstation abgeschossen, hatte eine deutsche Testpilotin die V-1 mit Erfolg gesteuert. Sie beschrieb die Schwierigkeiten, die man mit der Lenkung dieser fliegenden Maschine hatte, insbesondere beim Zielanflug mit abgeschaltetem Triebwerk und bei der Landung. In dem Artikel wurde der Einsatz der mit einer Tonne Sprengstoff beladenen V-1 beschrieben, und es war die Rede von der Wahrscheinlichkeit, daß England jetzt kapitulieren würde. Wir waren zwar beeindruckt von der Waffe, bezweifelten jedoch, daß sie zur Zerstörung engumrissener Ziele eingesetzt werden könnte. Übereinstimmend herrschte die Meinung, daß es sich um eine Störwaffe handelte, die selbstverständlich Schaden anrichten, aber den Ausgang des Krieges nicht beeinflussen könne.

Der Adler war für viele Gefangene außerordentlich interessant. Ich selbst erinnere mich an einen Artikel, in dem Luftwaffen-Piloten über ihre Erfahrungen in Zweikämpfen in der Luft zwischen FW-190 und Me-109 auf der einen und P-51 und P-47 auf der anderen Seite berichteten. Die Piloten hatten Aufrisse über ihre taktische Vorgehensweise gegen die alliierten Jäger beigesteuert, aus denen hervorging, daß die Luftwaffe sie fürchtete.

Seit Beginn der Invasion waren im Lager keine Pakete mehr ausgegeben worden; sämtlicher zur Verfügung stehender Transportraum der Reichsbahn wurde benötigt, um Truppen und Material nach Frankreich zu werfen. Das Brot wurde rationiert: Nur noch ein Brot gab es für achtzehn Mann; ich jedoch sammelte zusätzlich Krümel, die ich für meine Schneidedienste behalten durfte. Das uns versprochene Sommergemüsebeet wurde uns aus Sicherheitsgründen vorenthalten, und es wurde immer schwieriger, genug zu essen zu bekommen.

Am Abend des 21. Juli ging die Nachricht, daß Tags zuvor ein Attentat auf Hitler verübt worden und er selbst um Haaresbreite dem Tod entgangen sei, wie ein Lauffeuer durchs Lager. Für uns war die Nachricht, daß die Deutschen versuchten, das Land von einem Wahnsinnigen zu befreien, ermutigend, und wir glaubten zuversichtlich, daß ein neuer Versuch bald folgen und damit der Krieg beendet werden würde. Doch auf den Sturz Hitlers mußten wir vergeblich warten.

Die erste Post für mich war am 9. September 1944 eingetroffen, neun Monate nach meinem Abschuß mit der B-17. In meinen Briefen nach Hause bat ich um Schokolade, Kaugummi und Zigaretten. Wer beschreibt mein Erstaunen, als ich eines Tages ein Paket mit zehn Stangen Lucky Strikes erhielt! Meine Eltern hatten die Zigarettenfirma von meiner Bitte unterrichtet, woraufhin diese mir zehn Stangen schickte. Irgendwie ist das Paket bei den Deutschen durchgegangen, und das war, als hätte man einem Gefangenen einen Beutel Goldmünzen zukommen lassen. Plötzlich war ich reich. Ich kaufte sofort eine Dose Frühstücksfleisch und einen Riegel hochkonzentrierte Schokolade. Meine Pläne gingen dahin, ein Radio, möglicherweise sogar eine Kamera von dem Spieler aus Baracke 17 A und viel zu essen zu kaufen.

Es dauerte jedoch nicht lange, und mir kamen Bedenken, ob ich es mit meinem Gewissen vereinbaren konnte, all die vielen Zigaretten wirklich für mich zu behalten. Päckchenweise verschenkte ich neun Stangen und behielt nur eine für mich selbst. In einer solchen Stange waren zweihundert Zigaretten enthalten, die ich gegen etwa 600 Chesterfields, Camels, Old Golds und Avalons eintauschte. Dann engagierte ich zwei Spieler, kaufte zwei Päckchen Spielkarten, stattete die Spieler mit Zigarettengeld aus und schickte sie aus mit der Maßgabe, sich von großen Spielen fernzuhalten. Die kleine Firma, die ich gründete, wurde nach meinem Flugzeug *Deacon's Sinners* benannt. Binnen Monatsfrist konnte ich die Zahl meiner ‹Angestellten› auf vier Spieler erhöhen und verfügte nunmehr über ein Einkommen, das es mir erlaubte, Dosenfleisch zu kaufen, wann immer es welches gab. Mein Ziel jedoch war, ein Radio zu kaufen; aber dazu brauchte ich mehrere hundert Zigaretten der besten Marken.

Im September wurde ein Doppeldecker gezwungen, auf einem gepflügten Feld in der Nähe notzulanden. Am nächsten Tag kam Bodenpersonal, um die Maschine zu reparieren. Am zweiten Tag flog eine FW-190 vorbei. Als der Pilot den Doppeldecker entdeckte, kam er heruntergeflogen, um sich die Maschine im Tiefflug etwas genauer anzusehen. Er zog mehrere Male im Tiefflug über die Maschine hinweg, und dabei passierte es, daß er mit höchster Geschwindigkeit übers Feld rasend mit einem Tragflächenende den Boden berührte; die Maschine verwandelte sich in einen Feuerball. Die Gefangenen brachen bei diesem Unglücksfall in Hochrufe aus, was die deutschen Bewacher störte.

Einmal erhielt ich ein Paket von daheim, in dem sich unter anderem ein Spiel Karten sowie Vitamintabletten befanden, von denen man eine pro Tag nehmen mußte. Da Maynard Jackson so schrecklich unter Floh- und Wanzenbissen litt, gab ich ihm eine Dreißig-Tage-Packung. Als die Vitaminpillen zu Ende waren, waren auch Jacksons Wunden verheilt.

Wie alles andere, teilte ich auch meinen neugewonnenen Reichtum mit meinem Partner Michael. Das Kartenspiel brachte nicht mehr soviel ein, und so löste ich meine ‹Firma› auf, doch eine solche Menge Zigaretten zu lagern, ohne daß sie muffig wurden, stellte ein echtes Problem dar. Deshalb kaufte ich einem Kriegie aus Baracke 16B für sechshundert Zigaretten – darunter zweihundert von den besten Marken – einen Detektorapparat samt Kopfhörer und Antenne ab. Jetzt war das größte Problem, den Apparat vor den Deutschen verborgen zu halten.

Anfang Oktober studierten die Kriegies eine Show ein, die den Titel *He Wears a Pair of Broken Wings* – ‹Er trägt zwei gebrochene Flügel (oder Tragflächen)› –, ein mit viel Talent aufgeführtes Musical. Zwei der Musiker hatten der Glenn Miller-Band angehört und spielten jetzt Alt-Saxophon und Posaune im Glenn Miller-Stil. Die Instrumente stellte das Internationale Rote Kreuz zur Verfügung.

Ein Wachmann der Wehrmacht sah sich die Vorstellung an. Die Hände auf dem Rücken verschränkt, stand er nur wenige Schritte vor mir. Versunken lauschte der Soldat, besonders beim Lena Horne-Auftritt. Ein als Lena Horne verkleideter gertenschlanker junger Mann mit dunkel geschminkter Haut und Turban auf dem Kopf legte eine überzeugend gelungene Imitation des *Saint Louis Woman* hin. Der Wachmann nahm die rechte Hand nach vorn und schob sie unter die eine Seite des offenstehenden Mantels, die andere Mantelseite schlug er nach hinten. Fasziniert wurde ich Zeuge, wie ein Kriegie dem Wachmann mit unüberbietbarer Vorsicht das Seitengewehr aus der Scheide zog. Der Angehörige der Wachmannschaft verfolgte die ganze Vorstellung, ohne zu merken, daß man ihm das Seitengewehr gestohlen hatte. Am nächsten Morgen beim Appell gab der Luftwaffen-Leutnant eine Erklärung ab: Wer immer dem Wachmann das Seitengewehr abgenommen habe, solle es zurückgeben. Die Kriegies reagierten mit Feixen und Gekicher, was den Leutnant so wütend machte, daß er nicht mehr weiterreden konnte. Am darauffolgenden Morgen kam derselbe Mann wieder und verlangte erneut die Rückgabe des Seitengewehrs, wobei er diesmal noch hinzufügte, der Wachsoldat müsse den Verlust seiner Waffe sonst aus eigener Tasche bezahlen. Dies rief bei den Kriegies einen regelrechten Sturm der Heiterkeit hervor, woraufhin der Leutnant neuerlich in Zorn geriet.

In Krems gab es Fliegeralarm. Uns wurde gegen 11 Uhr nachts befohlen, die Baracken zu verlassen und die am Rande des Lagers ausgehobenen Schutzgräben aufzusuchen. Wir standen in der Nähe dieser Gräben und überlegten, was wohl los sei, als plötzlich zwei Mosquito-Bomber keine 600 m über uns direkt über das Lager hinwegflogen. Die Maschinen waren so schnell da, daß dies eine kleinere Panik auslöste und die Männer gehetzt in die Gräben sprangen. Ein Mann brach sich bei diesem Tumult den Arm.

In der nächsten Nacht gab es um Mitternacht wieder Fliegeralarm. Diesmal warfen die britischen Maschinen grüne Leuchtbomben über dem Lager ab, so daß dessen Umrisse genau zu erkennen waren. Dann warfen die Maschinen über einem Ziel in etwa zehn Kilometer Entfernung vier rote Leuchtbomben ab. Eine nach der anderen kamen die Wellington-Bomber direkt über unser Lager hinweggeflogen, bogen dann in Richtung der roten Leuchtbomben ab und klinkten ihre Bomben aus. Als eine der Maschinen am Halbmond vorüberzog, erkannte ich deutlich die Silhouette eines zweimotorigen Bombers. Dann kam der Nachtjäger. Unheimlich klang im Halbdunkel das Motorengeräusch; von der Maschine selbst war nichts zu sehen, nur das erlesen schöne Bild mit dem Mond im Hintergrund. Wir konnten die Maschinen anhand der Luftschrauben- und Motorengeräusche identifizieren und verfolgten entsprechend ihre Bahn über den Himmel. Plötzlich Geschützfeuer und Maschinengewehrgeratter. Ein deutscher Nachtjäger feuerte. Sehen konnten wir von den Maschinen nichts, doch hatte der Flugzeugführer der Maschine die grünen Leuchtfeuer als Nabe gewählt, um die herum er kreiste, und wir starrten mit aufgerissenen Augen beim Klang seiner Motoren in den Himmel. Jedesmal, wenn der Jäger schoß, befürchteten wir, daß herunterregnende Patronenhülsen uns treffen könnten. Einmal erwiderte der Heckschütze eines Wellington-Bombers das Feuer des deutschen Jägers. Das Wummern der vier Maschinengewehre Kaliber .303 aus der Heckkanzel war unverkennbar. Der Jägerpilot und die Schützen des Bombers hatten in dieser verrückten Jagd nur eine einzige Gelegenheit zu schießen.

Die Nachtbomber warfen ihre Bomben, eine nach der anderen, über einem Flugplatz ab. Unvermittelt trafen Bomben die Treibstofftanks, und eine rote Stichflamme schoß ins Dunkel. Nach wenigen Minuten wurden weitere Bomben auf den brennenden Treibstoff abgeworfen. Plötzlich kam es zu einer gewaltigen Explosion, und grüne Flammen schlugen hoch zum Himmel hinauf. Laut schrien wir Bravo, als die Flammen den kostbaren deutschen Treibstoff verzehrten. Dann waren die Bomber verschwunden; die Feuer jedoch glühten die ganze Nacht hindurch, und wir setzten uns hin und ergingen uns in Mutmaßungen darüber, wann der Krieg wohl zu Ende sein würde.

Der November 1944 brachte Schnee, der auf der Erde liegen blieb. Dieser Umstand setzte unserem Tunnelgraben ein Ende, denn jetzt konnten wir ja wohl keine Erde mehr durch unsere Hosentaschenlöcher herausrieseln lassen. Essenspakete gab es auch keine; dazu wurden die Schienenwege in Deutschland zu sehr von den Alliierten bombardiert. Ende Oktober waren zwar noch ein paar Pakete durchgekommen, doch wurde ein Paket unter fünf von uns aufgeteilt, so daß jeder nur sehr wenig abbekam. Von nun an gab es überhaupt keine zusätzlichen Rationen mehr. Die Nachrichten über das weitere Vordringen der Alliierten war nicht sehr ermutigend; offenbar gab es Engpässe in der Versorgung der Truppen mit Nachschub aus den französischen Häfen. Die Reporter von der BBC wiesen betont immer wieder darauf hin, daß die Deutschen nach wie vor wichtige Häfen in Belgien und Frankreich besetzt hätten. Den Kriegies sank das Herz bei der Aussicht, einen weiteren Winter im Stalag 17-B verbringen zu müssen.

Die Wirkung des Eingesperrtseins machte sich bei manchen bemerkbar, unter anderem auch bei mir. Ich erinnere mich noch deutlich an einen Kameraden, der einfach durchdrehte, über den Warndraht des Lagerabschnitts West sprang und den Zaun halb hinaufkroch, bis ein Wachmann ihn mit einem Gewehr von einem der Wachttürme aus herunterschoß. Zwei Mann hatten versucht, den Unglücklichen aufzuhalten, doch hatte er zuviel Vorsprung gehabt. Der Wachmann wurde verflucht und beschimpft; wir machten ihm deutlich klar, daß er und sein Kommandeur für diese Tat zur Verantwortung gezogen werden würden. Völlig sinnlos fuchtelte dieser mit dem Gewehr in der Luft herum und bedrohte die unter ihm stehenden Männer. Es dauerte fast eine Stunde, ehe der Leichnam des Mannes geborgen werden konnte.

Nachdem ich miterlebt hatte, wie dieser Mann erschossen worden war, stellte ich mir die Frage, wie es denn mit meinem eigenen Überleben bestellt sei. Es wurde gemunkelt, daß etwa fünf Mann pro Woche den Verstand verlören. Dem Vernehmen nach wurden diese Männer zur psychologischen Behandlung nach Wien gebracht, doch hörte man nie wieder etwas von ihnen. Es stimmt, daß das Erschießen des einen Mannes und das Verschwinden der vielen anderen seine Wirkung auf die Kriegies nicht verfehlte. Manchmal wachte zum Beispiel ich selbst mitten in der Nacht auf und hatte das Gefühl, verrückt zu werden; ich hatte einfach Angst, auch ich könnte eines Tages versuchen, über den Zaun hinwegzuklettern. In diesen einsamen Stunden lauschte ich auf die Geräusche in der Baracke: da schnarchten welche, irgend jemand hatte einen Alptraum, und nachdem alle sich schlafen gelegt hatten, wagten sich die Ratten hervor. Wie oft hatte ich nicht das Gefühl, wirklich die Kontrolle über meinen Verstand zu verlieren und durchzudrehen. Dann biß ich mir in die Hand in dem Versuch, mich aus dem tranceähnlichen Zustand herauszureißen, dem ich mehr und mehr zu verfallen drohte. Ich hatte richtig Angst, wenn ich diese eigentümlichen Gefühle, die Kontrolle über meinen Verstand zu verlieren, nicht bekämpfte, würde man mich nach Wien in eine Nervenheilanstalt oder etwas noch Schlimmeres bringen. Eines Nachts hätte wirklich nicht viel gefehlt, und ich wäre in den gefürchteten Geisteszustand abgerutscht; denn eine Ratte lief mir über die Hand, während ich auf meiner Pritsche lag.

Mit erneutem Eifer warf ich mich darauf, nicht in Stumpfsinn zu verfallen, sondern etwas zu lernen. So nahm ich an einem Deutschkurs teil, den ein Farmerssohn aus Iowa gab. Bei ihm zu Hause wurde nach wie vor deutsch gesprochen, und ein Großteil der Gemeinschaft, in der er lebte, hielt an dieser Sprachtradition fest. Außerdem beschäftigte ich mich und las mich durch die sonderbare Sammlung von alten Büchern hindurch, die die Deutschen uns erlaubte. Ich interessierte mich mehr und mehr für Dampfmaschinen und las mehrere Bücher über dieses Thema, die noch vom Ende des vorigen Jahrhunderts stammten.

Obwohl der Winter noch nicht eingesetzt hatte, war es schon sehr kalt und wurde einfach nicht mehr warm. Wir baten um Brennmaterial, um die Baracken zu heizen, doch alles, was wir erhielten, waren die üblichen drei Eimer Kohle pro Woche für jede Barackenhälfte. Der Schornstein unserer Baracke lag im Osten und bekam nach einem Frosteinbruch, der auf einen heftigen Regen gefolgt war, Risse und fing an zu zerbröckeln. Der Frost setzte sich zunehmend in den Zementfugen fest, die Ziegel lockerten sich und kamen heruntergerutscht. Die gewissenhaften Deutschen beauftragten einen örtlichen Maurermeister damit, mehrere Schornsteine zu reparieren, die ähnliche Schäden aufwiesen. Der Maurermeister kam mit einem Pferdewagen voller Sand, Kalk, Ziegel, Mischeimer, Leiter und kleinen Werkzeugen ins Lager, besah sich den Schaden, mischte Zement an und trug das Reparaturmaterial aufs Dach hinauf.

Jerry Smiley sagte: «Ray, diesem Kraut heizen wir mal gehörig ein!» Ich meinte, «Ja, stecken wir in der Feuerstelle genau in dem

Augenblick, da er die Ziegel einfügen will, ein Feuer an.» Billy Macafey, ein Freund von Jerry, stand Schmiere. Als der Maurermeister den nassen Mörtel auf der Kelle und bereits mehrere Ziegel eingefügt hatte, gab Billy das verabredete Zeichen. Ich zerfetzte einen Pappkarton vom Roten Kreuz, steckte die Pappe in Brand, fügte eine zerbrochene Bettlatte hinzu, und damit es tüchtig qualmte, warf ich noch eine alte speckige Armymütze obendrauf. Der Maurer fing an zu schreien, wir sollten aufhören mit dem Feuermachen, was uns jedoch nur veranlaßte, es anzufachen. Der Maurer schrie und schrie, und endlich kam ein Wachmann herüber in unsere Baracke. Jemand hatte das Pferd des Maurers auf die andere Seite der Baracke geführt und ein anderer ihm die Leiter weggenommen, die jetzt in der Feuerstelle brannte. Der Wachmann konnte dem Maurer nicht helfen, vom Dach herunterzukommen, und so lief er fort, um Hilfe zu holen. Der Maurer hockte fast zwei Stunden auf dem Dach, ehe die Deutschen eine andere Leiter herbeischafften. Die Wehrmachtswachen durchsuchten die Baracken, fanden aber nie auch nur eine Spur von der Leiter.

Stramlin rief wie gewöhnlich zum Appell, doch hinterher blieb er da und unterhielt sich mit einem der Männer aus meiner Baracke. Stramlin erzählte, er habe an der Straße den Hügel nach Krems hinauf ein totes Pferd gesehen; das sei vor einen kleinen Wagen gespannt gewesen und habe immer noch im Geschirr gesteckt. Offensichtlich sei das Pferd in den Sielen zu Tode gekommen. Und tatsächlich, am nächsten Tag wurde in den Baracken des amerikanischen Lagerabschnitts ein Pferd verteilt. Unser Barackenältester bekam etwa zehn Kilo Pferdefleisch, das unter 75 Mann aufgeteilt werden sollte. Da es merkwürdig roch, beschlossen wir, es sofort zu verarbeiten. Zufällig hatten wir noch einen Viertel Eimer Kohlen, um das Fleisch zu garen. Einer erhielt den Auftrag, das Fleisch oben auf der Herdplatte anzubraten, denn um es wirklich zu kochen und ein Stew daraus zu bereiten, reichte die Kohle nicht. Wir hatten weder Speiseöl noch sonst irgendein Fett zur Verfügung; infolgedessen wurde das Fleisch in dünne Streifen zerteilt und diese auf der gußeisernen Herdplatte angebraten.

Howard Greenwood und ich standen derweil draußen; plötzlich wurden die Fenster unserer Baracke aufgerissen, Männer kamen herausgesprungen und hielten sich die Nase zu. Das bratende

Pferdefleisch verursachte einen so unvorstellbaren Gestank, daß keiner es aushalten konnte. Einer nach dem anderen kehrte in die Baracke zurück, um das Fleisch zu wenden, bis es gar war. Es dauerte zwei oder drei Tage, bis es in der Baracke nicht mehr nach halbverwestem Pferdefleisch roch. Trotzdem wurde das gegarte Fleisch verzehrt; krank wurde keiner davon.

Es kam zu weiteren Luftangriffen auf den Großraum Wien; die meisten wurden von der 15th Air Force geflogen, die in Italien stationiert war. Der ständige Strom von Flugzeugen mit ihren Kondensstreifen, die verrieten, in welch großer Höhe die Bomber flogen, gab uns, die wir hier unten in der Falle saßen, großen Auftrieb. Stalag 17-B wurde zum ‹Initial Point› – oder Ausgangspunkt für den Zielanflug –, bei uns Fliegern kurz I. P. genannt. In der Nähe von Wien gab es noch andere; das kam ganz auf die Flugschneise der Bomber an. Stalag 17-B diente jedenfalls vom Herbst 1944 an zunehmend als I. P. – für uns ein toller Anblick.

Obwohl unser Lager überfüllt war, wurden ständig neue Kontingente von Kriegsgefangenen eingeliefert. Zu den Neuangekommenen gehörte auch ein Bekannter von mir, Jim Reeves vom 379th, der im September in der Nähe von Kassel oder Magdeburg abgeschossen worden war. Jim erzählte mir von den Düsenjägern, die die Deutschen verwendeten und die schneller waren als eine P-51. Er erklärte, bei dem neuen Jäger handle es sich um eine zweimotorige Maschine mit nur einem Heckleitwerk, Maschinen, die aus großer Höhe herabgeschossen kämen und praktisch bei jedem Angriff Bomber zu Boden schickten. Diese Nachricht bekümmerte uns ganz besonders, sah es für unsere Begriffe doch so aus, als könnte die 8th Air Force vom Himmel heruntergeholt werden, ohne daß man wirksam etwas dagegen unternehmen konnte. Jim hatte aber auch noch andere schlechte Nachrichten. Fast alle, die ich gekannt hatte, waren abgeschossen, verwundet oder gefallen. Als wir über die Schrecken der 379th Air Force redeten, erfuhr ich dann das für mich Erschreckendste von allem – daß nämlich meine Maschine von einer Ju-88 abgeschossen worden sei. Zuerst wollte ich Jim einfach nicht glauben, daß uns eine schwerfällig zweimotorige Maschine heruntergeholt haben sollte.

Jim erzählte, meine Maschine sei ja in der untersten Formation geflogen, als die gesamte Gruppe von Jägern angegriffen worden war. Von seiner Hüftkanzel aus habe er gesehen, wie die Me-109 hinter uns her war; als sie getroffen worden war und es so aussah, als ob sie uns rammen wollte, sei eine Ju-88 mit einer an einem Kabel baumelnden Bombe durch unsere Formation geschnitten, und die Bombe sei an unserer rechten Tragfläche explodiert. Er sagte, die Bombe habe Stummelflügel und ein gedrungenes Heck gehabt und sei etwa so groß gewesen wie ein Auto. Er meinte, das Schleppkabel sei gute hundert Meter lang gewesen, vielleicht auch zweihundert. Nach dem Abbrechen der rechten Tragfläche habe die Maschine eine Drehung nach rechts vollführt und sei dann flach abgetrudelt. Von Fallschirmen sei nichts zu sehen gewesen. Dies sei übrigens das einzige ihm bekannte Beispiel dafür, daß an einer Stahltrosse hängende Bomben durch eine Bomberformation hindurchgezogen worden wären. Da er nur Augen für meine brennend in der Tiefe verschwindende Maschine gehabt hätte, habe er die Me-109 später nicht mehr gesehen. Außerdem berichtete Jim noch, unsere Maschine sei an diesem Tag die einzige gewesen, die die 379th verloren habe.

Howard Greenwood sagte: «Ray, gehen wir doch vor der Sperrstunde rüber in Baracke 16 A und sehen wir uns an, wie der Kumpel leuchtet.» Mich interessierte das Schauspiel nicht besonders, doch ging ich trotzdem hin. Das war kurz vor dem Zeitpunkt, da uns von den Deutschen das Licht ausgedreht wurde; folglich hatten wir hinterher noch etwa zehn Minuten Zeit, um in unsere Baracke zurückzukehren. Ohne Hose und mit angezogenen Knien lag ein Kriegie auf einer Holzbank. Sobald das Licht ausgedreht wurde, sammelte er alle Kräfte zu einem Furz, während ein anderer ihm ein brennendes Streichholz an den Hintereingang hielt. Der Furz entzündete sich zu einer grünen Stichflamme, und alle lachten. Der Mann schaffte es, dreimal die hübsche Flamme zu entfachen, dann versengte er sich am Streichholz den Hintern. Howard und ich schlichen uns kurz nach der Sperrstunde zurück in unsere Baracke.

Am 20. Dezember 1944 gab es über das Radio eine unglaubliche Meldung: Die Deutschen hatten in den Ardennen mit Erfolg einen Gegenangriff gestartet und bedrohten die britischen und kanadischen Verbände. Angefangen hatte der Angriff bereits am 16., doch war den alliierten Oberkommandierenden nicht klar gewesen, wie ernst die Sache war. Die sogenannte «Schlacht am Buckel» bedrückte uns sehr und machte alle unsere Hoffnungen zunichte, bereits zu Weihnachten frei zu sein.

Jedesmal um die Nachrichtenzeit wurden unsere Detektorapparate angestellt, um die neuesten Meldungen über die Schlacht mitzubekommen. In den deutschen Nachrichtensendungen war ständig von Siegen die Rede; wie es hieß, würden die Verbände der Alliierten von der fünften und sechsten Panzerarmee von Generalfeldmarschall von Rundstedts fünfter und sechster Panzerarmee aufgerieben. Nachdem ihnen diese Propagandameldungen serviert worden waren, wurden die deutschen Wachen zum erstenmal seit Monaten wieder übermütig.

Die einzige gute Nachricht, die wir hörten, war, daß die Generale Montgomery und Patton die deutschen Stellungen berannten.

Das Weihnachtsfest des Jahres 1944 war für die Kriegies von Stalag 17-B alles andere als fröhlich. Die Deutschen hatten in vielen Lagerbereichen Lautsprecher angebracht, die allerdings nur selten benutzt wurden. Heiligabend jedoch ließen sie Weihnachtsmusik hinausplärren, die uns das Herz vor Heimweh nur um so schwerer machte. Das schlimmste war, daß die Deutschen eine von Bing Crosbys neuesten Platten abspielten, auf der Bing mit schmachtender Stimme sang: «I'll be home for Christmas, if only in my dreams ...» – ‹Weihnachten bin ich daheim, und sei es nur in meinen Träumen›. Viele Kriegies schluchzten laut, als sie Bings Stimme hörten. Um allem noch die Krone aufzusetzen, war die Temperatur in dieser Nacht auf –25 Grad Celsius gesunken. Weihnachten gönnte ich mir ein Käse-Leberpastete-Sandwich – und zwar aus Konserven, die wir aufgehoben hatten aus Zeiten, da es solche Genüsse noch gegeben hatte.

Das Jahr ging zu Ende, und die Lebensmittelversorgung des Lagers erreichte einen Tiefstand. Im Januar 1945 waren nahezu alle Reserven aus den Rot-Kreuz-Paketen erschöpft. Ein Güterwagen vom Internationalen Roten Kreuz, der für Stalag 17-B bestimmt war, traf auf dem Rangierbahnhof von Krems ein. Wie ein Lauffeuer verbreitete sich diese Nachricht im gesamten Lager. Die Kriegies erwarteten Lebensmittelpakete, was ihren ganzen Lebensmut und ihre Stimmung hob. Der amerikanische Lagerkommandant wurde zum Kremser Rangierbahnhof gebracht und sollte sich den Inhalt ansehen. Später gab Myers ein Bulletin heraus, in dem es hieß: «Der Güterwagen der Reichsbahn ist voll mit Toilettenpapier. Wir verfügen jetzt zwar über 750000 Quadratmeter Klopapier, aber zu essen haben wir damit immer noch nichts.» – «Die Ironie der Geschichte liegt in folgendem», sagte Howard Greenwood. «Als wir zu essen hatten, gab es kein Klopapier, und jetzt...»

Die Deutschen sahen, daß unsere Lage sich zusehends verschlechterte, und bemühten sich, zusätzliche Lebensmittel herbeizuschaffen. Schließlich traf auch eine kleine Sendung vom Internationalen Roten Kreuz ein. Wie sich herausstellte, handelte es sich um Corned Beef in Dosen. Manche von den Konservenbüchsen waren bereits verdorben, und einige enthielten nichts weiter als Pulver, doch die meisten waren eßbar. Verpackt worden war das Corned Beef 1918 in Argentinien; seither hatte es in der Schweiz auf Lager gelegen. Jeder Kriegie erhielt so, wie sie aus den uralten Kisten herauskamen, eine Dose, ob von vornherein zu erkennen war, daß der Inhalt verdorben war, oder nicht – es gab eben eine Dose für jeden. Meine war auf dem Deckel schon ziemlich angerostet, und als ich sie aufmachte, war das oberste Viertel des Corned Beef verdorben. Ich jedoch schnitt nur das siebenundzwanzig Jahre alte, dunkel gewordene und verkrustete Fleisch ab und verzehrte den Rest. (Die Blechbüchsen waren übrigens verlötet, was uns unerwartet zu einem Vorrat an Lötzinn verhalf, den wir für die Radios gebrauchen konnten.) Ich mußte daran denken, was der Vater eines Freundes daheim einmal gesagt hatte: daß während des Ersten Weltkriegs die Schützengräben in Frankreich mit Corned-Beef-Konserven gefüllt worden wären, damit die Lastwagen auf den verschlammten Straßen darüber hinwegfahren konnten.

Das Brot wurde in diesen Wintermonaten strenger rationiert denn je. Inzwischen mußte ein Laib unter siebenundzwanzig Mann aufgeteilt werden. Schneidet man Brot dermaßen dünn, bleibt nicht viel Nahrhaftes übrig, zumal bekannt war, daß die normale Brotration für Gefangene bis zu 40 Prozent aus Sägemehl bestand. Nicht selten kam es vor, daß man einen rostigen Nagel oder irgendwelche Holzsplitter im Brot fand. Das Brotschneide-Ritual wurde immer wichtiger und mein Können beim Schneiden auf eine harte Probe gestellt. Häufig kam es zu Streitereien über die Qualität einer Scheibe Brot sowie darüber, welche Scheibe nach dem Rotationsprinzip nun wem zustehe. Ich persönlich konnte wegen der vermehrten Scheiben mehr Krümel einheimsen als früher und verwahrte diese in zwei Dosen, die ursprünglich Milchpulver enthalten hatten.

Je mehr die Winterkälte ihrem Körper abverlangte, desto verzweifelter verlangte es die Kriegies nach Essen. Freundschaften zerbrachen darüber, daß jeder jeden Bissen, den er finden konnte, für sich beanspruchte. Das Teilen zwischen Partnern hörte so gut wie ganz auf. Die Persönlichkeit fast eines jeden veränderte sich, und es kam nicht selten vor, daß jemand sich von einem freundschaftlichen Kartenspiel oder einem anderen Zeitvertreib in eine trotzige Einsamkeit zurückzog. Ein Teil des kleinen Lebensmittelvorrats, den ich mir angelegt hatte, wurde gestohlen, während ich in einer anderen Baracke weilte und Brot schnitt. Mein Partner Michael behauptete, keine Ahnung zu haben, was mit den Vorräten geschehen sei. Ich war enttäuscht von der kleinen Gruppe Männer, die die drei dreistöckigen Pritschen in unserer Baracke teilten.

Viele Kriegies fühlten sich geradezu krankhaft gezwungen, über Sex zu reden, und das machte sie womöglich noch mißtrauischer und aggressiver. Jerry Smiley lebte in Attlebourough, Massachusetts, und gab groß damit an, vor dem Krieg an der Herstellung von Pornofilmen beteiligt gewesen zu sein. Was er erzählte, erregte viele der einsamen und frustrierten Männer. Manche redeten nachts unverhohlen über ihre Sexerlebnisse, und manche verheirateten Männer erzählten rückhaltlos von ihren Frauen. Daß es so wenig zu essen gab, die Menschen eingesperrt waren und es keinerlei Beziehungen zum anderen Geschlecht gab, ließ zwischen manchen Kriegsgefangenen eigentümliche Verhaltensformen entstehen; andere hingegen wurden spielend mit diesem Problem fertig.

Am 20. Januar meldete die BBC den Zusammenbruch des Nazi-Buckels oder der Gegenoffensive in den Ardennen und den Rückzug der deutschen Verbände. Nach wenigen Tagen wurden fünfzig Gefangene, die an der Schlacht am Buckel teilgenommen hatten – *ground pounders* oder Infanteristen, wie wir sie nannten –, ins Stalag 17-B eingeliefert. Einem von diesen Neuangekommenen wurde eine vor kurzem leer gewordene Pritsche zugewiesen: Joe Sayers aus Oklahoma. Joe war Koch bei der Army gewesen, hatte bei einem Angriff durch eine Nazi-Panzerdivision seinen Löffel fallen lassen und statt dessen ein Gewehr ergreifen müssen. Ohne auch nur einen einzigen Schuß abgefeuert zu haben, geriet er in Gefangenschaft. Er hatte Erfrierungen an den Füßen und konnte kaum laufen. Joe war schon ein Wunder, wenn man sah, wie er morgens aus dem Bett herauskam, langsam die Beine über das Seitenbrett hinüberschwenkte und sich die Schuhe anzog. Zwar verheilten seine Füße einigermaßen, doch ist er der einzige Mensch, den ich kenne, der alles, was er tat, gleichsam im Zeitlupentempo verrichtete. Nie habe ich eine schönere Handschrift gesehen als die von ihm; aber sein Verstand wie sein Körper funktionierten mit einer Langsamkeit, die einfach unvorstellbar ist.

Im Februar 1945 lag der Schnee draußen etwa kniehoch, und im Inneren unserer ungeheizten Baracke war es bitter kalt. Eines kalten Morgens erklärte Feldwebel Struck beim Appell, Oberst Kuntz wolle eine Ansprache an uns halten. Wir standen etwa eine dreiviertel Stunde herum und froren von Minute zu Minute mehr. Die Reihen und Glieder, in denen wir Aufstellung genommen hatten, brachen auseinander, und die Kriegies fingen an, mit Schneebällen zu werfen. Zwei von uns bauten in der Mitte unseres Lagerabschnitts einen kleinen Schneemann mit einem Riesenkopf. Endlich erschien mit einem Adjutanten der Oberst. Struck und Dieter Stramlin versuchten dafür zu sorgen, daß die Schneeballwerferei aufhörte und die Männer wieder zum Appell antraten. Zwar bekamen sie erst etliche Treffer ab, doch dann schafften sie es, Ordnung in unseren Haufen zu bringen. Auf einem Pfad, den Struck und andere bereits in den Schnee getrampelt hatten, kam der Oberst herangestapft. Kurz vor Erreichen des Schneemanns in der Lagermitte blieb er unvermittelt stehen, vollführte Gesten des Abscheus und der Überraschung, und stand schließlich, die Hände in die Hüften gestemmt, da. Der Schneemann war mit Kohlenstükken für Augen und Schnurrbart ausgestattet und sollte offensichtlich Hitler darstellen. Rasch trat der Adjutant vor Kuntz hin und versetzte dem Kopf des Schneemanns einen kräftigen Tritt. Da der Schnee jedoch ziemlich trocken war, drang sein Stiefel nur in das

Gesicht ein; sonst passierte nichts. Daraufhin nahm er einen zweiten Anlauf, rutschte dabei jedoch im Schnee aus. Als der Schneemann den Tritt ins Gesicht bekam, jubelten die Männer, und als dann der Offizier im Schnee ausrutschte, lachten sie. Wieder mußte Kuntz eine Niederlage einstecken, was ihn diesmal jedoch zu einem Wutausbruch verleitete. Er kam nahe an unsere Reihen heran, und ich sah sein puterrot angelaufenes Gesicht, sah, wie er schrie und fluchte und sich fadendünner weißer Schaum auf seinen Lippen sammelte. Was immer er uns hatte mitteilen wollen – es war vergessen.

Am 15. Februar hatte ich zwanzigsten Geburtstag, für den ich zwei Dosen Brotkrumen gespart hatte. Des weiteren hatte ich eine Dose Orangenpaste, etwas Zucker und Milchpulver, ein paar Rosinen und Erdbeermarmelade aufgehoben. Die Rosinen weichte ich in Wasser ein, damit sie aufquollen, dann stellte ich mit Hilfe der Orangenpaste, der Brotkrumen, Wasser und Milchpulver eine Art Kuchenteig her. Was hier entstand, war mein zweiter Geburtstagskuchen im Stalag 17-B, und inzwischen hatte ich auch ein paar Tricks gelernt, was mit den Brotkrumen anzufangen sei. In Wirklichkeit war der Kuchen mehr ein Brotpudding, aber das spielte keine Rolle. In der Nacht fiel feiner Pulverschnee; ich sammelte ein paar Dosen davon ein, um Erdbeereis daraus zu machen, das ich zusammen mit dem ‹Kuchen› zu verspeisen gedachte.

Das 15. Geschwader der Air Force verstärkte seine Angriffe auf den Großraum Wien und schickte große Verbände von B-24 und B-17-Bombern, die unter dem Schutz von P-51-Jägern flogen. Sobald Jagdflieger der Luftwaffe einen Bomber oder Jäger abgeschossen hatten, kamen sie auf unser Lager heruntergestürzt, rissen ihre Maschinen kurz über unseren Baracken hoch und flogen ein paar Siegesrollen. Das war phantastisch anzusehen, doch wußten wir auch, daß fast jede dieser Kunstflug-Figuren den Tod von möglicherweise zehn amerikanischen Fliegern bedeutete. Eines Tages sahen wir während eines Angriffs drei B-24 in Flammen zu Boden stürzen. Kurz danach kamen eine Me-109, eine FW-190 und eine zweimotorige Me-110 auf das Lager heruntergebraust und vollführten ihre Siegesrollen. Die Jäger kamen zurück, um das Flugmanöver zu wiederholen, und wir sahen voraus, daß sie noch weiter heruntergehen und wohl eher einen Tiefstflug mit viel Lärm veranstalten als ihre Maschinen neuerlich für einen Überschlag hochreißen würden. Mehrere von uns liefen auf die Lagerstraße hinaus und suchten sich Steine zum Werfen. Und in der Tat: die Me-110 kam mit etwa 650 Stundenkilometern kurz vorm Boden aus ihrem Sturzflug heraus und zog etwa hundert Meter über den Wachtturm nach oben. Die FW-190 kam über dieselbe Flugbahn herunter, nur etwas höher. Die Me-110 kam aus ihrem Sturzflug heraus, schaffte es jedoch nicht so leicht wie die anderen, aus der Rollbewegung herauszukommen, und flog höchstens zwei oder drei Meter über den am Ende der Lagerstraße aufragenden Wachtturm hinweg. In diesem Augenblick warfen wir unsere Steine senkrecht in die Höhe. Ich sehe die Steinbrocken noch heute der Me-110 entgegenfliegen; sie haben die Luftschrauben nur um Zentimeter verfehlt. Die Wachen waren außer sich über diesen Zwischenfall und wußten, daß wir es ums Haar geschafft hätten, eine Maschine zum Absturz zu bringen.

Am nächsten Tag verlas Struck beim Morgenappell die neuesten Verlautbarungen: «Den Gefangenen ist verboten, tieffliegende Flugzeuge mit Steinen zu bewerfen.» Das hatte schallendes Gelächter von den Kriegies zur Folge, und selbst Struck tat sich schwer, es vorzulesen.

Der Vorstoß der West-Alliierten näherte sich Deutschland, und im März stand Pattons 3rd Army am Rhein. Jetzt wurden von den Kriegies, die die verbotenen Radios abhörten, zweimal täglich Nachrichtenzusammenfassungen herausgegeben. Da es den deutschen Wachen streng verboten war, irgendwelche anderen als die erlaubten deutschen Sender abzuhören, kamen sie zu uns, um die letzten Kriegsmeldungen zu erfahren. Um den 10. März herum hörten wir, daß Patton den Rhein überschritten hatte. Die nächsten zwanzig Tage lang herrschte ständig große Aufregung unter uns Kriegies, und wir lebten in der Erwartung, daß unsere Befreiung ein großartiges Ereignis sein würde. Gleichzeitig legten manche Kriegies nach wie vor merkwürdige Verhaltensformen an den Tag, trauten niemandem, bemühten sich in keiner Weise, Freundschaften wiederherzustellen, die über die Lebensmittelknappheit zerbrochen waren, und redeten von den ausgefallendsten sexuellen Phantasien. Manche neigten zunehmend zur Homosexualität.

Ende März erreichte uns die Nachricht, Pattons 3rd Army habe

Frankfurt eingenommen. Wir waren außer uns vor Erwartungsfreude. Alle redeten von den Speerspitzen aus Panzern und Infanterieverbänden, die die Deutschen vor sich herjagten. Wir erwarteten, in ein paar Tagen befreit zu werden, doch gab es auch vieles, was wir nicht wußten. Mitte März erhielten wir beunruhigende Nachrichten. Diese Meldungen stammten nicht aus dem Radio, sondern erreichten den amerikanischen Lagerkommandanten über den deutschen Untergrund. Hitler hatte offenbar Anfang März in letzter Verzweiflung Befehl gegeben, sämtliche Flugbesatzungsmitglieder unter den Gefangenen zu töten, doch hatten Offiziere vom Heer ihn bewogen, sich das noch einmal zu überlegen. Vor einem Wahnsinnigen konnte uns auch die Genfer Konvention nicht schützen, doch bestand immerhin Hoffnung auf eine gewisse Vernunft bei den Offizieren des Heeres, falls Gestapo und SS sich nicht einmischten.

Am 1. April stießen die russischen Verbände massiert auf Wien und auf die Donau zu. In der letzten Woche waren Luftangriffe ein tägliches Ereignis; fast ständig zogen große Bomberverbände donnernd über den Himmel. An diesem Tag kamen in einer Höhe von etwa 3000 m die Bomber über unser Lager – den I.P. für den Zielanflug – hinweggebraust, teilten sich dann jedoch in kleine Gruppen von sechs bis zwölf Maschinen auf und suchten sich kleinere Ziele. Die Maschinen belegten jedes nur denkbare Ziel in der ganzen Gegend mit ihren Bomben. Eine Staffel von zwölf B-17 kam über das Lager hinweg und kreiste, um Aufstellung für einen zweiten Zielanflug zu nehmen. Diesmal klinkten die zwölf Maschinen ihre Bomben kurz vor Erreichen des Lagers aus. Wie gebannt standen wir da und sahen zu, wie 192 250 Kilo-Bomben in Formation herunterkamen. Die Bomben fielen in einer durch den Zielanflug vorgegebenen Geschoßbahn, und zwar fielen sie in derselben Geschwindigkeit wie die Flugzeuge, die in der letzten Phase des Angriffs eine Geschwindigkeit von 1000 Stundenkilometern erreicht hatten. Die Bomben flogen dicht über unseren Köpfen hinweg in einem Winkel von etwa 30 Grad zum Boden auf das etwa anderthalb Kilometer vom Lager entfernte Krems zu. Das Ganze klang, als ob über hundert Güterwaggons mit Höchstgeschwindigkeit durch die Luft schössen, und uns allen standen die Haare zu Berge. Wenige Sekunden später detonierten die Bomben mit einem ohrenbetäubenden Krach; Rauch und Flammen schlugen gen Himmel. Während einer Angriffspause kamen im Tiefflug P-51-Jäger heran, denen nur geringer Flak-Beschuß begegnete. Eine P-51, die ganz ungewöhnlich tief flog, verweilte in der Nähe unseres Lagers, drehte dann jedoch ab und flog in Richtung Krems weiter. Wir hörten die Flak-Geschütze ballern und dann etwas, das sich für unsere Begriffe anhörte wie ein Aufschlag. Rauch ringelte sich in den windlosen Nachmittagshimmel und markierte wahrscheinlich das Ende eines amerikanischen Piloten.

Am Nachmittag kam aus dem Osten eine B-17 in etwa 1000 m über den Hügel geflogen, auf dem sich unser Lager befand. Die Maschine flog höchstens mit einer Geschwindigkeit von 200 Stundenkilometern, möglicherweise sogar noch langsamer; jedenfalls wurde sie nur mühsam von drei Motoren gezogen. Die Haupttür an der rechten Rumpfseite fehlte; von der Besatzung konnte keiner von uns etwas sehen. Fasziniert verfolgten wir, wie die besatzungslose B-17, die offenbar per Autopilot flog, jenseits der Donau über der Ebene verschwand. Wir gingen davon aus, daß die Besatzung nach ein paar Tagen in unser Lager eingeliefert werden würde, doch traf sie nie ein. Ich zerbrach mir den Kopf darüber, was wohl geschehen sein könnte, das sie veranlaßt hatte, die Maschine zu verlassen.

In den nächsten paar Tagen liefen ermutigende Nachrichten bei uns ein: die russischen, französischen, britischen, kanadischen und amerikanischen Armeen schickten sich an, den deutschen Verbänden den Todesstoß zu versetzen. Am 6. April sahen wir von unserer Hügelkuppe aus die ersten russischen Panzer auf der Donauebene. Genau an diesem Tag erreichte uns die Nachricht, daß wir vom Stalag 17-B evakuiert und etwas westlich der Kampfzone verlegt werden sollten.

«Die Russen sind da», rief Billy Macafey, «kommt raus.» Ich lief hinaus, und tatsächlich: Schwere russische Panzerverbände hatten einen Bogen um Wien geschlagen und lagen jetzt fünf Kilometer von der Donau entfernt in Wartestellung. «Wahrscheinlich ist ihnen der Treibstoff ausgegangen», mutmaßte ich. «Ja», meinte auch Howard Greenwood. «Man braucht sich doch bloß anzusehen, wie die Panzer über anderthalb Kilometer auseinandergezogen daliegen.» In diesem Augenblick sahen wir weder Soldaten noch deutsche Panzereinheiten, die die russischen Panzer angegriffen hätten. Diese Tatsache gab Anlaß zu vielerlei Spekulationen darüber, was mit uns geschehen würde. Die letzten Befehle gingen dahin, das Lager zu räumen, sobald die russischen Befreier bis auf Sichtweite herangekommen wären! «Das ist der richtige Augenblick, die Krauts abzuschütteln», sagte Smith, dem viele von uns beipflichteten. Doch Lagerkommandant Myers gab an diesem Abend ein Bulletin heraus, in dem es hieß, wir sollten uns auf einen langen Fußmarsch in Richtung auf die im Westen vorrückenden amerikanischen Verbände vorbereiten. Da wir in Myers' Führungseigenschaften großes Vertrauen setzten, gab es nur wenige, die dagegen waren.

Nachdem ich es an diesem Abend müde geworden war, den Glutschein der Zerstörung über dem fernen Wien zu betrachten, kroch ich in meine Pritsche im obersten Stock hinauf. Michael war immer noch draußen und beobachtete, was sich tat; dafür wurde ich von jemand anderem beobachtet. Kaum hatte ich mich ausgestreckt, spürte ich, wie eine kräftige Hand mich an der Schulter packte. Erschrocken schrie ich auf: «Wer ist da?» – «Ich bin's, Jerry», lautete die Antwort. «Was willst du?» sagte ich. Woraufhin er die Hand über meinen Körper dahinwandern ließ, so daß ich zurückzuckte. «Jerry», sagte ich beschwörend, «die Russen sind da; die Panzer sind schon da, und die Infanterie rückt näher», versuchte ich ihn abzulenken. «Ich will es aber jetzt», sagte Jerry. «Nein!» schrie ich so laut, daß die anderen mich hören mußten, woraufhin Jerry sich irgendwo ins Dunkel verdrückte. Am ganzen Leib zitternd, lag ich da; Jerrys Ansinnen beleidigte mich; irgendwie kam ich mir besudelt vor. Jerry war ein ehemaliger Boxer und so stark, daß er sich fast jedem aufzwingen konnte. Ich brachte es hinterher kaum fertig, ihn auch nur anzusehen; dabei hatte ich gedacht, die Beziehung zwischen uns wäre eine Freundschaft, der nichts etwas anhaben konnte.

Der 17. April war für die Kriegies ein aufregender Tag. Es wurde Reservekleidung an uns ausgegeben, und ich erhielt eine neue Wollhose von der US-Army, eine Baumwollunterhose, Wollsokken und ein Paar G.I.-Schuhe Größe 11 D, also eine Nummer zu groß für mich. Was uns überraschte, war die Menge der Lagerbestände an Kleidung; was uns jedoch noch mehr erstaunte, war das

Paketlager, das für Notfälle zurückbehalten worden war. An jeden Kriegsgefangenen wurde ein Paket sowie eine Reihe von anderen Essensvorräten ausgegeben. Die Deutschen trieben auch noch ein paar Kochgeschirre auf, so daß am Schluß drei von uns sich ein Kochgeschirr teilen konnten. Jemand brachte die Idee auf, die leichten Sommer-Uniformröcke, die viele von uns hatten, mitzunehmen. Der Reißverschluß vorn wurde herausgetrennt, da sich die Patten ohnehin zuknöpfen ließen, und im Rücken der Jacke wieder angebracht. So bildete die Außenhaut der Jacken eine Art Tragebeutel für die Kleidung, die nicht viel wog. Andere ‹Rucksäcke› aus Wolldecken und anderen Stoffbahnen wurden eilends zusammengestückelt, um Lebensmittel, Wolldecken und alles mögliche sonst aufzunehmen.

In der Nacht hörten wir viel Geschieße in Krems, aber auch beträchtliche Explosionen, und nahmen an, daß die Russen nach Einbruch der Dunkelheit den Fluß überquert hatten. In der Frühe des 8. April waren wir Kriegies dabei, unsere mageren Habseligkeiten zu packen. Ich ging gegen sieben Uhr hinaus und sah ein paar von uns mit Dieter Stramlin reden, dem großgewachsenen österreichischen Schullehrer, dessen Gesicht verriet, daß ihm alles andere als wohl war in seiner Haut. Etwa zu der Zeit, da ich zu der Gruppe trat, kam auch der zwangsverpflichtete tschechische Wachsoldat Czatinoski dazu. Es war unfaßlich und einfach nicht zu glauben, was ich da zu hören bekam: In der Nacht seien SS-Truppen in Krems eingerückt und hätten den Bewohnern befohlen, sich den näher kommenden Russen mit der Waffe in der Hand entgegenzustellen. Auf beiden Seiten der Donaubrücke waren Panzergräben ausgehoben worden. Die Bevölkerung der Stadt bestand mehr oder minder nur aus Frauen, Kindern, alten Männern und nach Hause geschickten Kriegsversehrten, die für den aktiven Dienst nicht mehr in Frage gekommen waren. Die Leute weigerten sich, gegen die Russen zu kämpfen, und waren sich völlig darüber im klaren, was die russischen Soldaten bei ihrem Eilmarsch durch Österreich taten. Was die Menschen erwartete, waren Vergewaltigung, Totschlag, Plünderung und anderes Ungemach. Als Czatinoski erzählte, was er gestern abend in Krems gesehen hatte, fing er an zu weinen. Ein Kriegie, der fließend deutsch sprach, übersetzte es für uns. Czatinoski sagte, als die

Kremser versucht hätten, die Stadt zu verlassen, hätten SS-Offiziere sie zurückbefohlen, und als sie sich weigerten, habe die SS das Feuer eröffnet und an die 400 von den hilflosen Leuten erschossen. Wir waren wie vor den Kopf geschlagen und wollten nicht glauben, was doch stimmte; doch Czatinoskis mit tränenerstickter Stimme vorgebrachter Bericht und die Bestätigung des Lehrers ließen keinen Zweifel mehr zu.

Gewaltmarsch nach Bayern

Gegen 10 Uhr morgens wurden wir Kriegsgefangenen zum Westtor hinausgetrieben. Wie oft hatte ich nicht von dem Augenblick geträumt, da ich das Lager auf Nimmerwiedersehen verlassen könnte! Auf dem Weg den Hügel hinunter wurden wir nur von einem kleinen Kontingent Wehrmachts- und Luftwaffensoldaten bewacht, doch in Krems kam noch ein Dutzend mit Maschinenpistolen bewaffneter Volkssturmangehöriger hinzu.

Krems war seit den fünfzehn Monaten, da ich es zuletzt gesehen hatte, beträchtlich zerstört worden. Der Bahnhof und die Gleisanlagen waren Bombenangriffen zum Opfer gefallen; nicht minder schlimm sah es auf dem freien Feld aus, wo die Bomben eingeschlagen waren, die ihr eigentliches Ziel verfehlt hatten. Die Brücke war von Bomben getroffen, und aus den kaputten Schienen hatte man gegen den Fluß eilends Panzersperren errichtet, von denen man hoffte, daß sie die russischen Panzer aufhalten würden. Leichen sahen wir zwar keine, doch die Wachen versicherten uns, es gebe wirklich viele. Daß die SS sich den Österreichern gegenüber so grausam verhielten, war schwer zu verstehen.

Die ersten paar Stunden auf dem Marsch fielen uns nicht schwer, doch je weiter der Tag fortschritt, desto schlapper wurde ich und desto mehr schmerzte mich meine Schulter. Schließlich war ich fast ein Jahr lang eingesperrt gewesen und hatte mich bei mangelhafter Ernährung auch nicht ausarbeiten oder sportlich nennenswert betätigen können. Außerdem war ich wohl bis auf 52 kg abgemagert. Am ersten Tag marschierten wir zwölf Kilometer, was für viele, die körperlich in noch wesentlich schlechterer Verfassung waren als ich, eine große Belastung bedeutete. Rund zweihundert Mann waren wegen irgendwelcher Wunden oder Erkrankung zurückgeblieben; damit waren wir noch rund viertausend Mann, die sich über die Straße schleppten.

Jeder von uns hatte einen kleinen Lebensmittelvorrat dabei, der die sehr geringen Rationen, die wir von den Deutschen bekamen, ergänzen sollten. Wie sich herausstellte, hatten die Deutschen geplant, uns überhaupt nur jeden zweiten Tag zu verpflegen, und nachdem auch das, was wir mitschleppten, aufgegessen worden war, kam es ein paarmal vor, daß wir zwei Tage hintereinander überhaupt nichts zu essen bekamen. Am zweiten Tag nach unserem Auszug aus dem Lager erreichten wir die Berge; wir zogen über Feldwege dahin und hielten uns von der der Donau folgenden Hauptstraße fern. Die Berge waren zwar nicht besonders hoch, doch für Kriegsgefangene, die in keinem guten körperlichen Zustand waren, bedeuteten sie schon eine Knochenschinderei. Als unsere Gruppe einen Paß erreichte, fand ein Volkssturm-Angehöriger den Tod; er hatte vermutlich einen Herzanfall erlitten.

Die Route über die Berge war wesentlich mühseliger zu bewältigen als die gute Straße, die am Nordufer der Donau entlangführte – dafür war sie aber auch wesentlich sicherer. Sobald sie den Anschluß an die Treibstoffversorgung wieder erreichten, würden die russischen Panzer gewiß weiter durchs Donautal rollen, und es wäre sicherlich nicht sehr angenehm gewesen, von russischen Truppen eingeholt zu werden. Wir marschierten von einem Bauerndorf zum anderen und übernachteten in Scheunen und manchmal auch im Freien. Die körperliche Erschöpfung und der Mangel an Essen bildeten unser größtes Problem. Die ersten drei Tage waren besonders schmerzlich, und viele Männer hatten Blasen an den Füßen und litten an Muskelkater. Danach erst wurde es mit der Ernährung wirklich kritisch; die Deutschen schafften es höchstens, uns einen um den anderen Tag mit Essen zu versorgen. Am 13. April hatten wir in einer riesigen Scheune geschlafen, wurden in aller Herrgottsfrühe – um 4 Uhr – geweckt und beim Weitermarschieren zu größter Eile angetrieben. Gegen letzteres wehrten wir uns, indem wir das Tempo bei jeder sich bietenden Gelegenheit verlangsamten. Wir wußten ja nicht, warum wir so schnell weiter sollten, es sei denn, die Russen wären uns dicht auf den Fersen, doch hörten wir weder etwas von Panzern noch von Geschützen. Nur widerwillig schleppten wir uns weiter, und gegen 7 Uhr morgens erreichten wir eine kleine Stadt namens Mauthausen.

Wir waren höchlichst verwundert zu erleben, daß die Leute aus ihren Häusern herauskamen, um mit uns zu reden. Unsere Bewacher bemühten sich, die Leute von uns fernzuhalten, doch gaben diese nicht nach. Die Mauthausener wußten, daß wir amerikanische Kriegsgefangene waren, und hatten das dringende Bedürfnis, uns zu erzählen, was in dem Lager vor den Toren der Stadt los sei. Viele von uns konnten zumindest ein paar Brocken deutsch, manche sprachen es sogar fließend. Die Leute versicherten uns, sie wären Österreicher, und nördlich der Stadt hätten die Deutschen ein schreckliches Konzentrationslager errichtet. Sie behaupteten, dort würden Juden in Steinbrüchen zu Tode geschunden. Das Gesicht, mit dem sie davon berichteten, hatte etwas Mitleidiges. Sollte es sein, daß sie schreckliche Taten beichteten? Warum uns diese phantastischen Geschichten erzählen? Wir begriffen wirklich nicht, was sie eigentlich wollten.

Doch bald verstanden wir, was die Leute aus der kleinen Stadt uns begreiflich zu machen versuchten. Wir kamen am Konzentrationslager Mauthausen vorüber und konnten von der höher gelegenen Straße aus hinunterschauen. Ich sah Männer und Frauen mit Tragriemen auf dem Rücken Felsbrocken schleppen. Manche kamen kaum noch voran und sahen aus, als würden sie jeden Augenblick zusammenbrechen. Es war schwer zu verstehen, wieso die Deutschen Zivilisten auf diese Weise behandelten, wo sie doch stolz darauf waren, ein Soldatenvolk zu sein, das sich strikt an einen soldatischen Verhaltenskodex hielt. Zwar hatten wir die Gestapo und die SS erlebt – Polizeieinheiten, die für politische Zwecke eingesetzt wurden und schrecklicher Taten fähig waren. Wer jedoch war hier im Lager Mauthausen verantwortlich, wo wehrlose Zivilisten starben, das jedoch von Männern in Wehrmachtsuniform betrieben wurde? Das war wieder eine Seite der Deutschen, die wir bisher nicht kennengelernt hatten.

Kaum hatten wir uns nach dem, was die Leute aus Mauthausen uns erzählt und was wir im Lager gesehen hatten, wieder etwas gefaßt, als wir etwa fünf Kilometer außerhalb der Stadt gleich neben der Straße abgerissene und ausgemergelte Gestalten dahinwanken sahen. Unsere deutschen Bewacher versuchten uns davon abzuhalten, stehenzubleiben, doch wieder verlangsamten wir die Schritte. Auf dem Feld lagen Tote herum, die während der Nacht, die sie hier im Freien verbracht hatten, gestorben waren. Offene Koffer der Toten lagen überall neben der Straße verstreut. Ich sah Photos von Familienangehörigen und Freunden in den Koffern und auf der Straße.

Bei den Männern handelte es sich um ungarische Juden; sie

trugen Zivil und waren mit kleinen Koffern oder Beuteln beladen, so als wären sie auf einem Wochenendausflug begriffen. Ein paar von uns redeten mit ihnen und erfuhren, daß sie jetzt seit zwei Wochen ohne Essen unterwegs seien. Die Juden waren irgendwo in Ungarn losmarschiert und sollten in ein Arbeitslager kommen; jetzt jedoch waren sie nichts weiter als wandelnde Skelette. Ich sah mehrere Männer auf Händen und Knien und den Kopf am Boden, von dem sie das gerade wieder sprießende Gras abrupften. Grashalme hingen ihnen aus dem Mund; sie sahen aus wie grasende Schafe – nur in der herzzerreißenden Gestalt zerbrochener, dem Tode naher Menschen. Etliche Leichen lagen am Straßenrand dort, wo sie Tags zuvor gestorben waren. Eine Österreicherin kam mit einem etwa fünf Jahre alten kleinen Jungen die Straße entlang. Sie versuchte inmitten der amerikanischen Kriegsgefangenen und der Juden und ihren Toten auf der Straße sichtlich die Fassung zu bewahren. Behutsam führte sie ihren Sohn an den Leichen vorüber und weigerte sich, auf seine Fragen einzugehen. Wir blieben stehen, um die Frau und ihren kleinen Sohn durchzulassen. Die Juden hatten weder für die Frau noch den Jungen ein Auge.

Unvermittelt kam Leben in die Juden – unsere ungarisch-sprechenden Kameraden hatten ihnen erzählt, daß sie nach Mauthausen gebracht würden, ein Lager, in dem die Menschen durch Schwerstarbeit zu Tode geschunden würden. Außerdem wurde ihnen gesagt, daß sie den vorrückenden Russen entgegenmarschierten, was für sie den sicheren Tod bedeutete. Sie sollten in die entgegengesetzte Richtung ziehen, zusammen mit uns. Diese Nachricht verbreitete sich in Windeseile unter den Juden, und wie von Panik gehetzt, liefen sie durcheinander. Die Hände gespreizt und offen um Hilfe flehend, lief ein Jude auf ein Haus zu und wurde von einer Wehrmachtswache erschossen. Daraufhin kam es zu einem Aufruhr unter den Juden, und die Deutschen schossen mit Gewehren und Pistolen auf sie. Wir jedoch marschierten an den in Panik geratenen Juden vorüber; es müssen an die dreieinhalbtausend Männer und halbwüchsige Jungen gewesen sein. Lange noch konnte ich Maschinengewehrfeuer hinter uns hören. Von Angst getrieben, trachteten wir danach, diese grauenhafte Szene hinter uns zu lassen.

Erst später ging uns die Bedeutung dessen, was wir erlebt hatten, wirklich auf. Obwohl wir gerüchteweise schon von den Greueln gehört hatten, die die Deutschen an Juden begingen, hatte uns das Ganze völlig unerwartet getroffen. Im Stalag 17-B hatten wir unsere Witze über die Brauseköpfe in den Duschräumen gemacht – ob wohl Wasser oder Gas herauskommen würde, wenn wir aufdrehten. Aber wir hatten den Gerüchten nicht wirklich geglaubt oder, genauer gesagt, hatten sie nicht glauben wollen, weil ja immerhin die Möglichkeit bestand, daß uns die gleiche Behandlung zuteil wurde.

Das Schlimmste an dem ganzen Erlebnis war das Schuldbewußtsein, das uns hinterher befiel. Warum hatten wir, die wir viertausend Mann stark gewesen waren, dies geschehen lassen? Warum hatten wir nicht unsere und der Juden Wachen überwältigt und sie befreit? Schließlich waren es nur wenige Wachsoldaten gewesen, die meisten auch noch alte Männer; bei den Bewachern der Juden allerdings hatte es sich um reguläre Wehrmachtsangehörige gehandelt. Sie zu überwältigen, hätte bedeutet, daß einige von uns, wenn auch wohl nicht viele, ihr Leben hätten lassen müssen. Wir ergingen uns in tausend Mutmaßungen, doch fand unser Gemüt keine Erleichterung; wir sollten dieses Erlebnis nie vergessen. Wir wußten, daß von den Ärmsten, die dort nach Mauthausen getrieben wurden, nur wenige überleben würden. Warum sollte diesmal die Politik die Grenze zwischen Leben und Tod ziehen? Daß wir Amerikaner waren, nahm jetzt eine besondere Bedeutung für uns an, und es erschien uns ungerecht, anders behandelt zu werden.

Zwei Tage später zogen wir in die Randbezirke von Linz ein. Aus irgendeinem Grund stand die riesige Brücke über die Donau noch. Der Boden um die Brücke herum war von Bombenkratern aufgerissen. Es war interessant, das Bombenmuster einzelner Bomber in den Kratern herauszufinden – und zu begreifen, wie schlecht hier gezielt worden war. Die prachtvolle Brücke hatte nicht einen einzigen Treffer abbekommen. Im Moment hatten wir selbstverständlich nichts dagegen, daß die Brücke nicht zerstört war, erlaubte sie uns doch, mühelos ans andere Donauufer hinüberzukommen.

Auf der Donau fuhren viele Kähne und andere Boote; große kalte Bauten aus Stein schauten auf den Verkehr herab. Während wir über die Brücke hinwegzogen, konnten wir uns leicht ausmalen, daß Ereignisse von großer historischer Bedeutung in dieser Stadt stattgefunden hatten; vielleicht waren vor 1500 Jahren sogar die Römer in Booten über die Donau gesetzt. Jetzt rückten die russischen Armeen heran, um das Land zu besetzen, zu plündern und zu zerstören. ‹Die Deutschen bekommen nur, was sie verdient haben›, ging es mir durch den Kopf. ‹Schließlich braucht man nur zu bedenken, was sie den Russen angetan haben. Hier aber sind wir in Österreich, und die Österreicher sind gezwungen worden, mit den Deutschen zusammenzugehen.›

Es war schon merkwürdig, am Ende eines Krieges durch eine Stadt wie Linz zu ziehen, in der man außer unseren Wachen keinen deutschen Soldaten zu sehen bekam. ‹Vielleicht kommt diese malerische Stadt ungeschoren davon›, überlegte ich. ‹Es sieht nicht so aus, als ob die Verteidigungsstellungen bei der Brücke oder am Flußufer besetzt wären.›

Die nächsten paar Tage waren des Hungers und der Strapazen des Gewaltmarsches wegen sehr hart. Es wurde deutlich, daß wir vielleicht nicht durchhielten, wenn wir nichts zu essen bekamen. Auf einem Bauernhof gruben wir Kartoffeln aus einem Misthaufen aus und entdeckten einen Vorrat an riesigen, 60 cm im Durchmesser messenden Käselaiben. Wir fingen an, uns paarweise von den Marschkolonnen abzusondern und in den Bauernhäusern um Essen zu betteln. Solange nicht mehr als zwei Mann zur selben Zeit wegblieben, hatten unsere Bewacher nichts dagegen. Ich lief auf ein kleines Haus zu und klopfte, woraufhin eine Frau an die Tür kam und ich fragte: «Frau, haben Sie Eier?» Sie erwiderte: «Ja, ja», verschwand in ihrer Küche und kehrte mit zwei Eiern zurück. Ich dankte ihr und lief eilends wieder zu meiner Gruppe in der Marschkolonne. An diesem Abend aß ich eines der Eier roh; das andere schenkte ich einem Freund.

Eigentlich sollten wir am Abend in einer Kleinstadt anlangen, doch kamen wir nur schleppend voran, so daß es sich als notwendig erwies, auf freiem Feld zu kampieren. Am nächsten Tag erreichten wir gegen Mittag die Stadt und nahmen einen scheußlichen Gestank wahr, von dem wir argwöhnten, daß er irgend etwas mit unserem Essen zu tun hätte. Und tatsächlich: Tags zuvor war Pferdefleisch zusammen mit Gerstengrütze gekocht worden und fing bereits an, zu verderben. Um das Essen nicht ganz ungenießbar werden zu lassen, war dem Gerste-Pferdefleischbrei Weißwein zugesetzt worden, doch hatte das Ganze über Nacht trotzdem angefangen zu gären und stank abscheulich, als es am nächsten Tag heiß gemacht wurde. Uns jedoch machte das nicht viel aus, dazu waren wir viel zu geschwächt; auf jeden Fall würgten wir es hinunter.

Eines Nachmittags schlugen wir nach einem anstrengenden Marsch unser Lager auf einer Wiese in der Nähe einer bewaldeten Schlucht auf. Ich hatte mir für diesen Augenblick, da es überhaupt nichts mehr zu essen gab, eine Handvoll Rosinen aufgehoben; schließlich konnte ein letzter Happen Essen bedeuten, daß ich mit dem Leben davonkam. Auf der Wiese stand Löwenzahn in Blüte, und ich pflückte davon. Andere hielten mich für verrückt, doch hatte ich das auch daheim schon gemacht. Ich weichte die Rosinen im Wasser ein und kochte den Löwenzahn. Die erste Brühe schmeckte bitter, und ich goß sie weg; dann jedoch kochte ich das Gemüse ein zweitesmal auf und tat diesmal die Rosinen dazu. Ich war einer der wenigen, die in dieser Nacht etwas zu essen hatten, doch half mir diese Mahlzeit mit Sicherheit, den nächsten Tag zu überstehen.

Unter der Führung von Smith, dem Barackenältesten von 19 A, löste sich ein ganzer Trupp von den anderen und machte sich auf eigene Faust auf, weiterzukommen. Viele waren versucht, sich anzuschließen, ich jedoch hielt es für das beste, bei den Deutschen zu bleiben. Unsere deutschen Bewacher waren ziemlich aufgeregt, als plötzlich zwanzig Mann verschwunden waren, doch konnten sie nichts mehr daran ändern. Eine der Wachen – der zum Volkssturm gehörte – vollführte drohende Gesten, fuchtelte mit der Maschinenpistole in der Luft herum und erklärte, er werde den ersten erschießen, der sich von der Hauptkolonne entferne. Dieser kleine Mann war ein verbohrter Fanatiker und glaubte, Hitler könne Deutschland mit einer Geheimwaffe doch noch zum Sieg führen.

Vor Erschöpfung oder weil alte Wunden wieder aufbrachen, blieben einzelne Männer hinter unserer Marschkolonne zurück. Was mit ihnen geschah, ist bis heute ein Geheimnis für mich geblieben. Eines Nachmittags lagerten wir auf einem Feld in der

Nähe eines Flusses. Auf einem Schild wurde davor gewarnt, das Wasser sei typhusverseucht; es sei daher nötig, es abzukochen. Einem Freund von mir flog das Kochgeschirr ins Gesicht. Mit einem Verband um den Kopf, wurde er in einem kleinen Dorf zurückgelassen, wo er auf ärztliche Hilfe wartete. Später, im Auffanglager in Frankreich, konnte ich ihn genausowenig finden wie der Rest unserer Gruppe diejenigen Männer, die wir auf unserem Gewaltmarsch hatten zurücklassen müssen.

Um den 20. April herum zogen wir über eine Straße, die durch ein kleines Tal hindurchführte. Links und rechts dehnten sich die Äcker, an deren Ende der Saum eines Tannenwaldes zu sehen war. Etwa in der Mitte des Tals trafen wir auf eine kleine strohgedeckte und aus Feldsteinen gebaute Raststätte. Die eine Straßenhälfte war übersät mit fahruntüchtigen oder zerschossenen Fahrzeugen, die sich ausnahmen wie ein wichtiger Militärkonvoi. Wir waren vielen solchen Lastwagen- und Autokolonnen begegnet, die als Lockvögel für die weitfliegenden P-51-Jäger aufgebaut worden waren, damit die ihre tödlichen Waffen auf sie abfeuerten. Was uns empörte, waren die vielen Ford-Geländewagen, die von deutschen Offizieren gefahren worden und deren Wracks später am Straßenrand liegengeblieben waren.

Unsere Gruppe von Kriegies kam gerade an liegengebliebenen deutschen Fahrzeugen vorüber, als wir ein Flugzeug herankommen hörten. «Das ist eine P-51», sagte ich zu meinen Gefährten. Die Kriegies suchten gemeinsam mit ihren deutschen Bewachern Deckung in den Gräben zu beiden Seiten der Straße. Zwischen uns und der kleinen Raststätte lagen vielleicht zweihundert Schritt. Einer unserer Leute hatte im Stalag 17-B ein Sternenbanner erhalten, das für ein Begräbnis gedient hatte. Diese Flagge hatte er auf dem ganzen Marsch mitgeschleppt, und jetzt breitete er sie auf dem Boden aus in der Hoffnung, daß der Flugzeugführer der P-51 sie sähe. Ausgerechnet in diesem Augenblick kamen rund fünfzig Hitlerjungen aus der Raststätte heraus und liefen schutzsuchend auf uns und die amerikanische Flagge zu. Die P-51 kam auf uns herniedergefahren und wäre bestimmt in der Lage gewesen, die meisten von uns in den Himmel zu schicken, doch plötzlich hörte die Maschine auf zu rollen und ging in die Waagerechte, damit der Pilot besser sehen konnte. Und in der Tat hatte er das Sternenbanner entdeckt und bei genauerem Hinsehen die abgerissene Armee von Gefangenen erkannt. Woraufhin der Flugzeugführer uns ein herrliches Beispiel von Siegesloopings vorführte, was unglaublich erhebend für uns war.

Wir verspotteten die uniformierten und mit einem Fahrtenmesser bewaffneten Hitlerjungen. ‹Wohin mögen diese Witzbolde bloß marschieren?› dachte ich. ‹Sie laufen ja direkt den Russen in die Arme.›

Smith und seine Gruppe schlossen sich uns nach fünftägiger Abwesenheit wieder an – und zwar ausdrücklich deshalb, weil SS-Einheiten in der Gegend Jagd auf Deserteure machten. Außerdem vernichteten diese Einheiten vom Heer zurückgelassenes militärisches Material. Am späten Nachmittag stürmten SS-Leute in unser Lager und rissen den Männern das Gepäck auf; besonders hatten sie es dabei auf Tagebücher oder schriftliche Aufzeichnungen abgesehen, die die Kriegies gemacht haben könnten. Offenbar wollten sie jeden Beweis verschwinden lassen, der bei den Kriegsverbrecherprozessen, die ja nach dem Krieg kommen mußten, gegen die Deutschen verwendet werden konnte. Ich lagerte am Rand des allgemeinen Lagerplatzes, hockte an einem Feuer und verfolgte, wie SS-Leute Schlafsäcke und Jacken aufschlitzten. Man hatte uns gewarnt, falls bei jemandem schriftliches Material gefunden würde, werde der Betreffende standrechtlich erschossen. Die SS beschäftigte sich gerade mit den Männern zwei Feuer von uns entfernt, da hatte ich das Gefühl, daß es zu gefährlich für mich wäre, meine Tagebücher über das Stalag 17-B zu behalten. So warf ich die abgegriffenen Seiten meines kostbaren Tagebuchs ins Lagerfeuer. Gerade da ließen die SS-Leute von ihrer Suche ab und gingen fort, und ich verfluchte mich, nicht noch ein wenig länger gewartet zu haben.

Wir kamen durch etliche kleine Dörfer und Städte. In einer Stadt gelang es ein paar von unseren Leuten, etwas Speiseeis zu kaufen, nur war der Vorrat nicht groß. Im selben Städtchen bot uns ein unternehmensfreudiger Vater seine Tochter für ein paar Reichsmark zur Belustigung an. Es gab liebeshungrige Kriegies, die darauf warteten, bis sie an die Reihe kamen.

Manchmal boten Österreicherinnen am Wegesrand Körbe mit Äpfeln und Möhren zum Verkauf. In einem Städtchen warfen die

Frauen kleine Brocken Brot auf uns herunter. Wir segneten diese Frauen, als sie kleine Essensportionen an uns verteilten, doch glaube ich, daß sie sich den ungarischen Juden gegenüber, die vorher durch ihre Stadt gekommen waren, nicht so freundlich gezeigt hatten. Unter den Zivilisten herrschte eine allgemeine Atmosphäre der Angst, denn die deutschen Verbände waren bereits abgezogen und hatten sie ihrem Schicksal überlassen. Wahrscheinlich behandelten die Zivilisten uns so freundlich, weil sie hofften, deshalb nach Beendigung des Krieges selber besser behandelt zu werden.

Am 25. April 1945, genau siebzehn Tage, nachdem wir Krems verlassen hatten, trafen wir Kriegsgefangene vom Stalag 17-B in Braunau am Inn ein. Die meisten von uns lebten noch und befanden sich in einem annehmbaren Gesundheitszustand. Wir hatten das Gefühl, daß wir nach allem, was wir bisher durchgemacht hatten, auch das Glück haben würden durchzuhalten, bis wir von den Alliierten befreit würden.

Wir zogen durch Braunau hindurch und suchten einen ungefähr drei Kilometer entfernten Tannenwald auf. Die Deutschen hatten das Gelände vorbereitet und ein etwa einen Quadratkilometer großes Waldstück dadurch abgeteilt, daß sie die Bäume ringsum in einer circa dreißig Meter breiten Schneise abholzten. Wir hatten erwartet, in ein anderes Lager gebracht zu werden; sich jetzt in einem Wald frei zu bewegen, dessen Ränder von Wachsoldaten patrouilliert wurden, war etwas anderes. Die Ostgrenze unseres Waldlagers bildete der Inn. Die Männer fanden sich zu Gruppen von fünf bis zehn Mann zusammen und bildeten kleine Unterlager. Ich war zusammen mit Howard Greenwood, Michael und zwei anderen, die ich vorher nicht gekannt hatte. Glücklicherweise war ich bei den Boy Scouts gewesen und besaß noch das große Taschenmesser, das ich bei Ugar gegen Zigaretten eingetauscht hatte. Jetzt machte ich mich daran, junge Tannen zu fällen, indem ich solange am Holz mehr herumschnippelte als -schnitt, bis der Stamm brach. Aus etwa dreißig dünnen Stämmchen bauten Howard und ich eine zeltförmige Unterkunft, spannten unsere Wolldecken darüber und schichteten zum Schutz der Wolldecken wiederum Tannenzweige darüber. An der Ostseitenöffnung hoben wir eine Grube fürs Feuer aus. Der April war feucht gewesen, und jetzt, Ende des Monats, regnete es immer noch. Die Wälder troffen förmlich, und es war unmöglich, trockenes Holz zum Feuermachen zu finden. Vorsichtig spaltete ich grünes Holz und trocknete die Späne im Schutz unserer kleinen Hütte. Howard sammelte Harz von den Bäumen. So gelang es uns, ein Feuer zu entfachen, das allerdings bald alles getrocknete Holz verzehrte. Daraufhin fingen wir noch einmal von vorne an, wechselten uns ab, nachts aufzubleiben, und so besaßen wir bald einen Vorrat an einigermaßen trockenem Holz, mit dem wir ein kleines Feuer unterhalten konnten. Die meisten Versuche, ein Feuer am Brennen zu halten, endeten damit, daß durch das grüne Holz riesige Mengen Qualm entstanden.

Richtig trocken waren wir nie, da der Himmel einfach nie aufklarte und jeden Tag zumindest ein bißchen Regen oder Hagel fiel. Der Rauch von den vielen schwelenden Feuerstellen reizte die Augen, die sich entzündeten und unsere Sicht beeinträchtigten.

Einen um den anderen Tag verteilten die Deutschen etwas an Lebensmitteln. Viele von uns Kriegies magerten bis auf die Knochen ab; die Gefangenschaft und die unzureichende Ernährung dauerten nun schon zu lange; auch der siebzehn Tage währende Marsch gen Westen hatte uns zugesetzt. Michaels Füße waren wundgescheuert und entzündet, doch dieses Schicksal teilte er mit Hunderten von Kriegsgefangenen, die jetzt in einem bayerischen Wald auf ihre Befreiung warteten.

Die Befreiung

Am 2. Mai 1945 kam am Nachmittag ein Captain der U.S.-Army in einem Jeep in unser Lager gefahren, kletterte auf die Kühlerhaube und rief: «Also, Leute, ihr seid frei.» Wie vor den Kopf geschlagen, standen wir da; keiner sagte einen Ton. Das Surren des Jeep-Motors und das leichte Rascheln des Windes war alles, was man hören konnte – und das trotz der Tatsache, daß fast viertausend Mann hier versammelt waren. «Bringt mal die Jerry-Wachen her», forderte er uns auf. Ein Halbdutzend Deutsche – unsere Bewacher – kamen auf den Captain zu, der immer noch auf dem Jeep stand; ihre Gewehre schleiften sie – die Mündung nach unten gerichtet – als Geste der Unterwerfung am Kolben hinter sich her. Der Captain stieß noch einen weiteren Befehl aus: «Sagt diesen Krauts, sie sollen mit ihren Gewehren noch eine Nacht Wache schieben. Morgen komme ich wieder.» Damit kletterte er von der Kühlerhaube herunter, setzte sich ans Steuer und fuhr davon. Wir Kriegies waren von dem Befehl und von der Geschwindigkeit, mit der sich der Besuch des Captains abgespielt hatte, wie vom Donner gerührt. Wir sollten also noch eine weitere Nacht Gefangene der Deutschen sein – doch ganz offensichtlich war das nicht dasselbe wie bisher. Fast hatten wir es geschafft, doch noch ließen wir unseren Gefühlen über die Befreiung nicht freien Lauf; es konnte noch immer etwas schiefgehen.

Viele von uns waren enttäuscht. Wie oft hatte sich nicht jeder von uns den Augenblick der Befreiung ausgemalt! Keiner jedenfalls hatte sich vorgestellt, daß es ohne einen dramatischen Kampf und ohne den Tod von etlichen grausamen Deutschen zu dieser Befreiung kommen würde.

In dieser Nacht tat keiner von uns ein Auge zu; alle saßen um schwelende Lagerfeuer herum und redeten. Am nächsten Morgen, gegen 9 Uhr, kam der Captain mit drei Jeeps voll mit Gewehren bewaffneter Infanteristen zurück. Es waren die härtest aussehenden Männer, denen ich je begegnet bin. Monatelang an der Front, kampferfahren und gereift, packten sie die Karabiner unserer jetzt lammfrommen deutschen Bewacher und reichten sie uns. Der

Captain berichtete, Pattons 3. Armeekorps jage die Deutschen immer noch in Richtung Tschechoslowakei. Ein kleines Kontingent von Pionieren sei in der Nähe dabei, eine der Innbrücken zu reparieren, doch würden diese Leute bald verschwunden sein und nur eine Rumpfbesatzung zurückbleiben, die uns mit Vorräten versorgen würde. Außerdem beauftragte er uns, deutsche Deserteure zusammenzutreiben, Waffen einzusammeln und auf Haufen zu legen und uns um mehrere tausend russische Gefangene zu kümmern, die nicht weit von uns lagerten.

Der Captain und seine Leute fuhren davon, und ganz allmählich ging uns auf, daß wir jetzt wirklich frei waren. Es gab nur ein Mindestmaß an Organisation unter uns; einzelne Gruppen von Männern verließen nach und nach das Lager und zogen in Richtung Stadt. Allmählich bildete sich bei uns die Idee heraus, wenn wir Deutsche zusammentreiben sollten, müßten erst wir selbst uns zusammentun – aber Vordringlichstes zuerst. Howard und ich nahmen einer der deutschen Wachen das Seitengewehr samt Scheide ab. Als wir einen Bauernhof erreichten, entdeckten wir ein Huhn, das beim Stallzumachen wohl vergessen worden war. Howard und ich schlichen dieses Huhn wie die Jäger an, duckten uns, bewegten uns langsam und stießen «Gluck, gluck»-Laute aus. Ich hielt stoßbereit das Seitengewehr in der Hand, während Howard mit einem Stock bewaffnet war. Beim dritten Versuch schafften wir es, das Huhn mit einem Wurf des Seitengewehrs, das das arme Federvieh an der Seite traf, zur Strecke zu bringen. Rasch drehte ich ihm den Hals um; dann trugen wir unsere Beute zurück ins Lager, wo Michael dabei war, unsere kostbaren Decken zu bewachen. Zu dritt gingen wir dann hinunter ans Flußufer und schickten uns an, das Huhn zu rupfen. Leider wollten die Federn sich nicht ohne weiteres lösen, so daß wir ihm praktisch die ganze Haut abzogen. Dann machten wir ein Feuer und brieten das Huhn an einem Drehspieß. Als es halb gar war, konnten wir es nicht mehr aushalten und machten uns heißhungrig darüber her, doch war es noch ungenießbar. Wieder am Spieß und etwas länger am Feuer gedreht, versuchten wir es nochmals. Das nur teilweise gare Hühnerfleisch schmeckte nicht besonders gut; aber nahrhaft war diese Mahlzeit immerhin. Herz, Leber und Magen schenkte ich Michael, der alles mit Hochgenuß vertilgte; leider hatte ich nur vergessen, den Magen von seinem Inhalt – unter anderem vielen kleinen Steinen – zu befreien. Jedenfalls spie und spuckte Michael bei dem Versuch, den Magen zu essen, während wir anderen uns ausschütten wollten vor Lachen.

Unser Hunger war noch nicht gestillt, und so durchkämmten wir die Häuser am Rande der Stadt. Aus dem Schornstein eines der Häuser vor uns stieg Rauch auf, und wir hatten den unverkennbaren Duft frischgebackenen Brotes in der Nase. Dieser Duft war unwiderstehlich und zog uns magnetgleich an. Ich klopfte an der schweren Holztür, die am Rand zart geschnitzte Ranken aufwies. Eine Frau in mittleren Jahren machte auf, und ich fragte: «Frau, haben Sie Brot?» – «Ja, ja», erwiderte sie fröhlich und reichte uns einen Viertellaib. «Danke», sagte ich, vollführte eine Handbewegung, die Dankbarkeit ausdrücken sollte, und nickte dazu noch mit dem Kopf. Den größten Teil des Brotes verschlangen Howard und ich auf der Stelle, doch einen Rest brachten wir Michael mit.

Irgendwo in den Außenbezirken entdeckten Howard und ich eine verlassen am Straßenrand stehende Modell B Ford-Limousine. Ein tolles Erlebnis, wieder ein amerikanisches Auto zu sehen! Wir machten die Wagenschläge auf, schauten nach und setzten uns dann hinein. Der Schlüssel fehlte. Da schlossen wir die Zündung kurz und ließen den für unsere Ohren wundersam sanft schnurrenden Motor an. Ich lenkte den Wagen auf die Straße, und als wir dann in die Stadt hineinfuhren, kamen wir uns vor wie die Könige. Doch wir waren kaum mehr als fünf Kilometer gefahren, da ging dem Ford das Benzin aus. Ein Jammer, ein so schönes Gefährt aufgeben zu müssen!

Nachdem wir uns noch mehr Brot, ein paar Möhren und Kartoffeln organisiert hatten, kehrten wir zurück in unser Lager im Wald. Michael fiel ein Stein vom Herzen, als er endlich etwas zu essen bekam. Dann beschlossen wir, den Wald zu verlassen und uns in der Stadt einzuquartieren. Zu dritt gingen wir zum Russenlager und versuchten, meinen sibirischen Freund Ugar zu finden. Ich wollte ihm etwas zu essen geben und ihn dann mitnehmen in die Stadt. Er und ich hatten uns im Stalag 17-B ganz gut verständigt und verstanden; außerdem sprach er wie Michael etwas russisch. Das Lager der Russen unterschied sich wesentlich von dem unseren. Die Soldaten standen tatenlos herum und ließen jeden Drang vermissen, das Lager zu verlassen und für sich selbst zu sorgen. Sie waren jetzt zwar freie Männer, blieben jedoch wie das Vieh in ihrem Pferch. Ein paar Amerikaner hatten Schafe und Rinder geschlachtet und den Russen gebracht. Vergebens hielt ich nach Ugar Ausschau und fragte mich, ob er es geschafft hatte durchzukommen oder nicht. Die Russen liefen fast barfuß umher und hatten von dem langen Marsch von Krems bis hierher wunde Füße.

Inzwischen wurden die wenigen gefangenen Deutschen von uns Kriegies oder vielmehr Ex-Kriegies bewacht. Die Deutschen wurden in unseren Lagerbereich getrieben, und zwar ohne ihre Stiefel, die eingesammelt und den Russen übergeben worden waren. Man hörte einige Gewehrschüsse, und die Deutschen, die in den Wald hineingetrieben wurden, sahen schon sehr unruhig aus. Doch die meisten Schüsse stammten von Amerikanern, die einfach aus Spaß mit den erbeuteten deutschen Waffen herumballerten.

Immerhin gab es einige Exekutionen. Ein paar von den Kriegies, die in jener denkwürdigen Novembernacht 1943 Zeuge geworden waren, wie Ausbrecher erschossen worden waren, nahmen jetzt Rache. Big Stoop, ein paar andere Wachen und Oberst Kuntz gehörten zu denen, denen der Prozeß gemacht und die dann standrechtlich erschossen wurden. Ich glaube nicht, daß es trotz unserer jüngsten Erfahrungen in Krems und in Mauthausen zu anderen Erschießungen von Deutschen oder irgendwelchen Machtmißbräuchen kam. Unser Haß galt damals selbstverständlich allen Deutschen, doch ging uns bald auf, daß dahinter der Haß gegen das Hitler-Regime stand, der Haß auf die Grausamkeiten der SS und der Gestapo und nicht auf Einzelpersonen, die wir gekannt hatten. Da wurde unter uns geredet, man müsse alle Deutschen zwischen sechs und sechzig erschießen; danach solle Deutschland einen neuen Anfang machen. Damals hatten die Exekutionen etwas unendlich Befriedigendes, doch das lag wohl hauptsächlich daran, daß jetzt wir die Waffen hatten und andere gefangennehmen konnten.

Ich schloß mich einer Gruppe von zehn Mann an, um Gefangene zu machen und Waffen einzusammeln. Wir zehn verfügten nur über drei Gewehre und zwei Seitengewehre, doch waren wir mit der Autorität und dem festen Entschluß ausgestattet, aktiv an der Schlußphase des Krieges teilzunehmen. Als wir uns einem Gehöft näherten, sah ich einen Wehrmachtssoldaten um die Ecke einer Scheune lugen. Wir ließen die drei mit den Gewehren Bewaffneten vorangehen, um mit unseren Waffen Eindruck zu machen; wir anderen folgten den dreien auf dem Fuße. Zuerst trat ein Deutscher mit einem Stück weißen Tuchs an einem Stecken vor. Als wir ihm winkten, sich ein paar Schritte von der Scheune zu entfernen, folgten ihm andere. Zu unserem grenzenlosen Erstaunen versammelten sich vierzig oder fünfzig Mann mit hoch erhobenen Händen. Wir gaben ihnen durch Gesten zu verstehen, sie sollten die Hände überm Kopf falten und sich in Doppelreihe aufstellen. Die drei Bewaffneten paßten auf, während wir anderen den Deutschen die Waffen abnahmen. Bald war ein jeder von uns mit Gewehr und Munition versehen. Wir ließen die Gefangenen in unser Lager im Wald marschieren, wo viel Geschieße zu hören war. Ein Deutscher hatte wunde Füße und Schwierigkeiten mitzukommen. Ein Amerikaner hatte das Seitengewehr auf seinen Karabiner aufgepflanzt und piekste den Mann immer wieder am Gesäß, während dieser um Gnade rief.

Es wurde viel geschossen, und im Wald war Maschinengewehrfeuer zu hören. Die Deutschen, die vor uns hermarschierten, wurden furchtbar aufgeregt und müssen gedacht haben, die Amerikaner schlachten hilflose Menschen ab. Wir brachten die Gefangenen zum Lager der Russen, ließen sie die Stiefel ausziehen und diese den Sibiriern und anderen Russen geben. Barfuß mußten die Deutschen dann dorthin gehen, wo die Schüsse zu hören waren; ihre Angst wurde jeden Augenblick größer. Schließlich sahen sie Hunderte von abgerissenen Amerikanern achtlos mit einer Vielzahl von kleinen Handfeuerwaffen spielen, auf Bäume schießen, Steine zerschmettern und Handgranaten werfen oder bloß in die Luft feuern. Die Deutschen waren sichtlich erleichtert, als sie zu den anderen in den Wald getrieben wurden.

Ich denke, die Amerikaner brachten sich selbst mehr Wunden bei als den gefangenen Deutschen. Einer schoß sich beim Hantieren einer winzigen Walther .25-Automatik ein Loch durch den Mittelfinger. Ein anderer schoß sich bei dem Versuch, ganz auf die Schnelle eine Luger zu ziehen, durch den eigenen Fuß. Und noch ein anderer wurde durch die Splitter einer Handgranate verletzt. Zu diesen Unfällen mußte es wohl kommen, wenn so viele Leute mit Waffen herumspielten.

Mit Pferd und Wagen kehrte ich noch einmal an die Stelle zurück, wo wir die Deutschen gefangengenommen hatten, um Waffen einzusammeln. Binnen einer Stunde hatten fünf von uns mehrere hundert Gewehre zusammen, darunter zwei luftgekühlte 7,9 mm-Maschinengewehre, Kästen voller Munition und frei umherliegende Geschosse, die die Deutschen zurückgelassen hatten. Ganze Wagenladungen Waffen und Munition wurden von uns nach Braunau gebracht. Viele erwarben Waffen, um sie nach Hause mitzunehmen, insbesondere Handfeuerwaffen. Sehr begehrt war die Luger 9 mm-Pistole sowie die P.38. Ich selbst hatte ein Auge auf schwerkalibrige Präzisionsgewehre mit Zielfernrohr geworfen.

Der Hauptmann, der uns befreit hatte, sagte, in ein paar Tagen könnten wir eine Fabrik am Westende der Stadt beziehen. Ein Major vom 3rd Army Corps of Engineers ließ ausrichten, wir Amerikaner könnten am nächsten Tag in die Fabrik einziehen. Howard, Michael und ich beschlossen, diese Nacht lieber in der Stadt als zusammen mit den Deutschen im feuchten Wald zu verbringen. Wir drei fanden ein großes, an einer Hauptstraße gelegenes Bauernhaus am Nordrand der Stadt. Howard und ich waren mit 8 mm-Mauser-Gewehren bewaffnet und Michael mit einem Seitengewehr. Ich klopfte an die Tür. Ein in mittleren Jahren stehendes Ehepaar machte uns auf. Ich sagte: «Wir heute nacht hier, wir brauchen Platz!» Die beiden Deutschen ließen uns eintreten, zeigten uns die Schlafzimmer und zogen sich dann in die im Erdgeschoß gelegenen Räume eines Hauses auf der anderen Hofseite zurück. An der Straße lagen die zweistöckigen Wohnhäuser, während in den anderen Gebäuden Hühner, Kühe, Schweine, Futtermittel und Ackergerät untergebracht waren. Ein Ende des Hofes bildete der Misthaufen.

Ich ging hinunter in die Küche, in der ein riesiger, aus Gußeisen und Backsteinen bestehender Ofen in die Wand eingebaut war. Außerhalb der Küche gab es einen Kühlraum für die Milch, in dem kühles Wasser um eine kleine Zementzisterne herum lief. Es gab frische Milch, und ich hatte plötzlich einen wahnsinnigen Durst darauf. Ich erforschte die anderen Gebäude und sammelte etwa zehn Eier ein. Mit Hilfe von Milch und Eiern sollte sich für den nächsten Morgen etwas Schmackhaftes zum Frühstück bereiten lassen.

In der Stadtmitte, die wir dann aufsuchten, hatte das 3rd Corps of Engineers für die Kriegies eine Feldküche aufgebaut. Was ich hier zu essen bekam, war die erste anständige heiße Mahlzeit, seit ich vor sechzehn Monaten aus England abgeflogen war. Später sprach ich mit dem Koch und bat ihn um einen Beutel Mehl, eine Tasse Zucker und etwas Backpulver. Damit beladen, kehrten wir in das Haus zurück, um einmal in richtigen Betten zu schlafen.

Ich zählte in dem großen Bauernhaus vierzehn Betten mit Matratzen, Federdecken und Daunenkopfkissen. Es war unmöglich, Schlaf zu finden. Wir sprangen von Bett zu Bett und unterhielten uns die ganze Nacht hindurch; jedenfalls war es ein Ding der Unmöglichkeit, in den weichen Betten zu schlafen. Gegen 4 Uhr standen wir auf, holten unsere Zutaten zusammen und fingen an, uns Pfannkuchen zu machen. Statt den riesigen Kochherd unten anzumachen, entfachte ich ein Feuer in einem der kleinen dickbauchigen Schlafzimmeröfen. In einem Schrank fanden wir Tischdekken und Servietten aus feinem Leinen, die wir bedenkenlos nahmen, um Schalen und Pfannen damit auszuwischen. Dann taten wir uns an Pfannkuchen auf amerikanische Art gütlich – vielleicht waren es die ersten, die jemals in Braunau gebacken wurden.

Nach dem Aufräumen erforschte ich einen Schrank in einem Erkerzimmer, der ein Fenster besaß, von dem aus man den Nordosteingang zur Stadt überblicken konnte. In dem eingebauten Schrank fand ich eine 8 mm-Mauser-Büchse mit Zielfernrohr sowie einen angebrochenen Karton mit hölzernen Patronen. Diese Patronen waren mit Gift bestrichen und von einem Heckenschützen benutzt worden. Die Geschosse aus Holz wurden allgemein verwendet, um dem Feind Wunden, die sich dann entzündeten, beizubringen. Wunden dieser Art blockierten die Krankenhauseinrichtungen und behinderten damit den Gegner. Die Vorstellung von vergifteten Patronen, die von Heckenschützen verwendet wurden, machten mich fuchsteufelswild, und so empfand ich eine gewisse Berechtigung, die schöne Tischwäsche verdorben und sämtliche Federbetten durcheinandergewühlt zu haben. Als ich noch weitersuchte, fand ich eine doppelläufige Pistole samt Pulverhorn und einem Karton Munition; die Pistole trug die Jahreszahl 1811. Diese Dinge sollten meine Kriegstrophäen werden. Auf den Läufen und dem Kolben der Pistole war die Seriennummer 20 eingraviert.

Am Spätnachmittag des 4. Mai wurden die Kriegies in ein am Westrand der Stadt gelegenes Fabrikgebäude verlegt, das uns bis zum Abtransport als Unterkunft dienen sollte. Nicht alle wurden erfaßt und gleichzeitig hingebracht; daraufhin wurden Patrouillen ausgeschickt, sämtliche ehemaligen Kriegsgefangenen einzusammeln. Ein paar von uns waren damit beschäftigt gewesen, das städtische Museum zu plündern; einer hatte einen edelsteinbesetzten Degen an sich gebracht und ein anderer eine silbergefaßte Diamantbrosche. Noch ein anderer war in das Geburtshaus von Adolf Hitler eingedrungen, das zu einer nationalen Gedenkstätte gemacht worden und mit allerlei Erinnerungsstücken an Hitler und seinen Aufstieg zur Macht ausgestattet war. Dieser Kamerad hatte sich eine goldene Plakette mit Hakenkreuz darauf angeeignet, in die eingraviert war: Adolf Hitler von Admiral Dönitz. Diese Dinge wurden verheimlicht und beim Heimtransport der Kriegies vermutlich in die Vereinigten Staaten eingeschmuggelt.

In der Fabrik suchten die Kriegies sich jeder eine Stelle, um die Wolldecken auszubreiten und dort die Nacht zu verbringen. Die Köche des 3rd Corps of Engineers brachten uns 10-in-1-Rationen zum Essen. Diese Pakete enthielten hochkonzentriertes Eigelb und Wurst, Schinken, Rindfleisch und so weiter, alles Dinge, die sich gut mit anderen Nahrungsmitteln mischen ließen. Viele von uns vertilgten ganze Dosen dieser äußerst kalorienhaltigen Lebensmittel, doch da sie es nicht gewohnt waren, wurde ihnen wenige Stunden später speiübel.

Das Fabrikgebäude war brandneu. Hier sollte in Elektroöfen Aluminium geschmolzen und zu Munition und Flugzeugeinzelteilen verarbeitet werden. Es gab riesige luftleere, quecksilbergekühlte Röhren, die zu den Hitzereglern der Schmelzöfen gehörten. Bis jetzt waren die Schmelzöfen noch nicht in Betrieb genommen, wohl aber ausprobiert worden, denn an einigen der Schamottsteine der Feuerkammern ließen sich Verfärbungen feststellen. Die gesamte Fabrik war praktisch produktionsbereit mit ihren Laufkatzen, Elektrowinden und zwei Maschinenwerkstätten – eine davon für die Bearbeitung von großen Gußteilen und eine andere für kleinere–, ihrem Gleisanschluß, dem hohen gemauerten Schornstein ohne Feuerstelle und dem dreistöckigen Verwaltungsgebäude. Es berührte eigentümlich, eine vollständig eingerichtete, fertigungsbereite Fabrik zu betreten, in der nie etwas produziert worden war. Wieso war sie den Bombenangriffen entgangen?

Quecksilberkügelchen rollten über den Boden; das flüssige Metall war ausgelaufen, als jemand die riesigen Vakuumröhren zertrümmert hatte. Jetzt wurde es verwendet, um Dolche, Degen und alle möglichen anderen Dinge aus Metall auf Hochglanz zu bringen. Da ich mich daran erinnerte, daß Quecksilber giftig war, mied ich es. Der Versuch, den anderen zu sagen, daß es schädlich sein könne, so unvorsichtig mit Quecksilber umzugehen, hätte nichts gefruchtet; sie hätten ohnehin getan, was sie wollten; die Folgen wären ihnen völlig schnurz gewesen.

Daß Jerry Smiley und ich uns hier wieder trafen, lag wohl daran, daß wir beide uns wie magisch von den Maschinen und Apparaten in der Fabrik angezogen fühlten. Die Werkstätten waren voll von Drehbänken, Fräsmaschinen, Säulenbohrmaschinen, Werkzeug und anderem Werkstattzubehör. Wir bemerkten, daß manche Maschinen noch nicht einmal auf den dafür vorgesehenen Sockeln festgeschraubt worden waren. Jerry sah mich an, und ich sagte: «*Okay*, tun wir's.» Wir machten die Laufkatze samt zugehöriger Winde funktionstüchtig, ich stellte die Winde über einer riesigen Drehbank in Position, während Jerry sie mit einer Kette daran festhakte. Ich hievte die schwere Drehbank so hoch es ging, dann klinkte ich aus, die Drehbank sauste herab auf eine Fräsmaschine, und der Drehbanksockel barst in zwei Teile. Mit Hilfe der Winde zertrümmerten wir sechs große Maschinen und amüsierten uns köstlich dabei. Als nichts mehr zum Kaputtmachen da war, sahen wir uns nach anderem Zeitvertreib um.

Jerry und ich gingen hinunter ins Erdgeschoß des neuen Verwaltungsgebäudes, wo andere Kriegies bereits dabei waren, Fenster und Türen einzuwerfen.

Im Erdgeschoß herrschte bald ein großes Tohuwabohu; alles wurde kurz und klein geschlagen. Jerry und ich stiegen in den ersten Stock hinauf. Ich hatte eine Axt gefunden, und Jerry einen schweren Fäustel. Der zweite Stock hatte wohl als Büro dienen sollen und war mit soliden neuen Eichenschreibtischen, Stühlen,

Wanduhren und Aktenschränken ausgestattet. Wir fanden Plastikformstücke von 20 mm-Geschossen. Ich stellte ein solches Formstück mit der Spitze nach unten auf eine Schreibtischplatte, und Jerry trieb es mit dem Fäustel durch die Platte hindurch. Dann trieb auch ich ein solches Formstück durch das Holz, und die Platte wurde in zwei Teile auseinandergesprengt. Auf diese Weise machten wir jeden einzelnen Schreibtisch in dieser Etage kaputt und zerhackten und verwüsteten alles, was die anderen heil gelassen hatten. Jerry zertrümmerte mit seinem Fäustel ein Telephon, und ich hörte, wie die Vermittlung am anderen Ende rief: «Hallo, Hallo?» Auch der zweite Stock war bald von außer Rand und Band geratenen Kriegies verwüstet.

Jerry und ich gingen hinaus zu der Lokomotive, die zusammen mit etlichen Güterwagen auf dem Gleisanschluß stand. Wir kletterten ins Führerhaus hinein und zündeten unter dem Kessel ein Feuer an. Boiler und Kessel waren mit Wasser gefüllt, doch hatten wir nur einen kleinen Kohlevorrat. Daraufhin schafften Jerry und ich Holz herbei. Ein bißchen Dampf erzeugten wir schon, doch reichte der nicht, die schweren Schwungräder der Lok in Bewegung zu setzen.

Die Fabrik war von den Kriegies kurz und klein geschlagen, und so suchten Jerry und ich nach weiterem, das wir zerstören konnten. In der Nähe einer Geschützstellung entdeckte ich einen Vorrat an 30 mm-Granaten, während Jerry nach noch mehr Munition suchte und unter anderem auch eine Kiste Handgranaten fand. Wir hatten vor, sämtliche Sprengstoffe am Fuß des riesigen gemauerten Schornsteins aufzuhäufen, eine Spur von den Granaten entnommenen Pulvers zu streuen und den Schornstein in die Luft zu jagen. Doch unser Vorhaben trug uns einen tüchtigen Rüffel von dem Major ein, der wutschnaubend herausgelaufen kam, als die Rauchwolke sich über die Fabrik erhob. Der Major forderte sofort Lastwagen an, die uns von der Fabrik fortbringen sollten, und redete geschwollen von Nachkriegsindustrie und der Rolle, die diese Fabrik darin spielen sollte. Uns war das Nachkriegsdeutschland jedoch völlig schnuppe; uns ging es nur darum, ein Ventil für unsere unterdrückten und zurückgehaltenen Gefühle zu finden und die Kriegsmaschinerie der Deutschen zu zerschlagen; die Fabrik bot sich als Ventil geradezu an.

Die Lastwagen brachten uns auf einen ungarischen Flugplatz östlich der Stadt, der vollstand mit deutschen Flugzeugen. Es waren Unterkünfte für Hunderte von Mannschaften vorhanden, und wir sollten hier ein paar Tage verbringen, bis wir per Flugzeug nach Hause zurückgebracht werden konnten. Am frühen Nachmittag des 4. Mai wurden wir auf den Flugplatz losgelassen. Ich lief sofort zu den Parkplätzen, um mir die deutschen Maschinen anzusehen. Da standen mehrere Heinkel 111, Junker 88, Messerschmitt 109, eine Me-108, Focke-Wulf 190 und ein kleines Flugzeug, das als Ausbildungsmaschine gedient hatte. Ein Kriegie schaffte es, eine Ju-88 anzulassen, und kariolte damit auf dem Flugplatz herum. Dabei vergaß er jede Vorsicht und geriet so nahe an eine He-111 heran, daß eine Luftschraube der Ju-88 durch eine Tragfläche sägte. Feuer brach aber nicht aus. Ich fand eine Me-109 G, an der noch keine Sprengladung angebracht worden war. Bei ihrem Rückzug hatten die Deutschen die Magnetzünder vieler Maschinen mit einer kleinen Sprengladung versehen, um sie für den Feind unbrauchbar zu machen.

Die Me-109 faszinierte mich aus vielen Gründen. Ich bewunderte ihre Leistung als in großer Höhe operierendes Jagdflugzeug sowie ihre Geschwindigkeit. Hinzu kam wohl auch, daß ich auf meinem letzten Flug einen Zweikampf mit dem Piloten einer solchen Maschine ausgetragen hatte. In einem nahe gelegenen Hangar entdeckte ich eine Handkurbel für den Schwungkraftanlasser und fand den Hauptschalter genau an jener Stelle, an der er den britischen Geheimdienstberichten zufolge sitzen mußte. In den Tanks fand sich noch ein wenig Treibstoff und im Motor reichlich Öl. Ich stand auf der Flügelwurzel der rechten Tragfläche und kurbelte den Anlasser, bis er einen schrillen Ton von sich gab, sprang dann ins Cockpit und zog am T-Griff, um den Anlasser zu betätigen. Beim zweiten Versuch klappte es, und der Motor lief. Das Motorengeräusch war Musik in meinen Ohren, und ich bedauerte nur, diese Maschine nicht fliegen zu können. Etwa eine Viertelstunde ließ ich den Motor laufen, dann zog ich den Steuerknüppel ganz zurück und zurrte ihn mit dem Sicherheitsriemen fest. Anschließend stieg ich auf die linke Tragfläche hinaus und machte die Gasdrossel auf. Der Motor brüllte auf, und der Rückwind des Propellers war unglaublich kräftig – für einen kurzen

Augenblick; dann blieb der Motor stehen. Mir war der Treibstoff ausgegangen. Was ich vorgehabt hatte, war, den Motor auf Hochtouren laufen und ihn dann durch Überhitzung explodieren zu lassen.

Winkend rief Jerry Smiley mich zu einem Hangar herüber, in dem er Ersatzteile von Nazi-Maschinen entdeckt hatte. Darunter befanden sich BG-Zündkerzen und viele andere amerikanische Produkte. Das Vorhandensein dieser Ersatzteile erfüllte uns mit größter Wut. Wir riefen andere Kriegies herbei, damit sie bezeugen könnten, daß in deutschen Maschinen amerikanische Flugzeugbauteile verwendet wurden.

Jerry und ich gingen an die Westseite des Hangars und fanden sechs in Splitterboxen abgestelle Focke-Wulf 190. In der Nähe stand ein Dampflöffelbagger, der offensichtlich dazu gedient hatte, neue Splitterboxen auszubaggern. Da gab es für uns kein Halten mehr, und wir liefen auf den Bagger zu. Tatsächlich befand sich im Kessel noch etwas Wasser sowie Holz und Kohle für die Feuerung. Ich zündete in der Brennkammer ein Feuer an, das nach etwa einer Stunde genug Hitze hervorrief, um genügend Dampf zu erzeugen. Es machte einen Heidenspaß, den Kran und die Baggerlöffel zu betätigen, doch nahm der Wasservorrat gefährlich ab. Wir wußten, daß der Kessel gleich in die Luft fliegen würde, es sei denn, wir löschten das Feuer. Ich sagte: «Jerry, holen wir uns aus diesen FW-190 ein bißchen 20 mm-Munition.» – «Komm schon, es bleibt uns nicht viel Zeit», ging er auf meinen Vorschlag ein. So liefen wir zu der nächststehenden Focke-Wulf 190, öffneten die Zugangsplatten oben auf den Tragflächen, holten zwei Gurte 20 mm-Patronen heraus und trugen diese zu dem rauchenden Dampfbagger. Dann hetzten wir hinüber zum nächsten Flugzeug und holten weitere Patronengurte. Ich sprang in die Kabine des Dampfbaggers, riß die Feuerklappe auf und warf die drei Gurte mit den 20 mm-Geschossen in die Feuerkammer, schmiß die Tür zu und lief zusammen mit Jerry hinüber, um in einer der Splitterboxen Deckung zu suchen. Zuerst kam nur ein Puff und ein Rauchring aus dem Schornstein. Dann jedoch, unvermittelt, erfolgte eine größere Detonation, eine Stichflamme schoß in die Höhe, und die Tür der Feuerkammer wurde durch die Fahrerkabine geschleudert. Bald war der Dampfbagger nur noch ein Haufen rauchender Trümmer.

Verdattert hörten Jerry und ich die Stimme des Majors: «Wer war das? Wer war das? Dieser Bagger sollte für den Wiederaufbau dienen.» Ich tat, als könnte ich kein Wässerchen trüben und erklärte, als es zur Explosion gekommen sei, hätten wir Deckung gesucht. Dann verdrückten Jerry und ich uns; denn ein paar Mann liefen zusammen, um der Ursache der Explosion auf die Spur zu kommen.

Über den Hangar gelang uns die Flucht zum Kontrollturm. Die Wahrscheinlichkeit, daß man dort nach Kriegies suchen würde, die den Bagger in die Luft gejagt hatten, war gering. Im Tower fand ich eine Leuchtgeschoß-Pistole samt Munition. Die Pistole steckte ich mir in den Gürtel und die Patronen in die Tasche; zu Jerry sagte ich, wenn es dunkel wäre, würden wir ein paar Leuchtraketen abfeuern. Beim Verlassen des Towers fanden wir dann weitere fünf Kisten Leuchtspurgeschosse und mehrere Pistolen zum Abfeuern. Eine davon war sogar doppelläufig, und diese nahm ich an mich. Die Kisten mit der Munition schleiften wir samt Pistolen hinaus, und bald waren die Waffen in der Hand von mehreren unserer Freunde.

Kurz vor Einbruch der Dunkelheit feuerten wir die Leuchtraketen ab. Die Pistolenläufe waren extrem dick, es gab einen lauten Knall, und der Rückstoß war erstaunlich heftig. Nachdem wir mehrere Runden auf Flugzeuge abgefeuert hatten, die an der Rampe standen, hatte ich einen Einfall. «Warum nehmen wir nicht einfach die Schaulochdeckel vom Rumpf der He-111 und der Me-109 dort drüben ab und jagen die Leuchtraketen rein?» Nachdem wir die Deckel abgenommen hatten, ging die Ballerei weiter. Schließlich schossen wir Leuchtraketen durch die kleinen Schaulöcher und setzten die Maschinen auf diese Weise in Brand. Zwar brannten die Maschinen keineswegs so, wie wir es uns erhofft hatten, denn dazu war zuwenig Treibstoff in den Tanks; aber immerhin brannten wir riesige Löcher in den Rumpf, so daß die Maschinen gleichsam schrumpelten.

Die Ballerei ging bis nach Mitternacht weiter; inzwischen waren wir kaum noch imstande, irgend etwas zu hören, und meine Handgelenke waren geschwollen, weil ich beide Läufe auf einmal abschoß. Unser Feuerwerk hatte viele GIs aus der Stadt angelockt, doch als es spät wurde, verschwanden sie wieder. Die Kriegies jedoch standen noch bis 1 Uhr auf dem Flugplatz herum. Wir waren zwar ziemlich erschöpft, aber es waren immer noch Raketen da, die abgefeuert werden wollten. Da beschlossen wir, ein letztes geballtes Raketenspektakel abzuziehen und dann Schluß zu machen. So taten wir unsere Pistolen zusammen und feuerten wiederholte Male ab, daß es ein prächtiges Farbenspiel am Himmel gab. Gegen 3 Uhr morgens landete eine C-47 und rollte an die Stelle heran, wo wir die Leuchtraketen abschossen. Ein Colonel samt Gefolge entstieg der Maschine; sie kamen auf uns zu, sagten etwas und schüttelten uns die Hand. Zuerst verstanden wir nicht, was eigentlich los sei, doch schließlich wurde uns klar, um was es ging: Der Krieg war zu Ende. Wir reagierten begeistert und konnten uns nicht genug tun zu erklären, wie großartig es sei, daß der Krieg nun endlich vorbei sei. Jemand fragte nach den Einzelheiten und was denn in Bezug auf die Kapitulation übers Radio gemeldet worden sei. Woraufhin der Oberst erklärte, in den Nachrichten sei nichts gemeldet worden; wir jedoch hätten mit dem Abfeuern unserer Leuchtraketen das Signal gegeben, daß der Krieg vorüber wäre. Es handle sich um das verabredete Signal, und als sie gesehen hätten, daß von unserem Flugplatz die Raketen abgefeuert wurden, hätten sie beschlossen zu landen und mitzufeiern. Wo denn unser Vorgesetzter sei, wollte der Colonel wissen. Jerry und ich machten, daß wir in der Dunkelheit verschwanden. Der Krieg war noch nicht aus.

Am nächsten Morgen landete eine Me-108 und rollte zum Tower. Zwei Mann in deutscher Uniform kamen mit erhobenen Händen heraus. Fröhlich nahmen wir sie gefangen, behandelten sie aber wesentlich besser als die Wehrmachtsangehörigen. Schließlich waren wir alle begeisterte Flieger und hatten vor Luftwaffenangehörigen mehr Respekt als vor anderen Gegnern. Die beiden waren aus Österreich herübergeflogen, das von den Russen besetzt worden war.

Vor Mittag trafen mehrere Panzer samt Wartungspersonal und Fahrzeugen in Braunau ein. Ich hörte die Panzer rattern und ging hin, um mir anzusehen, was geschah. Die Panzerbesatzungen hatten alle aktiv an den Kämpfen teilgenommen und bildeten jetzt die Reserve bei Pattons Vormarsch. Die Besatzungen waren freundlich, ließen mich in einen Panzer hineinkriechen und erlaubten mir sogar, ihn für kurze Zeit herumzufahren, was mir einen Riesenspaß machte. Der Kommandeur der Panzereinheit erzählte von den Schlachten, an denen seine Einheit teilgenommen hatte, und schenkte mir einen Degen, den er während des Vormarsches nach Osten einem deutschen Offizier abgenommen hatte. Ein junger Captain, der eine Artillerieeinheit befehligte, sagte mir, seine Geschütze hätten gegenüber von unserem Waldlager Stellung bezogen, als wir auf der anderen Seite des Inn eingetroffen wären. Seine Einheit sei in Erwartung deutschen Widerstands dorthin geschickt worden, weil doch Braunau Hitlers Geburtsort sei. Als die Beobachter den Rauch von den vielen Lagerfeuern aus unserem Wald kommen sahen, wären die Geschütze gerichtet worden, um das Gebiet mit Granaten zu beharken, denn selbstverständlich hätten sie angenommen, wir wären Deutsche. Dann hätten die Beobachter jedoch merkwürdig gekleidete Männer zum Fluß herunterkommen sehen, die dort Wasser holten, und schließlich hätten sie sich gesagt, es müßten wohl Gefangene sein. Jedenfalls seien wir nur um Haaresbreite unserm Schicksal entgangen, von ihren Granaten in Stücke gerissen zu werden.

An die zwanzig C-47 landeten auf dem Flugplatz. Ich lief hin und unterhielt mich mit einem der Piloten. Er sagte, er habe Befehl, uns Kriegies nach Bordeaux in Frankreich zu transportieren, in ein Rehabilitationszentrum. Ich war der erste, der sich bei einem Flugzeug anstellte, doch bald bildete sich eine Schlange von Hunderten von Männern, die diszipliniert darauf warteten, aus Bayern ausgeflogen zu werden. Ich fand es herrlich, wieder zu fliegen, und ging zum Cockpit, wo ich mit Erlaubnis der Besatzung den gesamten Flug über bleiben durfte. Viele von uns wußten nicht, wie sie es verkraften würden, wieder zu fliegen, da sie doch einmal abgeschossen und kaum mit dem Leben davongekommen waren. Doch für mich war es wie eine Heimkehr; die Maschine mit ihren Instrumenten und dem Funkgerät war mir so vertraut, und das Dröhnen der Pratt and Whiney R-1830-Motoren war wie Musik in meinen Ohren.

Zum Auftanken flogen wir nach Nizza, doch woran ich mich vor allem erinnere, war, daß wir über der Stadt kreisten und

Ausschau hielten nach der Kathedrale. Nach einem neuerlichen Start und Flug landeten wir in Bordeaux. Wie ich hörte, sollte eine mit Kriegies vollbeladene Maschine irgendwo über Frankreich abgestürzt sein, und ich hoffte selbstverständlich, daß es sich um eine Falschmeldung handelte. Per Lastwagen wurden wir dann zu dem eigens für ehemalige Kriegsgefangene hergerichteten Lager Lucky Strike gefahren. Zwar waren wir dort in Zelten untergebracht, aber es gab Feldbetten, Matratzen, Laken und Wolldekken. Das amerikanische Rote Kreuz hatte Stände aufgebaut, in denen von bezaubernden amerikanischen Mädchen Schmalzgebäck und Milkshakes mit echtem Speiseeis ausgegeben wurden. Es gab fünf kleine Mahlzeiten pro Tag und zwischendurch noch kleine Leckereien; alles zielte darauf ab, uns wieder aufzupäppeln. Bei meiner Ankunft wog ich 53 kg, doch sonst war ich gesund.

Hier in Bordeaux traf ich Maynard Jackson wieder, der in der Zeit, da Stalag 17-B evakuiert wurde, krank im Krankenrevier gelegen hatte. Er berichtete, rund zweihundert Mann wären als nicht transportfähig im Revier zurückgeblieben, als wir anderen fortgebracht worden seien. Einen Tag nach unserem Auszug habe die russische Luftwaffe Stalag 17-B mit Bomben belegt, und viele der Baracken wären zertrümmert worden. Zwei weitere Tage wären die Leute im Krankenrevier sich selbst überlassen geblieben. Maynard war in die Verwaltung eingebrochen und hatte meine Kriegsgefangenen-Unterlagen samt dem Verbrecherphoto, das bei meinem Eintreffen im Lager gemacht worden war, an sich genommen. Unterlagen und Photo schenkte er mir als Andenken.

Etwa zehn Tage verbrachten die Kriegies im Lager Lucky Strike zum Aufpäppeln. Eines Tages, als wir gerade Milkshakes tranken, trat ein General mit seinem Adjutanten zu uns, um uns alles Gute zu wünschen. Wir waren ungefähr fünf Mann, denen der Adjutant den Fünf-Sterne-General vorstellte: Dwight D. Eisenhower, den Oberkommandierenden der Alliierten Streitkräfte. Er trug eine kurze Offiziersjacke, die an der Taille äußerst knapp saß. Zu den Uniformteilen, die später an uns ausgegeben wurden, gehörte auch eine solche Jacke für Offiziere und Mannschaften, und diese wurde ‹Ike›-Jacke genannt.

Eisenhower sagte, er freue sich, daß wir aus Deutschland heraus wären, und jetzt wünsche er uns eine glückliche Heimreise. Ich mußte damals daran denken, wie sehr das Leben der meisten Kriegies in Stalag 17-B und den vielen anderen Gefangenenlagern an einem seidenen Faden gehangen hatte. Wir waren jedenfalls noch einmal davongekommen. Warum waren wir am Leben geblieben und andere nicht? Hatte das Schicksal uns ausersehen? Gab es Schutzengel, die irgendwie dafür sorgten, daß es uns nicht traf? Trugen wir jetzt eine besondere Verantwortung für den Wiederaufbau der Gesellschaft? Solche Fragen gingen uns durch den Kopf, und wir alle empfanden es als eine besondere Vergünstigung, in einem Rehabilitationslager sein zu dürfen. Und so endete ein ebenso aufregender wie gefährlicher Abschnitt unseres Lebens.

mußte damals daran denken, wie sehr das Leben der meisten Kriegies in Stalag 17-B und den vielen anderen Gefangenenlagern an einem seidenen Faden gehangen hatte. Wir waren jedenfalls noch einmal davongekommen. Warum waren wir am Leben geblieben und andere nicht? Hatte das Schicksal uns ausersehen? Gab es Schutzengel, die irgendwie dafür sorgten, daß es uns nicht traf? Trugen wir jetzt eine besondere Verantwortung für den Wiederaufbau der Gesellschaft? Solche Fragen gingen uns durch den Kopf, und wir alle empfanden es als eine besondere Vergünstigung, in einem Rehabilitationslager sein zu dürfen. Und so endete ein ebenso aufregender wie gefährlicher Abschnitt unseres Lebens.